中国共产党宁波市鄞州区历史大事记

（2007—2011）

中共宁波市鄞州区委党史研究室　编

中共党史出版社

图书在版编目（CIP）数据

中国共产党宁波市鄞州区历史大事记：2007—2011 / 中共宁波市鄞州区委党史研究室编．-- 北京：中共党史出版社，2024.5

ISBN 978-7-5098-6528-6

Ⅰ.①中… Ⅱ.①中… Ⅲ.①中国共产党—地方组织—大事记—鄞州区—2007-2011 Ⅳ.①D235.554

中国国家版本馆 CIP 数据核字（2024）第 060746 号

书　　名：中国共产党宁波市鄞州区历史大事记（2007—2011）
作　　者：中共宁波市鄞州区委党史研究室

出版发行：中共党史出版社
责任编辑：李亚平　李东方（特约）
社　　址：北京市海淀区芙蓉里南街 6 号院 1 号楼　邮编：100080
网　　址：www.dscbs.com
印　　刷：三河市华东印刷有限公司
开　　本：710mm×1000mm　1/16
字　　数：410 千字
印　　张：22.5
版　　次：2024 年 5 月第 1 版
印　　次：2024 年 5 月第 1 次印刷
书　　号：ISBN 978-7-5098-6528-6
定　　价：56.00 元

本书编写组

主　　编：杨开建

副 主 编：应建炳　鄢　舟

责任编辑：汪嫣娜　陆　佳

编　　辑：郑肖骏　宋　隽　李学忠　章步颖　戴勤锋

编写说明

一、根据上级党委、党史部门的工作指示，并为地方党史基本著作的写作积累基础性的资料，中共鄞州区委党史研究室决定编写出版《中国共产党宁波市鄞州区历史大事记（2007—2011）》。

二、本书的编写，坚持以马克思列宁主义、毛泽东思想、邓小平理论、“三个代表”重要思想、科学发展观、习近平新时代中国特色社会主义思想为指导，坚持辩证唯物主义和历史唯物主义的立场、观点和方法，慎重筛选史料，力求大事不漏、要事突出，全面客观地反映历史。

三、本书上限起于2007年1月，下限止于2011年12月，与《中国共产党鄞（县）州区历史大事记（2002—2006）》相衔接。围绕区委、区政府年度重点工作，记载区委贯彻落实党中央和省、市委一系列重大决策部署，带领全区人民在政治、经济、社会、文化、民生等方面所取得的重大成就及伟大实践。

四、本书体例采用以编年体为主，结合纪事本末体，以条目形式编写，一般不予评述。

五、本书所记之事，主要依照档案资料、报刊资料，并参考相关编研成果，结合实际情况整理而成。所收人物均遵循以事系人的原则予以收录。

六、由于编者水平有限，档案资料冗杂繁多，在筛选中难免有疏漏之处，敬请读者批评指正。

编者

2022年8月

目 录
CONTENTS

2007年

1月

1月1日，鄞州区调整老年人生活补助金。每人每月提高10元，5年内提高补助标准50%。2007年发放标准分每人每月90元、110元、130元三档。全年全区累计发放老年人生活补助金6739万元，月均领取人员约5万人，月人均领取标准为113元。

同日，鄞州区进一步落实独生子女父母奖励政策。奖励标准为农村独生子女父母每年100元、双农独生子女家庭一次性2000元，由区财政统一支付。

1月2日，鄞州区公布2006年财政收入。全区共完成一般预算收入75.5亿元，比2006年增长25.7%，其中地方财政收入36.42亿元，比2006年增长27.1%。财政收入规模继续位列浙江省各县（市、区）第二、全市第一。

1月4日，全区经济工作会议在区文化艺术中心召开。会议总结2006年经济工作，部署安排2007年经济发展目标任务。会上，一批先进单位和个人受到表彰。欧琳集团、康强电子公司、区工商分局、姜山镇和滨海投资创业中心分别作典型发言。

1月5日，区、镇乡（街道）两级人大代表换届选举同步进行。人大代表与党代表、政协委员之间一般不交叉。至1月9日，区、镇乡（街道）两级人大代表换届选举结束，共选出区十六届人大代表310名，镇乡（街道）新一届人大代表1125名。

同日，市人大常委会副主任邵孝杰一行视察鄞州食品安全情况。其间，听取食品安全情况汇报，并实地察看食品生产企业信用体系建设试点企业。

同日，中国建筑设计研究院、五合国际等6家国内外著名的建筑设计公司对鄞州区体育活动中心二期（宁波网球中心）进行建筑方案设计投标竞赛。区体育活动中心二期选址于宁波市高教园区南区，在已建成的鄞州区体育活动中心一期西侧，总用地面积76532平方米，拟建总建筑面积为42100平方米（包括地下车库），其中网球中心建筑面积14300平方米，游泳健身馆面积6800平方米，商务会所建筑面积为21000平方米，总用地约114亩，总投资约28000万元。

1月8日，据统计，2006年，全区共实现授权专利681件，同比增长60%，其中发明专利39件，同比增长22%。发明专利数量居全市各县（市、区）首位。

同日，以市政法委副书记卢进新带队的全市平安建设工作考核组到鄞州区检查。区委常委、政法委书记王国定汇报2006年区平安综治工作，考核组一行还先后来到洞桥、石碶、钟公庙等地进行实地检查。

同日，宁波市急救中心鄞州人民医院分站正式挂牌成立并投入运行。

1月9日，中华慈善事业突出贡献奖颁奖大会暨中华慈善人物颁奖大会在北京举行，区慈善总会被授予“中华慈善事业突出贡献奖”。

同日，区政府召开全区安全生产工作会议，总结2006年度全区安全生产工作情况，部署安排2007年度安全生产工作。会上，区政府与有关镇乡、街道及区直有关部门、单位签订2007年度安全生产目标管理责任书。一批2006年度安全生产先进集体和先进个人受到表彰。钟公庙街道、集士港镇、区交通局、区教育局作典型发言。

同日，区四套班子有关领导在深圳会见深圳证券交易所副总经理张颖及中海地产集团董事长、总经理郝建民。

同日，鄞州区区、镇（乡）两级人大代表换届选举结束，共选出区十六届人大代表310名，镇（乡）新一届人大代表1125名。

1月10日，鄞州区民营企业浙江广博集团股份有限公司股票（证券简称：“广博股份”，证券代码：002103）在深圳证券交易所成功上市。该公司是国内首家上市的纸品文具企业。

同日，经省、市血液科专家的鉴定，鄞州人民医院的一项科研新成果——《急性髓性白血病FLT3基因及突变的研究》获得一致认可。这项研究将有可能为急性髓细胞白血病治疗提供新途径。

同日，国家商务部对最具市场竞争力品牌（原中国畅销品牌）名单进行全国公示，在家电行业中，鄞州区的奥克斯集团榜上有名。

1月11日，中共嘉兴市委书记黄坤明率领嘉兴市党政代表团一行到鄞州区参观考察。代表团一行先后考察下应街道湾底村、奥克斯集团、雅戈尔集团。

同日，全区高新技术促进会召开。会议确定2007年科技工作目标：争取实现高新技术产品总产值520亿元以上，占全区工业总产值的比重达到22%，其中限额以上企业所占比重达到42%。

同日，副区长王洪平、胡晓明会见到鄞州区投资考察的北美洲中国学人国际交流团一行。王洪平介绍鄞州区的基本概况和经济发展状况，并盛情邀请北美中国学人国际交流团一行到鄞州投资创业。

1月12日，区十五届人大常委会召开第三十次会议。会议听取区十六届人大一次会议筹备工作情况报告；听取区换届选举办公室关于区、镇（乡）两级人大代表换届选举工作情况的报告；听取并审议通过代表资格审查委员会关于区十六届人大代表资格审查情况的报告；审议通过关于召开区十六届人大一次会议的决定；审议并通过列席区十六届人大一次会议人员名单；审议通过表彰2006年度优秀代表建议和办理工作先进单位的决定；讨论并原则通过区十六届人大一次会议议程、日程草案及有关名单草案；讨论并原则通过区人大常委会工作报告征求意见稿。

同日，由杭州市江干区委书记徐立毅，区委副书记、区长蔡仲光率领的江干区党政代表团一行来鄞州区考察。代表团一行先后考察宁波高教园区、宁波南部商务区、鄞州公园、万达商业广场。

1月14—18日，中国共产党宁波市鄞州区第十二次代表大会在区文化艺术中心举行。会议听取十一届区委《创新创优促发展　惠民富民筑小康　为加快建设现代化和谐鄞州而努力奋斗》的报告、区纪委《全面构建惩防体系　深入推进反腐倡廉　为建设现代化和谐鄞州提供坚强保证》的报告。会议通过《中国共产党宁波市鄞州区第十二次代表大会选举办法》；选举产生中国共产党宁波市鄞州区第十二届委员会委员、中国共产党宁波市鄞州区第十二届纪律检查委员会委员和出席中共宁波市第十一次代表大会的代表；选举产生中共宁波市鄞州区第十二届常务委员会委员。大会通过《关于中国共产党宁波市鄞州区第十一届委员会工作报告的决议》和《关于中国共产党宁波市鄞州区纪律检查委员会工作报告的决议》，同意报告提出的未来五年共建和谐鄞州、共享全面小康的奋斗目标和推进经济社会跨越发展的竞争力提升、新农村建设、和谐区创建“三大行动纲领”。

1月15日，鄞州区古林镇24个行政村与27家民营企业签订村企结对协议书，共同建设新农村。

1月16日，鄞州区级机关重点部门和镇乡（街道）的有关领导、人大代表和政协委员、律师共同参与信访接待。此后，每月16日为固定信访接待日。

同日，宁波栎社国际机场举行机场公安分局移交揭牌仪式。

1月18日，落户万达商业广场的美国沃尔玛超市正式开业。沃尔玛超市连续多年位列全球《财富》500强，鄞州万达广场店是其在中国的第72家分店。

同日，在山东举行的全国旅游工作会议上，宁波梁祝文化公园作为2006年度获评AAAA级旅游景区的代表，接受国家旅游局授牌。

同日，全区20个镇乡（街道）439个村221754户农户全部完成政策性农村住房保险投保手续，农户参保率达到100%，比原计划提前13天。鄞州区也成为全市第一个完成政策性农村住房保险的县（市、区）。

1月19日，区政协召开十三届十九次常委会议。会议协商通过十四届区政协委员安排方案。会议听取并审议通过关于召开区政协十四届一次会议的决定；讨论并审议通过区政协十四届一次会议议程、日程（草案）；审议通过区政协十四届一次会议工作报告和提案工作报告。

同日，在全省农村工作会议上，鄞州区被评为省级粮食生产先进县（区），区农民科技教育培训中心被评为省劳动力培训先进单位，区劳动和社会保障局吕百旬被评为省级劳动力培训先进个人，姜山镇被评为省级扶贫先进单位。云龙镇任新村、古林镇葑水港村、姜山镇定桥村、高桥镇新联村、集士港镇万众村、龙观乡桓村村、塘溪镇上城村7个行政村被命名为浙江省全面小康建设示范村。至此，全区省全面小康建设示范村总数达到22个，居全市第一位、全省第二位。

同日，省总工会党组书记、常务副主席顾秀秀走访慰问鄞州区困难职工、困难劳模家庭，向他们送上慰问金和慰问品。

1月21日，由中国家用电器研究院主办的2006年度科技创新奖颁奖典礼在北京举行，宁波欧琳厨具有限公司生产的一款油烟机获得家用电子·电器产品科技创新奖。

1月22日，鄞州区召开农业工作会议。会议明确2007年农业工作的总体目标和任务，力争实现农业总收入增长5%，农民人均纯收入增长8%。

同日，鄞州区组织有关涉农部门、镇乡（街道）农业负责人和农业龙头企业负责人来到瑞安市，就该市发展“三位一体”的合作体系进行参观考察。

1月23日，区慈善总会二届理事会第五次会议召开。会议明确，2007年区慈善总会将安排助困、助医、助学等救助资金2299万元。

同日，区公安分局高桥派出所所长张洪的妻子柴瑛，赴京参加全国模范公安民警家属表彰大会。她是全省唯一获此殊荣的民警家属，并在会上作代表发言。

1月24日，副区长王洪平在区政府会见飞利浦医疗系统副总裁CHRISTIANNA NEELEMAN、飞利浦医疗系统中国首席执行官金定义等高层官员。

同日，鄞州公安分局交警大队被公安部评为全国预防道路交通安全先进单位。为全市唯一一家获奖单位。

1 月 25 日，宁波千普实业投资有限公司、浙江汇港电器有限公司和宁波海太机械集团有限公司 3 家企业被授予首批区职业教育实习实训基地。

同日，国务院召开清理建设领域拖欠工程款电视电话会议。区建设局、劳动和社会保障局、发展计划局等相关部门负责人在鄞州区分会场参加会议。鄞州区建筑领域工程款清欠工作走在全省前列。据统计，全区共完成清欠工程款 7113 万元，清欠率达 100%，远远超过宁波市要求的 90%清欠指标。

1 月 26 日，宁波市委副书记、市长毛光烈，市政协主席王卓辉，市委常委、宣传部部长卓祥駷到古林镇，走访慰问部分困难群众。

同日，鄞州区召开文物工作会议。会议总结 2006 年工作，部署 2007 年任务，表彰 2006 年度文物工作先进集体和个人。

1 月 27 日，全区广播电视工作会议召开。会议全面总结 2006 年全区广电工作，着重部署 2007 年工作任务，对 2006 年度先进广电站、优秀栏目、优秀工作者等进行颁奖。

1 月 29 日，据统计，2006 年鄞州区实现外贸出口 42.98 亿美元，蝉联全省第一。

1 月 30 日，区文化行业协会暨网吧业分会成立，102 家单位成为首批会员。

同日，全区劳动和社会保障工作会议召开。会议提出，2007 年全区开发就业岗位 2 万个，企业劳动合同签订率达到 92%。会议还表彰 2006 年度劳动和社会保障工作先进单位和先进个人。

同日，在全市山林延保工作会议上，章水镇政府和东吴镇政府被评为市级先进集体，区农林局朱良华、龙观乡钟光明等 5 人被评为先进个人。

同日，全区共青团贯彻区第十二届党代会精神读书会暨团区委第十六届二次全委（扩大）会议在区委党校召开。会上，区委副书记陈振国就如何贯彻落实好党代会精神、推进共青团工作健康发展提出具体要求；团区委书记何黎斌代表团区委常委会总结回顾过去一年的工作，部署新一年工作任务。

1 月 30—31 日，区人大常委会和“一府两院”领导分 4 组走访区第十六届人大代表以及在鄞州的全国和省、市人大代表，听取人大代表对区人大常委会和“一府两院”工作的意见建议，征求对区人大常委会和区人民政府两个工作报告的意见建议。

1 月 31 日，区政协召开十三届二十次常委会。会议听取和讨论政府工作报告以及区人民法院、区人民检察院工作情况的通报。

同日，全区地税工作会议召开。会议对2007年地税工作提出具体要求。会议指出，2006年，全区地税收入总额达25.38亿元，增收5.26亿元，同比增长26.16%。

同日，鄞州区“星光工程”文艺汇演在邱隘影剧院举行，20个镇乡（街道）的20支业余文艺团队参加汇演。

同月，中国银行鄞州支行被中国银行总行评为文明优质服务先进单位，是宁波市中行系统中唯一一家获此殊荣的单位。

同月，区妇幼保健所遗传室在对孕前筛查的过程中，发现一例染色体异常核型携带者。经中国医学遗传学国家重点实验室鉴定，该染色体是世界首报人类染色体异常核型。

同月，2006年浙江省“群星奖”表演艺术门类比赛成绩揭晓，鄞州区获得2金6银1铜，创历届最好成绩，获奖率居宁波各县（市、区）首位。

同月，鄞州区实施老年人员养老保障制度，参照城镇老年居民养老保障模式，在所有未参加其他社会养老保险的群体中实施，符合条件的参保对象一次性缴纳9700元至49510元，每月可享受280元至380元的养老保障待遇。至此，鄞州区完成全民性养老保障体系的构建。2007年，全区共有7759人参加养老保障，并有7450人按月领取，占参保人数的96%。

同月，区财政从2007年起每年拨出4000万元，用于区内初中毕业生免费就读职业高中。

同月，鄞州区投入专项资金800万元，用于免除符合五证条件（监护人暂住证、监护人工作单位证明、监护人身份证、监护人和被监护人户籍证明、监护人婚育证）且在鄞州区就读的非鄞州籍学生的全部学杂费。近4万名学生享受该政策待遇。2007年秋季开学始，就读于鄞州公立学校的2.5万名外来务工人员子女，每年可免缴600元的借读费。

2月

2月1日，区委召开民主党派人士情况通报会。会上，向民主党派人士通报2006年全区经济社会发展情况以及今后一个时期发展的战略重点；通报2006年全区党风廉政建设和反腐败工作情况。

同日，鄞州区在部分城区道路边开始实行“咪表”停车，每小时收停车费4元。

2月1—2日，全区国税工作会议召开。会议对2007年国税工作提出加大征管力度、强化服务职能、推进依法治税、加强队伍建设等具体要求。2006年全区国税总收入达到37.6亿元，同比增长24.4%，总量继续位居全省第二位、全市第一位。

2月2日，区委、区政府召开全区信访工作会议。会议总结2006年信访工作，表彰先进集体和个人，部署2007年工作任务。会上，区领导分别与镇乡（街道）和区级机关代表单位负责人签订信访工作责任书。一批先进集体和个人在会上受到表彰。古林镇、下应街道、区公安分局3家单位作表态发言。

同日，鄞州区举行外商新春团拜会，100余位在鄞州投资创业的外商代表及港澳台同胞受邀参加。

同日，由市委宣传部、团市委等单位联合开展的首届十大“新宁波青年”评选活动揭晓，博格华纳集团中国区总裁兼博格华纳汽车零部件（宁波）有限公司总经理沈晖入选。

2月3日，是2007年度春运交通第一天，同时，也是全省统一的“春运交通安全宣传日”。

2月4日，区委财经工作领导小组2007年第一次会议召开。会议研究讨论污水处理系统和有线电视数字化改革两项民生实事工程，并决定于2007年启动实施。

同日，鄞州区召开旧村改造、新村建设工作会议。会议部署2007年旧村改造、新村建设工作目标：计划全年投入资金15.4亿元，实施旧村改造、新村建设153.63万平方米，建成108.04平方米，启动38个村的旧村改造工作。

2月5日，区委召开区第十一次离退休干部代表大会暨“双先”表彰会议。会议征求老干部代表对老干部工作的意见和建议，表彰一批老干部工作先进集体和个人。石碶街道党工委、区建设局党委、钟公庙街道关工委3家先进集体作典型发言。

同日，区总工会举办“共建和谐鄞州　同过祥和新年”联谊活动。200余名外来务工人员代表欢聚江南春大酒店。

同日，鄞州区文艺界举行新春团拜会。

2月6日，鄞州区新一届镇（乡）人民代表大会第一次会议结束，全区18个镇乡共选出镇（乡）人大主席18名、副主席11名，镇（乡）人民政府镇（乡）长18名、副镇（乡）长88名。

同日，区四套班子领导分路慰问困难群众，向他们致以春节的问候，并送上慰问金。

同日，全区1.4万余名未就业和无社会保障的残疾人陆续开始领取每月60元至200元不等的生活补助金。鄞州区每年安排1500万元左右的资金，率先在全国实行残疾人全覆盖生活补助政策。

同日，全市检察机关表彰一批先进单位和个人，区人民检察院入选，该院的技术科被荣记集体三等功。

2月6—7日，鄞州区召开社区（居委会）工作会议。会议指出，截至2006年底，全区28个社区中，有4个被评为省级文明（示范）社区，21个被评为市、区级文明社区。会议表彰2006年度先进社区、先进居委会以及2006年度新增的区级文明社区。

2月7日，“2007中国和谐城乡游”浙江开游式在下应街道天宫庄园举行，2007宁波和谐城乡游同时启动。全省各市旅游局代表、主要景区（点）代表、旅行社代表和中外游客等5000余人参加开游式。开游式上，省旅游局局长纪根立为天宫庄园授“浙江魅力都市农庄”牌匾，市旅游局局长陈佳强为“2007宁波和谐城乡游”首发团授旗。

同日，姜山镇人民路改造工程完工。该工程总投资6500万元，改造后的人民路长2.24公里，路面宽24米，基本做到通讯、广电、自来水、雨污水、煤气等综合管线下埋。

同日，鄞州区举行市级金融机构迎新春茶话会。区领导在会上指出，市级金融单位是鄞州经济社会发展的强大助力，2006年鄞州区实现经济速度效益双增，离不开金融机构的大力支持。据统计，至2006年末，在鄞州区设立分支机构的银行和保险公司达到25家，全区金融机构实现利润11.4亿元，上缴税收1.7亿元。

同日，区总工会召开十三届八次委员（扩大）会议。会上，区委副书记陈振国就如何全面落实2007年区工会工作，提出具体要求。会议表彰2006年党建带工建“三级联创”先进镇乡（街道）工会、工会工作先进单位等一批先进集体。

2月8日，区四套班子有关领导到宁波军分区慰问部队官兵，向他们致以节日问候并送上慰问金。

同日，副市长陈炳水来鄞州区检查森林防火工作。陈炳水一行实地检查横街镇生物防火林带建设、护林巡查人员到岗到位情况及镇森林消防队准备情况。

同日，区政府召开第八次全体（扩大）会议。会议审议即将提交区十六届人大一次会议的《政府工作报告（征求意见稿）》，研究部署当前政府工作。

同日，区人大常委会和“一府两院”举行联席会议，就上阶段走访代表活动有关整理意见建议进行通报，并就2007年区人大常委会工作要点展开讨论。

同日，区检察机关工作会议召开。区委常委、政法委书记王国定在肯定区检察机关成绩后，就2007年检察工作提出要求。2006年，区检察院被评为“全国基层检察院规范化建设示范院”，全年受理移送审查批捕案件1212件，受理移送审查起诉案件1253件。经审查，批准逮捕1833人，提起公诉1969人，移送市检察院审查起诉重特大案犯65人。会议对被国家、省、市检察机关评为先进的集体和个人进行表彰。

2月9日，鄞州区举行新闻界新春团拜会。新华社、人民日报、中央人民广播电台等国家和省级驻甬新闻单位负责人，市级新闻单位负责人应邀出席团拜会。

同日，全区开放性经济工作会议召开。会议对2006年引用外资、外贸进出口总量、新批境外企业等情况进行总结，对2007年工作进行安排部署，并对开放型经济工作先进单位进行颁奖。

同日，鄞州区举行军地迎春茶话会，并向铁路中转站、区消防大队等14个驻鄞部队发放慰问金24万元。

同日，区领导带领区安监、消防、城管、交通、交警、贸易等部门工作人员，对轻纺城市场和鄞州汽车总站进行节前安全生产大检查。

2月11日，区四套班子领导赴东海舰队慰问并赠送慰问金。

同日，鄞州区举行优秀人才新春联谊会，在鄞州工作的海外归国人才、科技创新人才和青年创业人才代表共80余人参加联谊活动。

2月12日，区委、区政府举行新春团拜会。民主党派代表俞浩奇、劳模代表吴祖楣、工商界代表毕金良在会上发言。会后，与会代表观看文艺演出。

同日，宁波县（市、区）委办公室主任会议在鄞州区召开，讨论《中国共产党宁波市第十一次代表大会报告（征求意见稿）》。

2月14日，鄞州区有关领导带领区安监、消防、公安、贸易、工商等部门工作人员，分别对万达商业广场、“三合一”企业、邱隘和姜山镇超市等人员密集场所的消防安全进行检查。

2月22日，八一女篮返抵鄞州主场备战新赛季WCBA联赛，将于2月27日在鄞州体育馆参加首场比赛。

2月24日，据区旅游局统计，春节黄金周，全区共接待旅游者23.98万人次，同比增长42.31%；旅游总收入1.20亿元，同比增长36.36%；星级饭店接待人数4122人次，同比增长46.33%。

2月25日，省委常委、市委书记巴音朝鲁一行赴姜山镇开展连镇带村调研慰问活动，并参观宁波万达商业广场。

同日，省委、省政府召开开展“作风建设年”活动电视电话动员会议。省动员会后，市委、市政府当即组织召开“作风建设年”活动动员会，省委常委、市委书记巴音朝鲁在会上就市开展“作风建设年”活动的各项工作进行部署。区委主要领导在宁波分会场参加会议，区四套班子领导成员在鄞州分会场参加会议。

同日，省委常委、市委书记巴音朝鲁，副市长陈炳水，市委秘书长王剑波和区四套班子有关领导成员，到姜山镇甬新河陈鑑桥段开展义务植树活动。

2月26日，全市农业农村工作会议召开。鄞州区被评为市级粮食生产先进单位，13个村被命名为市级全面小康建设示范村，雅戈尔集团、欣达集团被评为市级村企结对先进单位，西凤竹业合作社和星盛生猪合作社被评为市级示范专业合作组织。

2月27日，区四套班子有关领导会见参加区政协十四届一次会议的香港委员忻元甫、忻英杰、陈乾坤、柯兆年。

2月28日，鄞州银行各项存款突破200亿元大关，成为鄞州区首家存款突破200亿元的金融机构、宁波市首家存款超过200亿元的农村合作金融机构。

2月28—3月3日，政协第十四届宁波市鄞州区委员会第一次会议在区文化艺术中心召开。会议听取并审议政协第十三届常委会工作报告、政协第十三届常委会提案工作报告，协商讨论《政府工作报告》。并组织12名委员进行大会发言，选举产生政协第十四届宁波市鄞州区委员会常务委员会组成人员。

3月

3月1日，第17届华东进出口商品交易会（华交会）在上海新国际博览中心举行。鄞州区40家企业参展。

同日，区海洋与渔业环境监测站建成并通过市级验收。此后，鄞州区养殖水产如发生细菌性病害，可自行进行解剖鉴定。

3月1—5日，宁波市鄞州区第十六届人民代表大会第一次会议在区文化艺术中心开幕。会议听取并审议鄞州区《政府工作报告》、2006年国民经济和社会发展计划执行情况与2007年国民经济和社会发展计划草案报告、2006年全区和区级预算执行情况及2007年全区和区级预算草案报告。会议听取区人大常委会工作报告、区人民法院工作报告、区人民检察院工作报告。会议选举区人大常委会组成人员，区政府区长、副区长，区人民法院院长，区人民检察院检察长以及 52 名出席宁波市第十三届人民代表大会代表。

3 月 2 日，宁波康强电子股份有限公司股票（证券简称：“康强电子”，证券代码：002119）在深圳证券交易所成功上市交易。至此，鄞州区上市公司累计达到 7 家，上市家数和募集资金绝对额均列宁波市之首。

3 月 3 日，中共中央组织部组织局副局长李小新到姜山镇黎山后村，调研流动党员教育管理工作。

同日，区政协召开十四届一次常委会议。会议审议通过政协专业组、联委会机构设置名称及专门委员会、专业组、联委会负责人和组成人员名单。

3 月 6 日，江东区委书记暨军民，区委副书记、区长胡军率领江东区党政代表团一行到鄞州区参观考察。代表团一行先后考察宁波万达商业广场、高教园区及在建的宁波南部商务区。

3 月 7 日，区四套班子有关领导视察新城区规划道路连接线拆迁建设情况。视察组一行先后视察宁姜公路两侧的拆迁和街景改造、解放南路延伸段长丰地块、沧海路连接线童王地块及福明路的连接线创新路。

同日，全区各界妇女代表在邱隘影剧院举行庆祝“三八”国际劳动妇女节 97 周年表彰大会暨“母亲素养工程”启动仪式。区委副书记陈振国在会上作重要讲话。会议表彰一批 2006 年度区级以上妇女工作先进集体和先进个人。会上，全国模范公安民警家属柴瑛宣读《提高母亲素养，促进社会和谐》倡议书，区妇联主席崔明飞向 15 名参加“母亲课堂”的学员代表颁发学员证。

3 月 8 日，全区统计工作会议召开。会议传达贯彻全国、省、市三级统计工作会议精神，回顾总结 2006 年统计工作，表彰先进，安排部署 2007 年统计工作任务。会上，姜山镇、钟公庙街道和海太机械公司作典型发言。

同日，鄞州区清理评比达标表彰活动全面启动。以下项目，将一律予以撤销：不符合国家法律、行政法规规定或不符合实际需要的项目；要求基层、企业、群众出钱出物出工或以各种名目收费的项目；以开展活动为由违反有关财经法规和制度滥发钱物的项目。

同日，在全市种粮大户座谈会上，鄞州区的许跃进、卢方兴、庄博、黄存夫 4 位种粮大户被授予宁波市优秀种粮大户称号，并各获 2000 元奖金。

3 月 9 日，鄞州区召开新农村建设汇报会暨党建工作例会。区委副书记、区长薛维海就下步深入推进新农村建设提出明确要求。各镇乡、街道在会上汇报上阶段新农村建设进展情况，交流下步推进“四个一建设”的工作举措；区委常委、副区长毛宏芳，副区长沈权分别就城镇建设和农业、新村建设工作谈具体看法；区委副书记陈振国就新农村建设行动纲领主要内容作说明。

3月10日，区安全生产监督管理局获国家安全生产监督管理总局授予的“国家安全生产监管先进集体”称号，为宁波市唯一获此殊荣的单位。

同日，鄞州区青年志愿者“3·5”联合大行动暨城市管理志愿者首发仪式在万达商业广场举行，各镇乡（街道）志愿者流动服务站同时成立。

3月12日，宁波地市老领导、老红军到鄞州视察。老领导一行先后视察古林镇藕池村、宁波万达商业广场，详细了解鄞州新农村和新城区建设情况，并举行座谈会。

同日，副市长成岳冲到鄞州考察。成岳冲一行实地考察宁波（鄞州）博物馆建设情况，对参与建设的各相关单位表示慰问。

3月13日，宁波市春季农业科技下乡活动在姜山镇开幕，市、区两级40多名农技人员为农民提供农业种植、农机、渔业、畜牧、法律法规等方面技术服务。

同日，鄞州区召开农村医保工作会议。会议要求，4月20日前，全区将全面完成2007年度农村医保参保缴费工作，确保参保人员从5月1日起享受新一年度的医保待遇。

同日，区人大常委会副主任麻承照一行到鄞州人民医院调研，就如何发挥鄞医龙头作用，缓解全区人民“看病难”“看病贵”问题，与区卫生局、鄞州人民医院等单位有关专家进行座谈。

3月14日，全区财政工作会议召开。会议指出，2007年区财政安排5900万元，将农民住院医疗保险补偿率从2006年的35%提高到42%，并对参保农民给予15%的门诊有效医疗费补偿。同时还将在推进农村联网公路建设、实施污水处理系统建设等民生实事上投入更多的资金。

3月15日，鄞州区农村工作会议在区文化艺术中心召开。会议总结2006年全区农业农村工作，提出2007年新农村建设总的要求。会上，区委副书记陈振国宣读2006年度获得市级以上先进的镇乡（街道）、镇乡（街道）单项工作先进、第四批省市级全面小康建设示范村、村企结对先进企业、百家园先进单位、新获省级农业龙头企业名单，并由区领导授牌。区委常委、组织部部长王自强部署农村基层组织“三级联动”工作任务。区领导与钟公庙街道、横街镇、塘溪镇签订农村党建工作责任书。区农林局、姜山镇、邱隘镇、古林镇葑水港村、集士港镇祝家桥村、宁波欣达（集团）有限公司作典型发言。

同日“3·15”国际消费者权益日暨“消费和谐”年主题宣传咨询现场会在万达商业广场举行。区消协、工商、卫生、质监、药监、烟草等13个部门和单位参加，内容包括现场发放宣传单、现场受理指导投诉、维权成果（食品检测）展示、法律法规宣传等。

同日，鄞州区 2006 年度劳动保障年度书面审查工作启动。本次年度书面审查的范围为 2006 年 12 月 31 日前已经领取工商营业执照并注册在鄞州区的企业、个体工商户、民办非企业单位及有劳动用工行为的事业单位和社会团体。审查内容主要是用人单位在劳动用工、职业培训、劳动合同、工时制度、劳动工资、社会保险等方面的劳动保障法律法规的执行情况。

3 月 16 日，第 89 届中国针棉织品交易会暨中国国际针纺织品博览会在南京开幕，鄞州区蔺草产品成为展会一大亮点，区蔺业经济联合总会荣获最佳组织奖。此为展会分量最重的奖项，仅颁给全国 5 家单位。

同日，宁波万科首个项目“金地水岸”举行开工典礼。

同日，据区科技局发布，2007 年全区新增科技项目专项经费 1500 万元，总量达到 6750 万元。新增经费主要用于设立创业（风险）投资引导基金、增加科技企业孵化器建设专项资金和“双十工程”专项资金。

3 月 18 日，鄞州银行被中国银监会评为 2006 年全国银行业金融机构小企业贷款工作先进单位。

3 月 19 日，区纪委召开第二次全体（扩大）会议。会议传达中纪委七次全会、省纪委十次全会、市纪委五次全会和区第十二次党代会精神，总结回顾 2006 年反腐倡廉工作，研究部署 2007 年反腐倡廉工作任务。会上，2006 年度全区纪检监察工作先进集体和基层行风建设先进单位受到表彰。

同日，新城区违法用水、浪费用水专项整治活动启动。此次整治为期 1 个月，主要整治对象为市政、园林公司开启消火栓浇灌绿化、补充洒水车水箱，建筑工地擅自开启消火栓取水，洗车场点非法用水、浪费用水以及用户擅自改变用水性质、改装用水设施。

同日，鄞州区召开墓葬整治工作会议。会议总结上阶段区墓葬秩序整治工作，并就下阶段深入推进墓葬秩序整治工作进行具体部署。

3 月 20 日，区第十六届人大常委会召开第一次会议。会议听取并审议区人民政府关于人才培养、引进工作的报告，以及区人民法院关于法律生效案件执行情况的报告。会上，还依法任命新一届区人民政府组成人员及梅墟街道人大工委主任。

同日，鄞州区“环境整治年”活动在姜山镇启动试点。活动以“四治”（整治乱搭、乱堆、乱倒、乱停）“四修”（修缮破损道路、修补残缺绿化、修整设施不全的公厕、修建村级农贸市场和摊点）为主要内容，全镇范围内所有行政村、居委会、良种场、渔业队以及沿街营业场所、公共场地均被列为整治对象。

同日，鄞州区召开学校安全与综合治理工作会议，要求各级各部门齐抓共管，把全区学校（幼儿园）建设成为让学生、家长、社会放心的“和谐校园”。

同日，区环保局“亮剑4号”行动联合市环保局“绿剑2号”行动，分4组对全区20多家奉化江流域的排污企业进行突击检查，发现绝大多数企业治污设施运转率和污染物处理达标率基本能够达到100%，但也发现少数企业仍然存在环境违法行为。

3月21日，鄞州区政法稳定工作会议召开。会议对2007年的政法稳定工作作具体部署，与镇乡（街道）和区级机关代表单位负责人签订2007年度社会治安综合治理暨维护社会稳定目标管理责任书，表彰8名见义勇为先进人员及2006年度政法综治工作先进集体和个人。

同日，由南通市港闸区委书记、区人大常委会主任王平带队的港闸区党政代表团一行来鄞州区参观考察。代表团一行先后参观奥克斯集团、新城区、雅戈尔集团和宁波万达商业广场，并着重就如何壮大提升工业经济、大力发展现代服务业、加快推进城市建设等进行考察。

同日，鄞州区城市管理行政执法工作会议召开。会议明确，即将在全区开展整治市容环境、整治渣土乱倾倒、整治违法建筑、整治油烟污染四项整治活动。

3月22日，副市长余红艺会见博格华纳集团董事长兼首席执行官蒂姆·麦甘奈罗一行，对他们在鄞州投资表示欢迎。

同日，区新四军历史研究会举行第五次会员大会。大会选举产生新一届理事会，胡广良当选为会长。

同日，鄞州区召开品牌建设工作会，会议明确2007年及今后五年品牌建设工作目标。

同日，鄞州区召开2006年度体育竞训工作表彰会。2006年，鄞州区向省体工队、市级训练单位输送的体育人才人数名列全市各县市区前茅。在省第十三届运动会上，鄞州区运动员共获金牌25枚、银牌16枚、铜牌20枚，金牌数超越以往，并获得年度市竞技体育事业突出贡献奖。会上，区重竞技学校等12个2006年度业余训练工作先进集体、张旭东等14名业余训练工作先进教练员受到表彰，陆苏荣等6名同志获得体育人才输送（引进）工作突出贡献奖。省运会贡献单位和先进个人同时受到表彰。

同日，全区食品安全工作会议召开。会议通报2006年度食品安全工作，研究部署2007年食品安全工作。会上，副区长黄新山与各镇乡（街道）和区级主要监管部门代表签订2007年度食品安全工作责任书。

3月23日，区委中心组理论学习（扩大）会召开，省政府经济建设咨询委员会副主任、财政部中国财税博物馆馆长翁礼华教授作题为《领导干部的工作智慧和人生目标》的专题报告。

同日，区委、区政府召开全区“作风建设年”活动动员暨党风廉政建设大会。区委主要领导就“作风建设年”活动作动员讲话，区纪委通报2006年全区反腐倡廉建设情况、部署2007年工作任务。12月21日，召开“作风建设年”活动总结大会。

同日，宋诏桥小学代表队在浙江省第五届青少年电脑机器人大赛中，夺得小学组FCL挑战赛冠军。

同日，区综合活动中心设计方案进行竞赛评选，5家设计单位参加竞选，经专家评审，3个设计方案胜出。区综合活动中心位于新城区行政服务中心南侧、浙江万里学院西校门对面，总建筑面积3万余平方米，总投资约1亿元。中心主要建筑包括教育培训用房、室内活动用房、行政办公用房、后勤服务用房、临时商铺等，此外，中心内还配有室外活动场、休闲广场等设施。

3月26日，《鄞州日报》刊登撤县设区五周年十大成就的20个候选项目，在全国率先实施免费义务教育、老年人生活补助政策、残疾人生活补助金、区镇村三级文化体育设施完善、旧村改造新村建设、生态区建设四大工程、社会保险体系覆盖城乡各类群体、区域供水工程、医疗卫生服务网络、鄞州电网建设等10项内容获评。

同日，来自区财政局的最新统计数据表明，2006年全区有14个镇乡（街道）财政收入超亿元，有9个镇（街道）财政收入超2亿元，镇乡（街道）财政收入约占全区财政收入总量的70%。

3月27日，中国共产党宁波市第十一次代表大会开幕，鄞州区有48名代表参会。

同日，鄞州公安分局召开新闻发布会。短短3个月来，区警方在“禁赌三号”专项行动中，查处赌博案件258起，缴获赌资91.7297万元，收缴赌博游戏机1143台，抓获参赌人员860人。

3月28日，一架澳洲航空波音747-400型货机安全降落在宁波栎社国际机场。标志着栎社国际机场具备接待世界大型飞机能力。

3月29日，鄞州区召开招商引资工作汇报会，会议要求做好“五个到位”（认识到位、领导到位、方法到位、政策服务到位、考核到位），力促招商引资工作步入良性的循环轨道。

同日，鄞州区“环境整治，家庭先行”启动仪式在姜山镇举行。区妇联向全区广大妇女发出倡议：保护环境，从家庭做起，积极主动投入到当前正在开展的环境整治中去。

3月30日，省人民政府召开全省建设“平安浙江”电视电话会议。会上，鄞州区获得2006年度省平安市、县（市、区）荣誉称号，这是鄞州区第二次获此殊荣。

同日，区精神病患者监护人可向所在社区、村（居）申请领取“精康救助医疗卡”。领卡后，患者到定点医院就诊免收挂号费，1年内可免费服用500元抗精神病的药物。

4月

4月3日，区委主要领导到姜山镇定桥村蹲点调研。

同日，鄞州区召开文化体育工作会议。会议总结2006年文化体育工作情况，研究部署2007年文化体育工作任务，表彰2006年度全区文化体育工作各类先进集体和个人。

同日，鄞州区“两会”建议提案交办，并要求3个月内全部办结，各承办单位的面商率要达到100%。

同日，鄞州区婚姻登记处将在全省范围内率先运用新一代婚姻登记网络版软件，实现电脑实时全省在线联网。

4月4日，鄞州区召开党风廉政建设和反腐败工作任务分工会议。会议就如何落实此项工作任务提出具体要求，并向牵头单位下发任务书。

同日，据统计，第一季度全区国税、地税税收收入首次均超过10亿元。区国税局组织税收收入126858万元，同比增长29.5%，绝对额继续名列宁波市各县（市、区）第一。区地税局累计入库地方税收收入10.03亿元，绝对额继续名列宁波市各县（市、区）第一，完成年度计划的33.89%，同比增幅达27.8%。

4月4—5日，以浙江省武警总队副参谋长姜志成为组长的省森林防火督导组一行来鄞州区督查指导森林防火工作。督导组实地考察位于区农林局的森林防火远程视频监控室、武警鄞州中队森林消防队、五乡镇森林防火临时指导部、五乡镇育王林区，并听取全区清明期间森林防火各项工作开展情况汇报。

4 月 5 日，宁波市、鄞州区各界 600 多人到章水镇鄞州四明山革命烈士陵园悼念革命先烈。

同日，据统计，全区第一季度实现农业总收入 7.45 亿元，农民人均收入 2374 元，同比分别增长 8.4%和 11.2%。

同日，宁波华彩电器有限公司生产的 150 台冰箱出口香港，这是全区自产冰箱首次进入香港市场。

4 月 4—7 日，省委常委、市委书记巴音朝鲁到鄞州区姜山镇翻石渡村开展蹲点调研活动，主持召开“贯彻第十一次党代会精神，加快新农村建设”报告会，为全镇 200 多名基层党员干部上党课，探讨和谐新农村建设之路。还实地考察梁祝公园和长丰区块，并先后主持召开西部区域开发和长丰地块开发建设两个座谈会，探讨如何进一步推进“中提升”战略。

4 月 5—15 日，鄞州区统一开展春季农村灭鼠活动。

同日，由国务院研究室社会发展司司长张大平率领的国家人口计生委调研组到下应街道湾底村调研人口计划生育工作。张大平一行与湾底村村干部进行座谈，村主任胡耀乾就湾底村进行社会主义新农村建设的思路和成果，以及流动人口计划生育管理服务工作进行介绍和说明。

同日，全区召开一季度工业经济分析交流会议。2007 年，工业总产值和销售同比增幅均在 20%以上，高新技术产业区在全区工业经济中所占比重上升至 22.5%。年销售收入在 500 万元以上的规模企业实现工业总产值 237 亿元，同比增幅达 24.2%。全区实施技改项目 150 项，同时新增 2 只国家驰名商标和 2 家上市企业。

同日，据统计，第一季度，全区规模以上工业企业总数达到 2311 家，同比增加 10.8%，规模以上工业企业总数位列浙江省各县（市、区）首位。

同日，全国工商联党组书记、副主席全哲洙一行到鄞州区开展非公企业党建调研工作。

4 月 9 日，鄞州区召开统战工作会议。会议学习贯彻全国和省、市统战工作会议精神，回顾总结 2002 年以来全区统战工作，全面部署新时期统战工作的目标和任务。

同日，上虞市委书记杨文孝带领上虞市党政代表团来鄞州考察。代表团听取鄞州社会经济发展情况介绍，并先后参观位于鄞州投资创业中心的欧琳集团和利时集团，以及下应街道湾底村和新城区。

同日，鄞州区百家社会主义新农村税收宣传基地和志愿者服务网络正式成立。

4月11日，鄞州区第二次“环境整治年”活动动员大会召开。会议确定此次环境整治范围以镇乡（街道）为单位，所有行政村、居委会全覆盖。活动共分宣传发动、集中整治、巩固提高3个阶段实施。

同日，据统计，一季度全区实现社会消费品零售额27.43亿元，比2006年同期增长24.3%，总额和增幅均创新高。

同日，“和谐鄞州”欢乐城乡游系列活动之一的2007下应街道湾底村天宫庄园桑果节开幕，天宫庄园新景点——西江古村也同时开村。其间，举行庄园狂欢节、“西江古村”杯越剧票友大赛、《希望的田野》新农村建设专场文艺表演和西江古村乡村民俗文化表演等活动。

同日，区财政性建设项目监督工作领导小组第五次会议召开。会议明确全区重点抓好建长效机制、交易平台和监管、严查案件等4项工作，实现财政性建设项目增效保廉的目标。

4月12日，2007“和谐鄞州”欢乐城乡游开幕式暨首届四明山（杖锡）樱花节开幕式在章水镇杖锡村举行。该系列活动为期9个月，以“魅力乡村、活力新区、和谐鄞州”为主题，主要包括农事节庆活动、山水美景游和民俗民情游三大主题。

同日，鄞州区召开四套班子领导成员会议，听取潘火片区、长丰滨江休闲居住区、梁祝爱情文化产业区、天童风景名胜区、它山堰文化旅游资源开发区等5大区块开发状况的汇报。

4月13日，鄞州区召开人口和计划生育工作会议。会议总结2006年人口和计划生育工作，区政府和镇乡（街道）及有关部门代表签订2007年人口和计划生育工作目标管理责任书。

4月15日，鄞州区首届风筝艺术节在万达商业广场开幕。该活动持续到4月25日结束。

同日，第101届中国进出口商品交易会（广交会）在广州开幕，鄞州区67家外贸企业全部以自主品牌参展。

同日，据统计，第一季度全区共接待国内游客70.91万人次，同比增长13.27%；接待入境游客9073人次，增加12.97%；国内旅游收入3.94亿元，同比增长15.89%；旅游创汇337.23万美元，同比增长2.80%。

4月16日，宁波市“中提升”工作现场会在区委党校举行。会上，市建委、市国土资源局、东部新城指挥部以及鄞州、海曙、江东、江北区政府分别交流汇报“中提升”战略工作开展情况。与会人员参观南部商务区建设现场、万达商业广场和在建的金地国际花园。

同日，区人大常委会组织视察区域供水工程建设情况。视察组先后视察位于鄞江镇梅园村的毛家坪水厂工程、引水管网铺设工程及位于古林镇施家村的镇域供水管网铺设工程建设情况，并会同有关部门负责人召开座谈会。

4 月 17 日，区委、区政府召开实施竞争力提升行动纲领汇报会暨一季度经济形势分析会。会议分析研究全区一季度经济运行情况，深入查找存在问题和差距，进一步明确下步工作重点和落实举措。

4 月 18 日，区四套班子领导参观撤县设区五周年成就展。该展览以“创新跨越新鄞州”为主题，由“经济实力持续增强”“城乡面貌明显改变”“人民生活不断改善”“和谐建设扎实推进”等 6 个部分组成。

同日，鄞州区召开新村建设工作会议。会议指出，新村建设是全区新农村建设的重中之重，要加大力度，加快推进。

同日，鄞州区召开服务业工作会议。会议总结 2006 年度服务业发展情况，表彰先进集体和个人，并对 2007 年工作提出具体要求。

4 月 19 日，全国人大常委会副委员长司马义·艾买提一行视察鄞州区，并对鄞州区撤县设区五年来取得的成绩表示充分肯定。

同日，区委、区政府举行撤县设区五周年招待酒会。全国人大常委会副委员长司马义·艾买提，南京军区副司令员、东海舰队司令员徐洪猛将军，省委常委、市委书记巴音朝鲁，省政协副主席、省总工会主席张蔚文，市政协主席王卓辉，市委副书记郭正伟等中央和省市领导出席酒会。

同日，“和谐路上·新鄞州”大型文艺晚会在区文化广场举行。整台晚会由总政歌舞团担纲演出，庆祝鄞州撤县设区五周年华诞。

4 月 20 日，区委、区政府在区委党校举行“走在前列·新鄞州”学术论坛活动，回顾鄞州发展历程，探索鄞州发展思路，共谋鄞州发展良策。教授张军扩和研究员朱家良作学术报告。有关专家撰写的论文将结集出版。

4 月 21 日，全市首个书法家协会创作基地授牌仪式在邱隘镇文化城举行。

同日，“都市港湾”宁波第三届万人相亲会在梁祝文化公园举行，梁祝万人相亲网站同时开通。

4 月 22 日，2007 中国（杭州）国际名茶暨第二届浙江绿茶博览会上，鄞州区选送的“它山堰”茶获得金奖。这是“它山堰”茶自 2005 中国（宁波）国际茶文化节上获得“中绿杯”金奖以来，连续第三年在同类全国性名茶评比活动中获得金奖。此外，鄞州区选送的“金峨仙草”“四明银雾”“皎溪银舌”“赤山云雾”“龙嵋”“五龙仙茗”获得此次名茶评比优质奖。

4 月 23 日，中国县域旅游品牌高峰论坛暨颁奖典礼在中央电视台举行，“中国县域旅游品牌20强县”等奖项揭晓，鄞州区成为宁波市唯一入围的县（市、区），梁祝文化公园被评为“中国县域旅游品牌100强景区”。

同日，鄞州区水稻生产全程机械化机插现场会在姜山镇举行。2007年，全区机插早稻预计达4200亩次。

同日，据区贸易局统计，至一季度末，全区储蓄存款余额295.1亿元，比年初净增20.7亿元，增幅为7.55%，与2006年同比净增减少1.5亿元，增幅下降1.9个百分点。

4月24日，北仑区委书记、宁波开发区管委会主任陈利幸，北仑区委副书记、区长俞雷带领北仑区党政代表团一行到鄞州区考察。“中提升”工作，尤其是新城区建设是代表团此行考察的重点。

同日，参加“新农村·新青年”全省共青团服务新农村建设工作推进会的代表到姜山镇黎山后村参观。共青团中央常委、青农部部长陶宏，团省委副书记徐旭，团省委常委、青农部部长陈永峥，团市委书记孙黎明等参加活动。代表们观看“新农村、新青年在行动”专题片，并沿途参观青年“农民信箱”注册站、“鄞州青年创业政策”宣传栏、黎山后青年中心等阵地以及宁波港城农业示范园。

同日，“星光灿烂·新鄞州”城乡文化联动活动鄞西片启动仪式暨高桥镇第四届《蝶恋高桥》文化体育艺术节在高桥镇休闲广场开幕。

4月25日，区政协召开十四届二次主席会议。与会人员首先视察滨海投资创业中心，听取有关情况通报，并提出许多意见和建议。

同日，“星光灿烂·新鄞州”大型文艺汇演暨颁奖晚会在鄞州体育馆开幕，全面展现鄞州区文化强区风采和撤县设区五年来各行各业的成就。

4月26日，区慈善总会召开第三次会员代表大会。大会听取第二届理事会工作报告，选举产生第三届理事会。

同日，镇海区委书记郭华巍，镇海区委副书记、区长马卫光带领镇海区党政代表团一行到鄞州区考察。代表团一行先后参观金地国际花园、万达商业广场、高教园区、南部商务区等地。

4月27日，鄞州区财政审计及政府投资项目等政策贯彻落实工作会议召开。

同日，鄞州区第二次“环境整治年”工作汇报会在云龙镇召开。会议听取各地情况汇报，要求狠抓重点，全面推进环境整治。

4月28日，鄞州区召开“作风建设年”活动第一阶段工作汇报会。该活动3月下旬启动，5月转入第二阶段，8月底基本结束。

同日，南部商务区建设工作座谈会举行，26家企业负责人参加座谈，并现场查看工程进度。

同日，鄞州区文明委全体成员会议召开。会议指出，文明创建要做好三项重点工作：一是要抓好省级示范文明城区创建工作，二是要抓好“和美家园”创建工作，三是要做好公民思想道德建设。为继续深化精神文明创建工作，2007 年区财政安排 2500 万元专项资金。

同日，鄞州滨海投资创业中心引进 620、601 两路公交线路。自此，园区至宁波市与周边乡镇的交通被有效贯通，改变了园区交通末端、交通不便局面。

4 月 28—29 日，鄞州警方开展“雷霆”一号集中行动。整治治安重点场所，共查获各类违法犯罪人员 265 名。

4 月 29 日，鄞州区举行“五一”国际劳动节庆祝大会暨文艺招待会。会上，10 名 2004—2006 年度宁波市劳动模范、4 个 2004—2006 年度宁波市模范集体受到表彰，10 名同志被授予区级劳动竞赛先进个人称号，10 个集体被授予区级劳动竞赛先进集体称号。市级劳动模范王利平、张立宏和模范集体代表作典型发言。

4 月 30 日，区委、区政府召开国家卫生城市复查迎检动员会。会议对复查迎检工作作具体部署，并同石碶街道等 6 个镇、街道及卫生、城管等部门代表签订责任书。

同日，鄞州区第十六届人大常委会召开第二次主任会议，听取关于城市管理情况和关于幼儿教育发展情况的报告。

同月，鄞州区领导干部下基层蹲点，要求集中一周时间，开展“五考察、四走访、三解决、二座谈、一接访”活动。

同月，鄞州区各级领导干部以“联镇带村工作月”“解难创优”“联万家送温暖”等活动为载体，开展“树新形象　创新业绩”主题实践活动。活动历时 1 年左右。

5 月

5 月 1 日，《宁波市鄞州区农村医疗保险门诊补偿制度管理暂行办法》开始全面实施。农保人员凭相关证件到全区 60 余家社区卫生服务中心及下属社区卫生服务站门诊治疗时，可给予本次就诊有效费用 15%的补偿。

5 月 1—7 日，五一黄金周鄞州区主要景点接待游客 52.21 万人次，同比增长 15.78%；实现旅游总收入 2.96 亿元，同比增长 18.4%。

5月5日，新鄞州和美使者——参加南苑·2007环球小姐中国区总决赛的佳丽们到梁祝文化公园进行爱情文化体验。

同日，为期两天的“梁祝杯”浙江省风筝赛在梁祝文化公园开幕，来自全省各地的15支代表队参赛。

5月8日，文化直通车走进鄞江镇大桥村。文化直通车是区委、区政府进一步加快社会主义新农村建设、推进基层农村文化建设、繁荣群众文化的重要载体，以一辆多功能流动舞台表演车为平台，以鄞州越剧团为班底。

5月9日，区委、区政府召开实施和谐区创建行动纲领暨创建省级示范文明城区动员大会。会议深入贯彻区第十二次党代会精神，围绕“共建和谐鄞州，共享全面小康”目标，部署实施和谐区创建行动纲领。

5月10日，鄞州区第四届人大工作理论研究会召开第一次会员大会。会议听取区第三届理论研究会理事会工作报告，通过理论研究会章程。

同日，鄞州区环境整治检查组对全区各地环境整治情况进行再次检查。

5月11日，鄞州区52名人大代表报到参加宁波市第十三届人大一次会议。

同日，区“作风建设年”活动领导小组下发《关于开展作风建设“金点子”征集活动的通知》，决定5月在镇乡（街道）、区级机关各单位及其下属单位、行政村、社区居委会开展作风建设“金点子”征集活动。此活动是鄞州区“作风建设年”活动第二阶段的重要内容。

5月12日，省委常委、市委书记巴音朝鲁以普通代表的身份，参加宁波市十三届人大一次会议鄞州区代表团小组会议，审议市政府工作报告。

同日，明州医院与上海复旦附属妇产科医院达成合作协议，成立上海市红房子妇产科医院协作医院。两院将在医疗制度、学术研究、专家、设备、服务等领域进行全面合作。

同日，鄞州区人才招聘团参加在武汉科技会展中心举办的人才招聘会。全区60多家企业推出30多个专业、1200多个岗位，达成初步就业意向的有1307人次。

5月13日，市委常委、副市长余红艺听取鄞州区代表审议市政府工作报告。

5月15日，鄞州区第二次“环境整治年”活动现场会在云龙镇举行，与会人员实地参观云龙镇环境整治活动。

5月15—17日，2007年全国健身秧歌大赛在浙江余杭举行。钟公庙街道秧歌队代表宁波市参加此次大赛，并获得总分第一名、规定套路一等奖、自选套路二等奖和优秀组织奖。

5月16日，鄞州区首届残疾人“自强之星”评出。评选活动历时3个月，经过层层筛选，共有10名残疾人获得这一殊荣。

同日，鄞州区召开国家卫生城市复查迎检第一阶段第一次汇报会，总结回顾上阶段创卫复查迎检工作，部署落实下阶段任务。

同日，区委办、区府办联合发出通知，全面启动新一轮地方志编纂工作。此轮地方志记述内容为2008年前鄞州区行政区域内的自然、经济、政治、文化、社会等方面，同时对《鄞县志》(1996年版）进行补遗纠错。

5月17日，宁波市十三届人大一次会议闭幕。会议期间，全区代表共提交建议104件，数量和质量均居全市各代表团前列。

同日，《鄞州日报》发行工作座谈会召开。会议安排部署2007年度《鄞州日报》征订发行工作任务，听取各镇乡（街道）对《鄞州日报》发行工作的意见和建议，商讨并解决各地在发行工作中遇到的困难和问题。

5月18日，鄞州区制定出台竞争力提升行动纲领实施方案。方案提出，今后5年，鄞州区将重点实施十大工程、建设十大区块，基本建设成为全市乃至全省的先进制造业基地和商务商贸中心之一，力争综合实力进入全国“十强县（市、区）”行列。

同日，代表浙江省出战的高桥镇中心小学六年级学生朱丹丹在云南昆明举行的全国第七届残运会中，获得女子S8级400米自由泳金牌、100米自由泳银牌和100米仰泳铜牌。

同日，2007中国“环球小姐”中国区总决赛在鄞州体育馆举行，来自浙江赛区的魏子雅夺得桂冠，来自云南赛区的梁宇舒和上海赛区的杨玲分别夺得亚军、季军。

5月19日，国家发改委环境资源专题组及成都城管部门一行，到宁波开诚生态技术有限公司调研餐厨垃圾处理项目。

5月20日，区残联在万达商业广场举行“全国助残日”主题活动。

同日，浙江省首届暨宁波市第三届獭兔种公兔比赛会在甬港饭店举行，全省各地的40多家规模兔场负责人参加。

5月21日，鄞州区召开妇女儿童工作会议。回顾总结“十五”以来妇女儿童工作，研究部署“十一五”妇女儿童工作及2007年工作重点。

5月22日，鄞州区召开高校及高中段学校招生考试工作会议，全面部署当年高考和中考的组考及招生工作。当年全区参加高（中）考的考生达1.5万名。

同日，鄞州区安全生产“执法年”活动启动。此次“执法年”活动以生产经营单位安全生产基础管理和矿山、危险化学品等高危行业的安全管理为重点。

5月23日，宁波市农业产业基地建设专题会议在下应街道湾底村召开。副市长陈炳水参观天宫庄园桑果基地核心示范区，并听取汇报。

同日，副市长徐明夫到鄞州区调研外来务工人员参保等社会保障工作，区委副书记、区长薛维海和区委常委、常务副区长毛春阳就全区社保工作情况作相关汇报。

同日，鄞州区文艺工作者纪念毛泽东同志《在延安文艺座谈会上的讲话》发表65周年座谈会召开。会上，举行服务新农村文联协会与行政村结对共建签约仪式。

5月24日，嵊州市委书记郭敏，市委副书记、市长盛秋平带领嵊州市党政代表团一行到鄞州区考察工业经济建设情况。

同日，鄞州区召开社区居委会换届选举工作会议，全区社区居委会换届选举工作也全面铺开。

同日，由全球财富500强——博纳华纳集团和鄞州区大型民营企业宁波圣龙集团合资建设的华纳圣龙有限公司正式落户鄞州投资创业中心。该公司主要生产汽车用硅油风扇离合器、塑料风扇及水泵，投产后3年内销售额预计可达8亿元。

5月24—25日，鄞州区工商业联合会第九次会员代表大会在区委党校开幕。会议总结过去5年的工作，选举产生新一届领导班子。

5月24—25日，鄞州区十六届人大常委会举行第二次会议。会议听取并审议2006年区本级财政预算、2006年决算草案等，审议通过《宁波市鄞州区人民代表大会常务委员会议事规则》等六项制度，以及区人民政府、区人大常委会主任会议有关人事任免事项等。

5月25日，市委副书记郭正伟到鄞州区调研社会稳定和政法工作。郭正伟一行实地视察古林镇藕池村综治室建设情况、礼嘉桥村“六位一体”综治室建设情况及古林镇综治工作中心，并听取古林镇维稳工作情况汇报。

同日，区供电局文化艺术联合会宣告成立，为全区首家企业文联。区供电局文联下设12个协会，包括中国作家协会会员1名、中国摄影家协会会员1名。

同日，区工商业联合会第九次全员代表大会闭幕。大会选举产生区工商联新一届执行委员会，并决定聘请宁波向阳集团董事长毕金良为区工商联顾问。

5月27日，区政协与宁波文化研究会、宁波行政学院浙东学术研究所联合召开王应麟与《三字经》学术研讨会，来自北京、杭州和宁波的近30名专家学者参会。

5月28日，鄞州区制定出台和谐区创建行动纲领实施意见。《意见》指出，今后5年，着重构建社会主义核心价值、优质化公共服务、普惠性社会保障、长效化稳定维护、制度化权益保障等五大体系。

同日，区委在鄞州老年大学理论学习会上，向老年大学的部分骨干学员通报撤县设区 5 年来全区经济社会发展情况，并简要介绍今后 5 年经济社会发展的总体部署。

同日，鄞州区政协十四届三次主席会议暨重点提案现场办理会议在云龙镇召开。与会人员现场视察云龙镇街景改造工程，并听取环境整治工作汇报。

同日，以“同心创和谐，爱心在鄞州”为主题的全区“生育关怀行动”在石碶街道文化中心广场启动。

同日，它山堰保护总体规划首次论证会举行，东南大学建筑系专家及鄞州区水利、文化、建设等单位负责人参加论证会。

同日，宁波服装博物馆专家向外界宣布：在姜山镇虎啸漕村孙张漕自然村和阳府兴村发现红帮裁缝的另一源头。这进一步印证中国红帮裁缝的发源地在鄞州区姜山镇，也使得红帮裁缝在日本神户经营服装产业的历史提早半个多世纪。

5 月 29 日，区委召开第八次党（工）委书记党建工作例会，研究部署进一步加强矛盾复杂村整顿转化工作。

同日，鄞州区管领导干部综合素质专题培训班在区委党校开班。培训采用菜单选课、预约报名的形式，从 5 月开始，安排 6 期，每位区管领导干部必须选 3 个或 3 个以上专题。

5 月 29—30 日，鄞州区残疾人联合会第四次代表大会在区委党校召开。会议总结过去 5 年工作，部署今后一个时期的工作任务，选举产生新一届领导班子。大会选举产生区残联第四届主席团委员。

5 月 30 日，宁波市新农村建设顾问团首次下乡服务活动在姜山镇菜场前广场上举行。市委常委、组织部部长姚志文，市政协副主席胡建岳等领导参加下乡服务活动。

同日，鄞州区流动人口管理工作会议召开。会议指出，即日始至 6 月底，全区开展流动人口大排查专项行动。

5 月 30—31 日，区领导分别到下应街道、塘溪镇、瞻岐镇、鄞江镇，看望慰问当地的少年儿童并送上慰问金，与孩子们共庆“六一”国际儿童节。

5 月 31 日，以“综合治理、保障平安”为主题的 2007 年宁波市“安全生产月”活动在万达商业广场启动。启动仪式上，举行《全国安全生产漫画大赛作品选》首发式。

同月，鄞州区在武汉科技会展中心举办大型人才招聘会，60 多家企业推出 1200 多个工作岗位，吸引 6000 多人进场应聘。

同月，《鄞州体育志》出版。

6 月

6 月 1 日，鄞州区委武装工作暨区国防动员委员会全体会议召开。会议学习贯彻宁波市委武装工作暨市国防动员委员会会议精神，分析形势，总结经验，研究部署 2007 年全区人民武装和国防动员工作。会议还表彰武装工作先进单位和个人，并明确鄞州区首批市级国防通用装备物资动员储备单位。

同日，鄞州区召开示范村创建工作会议。会上强调，2007 年及今后一段时间，深入开展示范村创建工作，建成一批具有鲜明鄞州特色、体现全面小康发展水准的农村新社区。

同日，所有装有“一户一表”的城乡居民用户可以申请执行峰谷电价。

6 月 2 日，由市教育、交通、公安等部门负责人组成的宁波市高考前检查组一行来鄞州区检查高考准备情况。检查组听取鄞州区有关部门的汇报，并对全区考前准备工作表示肯定。

6 月 3 日，区委宣传部、区环保局、团区委在万达商业广场联合举行“生态文明宣传月”活动启动仪式。启动仪式上，表彰钟公庙街道等 17 个 2006 年度市级环保模范单位，并向市民分发环保倡议书。

6 月 4 日，区人大常委会分 3 组视察环境卫生状况，重点视察城乡接合部的 3 街道、3 镇环境整治情况。

同日，在全省经济体制改革电视电话会议鄞州区分会场上，鄞州区确定 2007 年全区经济体制改革的目标，即实现由初级的市场经济体系向更具活力、更加开放、更加健全的现代经济体系转变，率先完成比较完善的市场经济体制。

6 月 5 日，区政府主要领导先后来到石碶街道东方社区、裲城东路和钟公庙街道宋诏桥社区、宋诏桥菜场等地，督查省级示范文明城区创建工作。

同日，区委主要领导专题听取公检法司工作汇报，要求政法各部门牢固树立社会主义法治理念，合力打造平安和谐鄞州。

同日，区政府主要领导先后到区国税局和区地税局调研。区领导要求，国税和地税要不断涵养税源，优化结构，确保全区税收稳步增长。

6 月 6 日，由市政协副主席胡建岳率领的市政协调研组到鄞州区就和谐劳动关系课题展开调研。调研组一行先后召开座谈会听取情况汇报，实地走访南洋酒店设备制造有限公司，了解企业和谐劳动关系开展情况。

6 月 7 日，鄞州区召开环境整治汇报会。会议再次对环境整治工作进行督促和推进，并部署全国卫生城市复查迎检工作。

同日，区政协领导先后来到位于新城区的宁波博物馆、宁波海关鄞州办事处检测报关代理服务中心、区疾控中心、荣安和院、农行鄞州支行等 5 家建筑工地，检查省级示范文明城区创建工作。

同日，区政府主要领导会见由拉贾拉南带队的亚洲人对话协会一行 11 人，对他们来鄞参观考察表示欢迎。

同日，区政府领导会见前来参加浙洽会的台湾中华国际观光协会经贸考察团一行、保时捷控股有限公司的高层管理人员。

同日，经有关专家验收，横街镇溪下水库古洞桥异地拆迁保护成功。此桥为宋朝时的古桥，具有 800 年历史，整体迁移 1500 米，难度之大在浙江省尚属首次。

6 月 8 日，第九届浙洽会和第六届消博会在宁波国际会展中心正式开馆。鄞州区由 78 家企业参展，摊位数达到 136 个。

同日，区委主要领导会见由会长古宣辉带队的香港华侨华人总会一行，对他们来鄞州参观考察表示欢迎。

同日，区政府主要领导在东港喜来登酒店会见台湾光磊科技公司总经理黄勇强一行，对他们来鄞州参观考察表示欢迎。

同日，鄞州投资环境说明会在区文化艺术中心举行。360 余名境外客商应邀赴会，16 个外资项目当场签约，总投资 33698 万美元，合同外资 20800 万美元。

同日，区委主要领导会见华南城国际控股有限公司董事长郑松兴一行，对他们来鄞州投资考察表示欢迎。

同日，区政府主要领导来到鄞州高级中学考点进行巡视检查，并询问其他考点的相关情况。

同日，鄞州区第十二个全民健身月活动暨“新鄞州人”趣味运动会在鄞州公园举行。此届全民健身月活动推出“与奥运同行，与和谐同步”的主题。

同日，区委副书记、纪委书记郑德兵，区委常委、宣传部部长王海娟先后到区供电局营业大厅、区地税征税大厅、区行政服务中心办证大厅、鄞州第二医院、鄞州银行直属营业大厅等窗口单位，检查窗口单位省级示范文明城区创建准备情况。

6 月 8—12 日，第九届浙洽会和第六届消博会在宁波举行。在本届浙洽会上，鄞州区有 39 个外资项目签约，总投资 64806 万美元，合同外资 39650 万美元；在消博会上，鄞州区有 78 家企业参展，摊位数达 136 个。

6月9日，区政府主要领导在南苑饭店会见前来参加浙洽会的英国AES公司总裁Chris Rea、英国伏尔肯公司总裁Gerry Quinn及英国AES公司其他高层管理人员。

同日，区委有关领导会见由主席陈樟仁带队的香港国际商会投资贸易联合体一行，对他们来鄞州参观考察表示欢迎。

同日，鄞州区现代服务业项目推介会在东港喜来登酒店举行。会上，共推出17个服务业投资项目，主要涉及批零贸易、物流、旅游、商务经济等领域，投资额45亿元。

6月10日，鄞州区民营企业与境外资本合作论坛在南苑饭店举行，全区近两百位“双五十企业”的高层管理人员参加论坛。

6月11日，省政府通报表彰2006年度“省平安畅通县区”，鄞州区获此殊荣。

同日，区委、区政府决定即日起至本月15日，在鄞西发动万人清理河道绿萍，作为“环境整治年”的一项重要内容。

同日，姜山镇走马塘村旅游开发启动，开始拆迁该村荷花池四周2000多平方米建筑。

6月12日，卫生部、中国疾病预防控制中心专家组一行5人前往集士港镇中心小学视察学生伤害干预工作。

6月13日，鄞州区推进项目建设暨节能降耗工作会议召开。会议通报2007年以来重点投资项目进展形势，部署节能降耗工作的目标和任务。

同日，省纪委召开贯彻落实《中共中央纪委关于严格禁止利用职务上的便利谋取不正当利益的若干规定》电视电话会议，要求进一步加大查办权钱交易案件的力度。区主要领导在鄞州分会场参加会议。

6月14日，鄞州区召开廉政文化建设工作会议。会议总结回顾2006年全区廉政文化建设情况，研究部署2007年工作。会议还对第二批廉政文化建设示范点、2006年度区廉政文化建设先进单位和先进个人、优秀廉政文化景观和优秀廉政文化活动进行表彰。

同日，区政协召开十四届四次主席会议。会议听取区教育局关于幼儿教育发展情况的通报和关于人才引进、培养情况的通报。会议还审议《关于推进我区卫生事业均衡发展的建议》和《关于加强对外来务工人员服务和管理的建议》调研报告。

6月15日，省档案局局长王立忠、市档案局局长孙伟良一行5人对区档案馆目标管理晋升省一级进行认定验收。区档案馆以98.3的高分顺利通过验收。

同日，鄞州区9200余名初中毕业生走进考场，参加新课改后的中考。16日，中考结束。

6月17日，由国际度假联盟组织、亚太旅游联合会和中国旅游电视协会等共同举办的“2007中国热点旅游胜地”评选在安徽黄山揭晓，东钱湖旅游度假区为宁波市唯一获选代表。

6月18日，区委召开常委会（扩大）会议，会议传达贯彻省第十二次党代会精神，要求认真落实发展举措，继续当好全省发展排头兵。会议还讨论区级领导“走进矛盾、破解难题”责任分工建议方案，并听取第二次“环境整治年”工作汇报，肯定鄞州区环境整治工作取得的成效。

6月19日，区第十六届人大常委会召开第五次主任会议。会议听取区人民检察院关于自侦工作开展情况的汇报和区公安分局关于《中华人民共和国治安管理处罚法》贯彻实施情况的汇报。

同日，区政府主要领导检查全区防汛防旱工作。实地检查、查看茅镬村地质灾害隐患点、甬新河建设工地等，并召开座谈会，听取相关部门工作汇报。

同日，区人大常委会主任接待代表日活动在集士港镇举行，现场督办鄞西片区域供水工程建设有关情况。

同日，鄞州区思想政治工作研究会第九次年会召开，明确下年度的工作目标和任务。

6月20日，由丹尼尔州长率领的尼日利亚奥贡州政府代表团一行12人到鄞州访问。

同日，区直属机关举行庆祝建党86周年活动。活动邀请省委党校副校长郑仓元就作风建设为党员上党课，并举行51名新党员宣誓仪式。

同日，鄞州区召开国家卫生城市复查迎检第一阶段第二次汇报会。会议回顾总结上阶段创卫复查迎检工作，部署落实下阶段工作任务。

同日，鄞州区50家规模以上企业带着32项技术合作需求赴重庆，参加鄞州区与重庆大学科技合作洽谈会。洽谈会上，3家企业项目当场与重庆大学签署合作协议，宁波力达物料搬运设备厂的20多个项目达成进一步合作意向。

同日，市政协民革界别18位政协委员参观、考察位于云龙镇甲村的500千伏天一变电所、区供电局营业厅和鄞州95598服务热线。

6月20—21日，区农口系统中层以上干部，各镇乡、街道负责农业的副镇（乡）长、副主任近150人在区委党校接受党风廉政教育，这是全区农口系统首次集中开展党风廉政教育。

6月21日，为期3天的浙江省文联工作经验交流会在鄞州区召开，全省文联系统100多名代表参加会议，共商大力推进文化建设大计。

6月22日，区人大常委会领导到钟公庙、下应街道等地视察“五路一卡口”工程。视察组一行先后察看解放南路延伸段工程、建设中的沧海路延伸工程和下应大道工程。

同日，国务院召开第二次全国土地调查工作电视电话会议，动员并全面部署第二次土地调查工作。鄞州区区级相关部门负责人在鄞州分会场参加会议。鄞州区将从组织、技术、机制、政策和经费等5方面保障土地调查工作的开展。

同日，区人大常委会党组和机关党组举行学习会，学习贯彻省第十二次党代会精神和《中共中央纪委关于严格禁止利用职务上的便利谋取不正当利益的若干规定》精神。

6月23日，在宁波市十大名果（杨梅）评选中，鄞江清沅牌东魁杨梅荣列其中。这是继“甬优一号”葡萄之后，鄞州区第二种入选全市十大名果的水果。

6月25日，鄞州区公布2007年度工业50强、成长型企业50佳“双五十工程”企业名单。

同日，鄞州区首个社区食品药品监督信息站在钟公庙街道汪董社区挂牌成立。

6月26日，区政府与它山文化实业有限公司举行签约仪式。这标志着双方合作迈出实质性的一步，由此拉开一大重要文化休闲开发项目——它山休闲旅游项目投资建设的序幕。这也是鄞州区首个纯企业运作的文化休闲项目。

同日，区政府主要领导带领教育、规划、财政、发改等部门负责人到鄞州中学进行调研，考察学校整体环境，并听取情况汇报。

同日，省国家卫生城市复查组对鄞州区的社区、学校、市容环境、除“四害”等项目进行检查，检查结果总体满意。

6月27日，区政府召开全区半年度安全生产暨道路交通安全工作会议。会议分析当前全区安全生产形势，并部署下半年的安全生产工作。

同日，区政协领导到区供电局调研电网建设和供电情况。调研组先后到营业大厅、客户服务中心和调度中心，详细了解供电情况。

同日，南宋石刻文物复制品“文臣武将”在东钱湖南宋石刻公园举行启程仪式。“文臣武将”是2006年意大利佛罗伦萨市的“大卫”落户宁波后，市政府回馈给对方的礼物。

同日，鄞州区“和美家园”创建工作培训会暨新农村主题教育工作会召开。与会代表听取创建工作具体部署，实地参观东吴镇童一村。会议回顾总结前一阶段全区开展新农村主题教育活动的基本情况，着重部署下阶段鄞州区新农村主题教育工作。与会代表还实地参观东吴镇童一村，并听取2007年度“和美家园”创建工作的具体部署。

6月28日，鄞州区第二次环境整治年活动推进会在云龙镇举行。会议要求各乡镇各部门，重点围绕“抓实、巩固、提升”要求，深入扎实推进“环境整治年”活动各项工作，确保完成文明示范城区创建、国家卫生城市迎检任务。

同日，鄞州区召开学校周边秩序治安专项行动工作会议。此次行动目标为集中清理整治一批学校周边治安乱点，依法打击处理一批盗窃、抢劫及涉黄涉赌等严重危害学校治安稳定的违法犯罪案件，有效排查化解一批涉校矛盾纠纷和不安定因素，重点建立完善一套维护学校周边治安稳定的长效工作机制。专项行动时间从即日起至9月底结束。

6月29日，鄞州区举行“科学发展、和谐创业、率先跨越”企业发展论坛。区领导与区“双五十”企业、重点商贸流通企业以及部分外资企业代表，就如何提升企业核心竞争力、实现可持续发展进行深入探讨。

同日，区级机关信访工作规范化建设现场会召开。会议规范五大类20项考证标准，明确2007年内全区将力争33家重点单位80%达到规范化建设标准。

6月30日，雅戈尔集团获准筹建国家衬衫分技术委员会。雅戈尔集团今后将承担起制定、修改衬衫行业国家标准的职责，并代表中国衬衫行业参与国际行业标准的修订工作。

7月

7月1日，鄞州区正式实施进一步完善重点优抚对象生活保障机制，每年将多投入170多万元，改善重点优抚对象的生活状况。

同日，在首届全国乡镇文化建设征文活动中，鄞州区选送的论文获奖率居全省首位。这也是历年来鄞州区在国家级群众文化论文征文活动中获得的最好成绩。

同日，集士港党校被中共浙江省委宣传部授予“浙江省先进示范基层党校”荣誉称号并受到表彰。

7月2日，鄞州银行正式成为国际商会中国国家委员会会员。

同日，区劳动和社会保障局、市总工会联合姜山镇政府在姜山菜市场门口举办大型现场咨询会，开展第七个全省劳动者权益保护宣传周活动。

同日，宁波和邦投资集团有限公司向区慈善总会捐赠善款100万元，刷新一次性非专项捐赠最高纪录。

7 月 3 日，区人大常委会领导及组成人员视察滨海投资创业中心。

同日，市委常委、宣传部部长宋伟在鄞州区调研宣传思想工作。宋伟一行先后到邱隘镇方庄社区、邱隘镇文化城、云龙镇任新村和下应街道湾底村，分别就社区建设、公共文化体系建设、和美家园创建及新农村建设进行实地调研考察，并听取鄞州区宣传思想工作情况的汇报。

同日，区政协领导听取区环保局关于污水系统建设工作汇报。

7 月 4 日，区人大常委会领导及部分组成人员听取区规划分局关于城乡空间布局规划编制情况的汇报。此次规划范围为鄞州区行政区域范围内除去东钱湖镇与邱隘镇东部新城部分，总面积约 1200 平方公里。规划期限近期为 2006 年至 2010 年，远期为 2011 年至 2020 年。

同日，投资 4000 多万元的 110 千伏东吴变电所正式投入运行。该新建输变电工程规模为主变 1 台，容量为 5 万千伏安。

7 月 5 日，古林镇张家潭村业余文艺队在逸夫剧院演出越剧《五女拜寿》。这是逸夫剧院第一次迎来农村业余文艺队的演出。

同日，有 200 名营员参加、为期 3 天的中学生科普夏令营开营。鄞州区正在创建全国科普示范区，科普夏令营的举行将推动全区青少年科技活动蓬勃开展。

7 月 6 日，区委、区人大常委会有关领导先后来到区博物馆建设工地、南部商务区施工现场和甬新河建设工地，向高温下坚守岗位的一线工人表示慰问。

同日，鄞州区第 18 座 110 千伏新林变电所正式投入运行。此新建输变电工程为全区第 5 座全户内变电所，总造价 5000 多万元，规模为主变 2 台，容量为 4 万千伏安。至此，全区迎峰度夏“三新一扩”工程全部完成。

同日，在浙江省公安英模立功集体表彰大会上，高桥派出所获得全省模范公安基层所队荣誉称号。

同日，鄞州区城镇建设工作会议召开。会议指出，城乡空间布局规划编制完成，未来鄞州空间结构为“一核、四轴、五楔、五片”。

同日，东海舰队机关、东钱湖管委会和鄞州供电局举行军民共建“连心路”签约仪式。鄞州供电局投入 600 万元，对“连心路”实施无杆化地缆改造。连接莫枝镇和东海舰队机关的“连心路”全长 3.2 公里，将于 2008 年 1 月建成。

同日，区劳动和社会保障局、总工会等单位在鄞州分会场参加浙江省整治非法用工、打击非法犯罪专项活动电视电话会议，会议对上阶段发生的事件进行总结，并就下阶段如何进一步规范用人单位劳动用工行为进行部署。

7 月 7—9 日，区文联作为浙江省唯一的基层文联代表赴广州参加“全国基层文联工作座谈会”，交流鄞州文联的经验成果。

7 月 8 日，宁波东方压铸机床有限公司与区慈善总会签约建立 100 万元的“东方压铸慈善扶贫基金”。

7 月 9 日，武汉理工大学的 10 名研究生到鄞州区 4 家企业开展为期两个月的实习。这是 2007 年第一批到鄞州实习的研究生团队，此后，还有清华大学、西安交通大学、上海大学的近 50 名研究生到鄞州区 30 多家企业实习。

同日，鄞州区行政村主要干部轮训班开班。这是 2007 年度全区范围内村主要干部的第一次集中培训。此次轮训共安排 3 个批次，每批培训 2 天共 6 堂课。

7 月 10 日，潘火片区开发建设管委会和潘火开发建设有限公司正式挂牌成立。管委会性质为区政府派出机构，建设公司性质为国有独资公司，注册资金 1 亿元。管委会内部机构设置建设开发科、拆迁安置科、规划管理科、政策法规科以及办公室。

同日，鄞州区召开办公室工作会议，市委办公厅信息处副处长邵燕为与会人员上辅导课。

同日，鄞州区有关领导分批到雅戈尔集团、布利杰集团、宜科科技有限公司、鄞县大道华茂岗、区交通局路政大队治超点、区供电局电力调度室等慰问高温作业人员。

7 月 11 日，台州市路桥区党政代表团一行到鄞州区考察。企业上市和商贸业发展是代表团此次考察重点。代表团一行听取鄞州社会经济发展情况介绍，实地考察雅戈尔集团、万达商业广场。

同日，来自俄罗斯、吉尔吉斯斯坦、乌兹别克斯坦等国家的 30 余位上海合作组织电力主管部门及实业家一行专程到区供电局实地考察。考察团一行听取区供电局供电业务和相关法规实施情况的汇报，现场考察该局便民服务窗口的工作流程，并相互交流各自的经验和特色。

同日，2007 年浙江百强企业名单在东阳横店镇出炉，宁波轻纺城名列浙江省百强企业第 68 位、浙江省服务业百强企业第 17 位。

同日，宁波市职业卫生工作会议在鄞州区召开。来自全市各地的 80 余名职业卫生监督员代表通过座谈和现场考察，对鄞州区职业卫生工作予以肯定。

7 月 12 日，鄞州区召开半年度信访工作会议。会议指出，上半年全区各级信访受理量同比下降，下半年信访工作将重点关注社情民意。

同日，为期两天的鄞州区镇乡（街道）纪检监察工作例会结束。会议明确下半年各镇乡（街道）纪检监察工作任务，要求着重抓好推进“作风建设年”

活动、提高党员干部思想道德水平、完善监督制约机制、促进政风行风持续好转等七方面工作。

7月13日，市委副书记、市长毛光烈，副市长陈炳水到鄞州区检查防汛抗旱工作。毛光烈一行先后检查周公宅水库、甬新河工程、标准海塘下新塘等重要水利工程，并召开座谈会听取情况汇报。

同日，区人大代表、政协委员一行21人考察电力迎峰度夏工作，先后考察天一变电所、供电局营业厅、95598服务咨询热线工作室、调度室。

同日，鄞州区教卫系统党风廉政建设会议在区委党校召开。会议要求把抓好党风廉政建设和反腐败工作作为开展任何工作的重中之重。

同日，东吴镇10家企业与驻地部队在驻东吴镇海军某部机关会议室举行“双拥”捐资仪式。10家企业为驻地部队捐赠10万元慰问金。

7月14日，鄞州区在区行政服务中心举行大中专毕业生就业洽谈会。现场，170多家单位进场招聘，推出就业岗位2000多个，达成意向1000多人。

7月15日，浙江省青少年无线电测向锦标赛暨全国科技体育运动会无线电测向选拔赛在梁祝文化公园举行，来自全国各地50余所学校的800名教练员、运动员参加比赛。

同日，据统计，上半年，区国税局组织税收收入25.15亿元，同比增长42.6%，剔除免抵调库后收入21.51亿元，同比增长41.1%；地税局实现税收收入24.27亿元，同比增长59.72%。

7月16日，宁波（鄞州）博物馆结顶。该博物馆主体工程基本完工，接下来进入内外装修、设备安装阶段和外部配套工程施工，预计2008年10月开馆。

同日，雅戈尔天桥拆除。该天桥位于34省道石碶街口，已服役使用12年。

7月18日，鄞州区召开慈善工作大会，总结近几年慈善事业发展情况，研究部署今后一段时期慈善工作任务。会上，区领导向20家新建（扩建）200万元以上“企业留本冠名基金”企业和一次性捐赠100万元的宁波和邦投资集团颁发捐赠证书和荣誉捐赠牌。

同日，雅戈尔集团、浙江利时集团等22家大型企业联合发出履行企业社会责任倡议书，号召鄞州区企业积极参与慈善公益事业。

同日，省档案局（馆）副局（馆）长韩李敏一行6人到区档案局（馆）调研数字档案馆项目建设情况。

7月19日，鄞州区第八次“慈善一日捐”活动启动，区慈善总会捐赠热线和捐赠网址同时开通。至11月26日，共募集善款6288万元。

同日，区领导到姜山、横溪镇等地检查防汛抗旱工作，先后实地检查甬新河工程建设工地、横溪水库蓄水情况。

同日，据统计，上半年，全区获得各类授权专利数611件，与2006年同期相比，增幅达到137.7%，创造历史最好水平。

同日，团省委副书记周柳军一行到鄞州区调研区域共青团整体化建设工作。周柳军一行实地调研音王集团、区青年创业中心等地，并与基层团员青年进行座谈。

7月20日，区委主要领导主持召开加快农村（社区）卫生事业改革和发展座谈会。会议就农村（社区）卫生体制机制、人员配备，如何解决群众“看病难”“看病贵”，健全大病救助机制，提高现有卫生人员素质等展开讨论。区委主要领导还通过实地察看、座谈了解等方式，就农村卫生工作展开调研。

同日，在全国法定村务财务公开日，区主要领导就全区村务财务公开情况分3组对东吴镇童一村、勤勇村和钟公庙街道桃江村、姜山镇上张村等进行抽检。抽检结果整体满意。

7月21日，下应街道湾底村天宫庄园举办首届蜜梨葡萄节。活动持续到8月19日。

7月23日，区领导分四路到区消防大队、栎社机场边检站、92602部队85分队和边防派出所、区人武部等进行走访慰问，向部队官兵致以节日的问候并送上慰问金和慰问品。

同日，2007年“鄞江中学杯”全国少年女子柔道锦标赛在鄞江中学落幕，鄞江中学的杨文清夺得44公斤级金牌。

同日，宁波汽车零部件检测中心签约暨授牌仪式在金纬宾馆举行。该检测中心设在区投资创业中心，首期投资2888万元，占地面积近16亩，建筑面积超过5000平方米，预计2008年开始运行。

7月24日，区政协召开半年度工作交流会，交流上半年政协工作开展情况，部署安排下半年工作。

同日，鄞州区召开政法稳定工作会议，总结上半年社会治安稳定形势，部署下阶段政法稳定工作。

同日，全区村企结对企业家代表座谈会召开。会议强调要大力推进村企结对，实现农村资源与企业资源的优化组合，推进社会主义新农村建设。

同日，全区召开庆“八一”重点优抚对象代表座谈会，来自全区各镇乡、街道的20位重点优抚对象代表参加座谈。会议确定今后全区优抚工作目标，即要基本形成包括抚恤补助、社会优待、医疗照顾、褒扬宣教在内的多层次优抚保障新格局，以及与之相适应的运行机制。会上，区委副书记陈振国代表区委区政府向参加座谈的每一位重点优抚对象发放1000元抚慰金。

7月25日，鄞州区召开工业节能会议，研究部署“十一五”期间全区工业节能降耗工作任务。会上，副区长黄新山代表区政府与各镇乡、街道及工业园区签订节能目标责任状，区经发局局长应海龙与48家重点用能企业签订节能目标责任状。

7月26—27日，区委召开十二届二次全体（扩大）会议。会议表决通过《中国共产党宁波市鄞州区委员会工作规则》和《中共宁波市鄞州区委关于进一步加强领导干部作风建设的决定》。

7月27日，区四套班子领导到东海舰队与舰队首长和广大官兵共庆建军80周年。区委副书记、区长薛维海代表鄞州区向东海舰队赠送节日慰问金。

同日，“阳光热线”直播节目走进鄞州。“阳光热线”是按照市政府有关要求，为切实加强政府部门与公众的对话机制建设而推出的一个电台午间直播交流节目。

同日，区纪委召开第三次全体会议。会议回顾总结上半年全区党风廉政建设和反腐败工作情况，研究部署下半年工作任务。区纪委常委会作《加强作风建设，推进反腐倡廉，为深入实施三大行动纲领提供坚强保证》的工作报告。

7月28日，邓亚萍宁波“光明行”慈善捐赠仪式在鄞州人民医院举行。捐赠现场，邓亚萍向鄞医授予“中国十佳劳伦斯冠军委员会医疗激光指定医疗服务机构”牌匾。

7月31日，区政府召开第一次全体（扩大）会议。会议贯彻落实区委十二届二次全体（扩大）会议精神，总结上半年政府工作重点，研究部署经济领域各项工作，确保经济社会又好又快发展。

同日，全国小学生手球联赛结束，钟公庙街道金家漕小学获得一银一铜的好成绩。

8月

8月1日，皎口水库加固改造工程举行开工仪式。整个工程总投资4891万元，其中2007年投资2000万。

8月1—2日，鄞州区第十六届人大常委会第三次会议召开。会议听取和审议上半年国民经济和社会发展计划执行情况的报告、财政报告和城乡空间布局规划编制情况的报告等。会议还审议通过主任会议提请的区人大常委会有关制度修改的议案。

8 月 2 日，鄞州区半年度宣传思想工作会议召开。会议回顾总结上半年宣传思想工作，分析研究当前宣传思想面临的形势和特点，并重点部署下阶段的工作任务。

8 月 3 日，市委常委、副市长余红艺带领宁波市、鄞州区两级有关部门负责人，实地考察调研宁波圣龙集团有限公司和宁波康强电子有限公司实施自主创新和开展节能减排工作近况，并与博威集团等 11 家企业的负责人就企业自主创新和节能减排事项进行座谈。

同日，鄞州区排污专项规划修编初审会举行，共有三套方案参加初审。

8 月 6 日，区政协召开十四届二次常委会议。会议实地考察乡镇卫生院标准化建设情况，听取并协商讨论《关于加快农村（社区）卫生事业改革和发展的实施意见》。会议还听取区政府关于政协十四届一次会议提案办理情况的通报，审议通过关于发展现代农业的调研报告。

同日，宁波市“作风建设年”活动督导组到鄞州区督查指导。督导组听取鄞州区开展活动情况汇报，并查阅台账。

同日，鄞州区第二届古林翁姚葡萄节开幕。该葡萄节是 2007“和谐鄞州”欢乐城乡游系列活动之一，主要活动有业余文艺队伍表演、文明家庭采摘比赛、儿童环保大地画等。

同日，宁波帅特龙车辆部件有限公司举行 500 万元慈善扶贫基金成立仪式。

8 月 7 日，区人大常委会召开半年度重要情况通报会。区政府、区人大常委会领导分别通报上半年全区经济社会发展情况和区人大常委会上半年工作情况。

同日，上市公司、国家级高新技术企业宁波康强电子股份有限公司与鄞州滨海投资创业中心签订投资协议。

8 月 8 日，鄞州区商会正式成立。区商会是以全区民营企业为主体、自愿参加组成的商会组织，同时也是一个不以营利为目的的社会团体。

8 月 8—9 日，鄞州区召开新农村建设工作汇报会。会议全面总结上半年工作开展情况，分析面临的形势和任务，安排部署下一步工作。

8 月 9 日，市委、市政府在鄞州区召开全市城乡接合部文明建设现场推进会。鄞州在会上介绍城乡接合部文明建设情况。与会者实地考察鄞州长丰片区、轻纺城、东裕社区、东裕集贸市场、王家弄村等地的文明建设情况。

同日，区委、区政府召开通报会，向 200 余位离退休老干部通报上半年城市建设情况。

8 月 10 日，区委、区政府召开国家卫生城市复查迎检工作第二次会议。会上要求各职能部门加强对城乡接合部的综合治理，加快基础设施建设，全力以赴确保复查顺利通过。

同日，浙江省葡萄产业协会组织的第三届葡萄品种擂台赛在鄞州区举行。经评选，鄞州区“葡萄大王”王鹤鸣葡萄园和区农科所葡萄基地选送的“甬优一号”葡萄获得金奖。

同日，宁波市整治非法用工、打击违法犯罪工作督察组到鄞州区就劳动用工情况开展专项执法检查。督察组听取相关情况汇报，对高桥镇岐山第二采石场进行突击抽查，对检查结果表示满意。

8月12日，参加“两岸青年联欢节”浙江（宁波）行的台湾青年代表到下应街道参观新农村建设。

8月13日，市委书记巴音朝鲁实地考察调研姜山镇翻石渡村、走马塘村和后郮村的新农村建设和环境整治情况，并主持召开座谈会。

同日，区政府召开全区食品药品安全“四无社区”创建工作现场会，总结推广汪董社区创建工作经验，部署全区食品药品安全“四无社区”创建工作。会上，汪董社区被授予食品药品安全“四无社区”牌匾。

8月14日，区委召开常委会（扩大）会议，专题听取全区“走进矛盾、破解难题”专项行动进展情况汇报，研究部署下步工作。会议还听取宁波栎社机场噪音问题、农村（社区）卫生事业改革发展、污水处理系统规划和试点工作等3个重点难题进展情况汇报。

同日，为期半个月的区人大食品安全视察活动全面启动。在当天举行的预备会上，23人被聘为食品药品监督员。活动分为各镇乡（街道）人大视察活动、区人大常委会开展视察活动两个阶段进行。

同日，浙江省召开遏制重特大道路交通事故工作工作电视电话会议。会后，鄞州区相关部门在鄞州分会场对近期预防道路交通事故工作进行部署。

8月15日，甬台温高速公路沙堰互通立交工程、鄞州新城区至横溪公路、329国道五乡至宝幢段二期路面改造工程等3个项目正式开工。

同日，鄞州投资创业中心举行“慈善一日捐”暨“企业留本冠名基金”协议签订仪式。6家企业共设立总额为800万元的慈善扶贫基金，其中4家为外资企业。外企新建慈善扶贫基金在鄞州区尚属首次。

同日，省侨办主任任志兴到鄞州区指导工作。任志兴先后走访考察奥林科技等科技型企业、区行政服务中心的海外人才服务窗口、湾底新农村侨务工作示范基地等，并听取相关工作汇报。

8月15—16日，市人大常委会副主任张金康带领市人大检查组一行，对鄞州区建设生态区决定执行情况进行实地视察。检查组一行先后实地视察集士港镇四明山村农村生活污水净化工程、石碶街道春光牧场、垃圾填埋场和电镀城（一期）治理工程、石碶北渡取水泵站上游支流河道污染治理、宁波春训工艺品有限公司职务情况。

8 月 16 日，鄞州区垃圾填埋场通过中国环境卫生协会组织的无害化等级考核。与会专家一致评定其无害化等级为一级，同时将报中国城市环境卫生协会和建设部核准。

同日，在第七届“中茶杯”名优茶评比中，堇山茶艺场的“千蕊”牌鄞州春茶叶获得特等奖，鄞江镇农村经济综合开发服务公司的“它山堰”牌它山堰白茶获得一等奖。

同日，省总工会副主席金长征就“企业民主管理”等问题到鄞州调研。

8 月 16—17 日，市人大常委会副主任张金康带领调研组在鄞州区调研节能降耗工作。

8 月 17 日，区政府召开第二次土地调查工作会议。会议全面贯彻落实国务院、省、市关于开展第二次土地调查会议精神，明确第二次土地调查的六项任务。

同日，鄞州区分别与中国建设银行宁波市分行、鄞州农村合作银行签订新村建设合作协议。根据协议，这两家银行将对鄞州区的新农村建设项目提供信贷支持，并针对项目的不同建设阶段，提供有针对性的金融产品。

8 月 18 日，“和谐宁波・万人助学”活动鄞州分会场在万达商业广场举行。

8 月 19—20 日，鄞州区教育行政会议召开。会议回顾总结 2006 学年教育工作，研究和部署 2007 学年全区教育工作的目标任务和措施。会上，还签订鄞州区教育系统党风廉政建设目标管理责任书。

8 月 20 日，国家质检总局局长李长江到鄞州区五龙潭蔬菜食品有限公司进行食品安全调研。

同日，中共中央宣传部宣教局副局长马木提・托依木利、国家人口计生委宣教司副司长石海龙一行到梁祝文化公园专题考察鄞州区的“婚育新风进万家”工作。

同日，江北区委书记周学锋，区委副书记、区长张南芬带领江北区党政代表团一行来鄞州区考察城市建设工作。代表团一行走访金地国际、万达商业广场、春江花城、高教园区、南部商务区、区行政大楼等地。

8 月 21 日，鄞州区召开非公有制企业网格化党建工作会议。会议提出，至 10 月底，实现“全区 30 人以上企业党组织 100%覆盖，党组织在企业中 100%发挥作用”的双百目标。与会人员还参观五乡镇网格化党建的两个联合支部活动室。

8月22日，鄞州·南宁·东盟投资推介会在广西壮族自治区南宁市举行。鄞州区45家企业和区经发局、工业园区等有关部门、园区负责人参加推介会。会上，区经济发展局与南宁市经济委员会签订友好合作协议书。

同日，市政协副主席郁义康到鄞州区调研，并看望市政协委员。郁义康实地考察宁波塞尔翔鹰金属制品有限公司，并听取区政协提案工作和视察工作的汇报。

8月23日，鄞州区“城市文明眼”成立大会在万达商业广场举行，第一批300多名“城市文明眼”监督团成员作出庄严承诺。

8月24日，区人大常委会领导率区人大常委会委员、药监分局、卫生局、工商分局、贸易局等有关部门负责人，分3组实地视察食品安全情况。

同日，中国国际象棋协会国家队鄞州训练基地签约授牌仪式在区委党校举行。中国国际象棋协会秘书长、国家队主教练叶江川与区体育局签订合作协议，国家体育总局棋牌运动管理中心主任刘思明向区体育局授牌。根据协议规定，双方合作期限为5年。

同日，象山县委副书记、县长李关定率领象山县党政代表团来鄞州区参观考察城市化建设。代表团一行先后考察金地国际花园、万达商业广场、南部商务区。

同日，全区召开新农村建设工作部门汇报会。会议总结半年来全区新农村建设工作进展情况，分析存在的问题，部署下阶段工作。

8月27日，鄞州区全面启动《三字经》修订工程，邀请国内一流的国学专家、学者共同参与整理、纂修工作。预计2008年4月底，修订工作完成。

同日，鄞州区召开电网建设专题会议。会议指出，“十一五”期间，鄞州区电网计划投资21.5亿元，基本上每年投运1座220千伏变电所、5—6座110千伏变电所，投入资金为4亿元至5亿元。

8月28日，国家档案局局长、中共中央档案馆馆长杨冬权一行到下应街道湾底村考察鄞州区新农村档案建设情况。

同日，鄞州区在上海国际会议中心举行工业地产专题推介会，全球地产行业高层管理人员、上海地产中介机构老总共50余人参加推介会。

同日，鄞州区召开“作风建设年”活动第二阶段工作汇报会，回顾总结第二阶段工作，研究部署第三阶段任务。

同日，区十六届人大常委会举行第七次主任会议。会议听取长丰区块开发建设、南部商务区建设、清洁生产开展情况、省招投标管理条例实施情况汇报。

同日，区政协召开十四届六次主席会议。会议听取区劳动和社会保障局关于惠普型社会保障工作情况的通报，审议关于加强委员队伍建设的暂行规定（草案）、委员调整事项、专委会联委会负责人调整事项、区政协十四届三次常委会议议程。

8 月 29 日，鄞州区 30 名代表启程参加共青团宁波市第十六次代表大会。

8 月 30 日，鄞州区召开卫生事业发展大会，明确下阶段农村（社区）卫生事业发展的指导思想、基本原则、工作目标和主要任务。

同日，市政协副主席华长慧一行就发展创意文化产业问题来鄞州区进行走访和调研。华长慧一行到姜山镇走马塘村参观，并就发展创意文化产业问题举行座谈会。

同日，鄞州区召开安全生产工作会议。会议要求，确保实现年度安全生产工作“三个零增长”的目标任务。

同日，由国家财政部、国家粮食局、解放军总后勤部组成的国家军粮供应联合调查组一行来鄞州调研。调查组认为，鄞州军粮供应工作硬件良好、服务到位，总体水平走在全省前列。

8 月 31 日，鄞州区召开工业经济形势分析会。会议分析 1 月至 8 月工业经济运行情况，强调提升工业经济竞争力。

9 月

9 月 1 日，继免除学杂费后，就读于鄞州区公立学校的 2.5 万名外来务工人员子女，每学期可免缴 300 元的借读费。

同日，总投资达 2 亿元的鄞州实验中学、雅戈尔中学、姜山实验中学、东湖小学等 4 所新建学校开学迎接新生。

同日，全区 1.5 万名职业高中学生免除学费。

同日，各镇乡（街道）、区级机关各单位及其下属单位开展“提升服务水平，提升工作效率，降低行政成本”主题活动。活动持续到 11 月中旬，主要包括加强干部素质建设、深化机关效能建设、推进节约型机关建设三方面内容。

9 月 3 日，鄞州区召开庆祝教师节座谈会，区领导与教师代表共商鄞州教育发展大计。

同日，省委、省政府和市委、市政府先后召开农村指导员、科技特派员工作电视电话会议，姜山镇、横溪镇被评为第三批市级农村指导员工作先进单位。

9月4日，市人大常委会副主任姚力率领的视察组一行在鄞州区视察城乡接合部环境卫生面貌。视察组充分肯定鄞州区在城区市容环境卫生综合整治工作中取得的成绩。

同日，潘火片区核心区块城市设计论证会在区委党校举行。来自北京、杭州、宁波等地的7位规划设计专家会同区有关部门，对由东南大学规划院设计的方案展开论证。

同日，区慈善总会在洞桥镇举行“携手慈善共创和谐——爱洒人间慈善文艺晚会”首场演出。

9月5日，鄞州区召开专题座谈会纪念档案法颁布20周年。

9月6日，下应街道举行庆祝教师节座谈会暨优秀教师颁奖仪式，11所学校代表领取总计32万元教育教学成果奖励金。

9月7日，市委常委、副市长余红艺先后来到鄞州四明职业高级中学、钟公庙长丰学校，向辛勤耕耘的教师和教育工作者致以节日的祝贺和诚挚的问候。

同日，宁波籍海外博士故乡行——第三届留学人员与民营企业科技创新合作交流会在鄞州举行。来自世界各地的近60位宁波籍海外留学人员携带100多个项目与宁波180余家民营企业举行技术与资本的对接、交流。

9月8日，第22届全国摄影艺术展揭晓，鄞州区获得1个铜奖、1个评委推荐奖、3个优秀奖。这是区摄影家协会参加全国摄影艺术展以来取得的历史最好成绩。

同日，鄞州区“迎检手拉手　美丽新鄞州”主题宣教活动在万达商业广场启动。标志着国家卫生城市迎检工作全面展开。

同日，鄞州区“光彩行动山区行”暨梅龙村自来水改造工程启动仪式在章水镇梅龙村举行。梅龙村为鄞州区最后一个未进行水改的村庄，自来水改造工程耗资130万元。

9月9日，奥克斯慈善扶贫基金暨助学金发放仪式在龙观乡中心学校举行。现场，共向各类对象129人（户）发放扶贫资金、助学金91750元。

9月10日，区领导分5组走访慰问辛勤耕耘在教育一线的广大教师和教育工作者，向大家致以节日的祝贺和亲切的问候。

9月11日，区人大常委会视察新城区菜市场建设情况。视察组一行先后视察钟公庙菜场、堇山西路超市化菜市场和格兰云天超市化菜市场、潘一村和孙马村菜市场。

同日，宁波市农村党员干部现代远程教育工作现场会在鄞州区召开。会议总结两年来远程教育工作经验，进一步统一思想认识、明确工作目标和努力方向。

同日，中国民协考察组到鄞州区考察论证“中国梁祝文化之乡”和“中国梁祝文化博物馆”的命名工作。

同日，2007 年中国名牌产品暨中国世界名牌产品表彰大会在北京举行，鄞州区新增“欧琳”家用橱柜、“广博”印刷本、“雅戈尔”T 恤衫 3 个中国名牌产品。

9 月 12 日，团中央青工部副部长张劲一行到鄞州区调研共青团工作。张劲一行到下应街道湾底村、区青年创业园，参观湾底青年活动室、青年创业园部分企业。

同日，鄞州区召开创建省级体育强镇汇报会。会议要求最后 10 个镇争取全部通过，使鄞州区成为全省第一个实现所有镇乡（街道）都是体育强镇的县（市、区）。

9 月 13 日，四川省委副书记、省长蒋巨峰带领四川省经济合作代表团到鄞州区奥克斯集团参观考察。

9 月 14 日，区委召开镇乡（街道）党（工）委书记党建工作例会，各镇乡（街道）交流汇报各自的特色性、创新性、亮点性工作。

同日，市政协副主席胡建岳带领省政协委员、市妇联副主席杨建军及市政协部分委员到洞桥镇百梁村调研流动人口妇女组织活动情况。

9 月 15 日，鄞州区首座以“节能减排”为主题的科普公园——宋诏桥科普公园落成。鄞州 2007 年全国科普日活动也正式启动。

同日，宁波诺丁汉大学国际金融研究中心成立。

9 月 15—17 日，第三届中国（宁波）国际电子产品暨家用电器展览会在宁波国际会议中心举行。鄞州区 12 家企业在家电展上布展，18 家企业在常年展示交易中心亮相。

9 月 17 日，鄞州区启动工矿企业安全生产规范化管理工作。

同日，鄞州区召开防台抗台工作会议。会议贯彻落实省、市会议精神，并进行具体部署，全力防御第 13 号台风“韦帕”。

9 月 18 日，市政协主席王卓辉到鄞州区检查指导防台工作。王卓辉一行先后实地考察三溪浦水库、三塘水库及地质灾害隐患点。

同日，2007 甬港经济合作论坛在香港举行。鄞州区在香港海景嘉福酒店举行商务环境暨重点发展区块说明会，6 个港资项目当场签约，总投资 12380 万美元。

9月19日，区政协召开十四届三次常委会议。会议听取区城投公司关于南部商务区、新城区管委会关于长丰区块建设情况的通报。

同日，区委主要领导赴深圳考察华南国际工业原料城（简称华南城），并与华南城高层管理人员进行座谈。

同日，第13号超强台风在温州苍南霞关镇登陆，主要影响鄞州区时段为9月17日至19日，全区平均过程雨量158.5毫米。全区直接经济损失达3460.9万元。

9月20日，鄞州区召开选派农村工作指导员和科技特派员动员会。2007年农村指导员工作就此全面铺开，45名农村工作指导员和科技特派员于9月24日前全部到为位。

同日，鄞州区启动黏土砖瓦窑整治工作。全区有各类黏土砖瓦窑企业42家，年生产能力达10亿块标砖。为节能减排，年内拟关停一半。

9月20—21日，市政协提案工作会议在鄞州区举行。鄞州区提案工作的制度化、规范化和程序化建设得到与会人员的肯定。

9月21日，中国少年先锋队鄞州区第七次代表大会在区体育馆召开，来自全区各地的300名代表参会。

同日，鄞州区首届红领巾理事会成立，来自各镇乡（街道）的20名少先队员当选为理事，任期3年。

同日，鄞州区首个和美家园共建会在高桥镇新联村成立。共建会下设党团建设工作委员会、维权及矛盾调处工作委员会、文化体育公益工作委员会和妇联计生工作委员会。

9月22日，鄞州区举行“科技创新与发展”院士专家恳谈会。11位院士专家与区四套班子领导成员以及20家鄞企负责人，就“科技创新与发展”话题展开交流。

同日，鄞州区举行台商中秋招待酒会。

9月24日，鄞州区举行中秋茶话会。区四套班子领导与在鄞省、市政协委员，区各民主党派、工商联负责人和无党派人士代表，港澳台同胞、台属台商、归侨侨眷、侨商、归国留学人员和民族宗教界代表，非公有制经济人士和其他社会各界代表，共庆中秋佳节。

9月25日，市人大常委会副主任姚力带领市人大常委会一行到鄞州区检查《农产品质量安全法》贯彻实施情况，并实地查看鄞州港城果蔬专业合作社、宁波港城农业示范园区等单位。

同日，鄞州区召开社区建设工作座谈会。全区有社区31个，其中城市社区

23 个，城镇社区 8 个。

9 月 26 日，市委常委、副市长余红艺一行到鄞州区检查产品质量和食品安全工作。余红艺一行先后走访宁波思味特食品有限公司、下应街道湾底村天宫庄园，并召开座谈会，听取鄞州产品质量和食品安全工作开展情况的汇报。

同日，鄞州区召开第二次“环境整治年”活动总结表彰大会。会议总结几个月来的环境整治工作，表彰云龙镇等 12 个先进集体。

同日，区政协举行以“平安鄞州”建设为主题的政情交流会，委员们与公安等 8 个部门共话平安建设。

同日，副市长徐明夫率市旅游局、市交通局、市公安局等相关部门负责人，检查鄞州区“十一”黄金周旅游市场安全工作。

9 月 26—27 日，鄞州区第四次台胞台属代表大会在甬港饭店召开，来自全区各镇乡（街道）和区级机关有关部门 150 余名代表参加会议。大会选举产生鄞州区台联第四届理事会理事 15 名，审议通过区台联第三届理事会工作报告，修改并通过《宁波市鄞州区台胞台属联谊会章程》。

9 月 28 日，黔东南州党政代表团到鄞州区考察。

9 月 29 日，区人大常委会领导到古林镇政府参加“人大代表联系选民月”活动。

同日，区四套班子领导和区国防动员委员会有关成员单位领导到“809”指挥所参加军事日活动，接受国防教育和战争形势教育。

同日，银泰百货万达店举行开业典礼。该店是银泰百货集团在宁波的第三家分店。

9 月 30 日，由鄞州区 64 家民营企业联合出资建造的鄞州商会大厦举行落成典礼仪式。该大厦占地面积 2.73 万平方米，总建筑面积 11.4 万平方米，2003 年底筹建，2004 年 7 月动工。

同日，区委、区政府召开“履行社会责任、共创和谐企业”推进大会。区委领导在会上作工作报告。省政协副主席、省总工会主席张蔚文充分肯定鄞州区和谐企业创建工作，并对下步工作提出希望和要求。会上，区总工会、区投资创业中心、东吴镇以及宁波伊司达洁具有限公司和宁波培罗成集团作典型发言。

10 月

10月1日，鄞州区首届群众文化艺术节在万达商业广场开幕。艺术节主要由三大活动、12个子项目组成，活动至20日结束，观众达6万余人次。此次文化艺术节为群众文化活动中质量最高、规模最大、参与人数最多、持续时间最长、影响最广泛的一次群众文化盛会。

10月5日，全国新农村公共文化服务论坛在鄞州区举行。区委副书记郑德兵代表区委、区政府致辞。文化部副部长常克仁充分肯定鄞州区新农村公共文化服务工作。副区长夏素贞就区公共文化建设作典型经验介绍，成都市青阳区作典型交流。中国文化报社副社长杨开金宣读“全国新农村公共文化服务征文”获奖名单并颁奖。

10月6日，第16号超强台风“罗莎”在台湾登陆。受其影响，10月6日至9日鄞州区普降暴雨至大暴雨，局部特大暴雨，全区平均过程雨量达到241.5毫米。全区直接经济损失达31812万元。

10月7日，横街万亩竹海生态观光园入选浙江省首批林业观光园区名录。

10月8日，中国民间文艺家协会正式授予鄞州“中国梁祝文化之乡”称号，并同意建立“中国梁祝文化博物馆”。

10月9日，区委主要领导会见香港九龙仓集团董事局主席吴光正一行。香港九龙仓集团创立于1886年，是香港最具规模的地产投资公司之一。

同日，鄞州区在甬港饭店举行纪念新四军成立70周年座谈会，新四军老战士、区新四军历史研究会成员及区委宣传部等单位领导参加座谈会。座谈会回顾新四军建立、发展、壮大的历史和战争历程。区委副书记郑德兵代表区委向参加过抗日战争、解放战争的新四军老战士表示亲切的慰问和崇高的敬意。

10月10日，浦东干部学院地市党政领导干部城市发展研究班学员到鄞州考察。区委主要领导对各地市党政领导干部来鄞州考察表示热烈欢迎，并介绍经济社会发展情况。新城区建设是此次考察的重点，学员们先后参观万达商业广场、高教园区、南部商务区等，充分肯定鄞州区新城区建设中取得的显著成绩。

同日，朱丽叶铜像从意大利空运至宁波。该铜像高约2米（含底座），重约300公斤，按位于意大利维罗纳市朱丽叶铜像1∶1复制。10月30日，铜像在梁祝文化公园举行的爱情节上揭幕。

10月11日，鄞州区第十六届人大常委会召开第四次会议。会议听取并通过区政府和区法院有关人事任免议案的提请、区人民政府关于生态区建设情况的报告、区人民政府关于区十六届人大一次会议代表议案建议办理情况的报告、主任会议关于常委会有关制度修改议案的提请等。

同日，鄞州区召开2007年外商投资企业服务月活动工作会议。会议决定于9月至10月间在全区开展服务月活动。

同日，省侨办主任任志兴带领理论学习中心组一行23人到鄞州调研。任志兴一行参观区行政服务中心的海外人才创业服务窗口、湾底村新农村建设侨务工作示范基地，并听取有关工作情况汇报。

10月11日，鄞州石碶市场顺利通过浙江省二星级文明规范市场考核。

10月12日，市发改委主任王仁洲视察鄞江镇宁波它山文化休闲旅游项目，听取项目进展情况汇报，并要求抓好规划，保护利用好山水资源。

同日，区委主要领导启程赴京出席党的第十七次全国代表大会。区四套班子全体领导成员参加欢送仪式。

同日，鄞州区首届群众文化艺术节颁奖暨《魅力鄞州　盛世和韵》综艺晚会在区文化艺术中心举行。市文化广电新闻出版局局长柴英及区有关领导出席晚会并为艺术节期间各类奖项的获奖者颁奖。至此，为期近1个月的区首届群众文化艺术节落幕。

同日，鄞州区召开危桥、危隧、临水临崖路段治理工作会议。会议要求，到2009年底，对检查发现的存有安全隐患的危桥、危隧、临水临崖高边坡公路，要全面改造完毕。

10月13日，在第九届深圳高新技术成果交易会上，鄞州区科技代表团与清华大学深圳研究院国际技术转移中心签订关于高新技术、军民两用技术转移的合作协议。

同日，鄞州区新增5家国家级高新技术企业。至此，全区拥有国家级高新技术企业29家。

10月15日，区委理论学习中心组集中收看党的十七大开幕式电视直播。

10月15—16日，市政协特邀一组委员第一次会议在鄞州区召开。11个县（市、区）的政协主席、副主席、秘书长就如何加强政协机关建设，展开交流讨论。

10月16日，区领导会见1992年巴塞罗那奥运会总规划师、美国哈佛大学鲍金罕姆讲席教授 Joan Tsosquets。

10月17日，区四套班子领导在浙江省第20个老人节来临之际，走访慰问全区15位百岁老人。

10月18日，区委、区政府召开前三季度经济形势分析会，研究部署第四季度及今后一段时期经济工作。会议要求全区上下采取切实有效的措施，确保圆满完成2007年经济工作各项目标任务。

同日，邱隘镇中心小学通过国家级书法实验学校验收，成为鄞州区第一所全国书法实验小学。

同日，鄞州区举行《走在前列·新鄞州》调研论文集出版发行座谈会。该论文集对鄞州区撤县设区5年的发展历程进行了全面总结和回顾。

同日，鄞州区召开老龄工作暨创建老龄工作先进区动员大会。

同日，鄞州区外商投资企业协会第四届会员大会召开。会议审议通过第三届理事会工作，修改协会章程，选举产生第四届理事会。

10月19日，省林业厅厅长楼国华一行到鄞州区考察林业工作。楼国华一行先后到下应街道湾底村、横街镇的区容器育苗基地参观考察。

同日，鄞州区举行基层站所民主评议行风大会。此次全区基层站所民主评议行风工作历时6个多月，涉及27个部门所属的395个基层站、所、队和办事窗口。

10月20日，“全球通杯”2007中国青年最喜爱的服装品牌评选颁奖典礼在区文化艺术中心举行。

同日，第三届浙江省未成年人读书节鄞州区启动仪式暨鄞州区“广场农民读书日”在洞桥镇树桥村文化乐园举行。

10月21—24日，“2007年高校教授服务团进鄞州”活动举行，来自清华大学、复旦大学、西安交通大学等22所全国知名高校的近百名教授、博士参与。

10月22—25日，第十一届宁波国际服装节举行，来自57个国家和地区的近万名专业卖家、100多个商贸团到会采购洽谈。鄞州区有40多家企业参展，设摊位371个，参展面积达到3339平方米，参展企业、展位数、参展面积均占总数的三分之一以上。

10月23日，澳大利亚新南威尔士州宝活市副市长王国忠一行赴鄞州滨海投资创业中心考察，主客双方就有效架设双方合作平台进行有益探索。

同日，鄞州区商会与台湾宜兰县理事长商务发展协会在银苑大酒店签订交流合作协议。

同日，区委召开常委会传达学习党的十七大精神。会议结合鄞州实际，研究部署贯彻落实工作。

10月24日，区委召开全区领导干部学习贯彻党的十七大精神大会。姜山镇成为市区两级农村学习宣传十七大精神试点单位。

10 月 25 日，由冯骥才民间文化基金会、区政府主办的“中国非物质文化遗产保护万里行”启动仪式在万达商业广场举行。区政府捐赠越野车支持冯骥才等专家开展野外调查考察。中国民协主席冯骥才偕夫人顾同昭女士参加活动。

同日，区政府在东港喜来登大酒店举行半导体照明产业基地推介会。

10 月 26 日，宁波鄞州·北京总部经济推介会在北京举行。鄞州区重点推介商务环境、可租（售）楼宇和可供出让地块以及总部经济政策。

同日，鄞州区“和美家园”创建工作现场推进会在云龙镇召开。与会人员参观云龙镇夹岙村和顿岙村，云龙、洞桥、龙观 3 个镇分别介绍创建经验。

10 月 27 日，作为第四届中国梁祝爱情节活动之一的 2007 万达·宁波婚嫁产业博览会在万达商业广场举行。

10 月 28 日，鄞州区有线数字电视开通仪式在区委党校举行。区委党校、永达花园成为全区首批开通数字电视的试点区域。

同日，鄞州区社会科学普及月活动开幕。活动以“高举旗帜、共建和谐”为主题，到 11 月中下旬结束。

同日，反映当代中国梁祝文化研究领域最新成果的《梁祝文库》在南苑饭店首发。

同日，区检察院面向全国选调检察官举行面试。

10 月 29 日，区人大常委会举行主任接待代表日活动，重点听取人大代表对区供电部门工作的意见和建议。

10 月 30 日，市政协主席王卓辉、秘书长王必恒到鄞州区调研指导政协工作。

同日，第四届中国梁祝爱情节开幕式暨百合婚典仪式和朱丽叶铜像揭幕仪式在梁祝文化公园举行。来自中国古代四大爱情故事传说地、四大美女故里以及香港、澳门、台湾地区和海外的 100 多对新人参加百合婚典。

同日，鄞州区旧村改造新村建设推进会在五乡镇召开。与会人员实地参观五乡镇明伦村、宝同村、汇纤村的新村建设小区及大龄青年安置小区——泰和馨苑。五乡镇、横溪镇在会上交流工作经验、做法。

10 月 31 日，据统计，全区财政一般预算收入突破 100 亿元大关，达到 100.01 亿元，同比增长 51.5%。其中地方财政收入 50.07 亿元，同比增长 56.6%；中央财政收入 49.94 亿元，同比增长 46.6%。这是鄞州经济社会发展一个具有里程碑意义的历史性跨越。

同日，鄞州区鄞西规划管理所成立，为宁波市规划局鄞州分局下属全额拨款全民事业单位，核定编制 10 人。管辖范围为古林、横街、高桥、集士港

4镇。

同日，区工商联举行党的十七大精神学习会。区委主要领导向100多位在区工商联担任执委、常委的企业家和部分青年企业家代表传达党的十七大精神。

同日，据统计，鄞州地税局实现地税收入39.55亿元，征收入库各类费金15.46亿元，税费总规模达到55.01亿元，首次突破50亿大关。

11月

11月1日，鄞州区城镇居民基本医疗保险参保工作正式开始。参保对象为非农户籍人口中未参加医保的老年居民、非从业人员、婴幼儿及其他未成年人。

同日，省外经贸厅厅长冯明专程到浙江广博集团和宁波欧琳厨具有限公司考察调研鄞州区外向型经济工作的发展情况。

同日，区分管领导先后到鄞州日报社、鄞州广播电视台和鄞州新闻网看望慰问新闻工作者。

同日，在集士港镇举行村级组织换届选举试点暨行政村党组织换届选举动员会。集士港镇为省、市、区三级试点镇。11月8日，集士港镇岳童村率先进行村党支部委员会换届选举。

11月2日，区委召开常委会（扩大）会议，专题研究进一步贯彻落实党的十七大精神和市委、市政府要求。

同日，区人大分三组赴东吴镇、姜山镇、石碶街道视察农村医疗普惠工作和农村（社区）卫生服务建设情况。

同日，浙江省“优秀园林工程”评选结果揭晓，鄞州区选送的剑桥公园和鄞州公园双双获得银奖。

11月3日，“相约梁祝·爱在鄞州”时尚爱情节暨“新鄞州人”万人相亲会在梁祝文化公园举行。

11月4日，鄞州区举行庆祝记者节报告会。全区近200名新闻工作者参会，共同庆祝全国第八个记者节。

11月5—9日，第十四届中国农业高科技成果博览会在西安杨凌举行，鄞州区7家单位的12个高新产品（项目）在会上亮相。

11月7日，区委主要领导会见北京首都旅游股份有限公司董事长杨华一行。

同日，中国民用航空总局副局长高宏峰在宁波栎社机场调研。

同日，区委召开老干部党的十七大精神学习会，住市区离退休干部、区级机关原副局级以上退休干部、离退休干部党支部书记参加学习会。

11 月 8 日，国家质量监督检验检疫总局局长李长江到鄞州区视察，对鄞州区产品质量和食品安全专项整治工作表示充分肯定。

同日，鄞州区召开中共十七大精神主题教育试点工作领导小组会议。会议研究部署党的十七大精神主题教育试点工作，姜山镇被列为市农村主题教育活动试点单位，是全市唯一的农村试点代表。

同日，浙江省创建“省体育强镇”检查组对五乡镇、塘溪镇创建单位进行全面验收。检查组对鄞州区创建省体育强镇工作给予充分肯定。至此，鄞州区成为全省首个实现体育强镇“满堂红”县（市、区）。

同日，区体育活动中心二期（宁波网球中心）工程破土动工。工程总投资 1.75 亿元，用地面积 7.6 公顷，建筑面积 24880 平方米。预计 2009 年 6 月竣工。

同日，姜山镇走马塘老街整修工程设计方案通过专家会审。老街整修工程总投资 200 多万元，规划总占地面积 6693 平方米。设计方案由宁波大学建筑设计研究院设计。

11 月 9 日，2007 中国食品博览会在宁波国际会议中心开幕，鄞州区 25 家农产品加工企业参展。

11 月 12 日，省委常委、市委书记巴音朝鲁到鄞州区给广大基层干部作党的十七大精神主题教育报告。

同日，省委常委、市委书记巴音朝鲁一行，到姜山镇后鄮村、走马塘村、翻石渡村就联镇带村工作展开调研。

同日，浙江省产品质量和食品安全督察组到鄞州区检查。督察组一行在古林镇走访多家小餐饮店、小作坊、小药店和小食杂店，对检查结果表示满意。

11 月 13 日，鄞州区召开消防安全工作会议。会议通报 1 月至 10 月的火灾情况，研究部署今冬明春消防安全工作。

11 月 14 日，区人民检察院举行第二届人民监督员颁证仪式。区检察院自 2004 年开始实行人民监督员制度，对检察院查办职务犯罪案件实施监督。

11 月 15 日，余姚市委书记王永康，市委副书记、市长陈伟俊带领余姚市党政代表团一行到鄞州区考察。鄞州区对代表团的到来表示欢迎，并介绍经济社会发展情况。

同日，为期 4 天的第十六届华东地区县（市、区）党校校长协作会议在区委党校开幕，来自上海、江苏、安徽、山东、浙江的 24 所基层党校的校长，交流探讨教学、科研协作与发展。

11 月 16 日，宁波市农产品质量安全专项整治检查组来鄞州区检查。检查组表示，鄞州区农产品质量安全整治有特色。

同日，《鄞州区社区布局规划》专家评审会举行，标志着鄞州区城市建设进入一个新阶段。鄞州区社区工作起步于2002年，目前已建成32个。

11月17日，历时3天的2007中国旅游投资洽谈会在宁波闭幕。鄞州区有3个项目签约，总投资达13.4亿元。

11月19日，区委主要领导到姜山镇给广大基层干部作党的十七大精神主题教育报告，并与姜山镇部分村、企事业单位党组织书记座谈，共同探讨姜山镇十七大精神主题教育试点工作开展情况。

同日，省委宣传部副部长沈立江到姜山镇调研，听取姜山镇和翻石渡村党的十七大精神主题教育活动工作情况汇报。

同日，鄞州区党的十七大精神文艺汇演——文艺直通车首场演出在姜山镇翻石渡村开幕。

11月20日，市委常委、宣传部部长宋伟莅临姜山镇调研党的十七大精神主题教育活动工作情况。

11月20—21日，鄞州区召开云龙、横溪镇铸造行业整治工作现场会。会议要求，进一步督促铸造业加快整治步伐。

11月21日，全省学校及周边治安秩序专项整治工作会议在鄞州区召开。

同日，区委召开常委会（扩大）会议。会议专题研究推进文化大发展、大繁荣工作。

同日，市委副书记郭正伟到鄞州区视察新农村建设情况。郭正伟一行实地参观五乡镇明伦村、宝同村，横溪镇丰乐苑、周夹村、大岙村、金峨村，并听取鄞州新农村建设情况汇报。

同日，鄞州区举行2.5产业示范园项目推介会，重点推介2.5产业示范园内的创新128创意产业基地项目。

11月22日，市委副书记、市长毛光烈到鄞州区调研创新型城市建设工作。

同日，革命老前辈沙文汉、陈修良伉俪百岁诞辰纪念会暨《百年缱绻》画册和长篇年谱首发式在鄞州举行。

11月23日，台州市委常委、黄岩区委书记黄志平率领黄岩区党政代表团一行到鄞州区考察。代表团一行参观奥克斯集团、欧琳集团、音王集团以及正在建设中的南部商务区工地，并听取鄞州社会经济发展情况介绍。

同日，中共中央纪律检查委员会驻国家工商行政管理局监察专员蓝海到宁波市工商行政管理局鄞州分局调研廉政建设工作。

同日，鄞州区召开推进行政许可职能归并改革和公共资源市场化配置工作会议，研究部署全面推进行政许可职能归并改革工作。

同日，国家统计局鄞州调查队揭牌。鄞州调查队升格为正处级单位，核定编制 8 名。

同日，“沙耆网站”在宁波大学园区图书馆（鄞州区图书馆）举行开通仪式。这是宁波市首个宁波文化名人专题网站。

11 月 24 日，由区政府、市海洋与渔业局、宁波日报报业集团联合举办的 2007 中国（宁波）“鄞州杯”锦鲤大赛暨观赏鱼精品展在市新闻文化会展中心举行。这是宁波市举办的第一个全国性的锦鲤大赛。

11 月 26 日，区委、区政府召开财政收入超 100 亿元总结表彰大会。会上，区领导分别为“特别贡献奖”和“贡献奖”获得企业颁奖。大会动员全区上下以先进为榜样，奋发有为、争先进位，共同推动鄞州现代化建设新的跨越。

11 月 27 日，鄞州区第十六届人大常委会举行第五次会议。会议听取并审议关于推进法治政府建设、新农村文化服务体系建设、农贸市场运行和管理情况的报告，听取区政府有关人事任免议案、区人民法院有关人民陪审员任免事项的议案等。

11 月 28 日，慈溪市党政代表团到鄞州考察。代表团一行先后考察金地国际花园、万达商业广场、宁波南部商务区等地。

同日，区政协举行《蒙学之冠——〈三字经〉及其作者王应麟》出版座谈会。这标志着目前国内第一部集《三字经》各版本和研究论文于一体的书籍正式出版发行。

同日，姜山镇规模最大的综合性商业设施——姜山嘉悦生活广场正式开业。这是全区镇乡（街道）首个集超市、商铺、宾馆、餐饮于一体的商业广场。

11 月 29 日，市委常委、宣传部部长宋伟等到姜山镇调研十七大精神主题教育活动试点工作。

同日，中国税务学会会长杨崇春到区国税局调研。

同日，团省委书记鲁俊到鄞州区调研，考察区行政服务中心的区青年创业发展服务中心、区青少年援助中心和鄞州青年创业园区。

11 月 30 日，舟山市委副书记、市长梁黎明率领舟山市党政代表团到鄞州考察。

同日，区政协召开第七次政协委员约谈会，倾听委员们对进一步做好 2008 年实事工程方面的意见和建议。

同月，鄞州区被中国科协命名为第三批全国科普示范县（市、区）。鄞州区于 2005 年 8 月被列为全国第三批科普示范区创建单位。

同月，“创新128”项目作为宁波市首个2.5产业示范园招商工作正式启动。该项目位于鄞州投创中心核心区块，总建筑面积约20万平方米。计划2008年完成园区开发的50%，2009年基本完成园区整体开发，2010年建成宁波市2.5产业集聚地。

12月

12月1日，在2007浙江省农业博览会上，鄞州区有25个农产品获奖，其中11个农产品获得金奖，14个农产品获得优质奖，名列宁波市前茅。

同日，2007年浙江省医学教育学术年会暨宁波天一职业技术学院医学实践教学研讨会在宁波天一职院举行，来自全省各医学院校的校长、代表及天一职院教学实习医院和实践基地的院长、护理部主任等250余人参加研讨。

12月2日，宁波诺丁汉大学产学研结合专家指导委员会成立暨产学研结合工作恳谈会在宁波诺丁汉大学国际交流中心举行。市政协副主席、宁波诺丁汉大学党委书记、特别顾问华长慧主持会议，宁波诺丁汉大学校长杨福家院士介绍学校发展情况和服务于地方经济的设想，并向与会的宁波市11位县（市、区）颁发专家指导委员会成员聘书。

12月3日，区委召开读书会深入学习贯彻党的十七大精神。会议结合鄞州实际，研究2008年发展思路和目标任务。

同日，第十四届鄞州区政协举行第八次委员约谈会，邀请委员为2008年实事工程项目献计献策。

同日，鄞州区在区文化艺术中心举行大型文艺演出，庆祝第16个国际残疾人日。

12月4日，市委宣讲团成员、浙江大学宁波理工学院党委副书记、纪委书记楼锡锦来鄞州区作党的十七大精神宣讲报告，区级机关各部门300余名党员干部聆听报告。

12月5日，鄞州区向社会公开征集实事工程项目活动结束。活动共收到电子邮件、书面信函传真75份，意见、建议百余条。

12月6日，区政府主要领导给石碶街道全体机关干部和村（社区）干部基层干部上党课，并就2008年政府工作重点、加快推进新农村建设等内容与基层干部进行交流。

同日，鄞州滨海投资创业中心滨海社区正式成立，标志着鄞州区首个专门面向外来人口生活服务配套项目正式建成并投入使用。

同日，在上海召开的第三届中国节庆产业年会上，中国梁祝爱情节获评2007年中国十大民俗类节庆活动。中国梁祝爱情节是宁波市三大旅游节庆之一，已成功举办四届。

同日，鄞州区后屠桥烈士陵园重建工程启动。后屠桥烈士陵园始建于1953年，1994年被列为宁波市爱国主义教育基地和德育基地。重建工程将扩建2195平方米，总面积达5746平方米，预计总投资超过200万元。

12月7日，鄞州区与景宁畲族自治县第二轮教育对口支援签约仪式在景宁县举行。两地教育局局长、教师进修学校校长和15所对口学校校长分别签订对口支援协议。第二轮教育对口支援时间为2007年至2010年，鄞州区将筹资200万元支援景宁县教育基础设施项目建设。

12月8日，五乡镇偏远山村明堂岙村公交车正式开通，标志着该镇实现村村通公交目标。此次开通的公交车为107—1路，起点站为明堂岙村，终点站为五乡镇区。

同日，参加全国婚育新风进万家活动经验交流会的部分代表，先后参观邱隘镇方庄社区及集士港镇梁祝文化公园。

12月9日，2007宁波市暨鄞州区18周岁成人宣誓仪式在高教园区院士林举行。市直属中学和区属高中年满18周岁的518名青年学生代表参加。

12月11日，浙江省第十届戏剧节专业院团评奖演出在杭州举行，鄞州越剧团新编廉政越剧《富贵荣华》入选评奖剧目。31日，省第十届戏剧节举行颁奖晚会，《富贵荣华》获“剧目奖”，剧中的3个主演获“优秀表演奖”。

12月12日，鄞州新城区首个按照白金五星级旅游标准建设的宁波开元名都大酒店开业。

12月13日，鄞州区召开消费者权益保护委员会第四届一次全委会暨第七届消费者信得过单位表彰会。会议肯定第三届理事会工作，表彰47家消费者信得过单位以及12家消费维权先进单位。

12月14日，鄞州区企业上市工作会议召开，区地税、国税等部门以及全区128家企业的代表参加会议。

同日，鄞州区召开新型农民签约暨乡土人才表彰大会，8位农民成为首批签约的新型农民，20位乡土人才受到表彰。

同日，区委十二届三次全会决定，2008年起将免除学杂费费范围扩大到普高教育阶段，全区实现十二年免费教育。

12月15日，区政协主要领导来到邱隘镇东雅村，围绕“以十七大精神为指导，扎实推进新农村建设”主题，为当地党员代表、村民代表上党课。

12 月 17 日，杭州市萧山区党政代表团一行到鄞州区考察。鄞州对代表团的到来表示欢迎，并向客人介绍经济社会发展情况。

同日，湖南省常德市委副巡视员、武陵区委书记王孝山率领武陵区党政代表团到鄞州考察。鄞州对代表团的到来表示欢迎，并向客人们介绍经济发展、新城区建设和新农村建设情况。

同日，区侨联编印的《情系桑梓　帆扬商海》《海归创业在鄞州》举行首发式。

12 月 18 日，鄞州区第七次归侨侨眷代表大会闭幕。会议选举产生新一届侨联委员会主席、副主席，严玉英当选为主席，王健波、朱银利、周亚君当选为副主席。

同日，鄞州区召开依法处理妨害社会管理秩序违法犯罪行为座谈会。部分人大代表、政协委员、律师代表、市民代表参加座谈会，与会代表表示合理诉求要用合法形式表达。

同日，浙江省产品质量和食品安全专项整治活动督导组来鄞州检查方兴食品有限公司猪肉台账制度落实情况。

12 月 19 日，区委召开副区（县）级以上离退休老干部座谈会，征求对区委十二届三次全体（扩大）会议工作报告（征求意见稿）的意见和建议。

同日，鄞州区和美家园“幸福快车·欢乐新村”文艺巡演在横溪镇大岙村启动。

12 月 20 日，市委常委、副市长余红艺先后来到部分路段和岗卡点看望鄞州区执勤交警，向他们表示亲切慰问。

同日，商务部部长助理黄海一行到鄞州区考察“三绿工程”（提倡绿色消费、培育绿色市场和开辟绿色通道）创建情况。黄海一行先后实地考察宋诏桥菜市场、通茂东湖花园“菜篮子”便民店、五龙潭蔬菜食品有限公司。

12 月 21 日，鄞州区召开“作风建设年”活动总结大会，会议对活动情况进行全面回顾和总结。

12 月 21—26 日，2007 年“鄞州杯”全国象棋大师冠军赛在鄞城宾馆举行，来自全国 17 个省市的 70 名男女象棋大参加比赛。这是鄞州区首次承办的全国象棋大赛。

12 月 22 日，在宁波市第十三届人民代表大会第二次会议上，鄞州区推荐的 6 名候选人（区委副书记、区长薛维海，浙江广博集团股份有限公司董事长王利平，杉杉集团股份有限公司董事长郑永刚，下应街道湾底村党总支书记吴祖楣，区会计核算中心主任虞文萍，鄞州凯翔工程造价咨询有限公司总经理黄佩佩）全部当选为浙江省十一届人民代表大会代表，这在历届市人代会上尚属首次。

12 月 24 日，区委召开十二届三次全体（扩大）会议。会议回顾总结全区 2007 年工作，部署安排 2008 年各项任务。区委主要领导作题为《创业富民、创新强区、创优争先，把现代化和谐鄞州建设全面推向深入》的工作报告。

12 月 25 日，鄞州区第十六届人大常委会举行第六次会议。会议审议并通过区人民政府关于 2007 年区本级财政预算部分变更的议案及报告、主任会议关于召开区十六届人大二次会议的议案。会议决定，区第十六届人民代表大会第二次会议于 2008 年 1 月 22 日至 25 日召开。

12 月 26 日，省委常委、市委书记巴音朝鲁在鄞州区检查党风廉政建设情况，区委主要领导汇报党风廉政建设情况。

同日，绍兴市委常委、诸暨市委书记谭志桂率领诸暨市党政代表团到鄞州考察。鄞州对代表团的到来表示欢迎，并介绍经济发展、新城区建设和新农村建设情况。

12 月 27 日，集士港镇 19 个行政村完成村民委员会换届选举工作，标志着作为宁波市唯一的省村级组织换届选举试点镇——集士港镇换届选举工作基本结束。

同日，区光彩事业促进会正式成立。区光彩事业促进会主要由区民营企业、民营企业代表人士和港澳台侨工商界人士自愿组成，是一个具有法人地位的全区性非营利民间社会团体。

同日，区工商联召开九届三次执委扩大会议，听取审议 2007 年区工商联工作报告。

同日，区政协领导视察钟公庙街道老街改造工程。

同日，鄞州区召开全区党史地方志工作会议，安排部署党史工作和第二轮地方志编纂工作。

同日，鄞州区竞训工作会议暨宁波市十五届运动会总结表彰大会在宁波开元名都大酒店召开。会上，通报参加市十五届运动会工作情况，部署新周期全区竞技体育工作。在市十五届运动会上，鄞州区体育代表团获得竞技体育部金牌和总分双第一、大众体育部青少年金牌总数第一名，取得鄞州历史上最辉煌战果。

12 月 28 日，区人大常委会举行主任接待代表日活动。本次接待日议题是大龄青年住房难问题。

同日，由鄞州银行发起的村镇银行——邛崃国民村镇银行挂牌仪式在四川成都邛崃市举行。这是全国首家由农村合作银行发起的村镇银行。

12 月 29 日，区政协举行十四届九次主席会议。会议决定中国人民政治协商会议第十四届宁波市鄞州区委员会第二次会议将于 2008 年 1 月 21 日在鄞州新城区召开。

同日，鄞州区财税金融系统迎新年座谈会在区地税局举行。

同日，鄞州区首席农技专家聘书发放仪式举行，标志着鄞州区落实农技推广人员责任制度全面启动。

同月，由省旅游局、省旅游协会主办的“浙江五十个优秀景区”评选活动揭晓，鄞州区 AAAA 级旅游区梁祝文化公园、五龙潭景区入选。

同月，中央宣传部、中央文明办、全国绿化委员会、国家林业局联合发文表彰全国“绿色小康县”。浙江省有 6 个县（市、区）入选，鄞州区是宁波市唯一获此荣誉的县（市、区）。

同月，10 集大型文化系列片《话说鄞州》完成文字稿创作，计划 2008 年投入拍摄。

同月，经过调查摸底、集中采购、安装调试等程序，鄞州区广播“村村响”工程完工。

同月，鄞州区成功承办 2007WCBA（全国女子篮球甲级联赛）八一广博女篮鄞州主场赛事，被国家篮球管理中心授予 2007WCBA 优秀赛区和宣传推广优秀赛区。

同月，因物价上涨超出预期，鄞州区为低收入困难群众发放一次性副食品价格上涨动态物价补贴。全区有 7042 人享受这项补贴，补贴总额为 69.5 万元。

2008年

1月

1月1日，据统计，2007年全区实现财政一般预算收入1080108万元，同比增长43.1%，其中中央财政收入55.11亿元，增长41%；地方财政收入52.9亿元，增长45.2%。财政收入规模稳居全省各县（市、区）第二位、宁波市第一位。

同日，东钱湖旅游度假区启动西画交流采风活动。活动期间，将展出全国及海外56位画家的作品。

1月3日，区委、区政府召开全区经济工作会议。会议回顾2007年经济工作，分析当前宏观形势，部署2008年工作任务，表彰一批先进单位。

同日，区委召开镇乡（街道）党（工）委书记述职会议。这是鄞州区建立镇乡（街道）党（工）委书记向区委全委会述职制度以来的首次述职评议会。

同日，市政协副主席、市总工会主席胡建岳一行慰问鄞州区部分困难群众，分别送上慰问金和食用油、棉被等生活用品。

1月4日，鄞州区在姜山中心卫生院举办社区医生培训班。参加培训的33名医生是鄞州区向社会公开招考的第一批社区医生。

1月7日，区政府召开全区安全生产工作会议，会议对2008年安全生产工作进行研究、部署和落实。

同日，鄞州生态区建设接受宁波市考核。市考核组一行先后检查垃圾填埋场情况、“宜科科技”中水回用工程以及高教园区生态环境和湾底村新农村建设情况，并听取全区生态建设情况汇报。考科组对鄞州生态建设工作表示肯定。

同日，在全省旅游工作会议上，区旅游局被评为2007年度浙江省旅游工作先进单位。

1 月 8 日，鄞州区召开全区老干部工作情况通报会。会上，向老干部通报 2007 年经济社会发展情况以及 2008 年工作主要思路，征求大家对党委、政府工作的意见建议。

同日，鄞州区村级科协组织在下应街道湾底村进行换届试点。由科技示范户、农民技术员、科技辅导员等组成的近 30 名代表选举产生新一届湾底村科协。

1 月 9 日，浙江省实施妇女儿童发展规划示范工作会议在鄞州区举行，来自全省 19 个示范县（市、区）的妇儿工委主任、政府和妇联分管领导等 120 余人参加会议。

同日，鄞州区举行新闻界新春团拜会。新华社、人民日报社、中央人民广播电台等国家和省级新闻单位驻甬机构负责人，市级新闻单位有关负责人受邀出席团拜会。区委主要领导向到会的新闻界朋友表示欢迎和感谢，并向大家致以节日的问候和新春的祝福。

同日，各镇乡（街道）人大负责人会议召开。会议回顾总结 2007 年区、镇乡（街道）两级人大的工作，简要通报 2008 年区人大常委会主要工作。

同日，区政协召开十四届四次常委会议，协商讨论区政府工作报告和区法院、检察院工作，审议通过区政协十四届二次会议有关事项。

1 月 10 日，区四套班子领导到宁波军分区慰问部队官兵，向他们致以节日问候并送上慰问金。

同日，区人大常委会和“一府两院”领导分 5 组，走访辖区内的区十六届人大代表以及在鄞的全国和省、市人大代表，听取他们对区人大常委会和“一府两院”工作的意见建议，征求对区人大常委会和区政府工作报告的意见建议。

同日，鄞州区在区委党校召开党的十七大精神宣传教育工作会议。会议总结前阶段宣传教育的基本情况，要求切实抓紧、抓牢、抓出成效。

1 月 10—11 日，宁波市党校校长会议在鄞州区委党校举行。会议总结 2007 年度党校工作情况，部署 2008 年度党校工作任务。

1 月 11 日，区人大常委会视察钟公庙街道老街改造工程。该工程是鄞州区“十一五”重大建设项目之一。

同日，由团区委、区城投公司共同举办的“爱在鄞州——关爱新鄞州人工程启动仪式暨南部商务区建设者广场联欢会”在南部商务区工人集中居住区举行。

1 月 13 日，在全省农村工作会议上，区委主要领导作题为《强化农业创新，优化发展方式，全面提升高效生态农业发展水平》的经验介绍。

1月14日，区人大常委会与“一府两院”召开联席会议。会上，通报区人大常委会与“一府两院”领导走访人大代表意见建议汇总情况和2008年区人大常委会工作要点。

同日，区政府召开第二次全体（扩大）会议，讨论和审议即将提交区十六届人大二次会议的《政府工作报告》，总结2007年政府主要工作，明确2008年政府工作的总体要求。

同日，鄞州区召开学前教育工作会议。会议提出，形成以公办幼儿园为示范，集体幼儿园为骨干，公办和民办教育相结合的多元化发展格局。

同日，区委召开民主党派人士情况通报会，通报2007年经济社会发展情况及今后发展战略重点。

1月15日，区第十六届人大常委会举行第七次会议。会议听取2008年区级预算草案主要内容的报告，听取2008年国民经济与社会发展计划草案等报告。

同日，鄞州区举行军地迎春茶话会，并向驻鄞部队发放总计49万元的慰问金。

1月15—16日，鄞州区召开社区（居委会）工作会议。会议总结2007年社区工作，部署2008年工作任务，并提出把社区建成社会生活共同体。

1月16日，雅戈尔集团斥资1.2亿美元，完成对美国服装业巨头——KELLWOOD公司旗下男装业务部门新马集团的并购。这是浙江省最大的境外股权收购案。

同日，鄞州区召开“公共文化明珠镇创建工程”动员大会。会议提出，今明两年各镇乡（街道）通过实施“明珠工程”，并辐射和带动村级“星光工程”，构筑“十五分钟文化圈”。区财政资金给予补助。

同日，鄞州区召开新农村建设工作总结交流会。2007年，全区新启动旧村改造新村建设39个，总施工面积达197.8万平方米，投入资金11.4亿元。会议要求，确保统筹城乡发展走在前列。

同日，鄞州区召开第三次全国文物普查动员会。会后，全区文物普查实质性启动，进入全面普查及野外实地调查阶段。

1月17日，鄞州区召开农业工作会议。会议回顾总结全区农村工作情况，提出今后农业工作目标，促进农村经济繁荣农民富裕。

1月19日，为期3天的鄞州区卫生工作会议结束。2008年，农村卫生事业发展经费再增，全区仅社区卫生服务中心（卫生院）标准化建设专项资金就将达到2亿元。

1月20日，由瞻岐镇党委政府主编的《瞻岐史略》在开元大酒店举行首发仪式。《瞻岐史略》40万字，分溯源、海防、垦拓、经济、事业、人物和风物等7编。

1月21日，鄞州区召开村级组织换届选举工作会议。3月在全区范围内进行村级党组织换届选举，4月进行村委会换届选举，至6月底前村两委会换届选举工作基本结束，并同步完成村经济合作社换届任务。

1月22日，区四套班子领导分两路看望出席区政协十四届二次会议的委员。

1月23日，区四套班子领导分两组看望前来参加区十六届人大二次会议的人大代表。

同日，区领导宴请出席区政协十四届二次会议的5位香港委员。

1月23—25日，中国人民政治协商会议第十四届宁波市鄞州区委员会第二次会议在区文化艺术中心开幕。会议听取并讨论区委主要领导在开幕式上的讲话，听取并审议区政协常委会工作报告、提案工作报告，听取并讨论《政府工作报告》和其他报告，通过政协第十四届宁波市鄞州区委员会第二次会议决议。

1月24日，区政协召开十四届五次常委会议。会议审议通过区政协十四届二次会议决议草案，并提交区政协十四届二次会议闭幕会审议通过。

1月24—26日，鄞州区第十六届人民代表大会第二次会议在区文化艺术中心举行，来自全区各界的300多名人大代表参加会议。会议听取并审议《政府工作报告》，听取区人大常委会的《宁波市鄞州区人大常委会工作报告》和区人民法院工作报告、区人民检察院工作报告。会议书面审查鄞州区2007年国民经济和社会发展计划执行情况与2008年国民经济和社会发展计划草案报告、2007年全区和区级预算执行情况与2008年全区和区级预算草案报告。会议期间，共收到代表建议、批评和意见268件。

1月26日，古林镇蜃蛟村慈善助困基金会成立暨首批助困慈善款发放仪式在蜃蛟村大会场举行。蜃蛟村慈善助困基金会为全区首个村级慈善助困基金会。

1月27日，鄞州区举办创业人才新春团拜会，近180位海外留学归来人才、高素质人才、优秀青年企业家代表参加。

1月28日，东钱湖连心路一期工程正式开通。

1月28—29日，鄞州区召开财政工作会议。2007年，全区财政一般预算收入历史性地突破百亿元大关，占GDP的比重首次超过20%，收入规模居全市第一、全省第二、全国第八。

1月29日，省委常委、市委书记巴音朝鲁一行冒雪来到集士港镇，看望慰问当地4户困难群众，并向他们送上慰问金和慰问品。

同日，宁波市暨鄞州区文化、科技、卫生“三下乡”集中活动在邱隘镇举行。

1 月 30 日，鄞州区召开防范应对雨雪冰冻灾害工作紧急会议，研究部署防范应对雨雪冰冻灾害工作。

1 月 31 日，鄞州区举行 2008 年军地新春茶话会。

2 月

2 月 1 日，鄞州区召开劳动保障工作会议。会议通报 2007 年劳动保障总体工作情况，表彰成绩突出的镇乡（街道）及个人，部署 2008 年主要工作任务。

2 月 2 日，区委主要领导冒雪到横街、章水、龙观、鄞江、洞桥等受灾较严重的镇乡，实地查看灾情，看望慰问受灾群众。

同日，区政府主要领导到横溪、塘溪、东吴等镇，检查指导抗雪救灾工作。

同日，鄞州区召开抗冰冻雪灾紧急电视电话会议。区重特大自然灾害应急救助工作指挥部成员单位、各镇乡（街道）有关负责人分别在主会场和各地的分会场参加会议。

同日，区委办、区府办再次发出紧急通知，要求各镇乡（街道）、区级机关各单位进一步做好防范和应对雨雪冰冻灾害性天气工作。

同日，市委组织部和宁波军分区政治部联合考评组一行到鄞州区检查、考评党管武装工作，听取鄞州党管武装工作述职报告，实地考察云龙镇的基层武装部民兵连部规范化建设情况，并召开座谈会。

2 月 3 日，区总工会分 3 路慰问部分留守鄞州的外来务工人员及抗雪救灾一线员工。

2 月 5 日，鄞州区第一本全面普及和弘扬鄞州传统文化的人文读物——《鄞州人文读本》，由浙江古籍出版社出版。该书是区委党校地域文化整理研究系列的第一项成果，也是对区级机关干部进行人文知识培训的重点教材。

同日，传统地方曲艺“宁波走书”和传统美术类“骨木镶嵌”被列入第二批国家级非物质文化遗产名录。至此，加上之前的“梁祝传说”和“朱金漆木雕”，鄞州共有 4 个国家级非物质文化遗产保护项目。

2 月 6—12 日，春节黄金周期间，鄞州区接待海内外游客 24.85 万人次，同比增长 3.63%，旅游总收入 1.24 亿元，同比增长 3.3%。

2 月 9—11 日，区越剧团送戏上山，在四明山区的横街镇竹丝岚村演出《五女拜寿》等 6 台经典越剧大戏。

2月13日，省委常委、市委书记巴音朝鲁一行到鄞州区检查指导十七大精神主题宣传教育活动。巴音朝鲁一行到姜山镇翻石渡村考察新村建设，到后鄮村指导党的十七大精神主题宣传教育活动、考察村容村貌、走访慰问残疾人家庭，还与村民一同观看十七大精神文艺汇演。

同日，省委常委、市委书记巴音朝鲁一行到南部商务区视察工程建设情况，向节日期间坚守岗位的工人致以亲切的问候。

2月14日，区委、区政府召开“三大行动纲领”推进年动员大会。会议要求，强化执行力，全抓落实，深入实施“三大行动纲领”。会上，通报表彰2007年度获得市级以上荣誉的单位和个人。

2月14—15日，鄞州区召开地税工作会议。会议总结2007年工作，肯定地税工作取得的成绩，要求地税干部服务经济，改革创新，勤政廉政。

2月15日，宁波市召开农村工作会议。鄞州区新农村建设工作走在全市前列，被评为市级社会主义新农村建设先进区，并作典型发言。据统计，全区累计已投入资金60.4亿元，为农户提供5万余套新居，涌现出45个省市级全面小康建设示范村、278个市环境整治合格村。

2月16日，因雪灾停运1月之久的617路鄞江至章水镇李家坑、鄞江至宇岩下线路恢复通车。

2月18日，省委常委、市委书记巴音朝鲁到鄞州区督察长丰区块开发建设情况。他指出，长丰区块的开发建设是推进“中提升”战略的重要组成部分，有关部门要振奋精神，强化责任，狠抓落实，全力打好长丰区块开发建设攻坚战。

同日，省军区、省电力公司抗冰灾光明行动慰问演出在区文化艺术中心开幕。

同日，鄞州区召开检察工作会议。会议部署2008年工作，表彰2007年度检察系统先进集体和个人。

2月18—21日，鄞州区对烟花爆竹市场进行新一轮专项整治，重点打击异地经营、超量存放等非法经营行为，规范市场经营秩序。

2月19日，区十六届人大常委会举行第八次会议，听取、审议区人民政府《关于要求调整部分街道行政区域的议案》，通过关于同意调整部分街道行政区域的决定，钟公庙、下应2个街道调整设置为4个街道。

同日，鄞州区再次下拨冰雪灾害救灾款70万元。1月中下旬，鄞州区出现罕见的持续大范围雨雪和低温冰冻天气，1月底区财政下拨30万元给4个受灾较重的山区镇乡。

同日，市政协委员鄞州区联络小组举行座谈会，交流市政协十三届一次会议期间提案办理情况和十三届二次会议提案准备情况。

2 月 20 日，浙江省第二届“十大慈善之星”在杭州举行颁奖晚会，雅戈尔集团董事长李如成为宁波市唯一获此殊荣的民营企业家。

2 月 21 日，鄞州区召开农村工作会议。会议分析“三农”发展形势，研究部署 2008 年“三农”工作的任务举措。会议表彰 2007 年度目标管理考核优胜镇乡（街道）、镇乡（街道）单项工作先进、新农村建设考核先进镇乡（街道）、优秀村党组织书记、市首批全面小康建设示范村标兵、第五批省市级全面小康示范村、村企结对市级先进企业、优秀农民专业合作社、新获市级农业龙头企业。

2 月 22 日，浙江省十七大精神主题宣传教育领导小组成员、省委组织部副部长胡坚率领省十七大精神主题宣传教育督查组到鄞州区督查指导。督查组一行听取鄞州区党的十七大精神主题宣传教育活动情况汇报，对下阶段的主题教育活动提出具体要求。督查组一行还实地考察姜山镇翻石渡村和奥克斯集团党的十七大精神主题宣传教育活动开展情况。

同日，宁波市旅游工作会议在鄞州召开。鄞州区在 2007 年度全市旅游工作目标考核中获得综合一等奖。宁波市获此殊荣的县（市区）仅鄞州区一家，也是鄞州区旅游业历年来在全市获得的最高殊荣。

2 月 23 日，第 90 届中国针棉纺品交易会在上海浦东新国际博览中心开幕。鄞州 18 家蔺草企业参展，共设摊位 96 个，参展面积 867 平方米。

2 月 25 日，八一广博女篮在鄞州体育馆夺得落户鄞州以来的首个桂冠。这也是 WCBA 联赛自 2002 年开始实行主客场的新赛制以来，八一女篮取得的第五个冠军。

同日，鄞州区为八一广博女篮重新夺回 WCBA 联赛冠军举行庆祝嘉奖晚宴，并颁发总冠军奖金 50 万元。

同日，鄞州区第十三期中青年干部培训班在区委党校举行开学仪式。本期培训班有 39 名学员，为期 2 个月。

2 月 27 日，卫生部规财司副司长王玉洵一行到鄞州区调研农村卫生事业改革的背景、做法等情况。王玉洵一行听取鄞州情况介绍，还实地考察姜山社区卫生服务中心、朝阳社区卫生服务站。

2 月 27—29 日，鄞州区举办领导干部十七大精神专题轮训班，共分 3 期对全区 600 多名副处级以上领导干部进行集中轮训。

2 月 28 日，东蓝数码有限公司英国上市新闻发布会暨招待酒会召开。鄞州区的东蓝数码有限公司成功登陆英国伦敦交易所，成为宁波市第一家在伦敦交易所 AIM 市场上市的企业和第一家软件上市公司。

同日，鄞州区群众文化的一大品牌——“星光大舞台”在区文化艺术中心首演，来自 20 个镇乡（街道）的群众业余文体团队参加演出。“星光大舞台”演出活动每月安排两场，区财政对参演的文艺团队，给予每场次 5000 元的演出补助。2006 年起，鄞州区在各村落（社区）实施“星光工程”，至今已发展群众业余文体团队 1000 余支，拥有固定成员 4 万余人。

同日，宁波中心血站在奥克斯国际工业园区开展无偿献血活动，奥克斯员工近 200 人献血 5 万余毫升。奥克斯集团已经累计 12 次组织这样的大型无偿献血活动，无偿献血员工已逾 2500 人次，为宁波血库输送血量达 75 万毫升。

2 月 29 日，鄞州区召开“抗冰灾、保供电”总结大会，表彰抗冰保电功臣和先进集体。

3 月

3 月 1 日，鄞州区中青年书法家系列个展在邱隘镇文化中心举行，来自宁波市、鄞州区的百余位书画名家和书画爱好者观看展览。

3 月 1—2 日，鄞州区联合光明日报社共同启动的《三字经》修订工程编审会在北京召开。4 月底，新版《三字经》将在人民大会堂首发，并在全国发行。

3 月 2 日，在第九个全国“爱耳日”到来之际，鄞州区在区特教中心举行“奥运精彩——我听到”聋儿迎奥运活动。2008 年，鄞州区将安排 30 万元资金，实施抢救性康复项目——“听力启聪工程”。

3 月 3 日，国家工商总局局长周伯华到鄞州区视察工商工作。周伯华一行实地走访区工商分局直属工商所，并听取该所情况汇报。

同日，慈溪市党政代表团到鄞州区考察。代表团一行听取鄞州区经济社会发展情况介绍，实地参观欧琳集团、广博集团。

同日，区政协召开关于小城镇建设专题协商会，听取区建设局《关于进一步加快小城镇建设的若干意见（试行）的说明》。

同日，鄞州区召开反腐倡廉建设任务分工会议。会议回顾总结 2007 年反腐倡廉建设任务情况，研究部署 2008 年工作任务。

3 月 4 日，鄞州区召开节能减排、生态环保和品牌建设工作会议。会议回顾总结 2007 年节能减排、生态环保和品牌建设工作，研究部署 2008 年各项工作任务。

同日，鄞州区举行“公共文化明珠镇创建工程”交流汇报会。会议听取正在创建申报“公共文化明珠镇”的 11 个镇乡（街道）的工作汇报。

3 月 5 日，省委副书记夏宝龙带领省平安建设考核抽查组到鄞州区检查平安综治工作。鄞州区汇报 2007 年度平安综治工作情况。抽查组分头实地检查古林镇古林村、葑水港村等地和钟公庙街道的爱尔妮制衣、嘉谊食品等单位的综治工作和安全生产措施落实情况。

同日，由区委宣传部、市女摄影家协会组织的《和美家园——宁波市第四届妇女摄影作品展》在鄞江镇贺秘监祠举行。

3 月 6 日，省委副书记夏宝龙在鄞州区调研农业和农村工作。夏宝龙一行先后考察欧林集团、利时集团、下应街道湾底村、鄞州新城区、南部商务区、万达商业广场和广博集团，并走访村干部和农户，听取基层干部群众对建设新农村的意见和建议。

同日，鄞州区召开档案工作会议。会议要求全区各级档案部门抓住机遇，乘势而上，进一步增强做好档案工作的责任感。

同日，鄞州公安分局荣获“2003—2007 年‘数字浙江’建设先进集体”称号，成为省内唯一获此殊荣的县（市、区）公安机关。

同日，鄞州区召开粮食生产工作会议。会议明确，2008 年粮食播种面积 35.5 万亩，其中早稻 9.5 万亩，粮食总产达到 17 万吨。

3 月 7 日，鄞州区举行庆祝“三八”节大会。大会表彰一批妇女工作先进集体和个人，推出全区“十佳好母亲”“十佳好婆婆”“十佳好媳妇”“十佳好妯娌”。

3 月 10 日，鄞州区召开交通发展大会。会议通报 2007 年度交通工作情况，部署 2008 年度交通工作任务，加快推进交通大发展大提升大跨越。会上，区政府与各镇乡（街道）签订交通重点工程责任状。

3 月 11 日，雅戈尔集团股份有限公司捐款 200 万元帮助章水镇雪灾后重建。

3 月 12 日，市委常委、副市长余红艺到鄞州区调研科技孵化器建设情况。鄞州区的科技孵化器建设始于 2005 年，经过近 3 年的建设，建成并投入运行的各类科技孵化器有 6 个，可用孵化总面积 8.5 万平方米，实际已使用 5.8 万平方米，参与孵化的各类企业有 85 家，2007 年实现销售 4.56 亿元、利税 7500 万元。

同日，由世界 500 强企业博格华纳集团和宁波圣龙集团合资成立的华纳圣龙（宁波）有限公司的热能系统新工厂在鄞州区投资创业中心投产。

同日，无锡市委常委、江阴市委书记朱民阳带领江阴党政代表团到鄞州区考察。代表团一行先后参观杉杉集团、广博集团、万达商业广场、高教园区、南部商务区等地。

3 月 13 日，鄞州区召开宣传思想工作会议暨创建省级示范文明城区动员大会。会议要求全力以赴打好创建全国文明城市和省级示范文明城区两大攻坚战，表彰一批 2007 年度宣传思想工作和精神文明创建工作先进单位和个人。

同日，鄞州区宣传系统负责人会议召开。会议明确 2008 年宣传思想工作的基本框架，即“一条主线（学习宣传十七大精神）、两大创建（创建全国文明城市和省级示范文明城区）、三大活动（十七大精神主题宣传教育活动、改革开放 30 周年总结宣传活动、王应麟读书节活动）、四大工程（文艺精品工程、公共文化明珠镇工程、农村文化星光工程、有线电视数字化推进工程）”。

3 月 14 日，市政协经济和科技委员会、人口资源环境和城建委员会工作交流会在鄞州区召开，区政协经济科技和城建资源环境委员会工作受到肯定。

同日，鄞州区召开文明委（扩大）会议。会议总结 2007 年工作，推出 2008 年工作要点，提交讨论《关于深化群众性精神文明建设创建活动的实施意见（2008—2011）》（征求意见稿）。

3 月 17 日，鄞州区党政代表团赴余姚、慈溪考察城镇建设工作。代表团一行先后参观考察余姚泗门镇小城镇建设、城区“三江六岸”建设和城镇人居环境建设以及慈溪周巷镇小城镇建设、杭州湾大桥和杭州湾新区的开发建设。

3 月 18 日，区委、区政府召开全区“城镇建设年”动员大会。会上，区委、区政府与镇乡（街道）代表签订城镇建设工作目标责任书。与会人员还实地参观集士港、五乡、横溪和邱隘镇横泾村的镇村建设情况。

同日，合作办学及跨境教育项目规范发展研讨会在鄞州举行。会上，宁波诺丁汉大学受到高度评价，被誉为中外合作办学领域的成功典范。

3 月 19 日，鄞州区召开科协八届四次全委（扩大）会议，明确 2008 年七大工作目标。

3 月 20 日，市行政服务中心工作会议在鄞州区召开。会议交流行政许可职能归并改革及网上审批平台和电子监察系统建设工作进展情况，讨论如何进一步深化行政服务中心建设。

同日，鄞州区召开农业产业化基地建设年动员大会。会议提出，计划到 2010 年，建成 10 家市级、10 家区级、20 家镇级农业产业化基地。

3 月 21 日，鄞州区召开领导干部反腐倡廉专题教育会议。会议邀请省纪委常委罗悦明作题为《剖析违纪违法案例，提高拒腐防变能力》的专题辅导报告。

同日，鄞州第二医院正式挂牌成为浙江大学医学院第一医院宁波分院。两院之间将在人才培养、学科建设、医院管理等方面展开全方位、深层次的合作。

3 月 24 日，鄞州区第十六届人大常委会举行第九次会议。会议听取并审议区人民政府关于加快科技创新、推动科学发展工作情况的报告、区人民政府关于水利工程建设情况的报告、区人民法院关于行政审判和非诉行政执行工作情况的报告。审议并通过区人民法院、区人民检察院有关人事任免。

3 月 25 日，嘉兴市秀洲区委书记祝亚伟带领党政代表团到鄞州区考察。代表团一行先后考察南部商务区、博威集团、欧琳集团、圣龙集团，鄞州区介绍经济社会发展概况。

同日，鄞州区召开关心下一代工作会议。会议总结 2007 年工作，部署 2008 年工作任务，要求着力抓好青少年思想道德教育。会上，区首届十佳“关爱”老人受到表彰。

3 月 26 日，省委、市委召开深化和拓展“树新形象、创新业绩”主题实践活动电视电话会议。会后，鄞州区立即召开动员会，全面部署主题实践活动各项任务。

同日，鄞州区召开安全生产隐患排查治理动员会暨食品安全工作会议。会议确定 2007 年全区食品安全工作的重点，部署即日起开展安全生产隐患排查治理专项行动。

同日，鄞州区召开民政工作会议。会议通报近几年全区民政工作情况，要求强化保障、深化管理、优化服务，进一步推动民政事业又好又快发展。

3 月 26—27 日，省人大常委会副主任刘奇率领省人大执法检查组一行，到鄞州区就《中华人民共和国村民委员会组织法》《浙江省实施〈中华人民共和国村民委员会组织法〉办法》《浙江省村民委员会选举办法》贯彻实施情况开展执法检查，并充分肯定鄞州区贯彻实施工作。

3 月 27 日，鄞州区召开应急管理工作会议。会议要求，抓好应急管理五项机制建设。复旦大学博士、上海市应急管理委员会专家咨询组成员李瑞昌应邀就如何提高政府应急管理能力等内容作专题讲课。

3 月 28 日，省消防总队在鄞州举行全省战勤保障建设（宁波）现场会。

同日，鄞州区召开政法稳定工作会议。会议研究部署 2008 年政法稳定工作任务，与镇乡（街道）和相关部门签订 2008 年度社会治安综合治理暨维护社会稳定目标管理责任书。

同日，由中华民族文化促进会与青岛人民政府等单位联合主办的“节庆中华奖”颁奖典礼在青岛举行，鄞州区主办的中国梁祝爱情节荣获“最佳主题活动奖”。

3 月 28—29 日，区文学艺术界联合会第六次代表大会在区委党校召开，全区各文艺家协会和基层文联近 200 名代表、嘉宾参加会议。会议明确今后五年文联的工作任务，选举产生新一届文联委员会。

3 月 31 日，省委宣传部副部长、省文明办主任龚吟怡率省级示范文明城区调研组来鄞州区调研。鄞州区就创建省级示范文明城区工作作专题汇报。

同日，省级示范文明城区调研组召开座谈会，就鄞州区的流动人口管理和未成年人思想道德建设工作进行座谈。

同月，它山堰水利陈列馆对外免费开放。陈列馆于 1992 年开始筹建，1996 年正式对外开放，一直采用收费参观的模式。它山堰位于鄞州区鄞江镇，与郑国渠、灵渠、都江堰合称为中国古代四大水利工程，建于唐太和七年，系全国重点文物保护单位。

同月，鄞州区启动公墓“植树绿化月”活动，实现公墓墓区绿化全覆盖。

4 月

4 月 1 日，浙江省建设“平安浙江”电视电话会议召开。鄞州区被授予 2007 年度省平安区荣誉称号，这是鄞州区连续第三年获得该项荣誉。

同日，鄞州区召开联合创建工作会议。会议要求，各级各部门统一思想，明确目标，扎实推进城乡环境建设，不断提升城市品位和形象。

同日，鄞州区举行第十届浙洽会第一次筹备工作会议。会议部署鄞州分团的主要工作任务，并对时间计划作了安排。

4 月 2 日，浙江省示范文明城区调研组举行调研反馈会。会议肯定鄞州区的文明创建工作。

4 月 3 日，鄞州区各界在集士港后屠桥革命烈士陵园举行悼念革命烈士仪式。区委副书记、区长薛维海，省新四军研究会理事、浙东分会副会长陈孟庸为后屠桥革命烈士纪念碑揭幕。

同日，中共中央组织部干部教育局调研组到鄞州区委党校，就基层党校干部教育培训工作进行调研。

4 月 4 日，鄞州区集士港镇在全区范围内率先启动行政村团支部书记换届选举工作。选举采用“海推直选”的办法，通过无记名投票、差额选举的方式直接选举产生团支部书记、委员。

4 月 7 日，深圳清华大学研究院院长冯冠平率领考察团到鄞州区考察投资环境。考察团一行实地考察鄞州投资创业中心。

同日，四川省眉山市东坡区委书记、区人大常委会主任李晓宇率领东坡区党政干部学习考察团到鄞州考察。考察团一行实地考察雅戈尔集团、广博集团和下应街道湾底村。

4 月 8 日，区人大常委会视察望春工业园区开发建设情况，对园区自开发建设以来所取得的成绩表示肯定。望春工业园区于 2002 年 12 月开园，2006 年升格成为省工业园区。

同日，省委常委、省军区司令员王贺文一行到鄞州区调研。鄞州区汇报经济社会发展和民营企业人武工作情况。王贺文充分肯定鄞州区民营企业人武工作取得的成绩。

同日，鄞州区召开税法宣传工作会议。会上，区国税局对“服务经济我先行”活动进行动员安排，35 家企业向全区纳税人发出“诚信纳税倡议”。

同日，鄞州区下发《关于开展“创业创新创优”专题调研活动的通知》，要求全区各级领导干部围绕“竞争力提升、新农村建设、和谐区创建”三大行动纲领的贯彻落实和“城镇建设年”活动的实施，集中一段时间开展“创业创新创优”专题调研活动。

4 月 9 日，市政协副主席胡建岳带领市政协课题组一行到鄞州区调研大学生创业情况。

同日，鄞州区召开创建和谐企业座谈会。会上，各企业交流和谐企业创建活动中的经验，探索创建和谐企业的新方法、新思路。

4 月 10 日，区委、区政府召开街道区域调整暨新街道成立大会。原钟公庙、下应 2 个街道调整设置为钟公庙、中河、下应、首南 4 个街道。会上，分别向新成立的街道党工委、办事处授牌。

同日，市政协副主席常敏毅率调研组到鄞州区专题调研城镇饮用水水源保护工作情况。调研组实地察看北渡取水口、广博集团污水处理系统。

同日，市政协副主席胡建岳来鄞州区考察创业创新劳动竞赛。胡建岳先后实地考察南部商务区、区交警大队。

4 月 11 日，区残疾人综合服务中心开工奠基。该中心位于钟公庙街道后庙村，建筑面积 7794 平方米，总投资 2700 万元。

4 月 12 日，鄞州区首届茶文化节在横溪镇梅山村的“金峨仙草”茶基地开幕。茶文化节持续到 4 月底结束。

4 月 14 日，区委、区政府召开调查研究工作会议。会议明确今后调研工作的主攻方向，表彰2007年度先进工作集体。

同日，新成立的中河街道办事处举行揭牌暨升旗仪式。中河街道总区域面积8.8平方公里，下辖11个社区、5个行政村、8个股份经济合作社，总人口10.4万余人，其中常住人口3.4万人。

4月15日，市委常委、宣传部部长宋伟一行在鄞州区调研农村公共文化建设基本情况。宋伟一行先后实地考察古林镇中心的“绿苑”健身公园、蜃蛟村、仲一村、葑水港村，并举行座谈会听取鄞州公共文化建设情况。

同日，区书画院举行第四次画师大会。会议听取第三届理事会工作报告，选举产生新一届书画院院长和理事会。

同日，象山县党政代表团到鄞州考察。鄞州区对代表团的到来表示欢迎，并介绍经济和社会发展情况。代表团一行实地考察奥克斯集团、广博集团、欧琳集团、利时集团和南部商务区。

同日，鄞州区召开“双学双比”工作暨创业创新工作动员会。会议要求，着力推进妇女创业创新工作。

4月16日，区委、区政府召开一季度经济形势分析会，分析经济运行态势，确保经济稳定协调发展。

4月17日，《中国龙文化丛书》之《中国龙舞》举行首发仪式。《中国龙文化丛书》由区文联策划编辑出版，列有20多个专著题目。

4月18日，鄞州区就联合建设鄞州科技创新孵化基地与中国工程物理研究院技术转移中心、深圳清华国际技术转移中心签订合作协议书。

同日，重庆市主要领导带领的党政代表团一行到鄞州区雅戈尔集团考察，对该集团近年来取得的成绩表示充分肯定。

同日，省国土资源厅厅长楼小东带领有关处室负责人到鄞州区蹲点，与古林镇党委、政府负责人和陈横楼、藕池等村干部、村民代表进行座谈。

4月19日，第五届宁波天宫庄园桑果节开幕。本届桑果节以“为奥运喝彩，与桑果约会”为主题，活动持续到5月底。从2004年开始，位于下应街道湾底村的天宫庄园每年举办桑果节。

4月20日，第二届宁波四明山樱花节在章水镇杖锡村举行。本届樱花节以“游四明山水，赏杖锡樱花”为主题，为“和谐鄞州”欢乐城乡游系列活动之一。

4月21日，区委、区政府召开推进文化强区建设动员大会。会议指出，进一步推进文化强区建设，促进文化大发展大繁荣。会上，一批文化强区建设先进集体、先进个人和优秀文化项目受到表彰。

4 月 22 日，区委主要领导到姜山镇调研，向企业讲政策、送信息，帮农村理思路、谋发展，为当地经济社会发展谋良策。

同日，区第十六届人大常委会举行第十次会议。会议听取并审议通过区人大常委会主任会议关于建立宁波市鄞州区人大常委会首南、中河街道工作委员会的议案提请；听取并审议通过区人大常委会主任会议、区人民法院、区人民检察院有关人事任免事项。

4 月 23 日，省农业厅副厅长杨晓彤到鄞州区调研粮食生产情况。

4 月 24 日，省委组织部副部长、省主题实践活动办公室主任庄跃成一行来到鄞州区东吴镇，视察指导深化和拓展“树新形象，创新业绩”主题实践活动。

4 月 24—25 日，浙江省城市社区党建工作会议在鄞州区召开。会上，鄞州区的彩虹社区被省委组织部授予全省城市社区党建工作示范社区称号。

4 月 25 日，《三字经》修订版在北京人民大会堂举行首发式。首发式由光明日报社、人民教育出版社、中共鄞州区委共同主办，新华社、人民日报、光明日报、中央人民广播电台等近 30 家新闻媒体对首发式进行报道。

同日，第三届浙江绿茶博览会绿茶评比揭晓。鄞州区“赤水云雾”“天赐茗茶”“四明银雾”“皎溪银舌”“五龙仙茗”等茶叶获金奖，为历届之最。

同日，鄞州区召开庆祝“五一”劳模座谈会，部分市级以上劳模参加座谈会。鄞州区有市级以上劳模 124 名。

同日，“情暖冰雪路——浙江省公安交警系统抗击雨雪冰冻灾害先进事迹报告会”在区文化艺术中心举行。

4 月 26 日，鄞州区五龙潭山水旅游节开幕。旅游节主题为“观瀑登山健身迎奥运”，为“和谐鄞州”欢乐城乡游系列活动之一。

4 月 27 日，鄞州区首期北京大学管理创新鄞州大讲堂在区委党校举行。全区近 500 名政府中层公务员参加，北京大学郑学益教授作有关“科学领导与领导力”问题的讲演。

4 月 28 日，2008“和谐鄞州”欢乐城乡游活动启动暨走马塘古村开游仪式举行。

同日，宁波它山石雕艺术博物馆正式开工建设，标志着鄞州区新一轮重点旅游项目建设全面启动。

同日，在全国妇女“迎奥运百城千岗”表彰电视电话会议上，区公安分局交警大队车管所被授予“全国巾帼文明岗”荣誉称号。

4 月 29 日，省政协常务副主席、省委统战部部长楼阳生一行到鄞州区调研。楼阳生一行听取鄞州区经济社会发展情况汇报，实地考察鄞州商会、南部商务区。

同日，区委中心组理论学习（扩大）会举行集中学习。会议邀请中国现代国际关系研究所研究员、北京航空航天大学战略问题研究中心教授、法学博士张文木作国防形势报告。

同日，区委召开区委党管武装暨区国防动员委员会全体（扩大）会议。会议回顾总结2007年人民武装和国防动员工作情况，研究部署2008年工作任务。

4月30日，区政协召开十四届六次常委会议。会议协商讨论节能减排、发展循环经济工作，并实地视察宁波南区污水处理厂。

同日，鄞州区召开统战工作会议。会议回顾2007年全区统一战线工作，部署2008年及今后一段时期主要任务。

5月

5月1日，鄞州区“生育关怀工程”实施。按照规定，享受“生育关怀”免费分娩政策的本地孕产妇，在定点镇乡（街道）医疗单位平产的，可以享受全额免费；难产、剖宫产的，可享受每人一次1800元的优惠政策。“生育关怀”免费服务项目还包括新生儿疾病筛查、新生儿听力筛查。

同日，堇山菜市场试营业。该菜市场占地面积6572平方米，一层为菜市场，二层为新江厦连锁超市。

5月1—7日，据区假日旅游办统计，“五一”小长假，全区主要旅游景点接待游客45.29万人次，同比增长51.24%，实现旅游总收入2.5亿元，同比增长57%。

5月2日，著名华人科学家、企业家朱敏到鄞州考察。

5月4日，青春创造未来——2008中国青年创业创新（宁波）论坛在鄞州区举行，国内部分知名企业家，市青联、区青联部分企业家及创业团队共180多人参加论坛。全国工商联原副主席、中国民（私）营经济研究会会长保育钧就中国民（私）营经济发展状况作主旨演讲。市委副书记郭正伟出席论坛并讲话。

同日，鄞州区上半年被征地人员社会保险补贴开始申报，截止日期为5月20日。2008年，全区共进行两轮被征地人员社保补贴申报工作，下半年申报工作将于11月进行。

同日，鄞州区召开深化拓展“树新形象、创新业绩”主题实践活动工作会议暨镇乡（街道）组工作例会，回顾总结上阶段开展情况暨全区村级组织换届有关情况，研究部署下阶段工作任务。

同日，宁波籍台胞王文通向区残联捐赠100辆轮椅。

5月5日，由区政协文史资料委员会与鄞州日报社共同编辑的《鄞州百村》正式出版发行。该书讲述鄞州区100个各具特色的行政村兴盛发展的历史。

5月6日，王应麟学术座谈会召开，王应麟学术研究基地同时揭牌。

同日，作为第二届王应麟读书节的主干活动，“鄞州书市”在鄞州书城开幕，活动时间持续到5月31日。

同日，区第十六届人大常委会召开第十六次主任会议，听取土地节约集约利用情况的汇报。

同日，无锡市锡山代表团到鄞州考察。代表团一行听取鄞州社会经济发展情况介绍，并实地考察奥克斯集团、广博集团和南部商务区等地。

5月7日，全国政协副主席李金华到鄞州调研民营企业内部审计工作。经过调研，李金华充分肯定雅戈尔集团内部审计工作。

同日，区委、区政府召开全区对口联系工作会议。对口联系的双方单位就全区经济社会发展中的重大问题、有关部门的重要工作、群众和政协委员关注的热点问题，互通情况、互相交流，探讨研究解决问题的措施。会议还对区委、区政府有关部门与区政协专委会对口联系单位作出调整。

同日，市红十字会、区卫生局、区红十字会联合开展“送医送药送温暖”下乡活动。为杖锡山区百姓送去价值1万多元的药品和2万多元的物资，市第一医院、第二医院、李惠利医院等医院的10余名专家为当地百姓义诊。

同日，浙江省党校函授工作会议在区委党校召开，会议部署2008年专升本和函授研究生工作及加强考风考纪等事项。

5月8日，区人大常委会主任接待代表日活动举行。区人大常委会主任、副主任与五乡、邱隘、云龙镇部分人大代表面对面交流，共商鄞东片和云龙镇区域供水问题。

同日，下应街道湾底村数字互动电视开通，成为全市首个开通数字互动电视村。

5月9日，第二届“王应麟读书节”在区文化艺术中心开幕。以“书香之恋，快乐之约”为主题的第二届“王应麟读书节”，为期1个多月，是鄞州区历史上规模最大、规格最高、活动最多、参与面最广的读书类活动。开幕式上，由中华书局和鄞州区共同合作的《王应麟著作集成》整理出版工程也同时启动。

同日，鄞州区第三届“塘溪镇名人之乡杯”乒乓球邀请赛在华贸外国语汇港乒乓球俱乐部开幕，来自全区的33支队伍150余名运动员参赛。赛事为期两天，取团体前8名进行奖励。

同日，由中国人民大学哲学院博导张立文主讲的《国学略伦：易儒道禅的核心内涵》在明州大讲堂开讲。此为第二届“王应麟读书节”的主打活动之一。

5月10日，第二届宁波四明山（杖锡）樱花节闭幕。本届樱花节共接待游客2万余人次，实现旅游和相关收入700多万元。

5月12日，鄞州区第二次经济普查领导小组召开第一次扩大会议，贯彻落实国务院电视电话会议精神，研究部署区第二次全国经济普查工作。

同日，作为第二届“王应麟读书节”的活动之一，《三字经》版本陈列展示暨《三字经》主题书画作品展在宁波大学园区图书馆开幕。本次活动将持续到5月22日。

5月13日，鄞州区召开省级示范文明城区暨食品安全示范区创建工作会议。会议通报创建省级示范文明城区工作进展情况，要求扎实有效地推动创建工作深入开展。

同日，区委、区政府紧急商议援助四川地震灾区事宜，决定拨款100万元支援灾区和受灾群众。

同日，区委、区政府下发紧急通知，要求迅速开展捐助灾区活动。鄞州区各界纷纷向灾区捐款，区慈善总会开始接受捐赠，当天收到捐助款12万余元。区工商联、区商会发出倡议，呼吁民企义捐赈灾。雅戈尔集团、奥克斯集团、广博集团、利时集团等民企纷纷响应，当天捐款、物资就达1000余万元。

同日，东吴镇被评为全国环境优美乡镇。至此，鄞州区有全国环境优美乡镇1个、省级生态乡镇6个、市级生态乡镇9个、市级生态村74个。

5月14日，区委、区政府召开手足口病防控工作紧急会议。会议要求各职能部门加强领导，明确职责，建立高效应急工作机制，全力防控手足口病等春夏季高发传染病。

5月15日，国家档案局档案馆司副司长王贤斌到鄞州，对区档案局（馆）争创国家一级档案馆工作进行针对性指导。

同日，由市人大常委会副主任郑瑞法率领的市人大常委会检查组一行到鄞州区检查《宁波市爱国卫生条例》执行情况。检查组一行听取鄞州区贯彻落实情况汇报，实地察看古林镇葑水港村、钟公庙街道菜市场、中河街道飞虹社区和东裕社区、下应街道东兴村和小花园村等地的落实情况。

同日，鄞西规划管理所在集士港镇宣告成立。鄞西规划管理所为区规划局的派出机构，将负责鄞西片区高桥、集士港、古林、横街镇及望春工业园区一般项目的“一书三证”工作。

5 月 16 日，鄞州区举行首届残疾人运动会，全区有 19 个镇乡（街道）组队参加本次残运会、146 名运动员参加比赛。运动会为期 3 天。

同日，鄞州区举行“和美家园”培训会暨“城乡牵手，共建和美家园”启动仪式。仪式上，全区 126 家单位和 126 个创建村签订结对协议书。

同日，鄞州区召开廉政文化“六进”工作座谈会，全面推进廉政文化进机关、社区、学校、家庭、企业和农村。

同日，云龙镇举行“共绘云龙新蓝图、共塑云龙新形象——云龙镇城镇建设、赈灾文艺晚会暨镇首届文化艺术节”开幕式晚会。晚会共募集善款 180 余万元。

5 月 18 日，由卓越海文文化传媒有限公司与鄞州区合作的 22 集电视连续剧《城北人》在国骅集团开机。《城北人》讲述普通教师林佳玲面对民工子弟上学难、生存难、看病难的现实，以一个普通教师的善良之心，书写一个社会公民在灾难、困难、病魔面前，让自己的存在给别人以温暖，在平凡生活中追求灿烂的人生境界。《城北人》主要取景于鄞州。

5 月 19 日，据区慈善总会统计，7 天时间内，全区共为四川汶川地震捐款 1409 万元。

5 月 20 日，区政协召开重点提案现场办理会议。会议对涉及小城镇建设的两件重点提案进行协商，并视察小城镇建设示范镇集士港镇的建设情况。

同日，省人大常委会副主任、省总工会主席刘奇到鄞州视察企业工会建设情况。刘奇一行实地视察宁波欣达集团有限公司与宁波欧琳厨具有限公司。

5 月 21 日，鄞州区把价值 180 余万元的衣服、毛毯、节能灯等物资运往四川汶川大地震灾区。这也是鄞州区运往地震灾区的第二批物资。

5 月 22 日，第二届“王应麟读书节”在区文化艺术中心举行总结表彰活动。活动现场，向全区人民发出倡议：带一本好书回家。活动结束后，著名学者于丹作“阅读经典，感悟人生”的讲座。

同日，高桥镇第五届“蝶恋高桥”文化体育艺术节启动。艺术节期间，高桥镇与区越剧团结成文化对子。

5 月 23 日，鄞州区举行纪念毛泽东同志《在延安文艺座谈会上的讲话》发表 66 周年座谈会。会议表彰 2007 年度优秀文艺作品，公布 2008 年度优秀文艺作品扶持项目名单。

同日，鄞州区召开妇女儿童工作委员会成员单位会议。会议要求相关牵头单位协调配合，分解落实工作任务，确保“十一五”妇女儿童发展规划目标任务全部实现。

5月24日，鄞州区“百名医师下乡送健康”大型义诊赈灾活动在石碶街道文化艺术中心广场启动。本次义诊赈灾活动为期6天。

5月25日，以“迎奥运、品八戒、促和谐”为主题的宁波洞桥八戒西瓜节在洞桥镇三李村文化广场开幕。洞桥八戒西瓜节是“和谐鄞州”欢乐城乡游系列活动之一，自2004年起已成功举办四届。本次活动至9月结束。

5月26日，区政协召开十四届十三次主席会议。会议听取关于召开“履行社会责任、共创和谐企业”论坛会准备工作情况的汇报和区工商分局关于职能工作、品牌建设情况的通报。

同日，首批6名四川汶川地震灾区伤员运抵鄞州人民医院接受治疗。5月28日，第二批12名灾区伤员运抵鄞州人民医院接受治疗。

5月27日，市政协主席王卓辉、市政协秘书长王必恒等市、区领导一行来到鄞州人民医院，看望慰问来自四川汶川地震灾区伤员及陪护人员，并向他们送上鲜花、慰问金和慰问品。

同日，区十六届人大常委会举行第十一次会议。会议听取并审议区政府关于2007年区财政预算执行情况和其他财政收支情况的审计报告、区政府关于2007年部门预算执行情况的审计报告、区政府关于2007年区本级财政决算草案的报告、区政府关于2007年区本级预算外资金收支管理情况的报告。会议还听取、审议并通过区人民法院有关人事任免议案。

同日，鄞州区召开全国文明城市、省示范文明城区迎检工作会议。会议要求以优异的成绩迎接测评检查，力争实现市委、市政府提出的蝉联全国文明城市和区委、区政府提出的争创省示范文明城区的目标。省示范文明城区候选城市共有14个，指标为8个，其中鄞州区入围。

同日，宁波市第三届乡村美食节在下应街道湾底村天宫庄园举行。美食节为2008“和谐鄞州”欢乐城乡游系列活动之一。

5月28日，市委副书记、市长毛光烈在鄞州区检查防汛防旱工作。毛光烈一行先后到鄞江镇建岙村检查小流域山洪灾害防御体系建设情况，到章水镇皎口水库了解除险加固情况，并听取鄞州区关于防汛防旱工作情况的汇报。

同日，鄞州区召开创建省旅游经济强区动员大会。会上，区政府公布《关于加快推进鄞州区旅游业发展的奖励办法》。

同日，城南商务大厦正式开工建设。城南商务大厦为鄞州新城区首幢拆迁安置商务楼，将有效破解土地紧缺问题。

同日，区政协召开“履行社会责任、共创和谐企业”座谈会。

同日，鄞州区召开校园食品安全工作会议。会议指出，到年底，把每个符合的校园食品店（超市）创建成为“校园放心店”。

5 月 29 日，区委常委会专题研究抗震救灾和防汛防旱工作。会议指出，要全力以赴，扎扎实实做好抗震救灾各项工作；突出重点，狠抓各项防汛工作措施的落实。

5 月 30 日，市、区领导分赴高桥、横街、东吴、邱隘和横溪等镇，慰问部分学校和幼儿园的少年儿童，并送上慰问金和慰问品。市委副书记郭正伟一行到高桥镇和横街镇慰问学生和教师。区人大常委会、区政府、区政协有关领导分别到东吴镇、邱隘镇、横溪镇慰问学生与教师。

同日，宁波服装博物馆新馆在下应街道西江古村北侧动工兴建。宁波服装博物馆始建于 1997 年，馆舍设在轻纺城，为国内最早的服装专题博物馆，2000 年迁址月湖。新馆建筑面积 3000 平方米，预计 2009 年 2 月开馆。

同日，鄞州区新农村建设座谈会在姜山镇定桥村召开。会议要求，推广形象改观型旧村改造模式。与会人员还现场参观定桥村。

5 月 31 日，来自鄞州区各社区的 400 多名志愿者代表和企业代表，在万达商业广场举行创建全国文明城市、省示范文明城区誓师大会。“同育文明风尚，共建和美鄞州”文明礼仪宣传教育实践活动同时启动。

同日，浙江省海外中青年侨领创业创新合作交流会人员到鄞州考察。考察团一行先后考察南部商务区和下应街道湾底村。

同月，鄞州区政策性农业保险工作全面启动。在 2007 年水稻、生猪、钢架大棚 3 个保险品种的基础上，新增奶牛、能繁母猪、毛竹大棚、鸡、鸭、鹅等品种，并相应提高保费补助标准。

同月，团区委在全区青年团员中开展“激扬青春，共建和谐”为主题的青年月活动。全区 4.6 万名团员青年围绕团队建设、绿色环保、迎接奥运等内容，开展 60 多项活动。

同月，鄞州区深化拓展“树新形象、创新业绩”主题实践活动全面转入第二阶段——“创业创新创优”结对联心和送服务活动阶段。全区深化拓展“树新形象、创新业绩”主题实践活动自 3 月 26 日启动以来，到目前专题调研活动已基本结束。

同月，商务部公布第三批全国社区商业示范区评审结果，鄞州区的东湖社区获评为全国社区商业示范区。至此，鄞州区已拥有汪董和东湖两个国家级社区商业示范区。

同月，宁波宜科科技实业股份有限公司服装辅料检测中心正式通过中国合格评定国家认可委员会的现场认证，成为国家级服装辅料检测中心。这也是全国第一家由企业成立的国家级服装辅料检测中心。

6月

6月2日，由全国17所知名高校的62名教授、专家组成的高校教授服务团，到鄞州区帮助34家企业解决55个技术难题。

同日，区政府召集水利局、国土局、下应街道等有关部门和单位就甬新河鄞州段拆迁工作进行督促，确保6月15日之前完成拆迁任务。

6月3日，鄞州区召开现代化和谐社区建设推进大会。会议回顾总结2004年以来社区建设情况，部署今后一个时期工作。会议还对近年来全区社区建设先进单位和先进个人进行表彰。2004年至今，鄞州区已建社区35个，其中飞虹、彩虹、剑桥、东裕、方庄5个社区相继被评为省级文明（示范）社区。

同日，北京奥组委赠送给市政府的“祥云”火炬由宁波（鄞州）博物馆永久收藏。

6月4日，副市长陈炳水带领市农业、农机等有关部门负责人来鄞州区调研粮食生产工作。陈炳水一行先后到石碶街道上王村的庄圆粮食专业合作社、姜山镇种粮大户卢方兴的田头和创宁粮机专业合作社，与姜山、云龙、石碶、洞桥等地的种粮大户和合作社理事长进行座谈。

同日，区人大常委会分3组检查全国文明城市、省示范文明城区创建工作。检查组分3路对石碶、钟公庙、下应、首南、中河5个街道的市容环卫、经营秩序及社区文明建设等情况进行检查。

同日，鄞州区召开“合力创平安，同心迎奥运”主题活动动员大会。主题活动历时4个月，分动员部署、排查摸底，全面推进、集中攻坚，巩固提高、建章立制3个阶段进行。

同日，鄞州区纪念“6·5”世界环境日系列宣传活动开幕。活动主题为“拒绝白色污染，迎接绿色奥运”。

同日，市政协副主席、市总工会主席胡建岳到鄞州慰问抗震救灾物资生产企业——位于姜山镇的宁波市雅格轻钢活动房有限公司。

6月5日，公安部和共青团中央确认115个青年集体为2007年度全国公安系统青年文明号，鄞州区交警大队栎社中队入选，为宁波市唯一一家入选单位。

同日，鄞州区召开新城区开发建设情况汇报会。会议分别听取区规划局、新城区管委会、区城管局、区拆迁办、长丰片区管委会关于新城区开发建设情况的汇报，并就进一步加快新城区开发建设提出要求。

同日，鄞州区开通蔺草收割绿色通道。

6 月 6 日，鄞州区举办新兴产业发展论坛。本次论坛邀请著名经济学家吴敬琏、著名企业家朱敏作演讲。

同日，鄞州区召开防汛防旱工作会议。会议回顾 2007 年的防汛防旱工作，通报前阶段防汛准备情况，并分析 2008 年防汛防旱形势，提出对策措施。

同日，四明山大峡谷（李家坑）漂流开漂。

同日，区档案馆通过国家档案局档案馆室、省档案局相关负责人测评验收，成功晋升为国家二级综合档案馆。

6 月 7 日，区委主要领导会见法国政府商务特使克理斯托夫一行，对他们来鄞州投资考察表示欢迎。

同日，鄞州区 6071 名学子分别在鄞州中学、鄞州高级中学、姜山中学、鄞江中学、鄞州职教中心 5 个考点参加高考。

同日，宁波市庆祝第三个“文化遗产日”暨宁波市非物质文化遗产展示中心落成典礼在下应街道西江古村举行。非物质文化遗产展示中心在西江古村一座传统四合院内，室内展示面积约为 2200 平方米。

6 月 8 日，第十届浙江投资贸易洽谈会、第七届中国国际日用消费品博览会开幕。在本届浙洽会上，鄞州分团共有 32 个重大外资投资项目签约，项目总投资 10.49 亿美元，合同外资 5.29 亿美元。

同日，鄞州区在宁波开元名都大酒店举行新兴产业投资环境说明会。250 余位客商应邀赴会，15 个项目现场签约，项目总投资 4.93 亿美元，合同外资 2.99 亿美元。

同日，区政府主要领导会见由傅旭敏率领的欧洲企业家考察团、荷兰华人青年联合会一行 20 人，对他们来鄞州考察表示欢迎。

同日，由鄞州区邀请来参加第十届浙洽会的 250 余位国（境）外客商，参观考察鄞州投资创业中心、128 创业园、南部商务区等鄞州新城区特色区块。

6 月 9 日，宁波市举行第十届浙洽会重大投资项目签约仪式，其中鄞州区签约的 3 个项目总投资 4.4 亿美元，合同外资 1.45 亿美元。

同日，鄞州区举办投资环境推介会，来自美国各州的驻华代表参加推介会。会议介绍鄞州区投资环境，并重点推介新兴产业发展。

同日，由美国各州驻华协会、浙洽会组委会境外投资部、区政府主办的投资美国论坛在开元名都大酒店举行。

同日，区政府主要领导会见瑞典宜家集团中国投资有限公司副总裁高峰一行。

6月10日，区委主要领导视察博物馆工程。视察领导实地考察宁波（鄞州）博物馆、紫林坊艺术馆、华茂堂美术馆，详细了解馆堂工作进展、藏品收藏等情况，并召开座谈会，听取各馆堂负责人关于工程建设进展情况及存在困难的汇报。

同日，市政协委员到鄞州区视察农业科技示范园区建设情况。视察团一行实地考察位于姜山镇的宁波港城农业示范园区。

6月11日，宁波市农村信息化乡镇行首期培训班活动在姜山镇举行。本次活动以百镇百场万人培训为主要内容，计划培训镇村党员干部、信息员和涉农龙头企业代表等1万人次。活动为期1个月。

6月12日，省委、省政府召开全省实施全面小康六大行动计划工作电视电话会议，对实施全面小康六大行动计划和“强塘固房”工程进行具体部署。市委、市政府也就宁波市贯彻落实全省电视电话会议精神进行部署。鄞州区委、区政府有关领导在鄞州分会场参加会议。

同日，鄞州区“公共文化明珠镇”创建工作现场会在横溪镇召开，来自全区22个镇乡（街道）的有关负责人参加现场会并作交流发言。

同日，省政府进行全省防汛工作电视电话会议，对下阶段防汛工作进行部署。会议结束后，鄞州区就贯彻落实省防汛工作电视电话会议精神指出，要立足防汛抗大灾，把人民群众生命财产安全放在首位，高度重视全区防汛工作。

6月13日，浙江省召开创建平安畅通县（市、区）暨农村道路交通安全工作电视电话会议，鄞州区有关领导及有关部门负责人在鄞州分会场参加会议。

同日，鄞州区专题召开安全生产紧急会议，就下阶段的安全生产工作进行动员部署。

6月14日，由市卫生局、市献血办主办，区卫生局、区献血办、石碶街道承办的“2008甬城迎奥运无偿献血农村行”活动启动仪式在鄞州区举行。

6月16日，区委主要领导督查中河街道文明创建工作。督察组一行实地察看宋诏桥菜市场、鄞州汽车总站、东城水岸小区，并听取中河街道文明创建工作汇报。

同日，内蒙古自治区通辽市奈曼旗党政代表团到鄞州考察。鄞州区对考察团的到来表示欢迎，并介绍经济社会发展情况。

同日，拖网、帆张网作业渔船进入伏休，鄞州区伏季休渔开始。这也是作为海洋渔业大省的浙江省第14年实施海洋伏季休渔。

同日，鄞州区29家公立医疗机构全部投保政策性医疗责任险，率先在全市各县（市、区）完成此项工作。

6月17日，区政府召开全区首次地质灾害防灾避灾动员大会，并邀请省工程勘察院地质灾害防治研究院院长、总工程师俞火明进行业务培训。

6月18日，区人大常委会、区政府有关领导带领区水利局、国土局、民政局等有关部门负责人，深入到地质灾害隐患点、山塘水库检查防汛工作。

6月19日，湖南省常德市武陵区党政代表团到鄞州考察。鄞州区对代表团的到来表示欢迎，向客人们介绍经济社会发展情况。代表团一行还先后考察欣达电梯、鄞州投资创业中心、博格华纳、下应湾底村、鄞州银行。

同日，区政府分管领导带领教育、安全等部门相关负责人，先后实地检查瞻岐镇中心初级中学和中心小学、大嵩小学、塘溪镇中心小学和赤瑾小学，对部分校舍安全情况进行检查，对存在的安全隐患提出整改处理意见。

6月20日，鄞州区召开小城镇建设情况汇报会，听取各地小城镇建设情况汇报。会议指出，全区上下要紧紧围绕“今年启动、三年见效、五年完善”的要求，全力以赴做好城镇建设各项工作。

同日，区政府主要领导会见国家棋牌运动管理中心副主任范广升带领的国际象棋国家队一行，并对国际象棋国家队训练基地落户鄞州表示欢迎。

同日，鄞州区召开铸造行业产业升级大会。会议要求全区以铸造业为主的企业以及与铸造生产环境相关的企业，在2009年前改造完毕。

6月21日，区委召开中心组理论学习（扩大）会议。中共中央党校副校长李君如在会上作《邓小平领导真理标准讨论和解放思想的历史经验》专题报告。

同日，区安监局和区公安分局联合查处藏匿在鄞江镇沿山村的5000多箱价值50多万元的非法烟花爆竹，并予以集中销毁。

6月22日，区慈善总会和鄞州日报社联合举行第十次“慈善牵手结对助学”碰面会，44名受助学生和他们的资助者初次见面、交流。区慈善总会和鄞州日报社于1999年联合开展“慈善牵手结对助学”活动，9年来，全区已有644名贫困学子找到“爱心使者”，累计受助金额141.6万元。

6月23日，省委常委、市委书记巴音朝鲁一行到鄞州区视察宁波（鄞州）博物馆工程，详细了解博物馆工程建设进展、藏品收藏等情况。巴音朝鲁一行还参观紫林坊博物馆。

6月24日，区委召开十二届四次全体（扩大）会议。会议审议通过《中共宁波市鄞州区委关于实施幸福民生40条的决定》。会上，区委主要领导代表区委常委会作题为《坚持共建共享，全面改善民生，加快提升城乡群众生活品质和幸福指数》的报告。会议还回顾总结上半年工作。

同日，鄞州区第十二届纪委召开第五次全会。会议回顾总结上半年全区反腐倡廉工作，研究部署下半年工作任务。会议还讨论区委工作报告、区委关于实施幸福民生 40 条的决定和区纪委工作报告。

同日，鄞州人民医院首批震区伤员返乡。

6 月 26 日，区政府主要领导到下应街道、钟公庙街道督查省示范文明城区创建工作。

同日，市委副书记、市长毛光烈带领市、区有关部门负责人来到姜山镇的黎山后村、同三村和走马塘村，看望慰问困难群众。

同日，区委、区政府召开全区行政事业性收费免收规范清理工作动员大会。大会指出，从 7 月 1 日起，鄞州区采取“直接免收、财政补助、政府代缴”方式，免收 166 项行政事业性收费项目，涉及 22 个部门，金额 6500 万元。会上，区工商分局、区公安分局、区农林局分别作表态发言。

6 月 27 日，区公安分局在华茂外国语学校体育场举行巡特警警务技能汇报演练。

同日，区人大常委会视察市三区通往新城区的道路连接工程建设情况。视察组实地察看解放南路延伸段（长丰）、福明路延伸段（潘火）、沧海路延伸段（殷家坑）等工程建设情况，并听取区城投公司、区拆迁办，长丰、潘火开发建设管委会，钟公庙、下应街道办事处有关工作汇报。

6 月 28 日，省委政法委副书记、综治办主任巫波伦一行专程到鄞州区检查指导平安建设和奥运安保工作，听取鄞州区“合力创平安、同心迎奥运”主题活动汇报。

同日，鄞州区少数民族联谊会在银苑大酒店举行成立大会。鄞州区现有少数民族常住人口 1000 名，流动人口 7000 余人。

6 月 30 日，浙江省庆祝中国共产党成立 87 周年暨先进表彰、党的十七大精神主题宣传教育活动总结大会召开，鄞州区一批先进共产党员和先进基层党组织受到表彰。鄞州区四套班子领导在鄞州分会场参加会议。

同月，鄞州区决定集中 3 个月左右时间，在区四套班子领导、区级机关各单位党政正职和镇乡（街道）领导班子成员中，开展“创业创新创优”破难解忧活动，着力解决一批制约创新创业、事关群众利益和影响社会稳定的问题。活动分梳理分析、找准问题，落实责任、制定方案，真抓实干、破解难题三个阶段。

同月，据统计，上半年区国税局、地税局分别组织税收收入 34.52 亿元、

29.39亿元，同比分别增长37.3%、20.13%，分别完成年度计划的60.4%、58.78%，国税收入绝对额、地税收入总规模继续位居全市各县（市、区）首位。

同月，据统计，全区上半年财政收入达78.05亿元，完成年初预算的62.9%，同比增长30%。其中，完成中央财政收入35.5亿元，同比增长20.3%；完成地方财政收入42.55亿元，同比增长39.3%。财政收入规模居全省各县（市、区）首位。

7月

7月1日，宁波工程学院10多位教授到鄞州区调研。调研组一行在参观完奥克斯集团和欣达集团两家企业后，与区科技、经发、人事、发改等部门进行校地合作研讨。

同日，由鄞州银行发起的广西平果国民村镇银行正式开业。至此，鄞州银行已在四川、新疆和广西开办3家村镇银行。

7月2日，鄞州区召开全区信访稳定工作会议，研究部署区级领导大接访活动和当前信访稳定各项工作。会议决定，从7月起至年底，开展区级领导大接访活动，大接访活动主要采取日常接待、下访接待和专题调研3种方式，包括公示、接访、包案、督案和保障等5个环节。会上，还通报上半年信访工作情况。

同日，鄞州区思想政治工作研究会召开第十次年会。会议对2007年10月以来开展的党的十七大精神主题宣传教育活动进行阶段性总结，就如何加强和改进新形势下思想政治工作和区政研会工作提出要求。一批先进单位和个人在会上受到表彰。

7月3日，古林镇举行第五届席乡文体艺术节。艺术节为期半年，除文艺表演、体育比赛、葡萄节等活动外，将以“和谐”为主题，举行“十佳好婆媳”“十佳创业创新新古林人”等评选活动。

同日，《鄞州日报》复刊15周年座谈会在区委党校举行。《鄞州日报》于1993年7月1日复刊，当时是全国第二家、浙江省第一家经国家新闻出版总署批准的县级对开大报。

同日，鄞州区召开全面小康村创建培训会。与会人员实地参观姜山翻石渡村和五乡明伦村、宝同村、汇纤村，并接受相关知识的培训。全区已创建市级以上全面小康建设示范村45个，占行政村总数的11.1%，其中省级26个，基本实现每个镇乡（街道）至少有一个示范村的目标，在全市处于领先地位。

同日，区政协举行第12次委员约谈会，征集文明城区建设妙计良方。

7月4日，宁波市道德模范先进事迹巡讲报告会在区委党校举行。500余名区级机关、镇乡（街道）的党员干部，聆听4名优秀先进人物的感人事迹。

同日，区政府与衢州市衢江区政府签订资源与产业合作备忘录。双方表示，进一步加强两地合作，实现优势互补、合作共赢。

7月6日，由浙江万里学院“改革开放30周年江浙农村发展与变化”调研团实践队和下应街道办事处、宁波天宫庄园联合主办的“携手创文明、促和谐”文艺晚会在天宫庄园举行。

7月7日，区委主要领导到姜山镇接待群众来访。共接待4批次10多位来访者。并与姜山镇班子成员以及鄞州工业园区管委会、交通、建设、国土、信访等部门负责人进行座谈。

同日，区政府主要领导来到石碶街道信访接待室接待群众来访。并就当前信访工作进行调研，要求建立健全基层信访工作机制。

同日，区四套班子有关领导分别来到联系镇乡（街道）接待群众来访。区政协主席唐军在邱隘镇，区人大常委会党组书记、副主任陈明志在古林镇，区委副书记、区纪委书记郑德兵在下应街道，区委副书记陈振国在五乡镇进行接访。

7月8日，市委常委、副市长余红艺到鄞州区调研工业经济发展近况。余红艺一行先后到鄞州投资创业中心的麦克英孚宁波公司、东吴镇的日月集团调研，与杉杉集团、博威集团、富田集团等企业负责人座谈，了解、分析企业发展面临的困难和机遇。

同日，经国家人力资源和社会保障部批准，鄞州区的宁波博威集团有限公司获准设立博士后科研工作站。至此，全区博士后工作站达5家，其中，国家级3家，省级试点3家，博士后工作站设站数居宁波各县（市、区）首位。

7月8—9日，区委组织部组织14名市、区两级党代会代表，对全区20个镇乡、街道的基层组织建设工作进行督查。

7月9日，区人大常委会召开第十九次主任会议，听取区检察院关于预防职务犯罪工作情况、区劳动和社会保障局关于《劳动合同法》实施情况的汇报。

同日，省委党校常务副校长沈立江一行到区委党校调研。

7月10日，宁海县党政代表团来鄞州考察。鄞州区对代表团的到来表示欢迎，并介绍经济社会发展情况。代表团一行先后参观奥克斯集团、广博集团、新城区和南部商务区。

同日，副市长徐明夫到鄞州就城乡社会保障制度建设情况开展调研。徐明夫一行听取鄞州区关于城乡社会保障制度建设基本情况的汇报，并在区劳动和社会保障局面对面接待群众来访。

同日，“2008SaaS 在中国”——第二届中国软件运营服务大会在鄞州区开幕。用友、金蝶、微软、SAP、WebEx、阿里巴巴、奥林科技、IBM、Intel、浪潮等 50 家国内外知名的 IT 企业老总发表主题演讲，来自宁波及周边地区的 200 多家中小企业参加活动。

同日，鄞州日报印务中心落成开业。该中心位于鄞州投资创业中心内，2007 年动工兴建，2008 年 6 月试运行，占地面积 7547 平方米，总建筑面积 5662 平方米，总投资 1400 万元。

7 月 11 日，区委副书记、区长薛维海主持召开外贸企业座谈会，共同研究新形势下加快外贸发展的措施和办法。

同日，团区委、区城投公司、华东政法大学法律学院在南部商务区联合举办“爱在鄞州”普法宣传服务新鄞州人活动。活动中，3 方代表共同为设在南部商务区的法律保障学校揭牌，并签订协议书。

同日，鄞州区召开“依法节能、全民行动”推进会。会议要求树立节电、节水、节能环保新理念，努力形成技能减排新风尚，为建设生态鄞州作贡献。

7 月 13 日，龙观乡被宁波市禁毒委员会评为市禁毒人民战争（2005—2007）先进集体，成为鄞州区获此殊荣的首个乡镇。

同日，中国童诗（宁波）首届年会在鄞州华茂外国语学校举行。这是国内首次举行的全国性的儿童诗写作和教学年会。首届年会为期 5 天，将完成 10 多个教学计划。

7 月 14 日，鄞州区对口帮扶贵州麻江县的又一重要项目——麻江县鄞州青少年科技教育文化艺术中心举行奠基仪式。该中心占地约 20 亩，计划投资 800 万元，其中鄞州区捐资 400 万元。

7 月 15 日，省委常委、市委书记、市人大常委会主任巴音朝鲁，市人大常委会党组书记、副主任郑杰民带领市人大常委会视察组一行到鄞州区视察社会救助工作，并听取社会救助工作总体情况的汇报。视察组还召开基层社会救助工作情况座谈会，实地视察邱隘救助站、方庄社区救助室、邱隘镇敬老院，走访慰问困难户家庭。

同日，全省新农村电气化建设工作会议在鄞州区举行，来自全省 11 个地市的 160 位代表参加会议。

同日，由浙师大职业技术学院学生表演的“七彩鄞州　文化惠民”主题晚会在姜山镇走马塘村举行。

7 月 16 日，区政协领导到区档案局（馆）视察，亲切慰问区档案局（馆）工作人员，实地查看档案馆内各项设施，充分肯定区档案局（馆）近几年取得的成绩。

同日，宁波市第二次地方志专题研讨会在鄞州区召开，来自宁波市及各县市区地方志办公室主任、主编参加会议。

同日，鄞州区召开半年度组织工作例会。会议回顾总结上半年工作，分析和研讨当前组织工作改革创新面临的形势任务，部署安排下半年工作。

7 月 16—17 日，最高人民法院行政庭物权登记与行政审判座谈会在鄞州区召开。来自北京、上海、重庆等 8 个省市法院行政庭相关负责人就有关物权登记司法解释的问题展开研讨。

7 月 18 日，由市政协主席王卓辉，副主席郁义康、傅丹、胡建岳、张明华等组成的市政协主席会议成员和部分市政协委员，视察鄞州区饮用水水源安全保障工作。视察组一行先后到石碶 34 省道旁的北渡取水口，横溪水库上游的原金峨东海紧固件厂、万鑫标准件厂及周边溪坑等地视察。

同日，区委、区政府召开半年度经济形势分析会。会议回顾总结上半年经济工作，着重部署下阶段经济工作重点。

同日，“2008 宁波鄞州科技创新合作交流会”在宁波开元大酒店举行。本次交流会设计的技术项目领域主要包括电子信息、光机电一体化、先进制造技术和新材料、环保、资源循环利用等，深圳清华大学研究院、浙江清华长三角研究院、中国工程物理研究院等院所参会。会上，共有 4 个科技合作项目签约。

同日，首届“鄞州缤纷夏逸购物节”在万达商业广场开幕。购物节持续一周，将于 24 日结束。

同日，市公安局赴川抗震救灾先进事迹巡回报告会在鄞州区举行。

7 月 19 日，区委副书记、区长薛维海到石碶、下应、瞻岐等地，检查防汛防台工作。第七号台风“海鸥”于 18 日 18 时 10 分在福建霞浦长春镇登陆，鄞州区受其影响，有大到暴雨。

同日，鄞州区举办 2008 大中专毕业生就业洽谈会和网络招聘会。此次招聘共有 125 家企业参加，可应聘岗位近 1200 个。活动将在网上持续至 8 月 15 日。

7 月 21 日，团中央学校部副部长陈光浩一行到鄞州区调研大学生创业创新情况。陈光浩一行到鄞州区青年创业孵化园，了解企业的创业过程、发展规模以及努力方向等情况，并召开座谈会。

7 月 22 日，区委副书记、区长薛维海看望慰问高温下坚守在一线的交警、垃圾中转站职工和公交司机等。

同日，浙江省“五五”普法中期督导检查组组长、省人大内司委副主任委员钱中贤一行到鄞州检查普法工作。督导检查组听取鄞州区“五五”普法启动以来工作情况汇报，查阅相关普法台账，抽查中河街道飞虹社区普法工作。

同日，鄞州区召开区域教育咨询会，来自市、区的教育专家为鄞州区区域教育发展出谋划策。

7 月 22—23 日，鄞州区镇乡（街道）半年度人大工作汇报会召开。会上，区人大明确年底前工作重点，着力推动解决民生问题。

7 月 23 日，中央信访工作督查组阚宝光一行在省、市信访部门的陪同下来鄞州区督查指导工作。区长薛维海向督查组汇报鄞州区信访工作开展情况，区委政法委和区环保局分别汇报鄞州区涉法、涉诉和环保信访问题处理情况。

同日，宁波空港物流园区在古林镇举行推介会，120 多家物流企业相关负责人应邀参会。

7 月 24 日，鄞州区第十六届人大常委会举行第十三次会议。会议听取并审议区人民政府关于 2008 年上半年国民经济和社会发展计划执行情况的报告，区人民政府关于 2008 年上半年财政预算执行情况的报告，区人民政府关于 2007 年区本级预算执行及其他财政收支情况审计意见的办理情况报告，区十六届人大二次会议代表议案建议办理情况的报告，区人民政府关于新城区菜市场建设和管理情况审议意见的办理情况报告。会议审议通过区人大常委会主任会议、区人民政府有关人事任免事项。经审议，任命马伟平为区安全生产监督管理局局长。

同日，鄞州区召开半年度农业工作会议。会议要求，加快推进现代农业发展。咸祥、五乡、横溪等镇乡在会上作典型交流，区农林局、水利局、国土资源局分别就下半年工作作出部署。

同日，团省委副书记徐旭到鄞州区调研行政村团组织换届直选和村级年轻后备干部公开选拔工作。徐旭一行到鄞州区行政村团组织换届直选工作试点镇——集士港镇听取试点工作开展情况介绍。

7 月 25 日，区领导赴东海舰队慰问。区委副书记、区长薛维海代表鄞州区向东海舰队赠送节日慰问金 30 万元。

同日，在建军 81 周年来临之际，区领导分 4 组走访慰问驻鄞部队官兵，向他们致以节日问候，并送上慰问金和慰问品。

同日，区政协召开十四届十四次主席会议。会议听取区教育局关于幼儿教育事业发展情况的通报，并视察姜山镇中心幼儿园。会议还讨论《关于促进我区生产性服务业发展的若干建议（讨论稿）》。

7月28日，江苏省兴化市党政代表团到鄞州考察。鄞州区对代表团的到来表示热烈欢迎，并介绍经济社会发展情况。代表团一行实地考察奥克斯集团、下应街道湾底村、宁波南部商务区等地。

同日，科技部、国资委和中华全国总工会在北京联合公布首批“创新型企业”名单，鄞州区的博威集团入选。

同日，位于横街镇的市重点工程溪下水库通过竣工验收，正式交付使用。该水库于2003年7月28日开工建设，2005年9月28日主要项目工程全面建成，2006年2月28日下闸蓄水。总投资3.94亿元，总库容2838万立方米，防洪保护人口18.13万人、耕地26.89万亩。

7月31日，区政协召开十四届十五次主席会议。会议听取区检察院关于自侦案件办理情况的通报，讨论《关于促进我区生产性服务业发展的若干建议（讨论稿）》。

同月，鄞州区再次提高老游击队员、老交通员（红色堡垒户）等在乡革命老同志生活困难补助标准，每人每月增加50元。鄞州区享受每月定期补助的在乡革命老同志有168人，其中，抗战时期的142人，解放战争时期的26人。在此次提高补助标准之前，抗战时期的月生活补助费为300元，解放战争时期的月生活补助费为290元。

同月，鄞州区举行庆祝中国共产党成立87周年系列活动。主要包括：表彰基层党建先进，开展“回顾三十年，学习十七大，思想再解放”理论学习活动、区级机关“走进基层，破解难题”主题走访活动、基层党员“知党性、重党性、践党性”主题教育活动、“党员奉献日”活动、“红色影视放映周”活动等。

同月，鄞州区将免收157项行政事业性收费，涉及21个部门，全年免收6500余万元。鄞州成为国内政府行政服务最早迈入“免费时代”的地区之一。

同月，鄞州区再次提高被征地人员、城镇居民和老年农民养老保险参保人员的享受标准，而参保缴费标准暂不作调整。这是2008年第二次以增加每人每月20元的幅度提高上述各项养老保险享受待遇。

8月

8月1日，“梁祝化蝶”雕塑启运罗密欧与朱丽叶的故乡意大利维罗纳市。

该雕塑以梁祝文化公园中原有的雕刻作品为基础，由雕塑家孔武战雕刻，高 2.5 米、宽 1.8 米、厚 1.2 米，重约 3.8 吨。9 月在意大利举行的中意爱情文化节上，宁波市领导与当地官员将为“梁祝化蝶”雕塑揭幕。

同日，下应街道全面开展创建食品安全示范街道活动。创建时间为 8 月至年底，重点抓好种植养殖、生产加工、流通、消费等环节。

8 月 3 日，五乡中学新校舍开工兴建。该工程被列入区政府 2008 年实事工程，由区财政全额拨款。迁建后的五乡中学定位为省一级示范性重点普高，校舍总用地面积 88417 平方米、总建筑面积 39850 平方米，分两期投资。

8 月 4 日，区人大常委会召开半年度重要情况通报会。区委副书记、区长薛维海，区人大常委会党组书记、副主任陈明志分别通报上半年全区经济社会发展情况和区人大常委会工作情况。

同日，五龙潭至奉化溪口公路开工。该工程为省重点工程，总投资 1.8 亿元，总工程期为 18 个月，到 2010 年 1 月全线建成通车。

8 月 5 日，区政协召开经济社会形势通报会。区委副书记、区长薛维海通报上半年全区经济社会发展情况和下半年主要工作，区政协主席唐军通报上半年区政协工作和下半年主要工作安排。

8 月 6 日，省委组织部副部长、省人事厅厅长、省编办主任乐益民一行到鄞州调研人事人才工作情况。鄞州区汇报近年来人事人才编制方面的基本情况、主要做法及下一步的工作思路。乐益民一行还走访鄞州区重才爱才企业——广博集团股份有限公司，并听取企业人事人才工作的介绍。

同日，在景宁畲族自治县“低收入农户奔小康工程”省级结对帮扶工作启动会上，鄞州区的下应、高桥、姜山、钟公庙等 10 个镇（街道）与景宁县英川镇 50 个低收入农户集中村结对，标志着鄞州景宁新一轮结对帮扶工作启动。

8 月 6—7 日，区人大常委会视察区畜牧业整治工作，并赴衢州实地视察区水家牧场异地建设的衢州市宁莲畜牧业有限公司。

8 月 7 日，鄞州区启动服务企业专项投诉活动。活动时间持续 1 个月，至 9 月 7 日结束。

同日，2008“和谐鄞州”欢乐城乡游系列活动之一——“古林葡萄节”在古林绿苑公园举行。本届葡萄节将历时 1 个多月，持续到 9 月 17 日。

8 月 8 日，632—1 路无人售票公交车开进姜山镇茅山村。这是区委领导到姜山镇接访后为当地村民办下的实事。

同日，殷家坑世纪新村安置小区开始进行试桩钻孔作业，标志着鄞州区迄今规格档次最高的安置小区项目建设启动。该安置小区占地约 127 亩，总建筑面积达 26 万多平方米，总投资 6 亿多元。

8 月 11 日，区委主要领导来到位于姜山镇的一舟集团，与当地部分企业负责人座谈交流，为企业发展出谋划策。

8 月 12 日，区政协召开十四届十六次主席会议。会议审议《关于推进我区基础教育均衡优质发展的建议案（草案）》《关于提高我区市民文明素质的建议案（草案）》，审议《政协宁波市鄞州区委员会常务委员会工作规则（修正案）》和区政协十四届七次常委会会议议程（草案）等。

同日，省卫生厅党组书记、厅长杨敬在鄞州区调研农村（社区）卫生事业发展工作，听取鄞州区农村（社区）卫生事业发展情况汇报。杨敬一行还到洞桥镇社区卫生服务中心及百梁桥村社区卫生服务站进行实地考察。

同日，区计划生育协会召开第四次会员代表大会。会议选举产生新一届理事会常务理事、会长、副会长、秘书长。

8 月 13 日，省委常委、市委书记巴音朝鲁一行到鄞州开展“干部进企业，服务促发展”调研活动。巴音朝鲁与欣达集团、恒达高电器有限公司、培罗成集团、日月集团、锡青铜带制品有限公司、天工巨星工具有限公司、矿世智源工艺有限公司等 7 家企业负责人进行座谈，听取企业 2008 年以来运行情况及当前遇到的问题、困难和下步对策、措施。调研中，巴音朝鲁一行还实地考察欣达集团、欧琳厨具有限公司。

同日，市政协主席王卓辉、秘书长王必恒一行专程到鄞州区调研企业经济运行情况。王卓辉一行先后到宁波千普实业投资有限公司、浙江利时集团，仔细了解企业经营情况。

8 月 14 日，省政协副主席盛昌黎一行到鄞州调研政协文史工作。盛昌黎一行还实地视察姜山镇走马塘村、南部商务区、紫林坊艺术馆。

8 月 15 日，鄞州区第十六届人大常委会举行第二十次主任会议，听取服务业发展、审计、民族宗教、侨务、对台工作情况的报告。

同日，横溪镇文体广场“灵秀横溪”正式落成。广场总面积 14667 平方米，为全区镇乡街道中面积最大的文体广场。

8 月 16 日，区政府召开第三次全体（扩大）会议暨经济发展动员大会，专题分析当前经济形势，研究部署下一阶段经济工作。会议邀请国务院发展研究中心副主任卢中原就宏观经济发展形势作专题讲座，广博集团、日月集团分别在会上作表态发言。

8 月 18 日，市消防支队转发省消防总队《关于给蒋孝辉等 434 名同志记功嘉奖的命令》，鄞州区 12 名消防官兵受表彰。

8 月 18—20 日，鄞州区召开为期 3 天的 2008 年教育行政工作会议。会议回顾总结 2007 学年教育工作，研究和部署 2008 学年教育工作目标任务和措施。

8 月 19 日，区政协召开十四届七次常委会议。会议审议并通过《关于推进我区基础教育均衡优质发展的建议案》和《关于提高新城区居民文明素质的建议案》，听取区政府办公室关于《鄞州区政协十四届二次会议提案办理情况的通报》，审议并通过《政协宁波市鄞州区委员会常务委员会工作规则（修正案）》。会议还审议通过有关区政协委员调整和人事任免等事项。

8 月 20 日，区委中心组举行理论学习（扩大）会。会议邀请厦门大学台湾研究院院长、全国台湾研究会副秘书长刘国深教授作《两岸关系和平发展战略分析》专题报告。

8 月 21 日，镇海区委书记马卫光、代区长陈召华带领镇海区党政代表团一行到鄞州南部商务区考察。代表团一行考察高教园区、南部商务区、万达商业广场、宁波（鄞州）博物馆等地。

同日，鄞州区文明礼仪讲师团“五进活动”启动仪式在中河街道东裕社区举行。“五进活动”为期 2 个月，通过讲座、授课、互动等形式进农村、进学校、进单位、进社区、进家庭，对不同群体进行文明礼仪教育。

同日，鄞州区召开“十小”行业质量安全整治与规范工作会议，对全区“十小”行业质量安全整治与规范行动展开部署。

8 月 22 日，区委副书记、区长薛维海到古林镇鹅颈、蒋水港以及姜山镇励江岸 3 家社区卫生服务站和姜山中心卫生院，实地考察社区卫生服务工作情况。

同日，区人大常委会视察区废弃矿山治理复绿工作。视察组一行先后到横街镇山西王矿山废弃矿山填土复绿治理工程点、集士港山下庄废弃矿山喷土复绿治理工程点和高桥东港、湖西废弃矿山削坡平整治理工程点等地，实地察看采石矿口和关停废弃矿山整治情况。

8 月 23 日，鄞州区举行福彩公益金“爱心助学”仪式，向全区 25 名品学兼优的贫困大学生发放助学金 10 万元。

8 月 25 日，鄞州区少先队辅导员培训中心在区教师进修学校挂牌成立，这是宁波市首个少先队辅导员培训中心。全区近 200 名少先队大（中）队辅导员参加成立仪式。

同日，区政协召开委组负责人会议，传达省政协主席周国富在全省政协主席读书会上的讲话精神，部署下半年政协工作任务。

8 月 25—26 日，由市旅游局局长陈佳强任组长的创建省旅游经济强区初审检查组，到五龙潭景区、天宫庄园、东海旅行社、万达商业广场、旅游咨询服务中心等有关旅游单位，展开实地检查和抽样调查。检查组认为，鄞州区创建条件成熟，可以提交省检查组验收。

8月27日，区委召开镇乡（街道）党（工）委书记座谈会。会议专门听取各镇乡（街道）对当前和今后一段时期区委工作的意见建议，并对2009年工作思路调研作简要安排，并提出相关要求。会上，还通报上阶段小城镇建设情况。参会人员实地考察长丰拆迁地块和南部商务区。

8月28日，区委副书记、区长薛维海来到石碶街道，与当地的10多家企业座谈，帮助企业解决难题。

同日，鄞州区教育救助金首发仪式在瞻岐镇举行。大学本科及以上的每学年救助8000元，大学专科的每学年救助6000元，中等专科每学年救助4000元。31名特困大学生当场领取教育救助金。

同日，宁波市“百名记者进企业”采访团来到鄞州区，实地采访浙江广博集团和区科技局。

8月29日，市人大代表鄞州中心组视察鄞州区新农村建设工作。代表们视察五乡镇的宝同村同心花苑小区、汇纤村李都锦苑项目工地、大龄青年住宅安置房——泰和馨苑等地。

同日，区政协委员与区食品药品监督管理分局、区安监局、区工商分局、区质监分局、区农林局、区贸易局、区卫生局、区城管局、区消防大队等9部门负责人，就食品药品安全和安全生产展开面对面交流。

同日，省政府就确保粮食安全，完善粮食安全行政首长负责制召开电视电话会议，进行专题部署。随后，市政府就贯彻省政府会议精神进行部署。鄞州区政府有关领导在鄞州分会场参加会议。

同日，省“种文化”调研组一行在鄞州区调研。调研组听取鄞州区农村“种文化”活动情况的汇报，考察邱隘镇横泾村、邱隘镇文化中心、横溪镇文化艺术中心，对鄞州区“种文化”工作给予肯定。

同日，由区文联主办的画册《当代水彩画家》首发式举行。该画册由人民美术出版社出版，选取6位宁波本土水彩画家的作品。

同日，省促进残疾人事业发展专题调研组到鄞州区调研。调研组一行到古林镇康复中心调研，并在区政府会议室召开促进残疾人事业发展座谈会。

同日，全省侨务干部学习十七大精神专题研讨班到鄞州举行现场交流活动，来自全省各地的40多名侨办干部参加此次活动。

8月31日，由鄞州银行发起的象山国民村镇银行在石浦开业，为宁波市首家村镇银行。

同月，区委、区政府新出台的《关于进一步促进经济健康发展若干补充意见》（即“工业 23 条”）正式实施。这项政策以增加企业资金供给、增加企业资源供应、创新企业金融方式、加强企业公共服务为主要内容。

同月，浙江省人民政府第二次全国农业普查领导小组办公室发文表彰第二次全国农业普查先进集体和先进个人，区农业普查办公室被授予“第二次全国农业普查国家级先进集体”荣誉称号。

同月，鄞州区全面构建大学生资助保障体系。从 2008 秋季学期起，残疾大学生每学年最高扶助 5000 元，贫困大学生每学期最高救助 4000 元，其他困难学生可申请生源地助学贷款。这是继秋季全面实施 12 年免费教育之后，鄞州区推出的又一项惠民之举。

同月，鄞州区出台《关于鼓励促进我区民办博物馆发展的意见》，从资金补助、用地保障、人员配备等方面提出详尽的扶持措施。此举走在全国前列。《意见》规定，由个人和民营企业出资筹建、建筑面积在 1000 平方米以上的博物馆，投资额度在每平方米 4000 元及以上的，区财政给予每平方米 500 元的一次性补助；投资额度不足该标准的，给予每平方米 300 元的一次性补助；最高补助额度不超过 400 万元。

9 月

9 月 1 日，鄞州区将免费教育的范围扩大到普高教育阶段，读高中的学生全部免交学费，全面实现 12 年免费教育。这是鄞州区在全国率先实现免费义务教育和免费职业教育后又一领先全国的创举。在全省率先实现 12 年免费教育后，鄞州区有近 14 万名中小学生受惠，财政每年投入 1.3 亿元。

9 月 2 日，鄞州区首个公交 IC 卡营业厅在新城区钱湖北路开业。营业厅为全业务服务点。

9 月 3 日，“中日非物质文化遗产保护 · 鄞州论坛”国际学术研讨会在鄞州区举行。本次论坛由中国民间文艺家协会、日本神奈川大学民俗研究课题组、省文联和区委、区政府联合主办，论坛的主题是“非物质文化遗产的保护和合理利用”，会议为期 2 天。

同日，区人大常委会主任接待代表日活动在瞻岐镇举行。

同日，鄞州区召开 2009 年度重点工作调研部署会。本次调研包括经济发展、城乡建设、社会民生、综合保障、体制机制、党的建设 6 大内容 50 个课题。

同日，鄞州区召开第二次经济普查动员大会。全区第二次经济普查工作分为准备阶段，登记及数据处理阶段，资料公布、总结表彰和资料开发应用阶段3个阶段。

9月4日，参加“中日非物质文化遗产保护·鄞州论坛”的中日两国民间文化界专家学者，考察位于下应街道湾底村的市非物质文化遗产展示中心的5个“非遗”传承展示基地。

9月4—6日，鄞州区党政代表团一行赴杭沪嘉地区学习考察。在结束对杭、沪、嘉地区的学习考察后，区委书记主要领导主持召开区城市建设学习考察座谈会并作重要讲话。

9月5日，省委书记、省人大常委会主任赵洪祝，省委常委、秘书长李强，副省长金德水一行到鄞州区调研。赵洪祝一行实地察看宁波南部商务区、下应街道湾底村，深入建设工地进行调研，对湾底村新农村建设给予肯定。

同日，由市人大常委会副主任姚力率领的市人大检查组一行，到鄞州区检查贯彻落实《宁波市河道管理条例》情况。区政府分管领导作专题汇报，检查组一行实地察看前塘河中心城区前河路段，甬新河姜山、下应段等地。

9月8日，鄞州区召开“履行社会责任共建和谐企业”领导小组工作会议。会上，25个职能部门的负责人审议区首批“和谐发展企业”候选名单，讨论和谐企业创建活动的补充意见及主题活动实施方案，并就提高“和谐发展企业”提高“门槛”达成初步意见。

同日，省职工技术创新工作论坛在鄞州区举行，全国11个省、直辖市总工会和浙江省各地市总工会相关负责人参加论坛活动。

9月9日，区领导分5路走访慰问部分学校的教师，向全区广大教师送去节日的问候。

同日，省质监局局长瞿素芬一行到鄞州区督查指导“十小”行业整治规范工作，并与区质检、工商、药监、卫生、农林、贸易等部门主要负责人进行座谈。

9月10日，区委召开十二届五次全体（扩大）会议，就省委巡视组到鄞州区开展巡视工作进行动员和部署。省委第一巡视组组长、省人大常委、正厅级巡视专员吕汉夫，市纪委副书记、监察局局长顾文俊分别代表省委巡视组和市委作重要讲话。区委主要领导代表区党政领导班子作表态发言，并汇报2005年以来全区工作情况。这次巡视工作安排一个半月左右时间。

9月11日，区第十六届人大常委会召开第十四次会议。会议听取并审议关于生态区建设、村委会换届选举和外来人口计划生育工作情况的报告。

同日，副省长郑继伟到鄞州区调研教育工作情况。郑继伟一行先后实地视察姜山镇中心小学、实验中学以及省级示范幼儿园——姜山镇中心幼儿园。

9 月 12 日，区四套班子部分领导与在鄞的省、市政协委员，区各民主党派、工商联负责人和无党派人士代表，港澳台胞、台属台商、归侨侨眷、侨商、归国留学人员和民族宗教界代表，非公有制经济人士和其他社会各界代表，共庆中秋佳节。

同日，浙江省召开防御第 13 号强台风紧急视频会议。会议要求全力以赴做好强台风“森拉克”的防御工作。随后，宁波市就贯彻会议精神进行具体部署。鄞州区防旱防汛指挥部领导及成员单位在鄞州分会场参加会议。

9 月 13 日，中国法学会审判理论研究会、省高院联合在鄞州区举办“挑战与机遇：执行体制和机制实践创新（浙江）论坛”。市委副书记、市政法委书记郭占伟代表市委对论坛在宁波召开表示欢迎，并向与会者介绍宁波市、鄞州区的经济社会发展情况。

9 月 16 日，横溪镇残疾人“爱心超市”剪彩开业。这是鄞州区首家由残联主办、政府机关单位赞助协办的残疾人爱心超市，总投资 200 余万元。

9 月 17 日，“鄞州杯”第五届中俄国际象棋对抗赛在鄞州区开幕。中俄国际象棋对抗赛每年由中俄双方轮流主办。鄞州区和国家棋牌运动管理中心签订 5 年的合作协议，今后 5 年鄞州区将成为中俄对抗赛中方的唯一赛事承办地。

同日，“境象 · 无语”龚建军水彩画作品展在上海刘海粟美术馆开展，这是鄞州区乃至宁波市第一位进驻国家级美术馆举办个人画展的当代青年画家。

9 月 18 日，国家文物局副局长张柏在鄞州区调研博物馆事业发展情况。张柏一行实地视察宁波（鄞州）博物馆、紫林坊艺术馆、华茂堂美术馆，并听取鄞州区博物馆事业发展专题汇报。

同日，浙江省召开三鹿牌婴幼儿配方奶粉重大安全事故应急处置工作电视电话会议，研究部署三鹿牌婴幼儿配方奶粉安全事故对浙江省影响的应急处置工作。鄞州区有关领导及相关部门负责人在鄞州分会场参加会议。

9 月 19 日，区卫生局召开紧急会议，进一步部署对含三聚氰胺婴幼儿奶粉喂养史儿童的筛查和救治工作，并结合辖区实际，制订医疗救治方案。

同日，鄞州区召开少工委六届三次全委（扩大）会议，区少工委全体委员、各镇乡（街道）少先队总辅导员、区直属学校大队辅导员 60 多人参加会议。

同日，上海软件外包总经理联谊会考察团一行来到鄞州区考察服务外包投资环境。考察团一行听取鄞州区服务外包产业环境说明会，并考察南部商务区、万达商业广场、东蓝数码公司、创新 128 园区等地。

9 月 20 日，宁波市第十届高层次人才智力洽谈会在市国际会展中心举行。鄞州区 134 家企业组团参加洽谈，推出就业岗位 1180 多个。

同日，鄞州区召开三鹿牌婴幼儿配方奶粉安全事故应急处置工作会议，部署对问题奶粉的应急处置工作。

同日，宁波诺丁汉大学举行可持续能源技术研究中心揭幕仪式暨可持续城市国际研讨会，标志着中国首幢碳零排放节能楼在该校正式启用。

同日，以“节约能源资源、保护生态环境、保障安全健康”为主题的宁波市 2008 年科普日活动在鄞州区开幕。

9 月 21 日，中国工程物理研究院副院长王洋率领考察团到鄞州区考察。双方举行合作交流座谈会。考察团一行先后到望春工业园区、鄞州投资创业中心和南部商务区实地考察。

同日，中国工程院院士、国内著名的力学及振动工程专家黄文虎，中国机械工程学会专家高炉、陈耀昌、曹登庆、刘世前一行，来到位于姜山镇的宁波巨港机械制造有限公司，为企业提供技术指导，并与企业技术人员进行交流。

9 月 22 日，副市长成岳冲看望奋战在“三鹿奶粉”患儿一线的鄞州人民医院的医护人员，对他们加班加点完成接待、救治工作表示亲切慰问。

同日，鄞州区召开老干部情况通报会，向与会老干部通报 1 月至 8 月鄞州区工业经济发展形势。

同日，区消防大队分两组检查辖区内人员密集的公共娱乐场所，发现消防安全隐患 10 处。

9 月 24 日，全国安全生产电视电话会议召开。区委政府有关领导出席鄞州区分会场会议。

同日，为期半个月的“你好，宁波东钱湖……美的回响”展览活动在天一阁博物馆开幕。此次展览共展出香港和内地的 43 名画家、摄影家以东钱湖为题材创作的近百幅优秀作品。这是跨越甬沪港三地、历时 3 年的系列活动首次在宁波举行。

同日，由宁波市与维罗纳市共同举办的中意爱情文化节在意大利名城维罗纳中心广场——朱丽叶广场开幕。宁波市赠送的“梁祝化蝶”雕塑永久落户朱丽叶广场。

同日，鄞州区召开征兵工作领导小组会议，对 2008 年冬征兵工作提出具体要求。8 月初到 9 月底为兵役登记和调查摸底阶段，10 月 9 日起组织体检医生培训，12 月中旬征兵工作结束。

同日，八一体工大队、鄞州体育局、浙江广博集团三方代表正式签订为期3年的合作协议，八一女篮再度落户鄞州，依旧冠名“广博文具”征战WCBA。这是鄞州与八一女篮的二度牵手，是双方3年前合作的延续。

9月25日，省政府副秘书长马林云率领省政府检查组到鄞州检查婴幼儿奶粉事件处置工作。检查组一行到鄞州区唯一的奶制品企业——位于云龙镇的双燕奶业有限公司，了解企业生产及质量管理情况；到新江厦超市横溪店，了解问题奶粉的下架、退货及奶制品供应情况；到横溪卫生院，检查问题奶粉患儿筛查情况。

同日，市公安局鄞州分局首南派出所正式挂牌成立。

同日，鄞州区南部商务区及创新128产业园区推介会在开元名都大酒店举行。这是2008甬港经济合作论坛的专题活动之一。

同日，鄞州区召开全区铸造行业产业升级工作会议。铸造行业产业升级自6月实施以来，全区159家企业已全部如期签订协议，其中117家企业选择转产关闭，42家企业选择治理提高。

同日，前来参加甬港经济合作论坛的香港物流代表团一行20余人，参观考察鄞州区的宁波空港物流基地。

9月26日，区政协召开十四届十七次主席会议。会议听取区外经贸局关于外向型经济工作情况的通报，并审议通过《政协宁波市鄞州区委员会主席会议工作规则》。

同日，由鄞州区姜山甬剧团等业余文艺团队组成的鄞州艺术团首次走出国门，赴韩国进行交流演出。这是宁波市县（市、区）首次独立组团赴国外交流演出。

9月28日，紫林坊艺术馆落成并免费向社会开放。此为鄞州新城区首家民办博物馆。紫林坊艺术馆占地6.6亩，建筑总面积4000余平方米，耗资2200余万元。馆内共有藏品2000余件。

同日，浙江省第八届老年文化艺术周在区文化艺术中心开幕。本届老年文化艺术周由省老龄办、省文化厅主办，区政府承办，来自全省12个代表队共350余位中老年文艺爱好者参加活动。

10月

10月1日，鄞州区职工低标准养老保险最低缴费基数，按新缴费额度开始缴费。根据市政府有关文件规定，鄞州区的职工最低月工资标准调整为 960 元。同时，职工低标准养老保险最低缴费基数（含补缴）调整为 960 元。

10 月 1—7 日，鄞州区黄金周旅游总收入达到 2.03 亿元，同比增长 15.34%；共接待游客 38.3 万人次，同比增长 16.2%。

10 月 5 日，鄞州区艺术团的 11 名演员赴韩国大邱，参加“2008 大邱友好城市日”的庆祝表演。

10 月 6 日，区委组织召开常委会（扩大）会议，专题传达并学习贯彻省委十二届四次全体（扩大）会议、市委十一届五次全体（扩大）会议以及全省服务业工作会议、全省开展深入学习实践科学发展观活动动员大会精神。

10 月 7 日，中河街道在彩虹社区开展“风雨彩虹五十载，夕阳晚晴情意浓”10 对老人金婚庆典活动，庆祝重阳节。

同日，在传统的重阳节和浙江省第 21 个老人节来临之际，区四套班子领导分 4 路前往塘溪、云龙、钟公庙、章水等 10 个镇（街道），看望百岁老人，并送上慰问金和长寿面、核桃粉等慰问品。

10 月 8 日，衢州市衢江区委副书记、区长蔡晓春一行到鄞州区进行协作交流对接活动。双方就加强合作开发等事宜进行交流探讨，并签署《宽领域对口协作交流备忘录》。蔡晓春一行还参观考察鄞州投资创业中心、欧林集团、高教园区以及 2.5 产业创意园区等地。

同日，区委主要领导在宁波空港物流园区调研。调研领导指出，要加快项目建设，强化措施保障，把空港物流中心建设成为国内一流的综合航空服务中心，使其成为鄞州区发展的又一新亮点。

同日，鄞州区首辆图书流动车驶进宁波八方集团有限公司。这也是宁波市第一辆图书流动车。流动车由区政府拨款购置，内有新书 1500 册，采用开架借阅方式。

同日，衢州市衢江区在鄞州举办投资环境说明会，云龙、横溪和东吴等镇的 40 家企业参会。

10 月 9 日，区委主要领导调研大嵩围涂工程。大嵩围涂工程是鄞州区重点工程，6 月正式开工建设，预计 2011 年竣工。工程主要任务是围涂造地，围涂总面积 1.38 万亩，建成后净可利用 9660 亩。

同日，全省政协文史工作会议召开。鄞州区为宁波市唯一在会上作交流发言的县（市、区），区政协文史工作得到会议充分肯定。

10 月 10 日，鄞州区召开全区实施残疾人共享小康工程动员大会。会议研究部署当前和今后的残疾人工作，动员各级各部门积极实施残疾人共享小康工程。

同日，全国政协副主席王志珍一行来到鄞州区，视察旅游业发展情况。她对近年来鄞州区依托现有资源，重点打造“佛教文化、梁祝爱情、人文遗产、山水休闲”四大特色旅游品牌表示充分肯定。

同日，经国家质检总局批复同意，全国服装标准化技术委员衬衫分技术委员会正式在雅戈尔集团成立。雅戈尔集团由此成为宁波市唯一承担分技术委员会的企业，目前中国服装行业也仅有两家。

同日，鄞州区召开奥运信访稳定工作总结表彰会议。会议全面回顾奥运信访稳定工作，总结经验，表彰先进；分析全区社会稳定面临的形势，部署下阶段维护社会稳定工作。

10 月 11 日，鄞州区参与第 104 届广交会第一期机电产品展的 66 家企业赴广州布展。广交会将于 10 月 15 日开幕，分为 3 期举办，时间为 10 月 15 日至 11 月 6 日。

同日，宁波市“2008 社会科学普及月”暨鄞州区“普及社科知识，推进创业创新”活动在万达商业广场开幕。本次活动为期 1 个月，从 10 月 11 日开始到 11 月 10 日结束。

同日，鄞州区“多彩乡村、休闲农家”体验乡村旅游活动正式启动。本次活动由省旅游局和省农办发起，全省各地市在同一时间、围绕同一主题共同举办。鄞州区推出“山水休闲游”“运动健身游”“乡村体验游”“宗教文化游”“民俗文化游”等多条旅游线路。

10 月 11—13 日，第七届中国民间艺术节暨中国民间飘色（抬阁）艺术展演与评奖活动在广州举行。咸祥镇选送的“梁祝化蝶”抬阁作为浙江省唯一作品参与展演，并被评为第七届中国民间艺术节金奖，同时以第二名的成绩被评为第九届中国民间文艺山花奖·民间艺术表演奖优秀入围奖。

10 月 13 日，区委理论学习中心组召开十七届三中全会精神学习会。会议指出，要深入学习贯彻十七届三中精神，抓住农村改革发展的机遇，以新型工业化带动农村经济优质化，以新型城市化带动城乡一体化，以公共服务均等化带动农民生活品质化，实现农村新一轮发展跨越。

10 月 14 日，区政府主要领导率领区安监、食品药品监督、质监、工商、消防等有关职能单位，对食品安全情况和企业安全生产工作进行检查。

同日，鄞州区城市管理行政执法工作会议在区委党校举行。根据区政府 2008 年第 24 次常务会议对区城市行政执法体制作出“重心下移、属地管理、条块结合、以块为主”的决定，区城市管理行政执法体制正式开始调整，“大城管”格局初步形成。

10 月 15 日，省委常委、市委书记巴音朝鲁一行实地调研长丰滨江休闲居住区开发建设情况，并对鄞州区“中提升”工作予以充分肯定。

同日，区政府召开软件企业座谈会。区内注册资金 1000 万元以上的 14 家软件企业负责人和区发改、科技、经发、财政、工商等部门负责人，共同商讨软件等新兴产业发展对策。

10 月 16 日，团中央书记处办公室副主任安建国带领团中央定点帮扶县——山西省大同市灵丘县的教育考察团一行 9 人，到鄞州高级中学考察。

10 月 16—17 日，鄞州区党政代表团一行赴景宁畲族自治县调研结对帮扶工作。景宁畲族自治县委书记武昌陪同调研，他对鄞州区党政代表团的到来表示热烈欢迎，并向鄞州区多年来对景宁经济发展的支持表示感谢。代表团一行深入实地调研大漈乡、澄照乡，了解畲乡农村经济主要来源和发展情况，并走访慰问困难户，了解当地贫困家庭生活状况。

10 月 17 日，2008—2009WCBA 联赛开幕式及 2007—2008 赛季总冠军颁奖典礼在鄞州体育馆举行。落户鄞州的八一广博文具女篮夺得总冠军，这也是她们的第五个 WCBA 总冠军。

同日，鄞州·景宁全面协作暨实施“低收入农户奔小康工程”恳谈会在景宁召开。实施“低收入农户奔小康工程”，是省委、省政府在全面完成“欠发达乡镇奔小康”后，组织开展的新一轮农村扶贫工程。会上，鄞州区对下步的结对帮扶工作提出具体要求。

10 月 20 日，区人大常委会分 3 组对区学前教育发展情况组织专题视察。视察组分别视察中河街道中心幼儿园和博聪幼儿园、钟公庙街道长丰幼儿园、五乡镇中心幼儿园、集士港镇中心幼儿园和新星幼儿园，详细了解幼儿园园舍、教学活动设施、师资、收费和经费投入等情况，并听取区教育局关于学前教育工作情况的汇报。

同日，区委主要领导到即将开关的宁波海关驻鄞州办事处新大楼，了解新大楼的工程建设及开关运行准备等情况。

10 月 21 日，鄞州区公共卫生大楼举行落成典礼。该项目于 2006 年 12 月开工，总投资 7000 万元，占地 23.1 亩，总建筑面积 20315 平方米，是目前宁波市县（市、区）中投资最多、规模最大、设施最先进的公共卫生建设项目。

同日，鄞州银行与区慈善总会签订协议，扩建 2000 万元“快乐成长”扶贫基金，从而使该基金的总额达到 4000 万元，年可用增值款达到 200 万元。

10 月 22 日，由中央电视台、新华社、人民日报、光明日报、文汇报、中国文物报、中央人民广播电台等 10 余家中央新闻媒体组成的第三次全国文物普查采访团抵达走马塘村进行实地采访。

同日，结合全市开展的“干部进企业、服务促发展”和鄞州区的“破难题、送服务、促发展”专项活动，区委主要领导一行来到创新 128 园区调研，并考察位于鄞州投资创业中心的宁波富邦电池有限公司。

同日，区政府主要领导调研区职业教育工作，对区职业教育近年来取得的成果表示肯定，并指出职业教育要为经济社会发展服务。

同日，鄞州区召开征兵工作会议。会议学习贯彻上级征兵工作指示精神，总结 2007 年冬征兵工作情况，全面部署 2008 年冬征兵工作。

10 月 23—26 日，第十二届宁波国际服装服饰博览会在宁波国际会展中心举行。鄞州区有 54 家服装企业参展，合计展位 390 个，展览面积 3510 平方米。

10 月 24 日，鄞州区关工委在龙观乡召开关心下一代工作现场会，并实地考察桓村、后隆村等地此项工作的开展情况。

10 月 25 日，公安部交管局道路交通安全“百日行动”督导检查组来到鄞州区检查指导工作。督导检查组一行检查集士港和下应两个交警中队、高桥镇教辅室、高桥镇乐民村、下应街道湾底村等单位的活动开展情况，在鄞州长途客运中心详细查看 GPS 监控系统，对鄞州此项行动的扎实开展给予肯定。

同日，由鄞州职业高级中学等单位承办的第五届全国汽车职业教育年会在宁波召开，来自全国 29 个省市的 105 所中职、高职、本科院校以及 39 家企业单位的 240 位代表参加会议。

10 月 26—27 日，鄞州区组织区农办、发改局、农林局等有关部门负责人，考察灾后重建对口援建单位——四川省青川县乔庄镇，慰问乔庄分部全体援建干部，并实地察看部分援建项目。

10 月 27 日，宁波市城乡社区卫生服务建设与发展座谈会在鄞州区召开。会上，鄞州作为 2007 年度全市卫生工作先进县（市、区）受到表彰，并作交流发言。

同日，区政协召开十四届十八次主席会议，听取河道疏浚整治情况。主席会议成员一行还实地视察铜盆闸河道疏浚现场。

同日，宁波海关现场业务处二楼窗口各类业务，包括海曙、江东、江北、鄞州、宁海、奉化、高新区、东钱湖旅游度假区 8 个地方的企业进出口报关、加工贸易、进口设备减免税等业务，全部搬迁至宁波海关鄞州办事大楼办理。

同日，鄞州区首条“空中画廊”在新城区宁南北路建成。这条“空中画廊”总投资近 40 万元，全长 2.2 公里，由 80 个直径为 40 厘米的小花坛组成，花坛离地 2 米，全部构建在路旁的电线杆上。

10月28日，国家动漫游戏原创产业基地授牌仪式暨中国民族十二生肖动漫原创大赛启动仪式在鄞州区举行。国家动漫游戏原创产业基地落户鄞州。

同日，区人大常委会召开第二十一次主任会议，听取区政府债务和政府性投资公司资金运行和管理、2006年以来财政资金运行绩效评估工作情况的汇报。

10月29日，由全国政协副主席阿不来提·阿不都热西提带队的全国政协委员视察团一行到鄞州视察。视察团一行先后实地视察雅戈尔集团、宁波南部商务区，对鄞州区近年来在经济社会发展中取得的显著成绩表示肯定。

10月30日，宁波海关驻鄞州办事处举行开关仪式。宁波海关关长庞中联为宁波海关驻鄞州办事处揭牌，并向鄞州办事处授印。

同日，区委常委会（扩大）会议召开，专题听取城市建设项目汇报，研究部署新一轮城市开发建设工作。

10月31日，市委副书记郭正伟到鄞州区视察新农村建设情况。郭正伟一行先后视察高桥镇乐民村、集士港镇万众村方家新村小区、横街镇水家村、古林镇葑水港等地，并听取鄞州工作汇报。郭正伟对鄞州区新农村建设取得的成绩表示肯定。

同日，区政协召开十四届八次常委会议。与会人员察看长丰区块、南部商务区、创新128园区，并听取有关建设进展情况的汇报。

同日，市六区人大常委会主任第四十三次联席会议在鄞州区召开。会上，与会同志就如何加强部门预算监督进行交流发言。

同日，宁波市两级法院廉政文化教育基地在区人民法院正式落成。最高人民法院大法官、原纪检组组长李玉成，省高级人民法院纪检组组长钱建军共同为基地揭牌。

同月，据市GDP统一核算领导小组最终审定结果显示，前三季度鄞州区GDP总量为434.2亿元，按可比价格计算增长13.8%。这一增幅居宁波市各县（市、区）首位，高于全市平均水平3.4个百分点。

11月

11月1日，住博会发布2008年度宁波市住宅开发项目“人居环境奖”获奖名单。鄞州区的格兰春天、都市森林两个楼盘上榜。“人居环境奖”是宁波市房地产业的最高奖项。

11月2日，鄞州区第五届“终身学习周”在区文化艺术中心开幕。活动以终身学习，全民学习为主题，采用区、镇乡、村三级联动的方式进行。其间，将举办成校校长论坛和社区教育工作者论坛、社区教育活动现场观摩暨社区教育经验交流会、成人教育工作者硬笔书法比赛等，并组织10名社区教育讲师团成员深入社区宣讲。

同日，在杭州举行的全国未成年人思想道德建设工作经验交流会上，团区委获首批“全国未成年人思想道德建设工作先进单位”荣誉称号。经团中央推荐获此殊荣的，全国仅2家。

同日，第11届东钱湖国际龙舟邀请赛在小普陀景区举行。来自国内外的16支队伍参加竞技，是历届规模最大、国际性最强的一次比赛，同时，本项赛事首次有女队参加。东钱湖队获女子龙舟500米赛冠军。

11月3日，中共中央政治局委员、书记处书记、中宣部部长刘云山一行到鄞州视察文化事业发展情况。刘云山一行先后视察宁波（鄞州）博物馆、紫林坊艺术馆、宁波水木动画设计有限公司，并充分肯定鄞州区近年来文化事业发展取得的成绩。

同日，省委、省政府发文表彰12个省示范文明城市（城区、县城），鄞州区名列其中，这是继2005年成功创建为“省级文明城区”后获得的更高荣誉。

11月3日，鄞州区党政代表团到象山考察旅游发展情况。代表团一行实地考察中国渔村、石浦渔港古城，象山县介绍旅游发展情况。

同日，市委常委、常务副市长王勇到位于鄞州区望春工业园区的宁波空港物流园区视察工作。王勇一行观看空港物流园区模型，进行实地察看，并与市、区发改、交通等部门负责人座谈园区的发展方向。

同日，市委常委、宁波军分区司令员武晋宁、副市长陈炳水、宁波军分区政委厉永敏等，到鄞州区检查征兵体检站的工作情况，并听取征兵工作进展情况的汇报。

11月3—7日，鄞州区农村业余剧团送戏进省城，在杭州胜利剧院演出。

11月4日，鄞州区党政代表团到宁海考察生态建设情况。代表团一行实地考察大佳何江南民间艺术馆和桥头胡街道双林村生态建设情况。

同日，省委政协工作督查组到鄞州区督查调研区政协工作，了解贯彻落实《中共中央关于加强人民政协工作的意见》和省委、市委有关文件精神情况，并听取新形势下鄞州区对进一步加强人民政协工作的意见和建议。

同日，宁波市服务外包现场会在鄞州区召开。鄞州区引进服务外包企业，以项目带动高端服务产业发展经验在全市推广。

同日，鄞州区党政代表团一行来到奉化市，重点考察新农村建设情况。奉化市委书记戎雪海代表市委、市政府对代表团的到来表示欢迎，并重点介绍奉化市新农村建设情况。代表团一行考察滕头新农村建设情况，对奉化市在经济社会发展尤其是新农村建设方面取得的显著成绩表示赞赏。

同日，市人大代表一行20余人视察省、市重点工程——甬新河鄞州段工程。

11月5日，全省经济保稳促调暨工业转型升级电视电话会议召开，省委书记、省人大常委会主任赵洪祝，省委副书记、省长吕祖善分别作重要讲话。会后，市政府召开全市电视电话会议，市委副书记、市长毛光烈针对宁波实际情况作部署。鄞州区领导及区50多个部门负责人在鄞州分会场出席会议。

同日，区委主要领导到鄞州日报社和区广播电视台，慰问一线新闻工作者。

同日，鄞州区召开再生资源回收长效管理现场会，现场参观兴丰回收示范站、西湖花园社区网点和古庵村回收示范站。

11月6日，全国政协副主席郑万通到鄞州视察。郑万通一行实地考察雅戈尔集团，鼓励企业坚定信心危中求进。

11月7日，全省乡镇综合文化站建设现场会在鄞州区召开。会议回顾总结近年来全省乡镇综合文化站建设情况，全面部署未来几年乡镇综合文化站建设任务。

同日，鄞州区召开全区新闻工作“六好”表彰暨庆祝第九届中国记者节大会。大会对全区优秀新闻工作者进行表彰，区新闻工作者协会第三届理事会作2007—2008年度工作报告。

同日，鄞州区“履行社会责任，共创和谐企业”现场推进会在东吴镇召开。会上，广博集团、日月集团、盛光包装印刷公司、利时集团、宜科科技股份公司、康强电子股份公司、隆兴集团、华晟金属制品公司、华茂集团、申江控股集团等20家单位代表受到表彰授牌。东吴镇政府、鄞州投资创业中心、欣达集团作交流发言，古林镇、滨海永强户外用品公司作表态发言。

11月7—9日，东钱湖旅游度假区举办首届湖鲜美食节。美食节活动由“品味美”“发现美”“感受美”3个部分组成。

11月7—10日，2008中国食品博览会在宁波市国际会展中心举行。鄞州区28家参展单位实现销售额35万元。

11月10日，鄞州区“关注森林”组委会成立。成立仪式上，区有关领导区为“关注森林”宣传队、造林队、护林队、扑火队授旗。

同日，鄞州区召开森林防火工作会议，对今冬明春森林防火工作进行具体部署。

11 月 11 日，鄞州区召开金融工作座谈会，商讨如何优化金融服务、防范金融风险。

同日，省委常委、市委书记巴音朝鲁率领宁波市党政代表团到达四川省青川县，视察宁波市对口支援部分乡镇灾后援建工作。鄞州区委主要领导到乔庄分指挥部营地，看望慰问鄞州区派遣的 3 位援建人员。

11 月 12 日，鄞州区召开劳动用工管理工作会议。会议分析当前劳动用工状况，安排部署下步工作任务。

11 月 13 日，最高人民检察院党组成员、政治部主任张常韧一行来到鄞州区人民检察院视察工作，听取区检察院工作汇报。

同日，省科技界 14 位政协委员专程来鄞州区调研，实地参观考察浙东精密铸造有限公司。

11 月 13—15 日，在杭州举行的 2008 中国节庆高峰论坛上，鄞州区中国梁祝爱情节获“2008 年度中国十大最具魅力节庆”，中意爱情文化节获“2008 年度中国最具发展潜力节庆”，区旅游局局长洪光茂获“2008 年度中国节庆杰出贡献奖”。

11 月 14 日，鄞州区召开残疾人共享小康工程推进会，就下阶段进一步开展好残疾人共享小康工程各项工作提出要求。与会人员还到横溪镇残疾人托（安）养服务所、横溪镇快乐家园进行实地参观。

11 月 15 日，以“创新发展，合作共赢”为主题的鄞州区新兴产业推介会在上海举行，上海市 40 余家软件企业的 50 余名负责人参加会议。会上，创新 128 园区负责人介绍园区的投资环境。

同日，“日月杯”首届天童国际登山邀请赛在鄞州区天童森林公园举行。15 支代表队 120 名登山爱好者参赛，比赛分男女两组，男子组赛程 3.5 公里，女子组 3 公里。

11 月 18—19 日，由省食安办、省质监局、省工商局、省卫生监督局、省农业厅等组成的检查组，到鄞州区检查验收创建省级食品安全示范区工作。

11 月 19 日，鄞州欢送 29 名新兵前往西藏林芝军分区。2008 年，全区共有 50 名新兵奔赴西藏，其中 29 名分到林芝军分区，21 名分到拉萨军分区。

11 月 20 日，区委召开常委会（扩大）会议，贯彻落实中央和省委、市委有关会议精神，研究部署进一步扩大内需、促进经济增长的意见。会议推出扩大内需 10 项措施。

同日，宁波大学党委书记程刚率领宁波大学调研组一行到鄞州区调研。鄞州区向调研组介绍撤县设区以来经济社会发展情况，程刚对鄞州区取得的显著成就表示赞赏。

同日，区政府召开有关职能部门座谈会，要求全区经济建设主要职能部门改善服务环境，帮助企业走出困境。

同日，鄞州区召开全区医疗纠纷预防与处理工作会议，并成立区医疗纠纷人民调解委员会，建立医疗纠纷人民调解工作机制。

11 月 21 日，省人大常委会副主任程渭山率领省人大代表视察团一行 20 多人，视察鄞州区经济发展和新农村建设工作。视察团一行听取宁波一舟投资集团有限公司有关负责人关于企业情况的介绍，并参观企业电缆生产车间；又到姜山镇翻石渡村，视察该村新村建设情况。

同日，宁波电台“阳光热线”直播节目走进鄞州。区政府主要领导走进直播室，就“大力发展城市经济，加快提升城市核心竞争力”话题，与广大听众进行交流探讨。

同日，区政府主要领导主持召开房地产企业座谈会，研究当前房地产市场形势。20 家房地产企业负责人参加座谈会。

同日，以“南部新城・宜居鄞州”为主题的宁波市民走进鄞州新城大型活动在万达商业广场揭幕。

11 月 25 日，宁波阿育王佛教文化旅游区通过专家规划评审。规划提出以“育王文化”和“舍利文化”为核心价值体系特色的阿育王大文化品牌战略，明确以“打造国家 AAAAA 级旅游风景区、东南佛国核心景区、中印文化交流基地”为总体目标定位。

11 月 25—26 日，区委召开读书会，梳理 2009 年发展思路，谋划安排工作重点。

11 月 26 日，市委副书记、市长毛光烈到鄞州区视察即将开馆的宁波（鄞州）博物馆和华茂美术馆。毛光烈在视察中指出，让博物馆真正成为宁波文化名片。

同日，以省旅游局副局长朱红炜为组长的创建省旅游经济强区省验收组一行 9 人来到鄞州区，开始进行为期 3 天的检查验收。验收组分成 4 组，通过资料审查、现场检查和抽样调查等形式，对 6 个大项、45 个分项、12 个小项进行逐项打分。

同日，BEST 广场的首个配套项目——钱湖北路与嵩江路交叉口地下通道工程启动。

11 月 27 日，区委主要领导会见日本三井公司会社常务执行役员齐藤一志带队的商务考察团，对他们来鄞投资表示欢迎。

同日，区政府、区政协主要领导到邱隘镇调研，与当地10家龙头企业进行座谈。

同日，区政协召开十四届十九次主席会议，听取区劳动和社会保障局关于《劳动合同法》贯彻实施情况的通报。

同日，省农业博览会在浙江农业展览馆开幕，以“引发”“米氏”“天宫”“竹之韵”为代表的鄞州区12家农业龙头企业参展。

11月27—28日，为期两天的全省“民主法治村（社区）”建设专题培训（研讨）班在区委党校举行。

11月28日，同三高速出口鄞南连接线工程开工建设。工程总投资1.4亿元，2009年底完工。

同日，鄞州区召开加快现代服务业发展大会。会议指出，要优化发展传统优势产业，做大做强新兴产业，扩大发展社区服务业，加快形成现代服务业产业体系，力争到2012年服务业增加值占地区生产总值比重提高到40%左右。

同日，鄞州81890开通。建立宁波市81890求助服务中心鄞州分中心是2008年政府工作的一件大事。开通后，鄞州分中心是宁波市81890的第一个分中心，将向鄞州区民众提供24小时的便民服务。

同日，省委常委、省军区司令员王贺文少将到鄞州区开展专题调研。王贺文在宁波仕达实业有限公司主持召开座谈会，并指出，要充分发挥民营企业民兵组织的作用，为企业应对挑战起到积极的助推作用。

同日，全国法院廉政文化建设现场会在区人民法院举行，全国各高级人民法院近100名纪检组、监察室负责人参加会议。会上，宁波中院介绍两级法院廉政文化工作经验。会前，与会代表参观市两级法院廉政文化教育基地，观看两级法院廉政文化录像片，并充分肯定区法院廉政文化建设工作。

12月

12月1日，市委常委、副市长余红艺到鄞州区调研工业经济发展情况。余红艺一行首先到宁波千普实业有限公司、宁波名古屋工业有限公司调研，随后又到滨海投资创业中心实地了解太平洋货柜公司和三邦实业公司的发展近况。余红艺充分肯定鄞州工业经济在当前严酷“大环境下”依旧保持平稳发展的势头。

12月2日，区委主要领导带领第一检查组对姜山镇落实党风廉政建设责任制情况开展专项检查。区四套班子其他领导也分别率检查组赴相关镇乡（街道）和区级机关单位进行专项检查。

同日，区政府召开全区安全生产工作暨建筑行业专项整治工作会议。会议通报当前安全生产形势，安排部署下阶段安全生产工作重点。

同日，全区禁毒工作会议召开。会议总结2005年以来全区禁毒工作的总体情况，分析当前形势，并对下阶段工作作出全面部署。

同日，在鄞州的市政协委员视察新城区建设情况。政协委员们实地视察鄞州公园、高教园区、万达商业广场等市政建设，充分肯定新城区建设取得的成就。

同日，区政协召开专题协商会，听取2008年区财政预算调整方案。

12月3日，区委、区政府在宁波（鄞州）博物馆举行“鄞州区纪念改革开放30周年大型成就展”。

同日，区政协举行《天纵神笔》——沙耆先生纪念文集出版座谈会。该书由区政协文史委编辑。全书共分生平篇、艺术篇、怀念篇和资料篇4辑，遴选海内外大家和艺术评论家、学者撰写的近60篇文章和沙耆先生的画作、资料照片100余幅。

同日，区十六届人大常委会举行第十五次会议。会议听取并审议区国民经济和社会发展“十一五”规划实施情况中期评估、2008年区本级财政收支预计完成情况和预算调整意见、外来人口治安管理工作、新村建设、农村医疗卫生服务体系建设情况的报告，并通过有关人事任免等事项。会议通过2008年区本级预算部分变更的决定，决定任命王煦为区水利局局长，肖梅飞为区人大常委会城建环保工作委员会副主任，郑贤达为区人民法院副院长。会议同意蔡建泓、王煦等10位同志辞去区人大代表职务的请求。会议还通过其他有关人事任免事项。

同日，全国大型运动会综合协调服务工作研讨会在鄞州区举行，来自全国26个省市体育局负责人参加研讨会。

12月3—4日，省老龄工委到鄞州区评审省老龄工作先进区创建工作。

12月4日，总投资超过7000万元的华茂美术馆开馆，并免费向全社会开放。这是全国第一家民办教育校园美术馆和中小学美学教育校园专业馆。

12月5日，由宁波市和鄞州区共同建造的宁波（鄞州）博物馆举行开馆庆典，正式对外免费开放。宁波（鄞州）博物馆是市委、市政府确定的“十一五”期间重点建设的公共文化设施和文化大市建设的重大标志性工程，历时4年，总投资2.5亿元。

同日，“携手 2010：宁波国际博物馆高峰论坛”在宁波（鄞州）博物馆学术报告厅开幕，国内外各大博物馆馆长、专家、学者 100 多人参会。论坛为期 2 天，7 日闭幕。

同日，《欢乐中国行·魅力鄞州》大型文艺晚会在区文化广场举行。

12 月 6 日，宁波（鄞州）博物馆与 9 家宁波国际友好城市的博物馆代表联合签署《建立宁波国际友好城市博物馆联盟共识》，在展览巡展互换、文博图书资料共享、人才培训交流、学术研究共探等方面达成合作意向。

同日，鄞州区赴西安专场人才招聘会在西安人才市场举行。70 余家鄞州企事业单位推出 600 余个岗位，2700 余人与企业达成进一步洽谈意向。

同日，“潮涌东方”鄞州区改革开放 30 年暨宁波大学园区图书馆开馆五周年主题书画展在园区图书馆举行。本次书画展持续到 12 月 20 日结束，共展出 100 余幅作品。

同日，由民政部发起的 2008 年度“中华慈善奖”评选活动揭晓，雅戈尔集团成为宁波市唯一上榜单位，这也是迄今鄞州区获得的最高慈善荣誉。

12 月 8 日，鄞州区首家楼宇党委——和邦大厦党委成立。省委常委、市委书记巴音朝鲁为大厦党委题词：凝聚力量，共建和谐。

同日，副市长陈炳水带领市农业、科技、农机、粮食等有关部门负责人到洞桥镇检查粮食功能区建设，并与区、镇、村有关负责人及种粮大户进行座谈。

12 月 9 日，鄞州区雅戈尔老年乐园正式开业。在开业典礼上，雅戈尔集团向区慈善总会捐资 8000 万元。雅戈尔老年乐园为全市规模最大、标准最高、功能最全的公共养老服务机构。

同日，市政协主席王卓辉，副主席郁义康、常敏毅等市政协主席会议成员来鄞州视察。视察组一行实地视察宁波（鄞州）博物馆、华茂美术馆和鄞州投资创业中心创新 128 产业园区，以及紫林坊艺术馆和明贝堂中医药博物馆。

同日，660 路公交车开通。公交 660 路是迄今为止鄞州区最长的一条公交线路，此车从麦德龙至滨海投资创业中心，行车时间约 1 小时 50 分钟，沿途设置近 70 个站点。

12 月 10 日，宁波市就诊卡在鄞州通用，适用范围为全区大部分医疗机构和部分社区卫生服务站。

12 月 10—11 日，区工会第十四次代表大会在区文化艺术中心召开，来自全区各条战线的 300 多名工人代表参加大会。会议选举产生区总工会第十四届委员会。

12 月 11 日，市人大代表鄞州中心组视察长丰区块开发建设情况。代表们实地视察金家漕点和长丰点开发建设情况，并听取长丰区块开发建设情况汇报。

同日，宁波市举行首批市级服务外包示范园区授牌仪式。鄞州区的“宁波南部新城服务外包产业园区”通过认定，成为首批市级服务外包示范园区。

12月12日，2008上海软件行业协会年会在鄞州举行。会上，举行上海软件行业协会（上海软件对外贸易联盟）鄞州联络处授牌仪式和区软件外包产业投资环境推介活动。

同日，鄞州区召开全区爱卫会全委（扩大）会议。会议回顾上一阶段爱国卫生工作情况，指出下阶段要层层开展创建工作，两年内所有镇乡（街道）全部创建成为市级卫生镇乡（街道）。

12月13日，区委区政府、省农业和农村工作办公室联合举办鄞州农村改革发展30周年研讨会，总结30年来鄞州区农村改革发展的光辉历程与宝贵经验。

12月14日，鄞州区举行纪念改革开放30周年研讨会，梳理鄞州区经济社会文化政治的发展经验和模式。会上，《共创共富的鄞州道路（1978—2008）》专著举行首发。

12月15日，鄞州区举行纪念改革开放30周年大会。会上，区委主要领导作全面讲话，回顾难忘历程，总结成功经验，谋划未来发展。

12月16日，区人大常委会视察农村生活污水分散式生态处理工程。区人大常委会一行来到已完成建设的洞桥镇宣裴村、鄞江镇大桥村、龙观乡龙溪村等地，察看工程建设和运营情况。

同日，鄞州区贸促支会、国际商会召开第六届会员大会，230多家会员企业参加会议。大会选举产生新的名誉会长、会长、秘书长。

12月17日，鄞州区召开进一步加强土地管理工作会议。会议对开展违法用地专项整治行动进行具体部署，要求采取措施狠刹违法用地歪风。

12月18日，长丰地块舟宿夜江项目正式开工。该项目地处鄞州区、江东区、海曙区三区交汇点，总用地面积约6.8万平方米，建筑面积约6万平方米，总投资约1.5亿元。

同日，鄞州区重大项目建设情况汇报会召开。会上，鄞州区重点汇报新城区十大板块开发建设情况。省委常委、市委书记、市人大常委会主任巴音朝鲁充分肯定鄞州区为宁波市“中提升”战略做出的贡献。

同日，宁波市首家按超五星标准建造的酒店——宁波万达索菲特大饭店开业。索菲特大饭店位于万达商业广场东边，由大连万达集团投资兴建，法国雅高集团负责运营管理。

同日，鄞州区博物馆协会成立，为宁波市第一个县（市、区）级的博物馆协会。包括已建、在建和将建的鄞州区 19 家博物馆在内，全区共有 25 家单位加入协会，18 名代表成为个人会员。

同日，省安全生产督查考核组来鄞州区检查安全生产工作，对鄞州区安全生产工作取得的成绩表示肯定。

同日，鄞州区召开推进现代服务业发展第一次联席会议。这也标志着鄞州区服务业联席会议制度正式启动。区服务业联席会议成员单位包括区发改局、经发局、教育局、科技局、贸易局等 30 家单位。

12 月 19 日，首届宁波婚育文明论坛鄞州分论坛在梁祝文化公园举行，来自全国各地的 100 多位人口发展和公共管理研究专家参加论坛。

同日，区政府召开全区安全生产工作会议。会议总结 1 至 11 月全区安全生产形势，要求加强六道防线，确保安全生产。

同日，区人大常委会举行主任接待代表日活动，主任、代表面对面商讨关于公交化改造后的运行问题。

12 月 21 日，市委副书记、市长毛光烈来到浙江广博集团股份有限公司，调研指导企业形势任务教育工作开展情况。

同日，市首家中医药博物馆——明贝堂中医药博物馆开馆。

12 月 22 日，来宁波访问的日本青少年友好使者代表团第一分团 40 多名成员在鄞州参观、访问。代表团一行参观雅戈尔集团、下应街道湾底村。

12 月 23 日，区委召开十二届六次全体（扩大）会议。会议回顾总结 2008 年工作，部署安排 2009 年各项任务。

12 月 24 日，市委副书记、市长毛光烈在鄞州区调研城区合作保障房源建设工作。毛光烈指出，加快项目报批设计拆迁和建设，把实事办成让百姓满意的好事。毛光烈一行还实地踏勘蒲家地块、陈婆渡地块。

12 月 25 日，鄞州区召开联创工作会议。会议回顾总结年初以来各项创建工作取得的成绩，要求齐抓共管，继续推进联创工作。

同日，区人大常委会一行到宁波日月集团有限公司、宁波顺安机械制造有限公司，实地视察安全生产工作情况，并听取区安监部门作的专题汇报。

同日，鄞州区召开“巾帼文明岗”现场会。全区已有区交警大队车管所、区行政服务中心、地税邱隘分局等 5 家单位成功创建成为国家级“巾帼文明岗”，并涌现出 12 个省级、63 个市级、80 个区级“巾帼文明岗”。

12 月 25—26 日，区青年联合会第五届委员会第一次全体会议开幕。会议选举产生新一届区青联常委会。

12 月 27 日，由发改委、住房和城乡建设部、商务部主办的全国城市餐厨垃圾资源化利用现场交流暨研讨会在鄞州区举行。鄞州区的宁波开诚生态技术有限公司的餐厨垃圾处理技术受到各地专家的关注与肯定。

同日，区四套班子领导分赴京沪举行新春团拜会，与鄞州籍人士和曾在鄞州工作过的同志们共叙乡情，同谋发展。

12 月 29 日，区政协召开 2008 年度各联委会、专业组工作总结交流会。会议通报 2009 年区政协十四届三次会议有关事项和 2008 年区政协各委组先进名单。

同日，鄞州区召开老干部工作会议暨“爱老孝星、助老明星”表彰会。

12 月 30 日，宁波象山港公路大桥及接线工程开工仪式在鄞州区咸祥镇里蔡村象山港大桥北岸塘坝举行。

12 月 31 日，区财政金融系统迎新年座谈会在区财政局举行。会议听取区财政局、区金融办和工行鄞州支行 3 家单位 2008 年工作情况和下一年工作思路汇报，并作出指示。

同日，据统计，区财政一般预算收入实现新跨越，达 133.6666 亿元，同比增长 23.8%，首次跃居全省各县（市、区）首位。

同日，据统计，区税收收入首次超过百亿元，税收总量稳居全市各县（市、区）首位。

2009年

1月

1月1日，鄞州区首批环新城区运行的166路、177路公交车开通。这两条公交线路起止站均在高教园区，实行一票制，采用无人售票方式，票价2元。至此，在全区运营的公交线路达到145条，线路总长度达到1850公里，年运力突破8000万人次。

同日，龙观乡金溪大桥建成通车。金溪大桥位于龙观乡金溪村的章溪下游，始建于1970年。此次重建拓宽工程总投资140余万元，为水泥钢筋混凝土大桥，桥面宽9.5米，全长60米。

同日，鄞州区出台并实施新型农村养老保险政策，将老年人养老保障制度归并至新制度中，将实施范围扩大至18周岁以上所有群体。至年底，全区参加新型农村养老保险人员达1.63万人，有1.57万人按月领取养老金。

同日，全国第二次经济普查工作在全区范围内全面展开。全区共有6.8万家单位和个体经营户被列入普查对象，普查登记的主要内容包括单位基本属性、从业人员、财务状况、生产经营情况、生产能力、能源消耗、科技活动情况等。

同日，鄞州区全面实施低收入等群体免费火化政策。该政策的具体享受对象为遗体火化且骨灰入葬到区内公益性生态墓园、经区民政局认定的本区户籍的城乡低保家庭（含农村五保户）成员、城镇低收入家庭成员、重点优抚对象。

1月2日，据区财政局发布的数据显示：2008年全区财政一般预算收入达133.6666亿元，同比增长23.8%，首次跃居全省各县（市、区）首位。

1月3日，据统计，全区税收收入首次超过百亿元。其中，区国税局组织税收收入582688万元，同比增长20.3%，剔除免抵调库后收入484364万元，同比增长18.7%，绝对额继续居宁波市各县（市、区）第一；区地税局组织征收地方税收501843万元，同比增长19%，税收总量稳居全市各县（市、区）首位。

1月4日，浙江省2009年“红十字博爱送万家”活动宁波地区启动仪式在鄞江镇金陆村举行。省红十字会党组成员、专职副会长高翔将6000元现金及大米、棉被、食用油等3万元物资，分发给20户贫困家庭。

同日，据区农办统计，2008年全区实现主体结顶122.7万平方米，拆除旧房72.5万平方米，投入资金11.8亿元，其中拆旧数超过往年，创下历史之最。全区共有219个行政村开展新村建设旧村改造，占行政村总数的54.2%，遍及全区每个镇乡（街道）。

1月5日，区委、区政府召开全区经济工作会议，总结2008年经济工作，明确2009年经济工作目标与要求。会议指出，2008年全区经济实现平稳较快发展：全区生产总值620亿元，增长14%；财政一般预算收入133.7亿元，增长23.8%，其中地方收入72.8亿元，增长37.7%；完成全社会固定资产投资273亿元；合同外资和实到外资分别为8.6亿美元和4.5亿美元，增长65%和21.6%；社会消费品零售总额135亿元，增长30%；万元生产总值综合能耗下降5%。会议提出2009年经济发展主要目标为：地区生产总值增长10%；财政一般预算收入增长8%；全社会固定资产投资增长8%；利用外资保持稳定，外贸自营出口增长12%；万元生产总值综合能耗下降4%，二氧化硫和化学需氧量排放总量均削减4%。会议还表彰一批经济工作先进单位。雅戈尔集团、日月集团、金信通讯、致和外贸等4家企业在会上作表态发言。

同日，在全省农业科学发展创业创新典范表彰大会上，姜山镇被授予“粮食生产十佳典范”称号。姜山镇拥有7.6万亩耕地，2008年，全镇96.7%的耕地实现规模经营，其中“双20亩”种粮大户达到919户，经营耕地面积占全镇粮食种植面积的74.6%。

1月6日，市委副书记陈新到开诚投资控股有限公司调研。陈新一行参观企业生产车间、样品陈列厅，了解企业生产经营情况，听取企业和职工的意见建议，帮助企业协调解决发展中遇到的困难。调研中，陈新还对企业开展形势政策宣讲。调研后，陈新听取鄞州区工作情况汇报，对鄞州区近年来取得的显著成绩表示充分肯定，对2008年区财政一般预算收入跃居全省首位表示祝贺。

同日，区村级财务考核领导小组发布通报，2008年区镇两级共审计325个村的村级财务，审计总资金55.12亿元，审出违纪违规金额718万元，收回407万元，挽回直接经济损失176万元，落实整改措施534条。

同日，据统计，2008年全区发放社会救助资金总额超过2亿元，名列全市第一。

同日，区环保局开展“亮剑1号”行动，分6组对排污企业进行专项执法检查。检查发现，企业的污染治理设施基本正常使用，排放口废水初步观察基本符合排放标准。

同日，2008年度“风云浙商”暨“改革开放十年功勋企业家”颁奖典礼在省人民大会堂举行，鄞州区雅戈尔集团股份有限公司董事长李如成当选“风云浙商”。

同日，欧琳集团有限公司与丹麦和瑞典的客商签署协议，成立瑞典欧琳公司。

同日，市委副书记陈新、市人大常委会副主任张金康、副市长邬和民一行，走访慰问洞桥镇5名困难群众，并送上慰问金和慰问品。

1月7日，鄞州区举行2009年军地迎春茶话会，并向15个驻鄞部队发放总计46万元慰问金。

同日，省政府召开农民信箱第二届网上农博会暨农民信箱工作先进表彰电视电话会议，区涉农部门及镇乡、街道相关负责人在宁波分会场参加会议。据统计，全区有农民信箱注册用户4.5万户，位居全省前列，启用率100%；有245个行政村、43家企业、17家“农家乐”建立网站。

同日，参加省体育强县强镇争创工作会议的200余名代表，到邱隘镇文化城参观考察文体大楼内的体育设施，观看该镇创建体育强镇的资料片，并翻阅台账。代表们对该镇的体育设施建设表示充分肯定。

1月8日，鄞州区与中国工商银行宁波市分行、中国农业银行宁波市分行、中国银行宁波市分行、中国建设银行宁波市分行、鄞州农村合作银行签订全面深化战略合作备忘录。5家银行将在3年（2009—2011年）内总共提供不少于400亿元的意向性融资，重点支持鄞州区基础设施建设、新农村建设，以及民生事业、先进制造业和现代服务业的发展。

同日，区委、区政府在开元名都大酒店举行市级金融机构新春招待酒会，市金融办、人民银行市中心支行、市银监局、农业发展银行市分行等13家市级主管单位和金融机构的负责人参加酒会。

同日，由区文化、科技、卫生三部门联合举行的“三下乡”活动在洞桥影剧院文化广场举行。活动内容包括政策宣传、法规培训、科技入户、信息服务、惠民服务和文化娱乐等6个方面。

1月9日，鄞州区123家企业组团参加宁波市第20届大中专毕业生洽谈会，共有2429人次与鄞州区企业达成初步就业意向。

同日，由区委统战部、区民宗局、区少数民族联谊会联合举办的“民族大团结、共建新鄞州”少数民族迎春联欢会在酒埕岩景区举行。

同日，鄞州区召开老干部情况通报会。区委副书记、区长薛维海通报全区2008年经济社会发展情况以及2009年工作的主要思路。

同日，全区卫生工作会议召开。会议提出实现群众“看病难”3年明显改观、5年基本缓解的目标。2008年全区卫生投入3亿元，是历年来投入力度最大的一年。全区总门诊人次达到631.8万，比上年增长23.1%。累计完成社区卫生服务中心第二轮标准化建设10家，3家单位新建工程破土动工，218家社区卫生服务站完成标准化建设，创建省市级规范化社区卫生服务中心6家，基本形成方便高效的“十五分钟医疗圈”和“小病进社区、大病进医院”的服务格局。全面落实“两免两减半”和药品限价等政策，共为330多万人次减免费用近2200万元。

同日，全区交通工作会议召开。会议指出，2009年将成为全区交通项目开工最多、投入最多的一年，全年交通基础设施方面计划投资25亿元，征迁面积约50万平方米，其中在建或续建主干道工程7个。

1月10日，区电信局率先对新城区及市区周边地界共64个CDMA基站进行割接，标志着鄞州区已全面启动3G平台搭建，市民可享受到3G服务。

1月12日，区政协召开十四届九次常委会会议。会议协商讨论区政府工作报告和法院、检察院工作报告，审议通过关于召开区政协十四届三次会议的决定、会议议程（草案）、日程（草案），区政协常委会工作报告、提案工作报告和有关人事调整事项。会议还举行《中华人民共和国消防法》专题讲座。

同日，区政协召开十四届二十一次主席会议。会议讨论区政协十四届三次会议选举办法（草案），总监票人、监票人名单（草案），大会决议（草案）；审议通过区政协有关联委会、专业组负责人调整事项。

同日，全区旅游工作会议举行。会议指出，2008年全区接待海内外游客600多万人次，实现旅游总收入56亿余元，增幅超过全市平均水平。

1月13日，区委召开镇乡（街道）、区级机关主要负责人述职评议会议，按照“听述职、评业绩、抓落实、促发展”的要求，对镇乡、部门年度工作实施一次集中检查、进行一次集体评议。在听取各镇乡（街道）党（工）委书记的述职和区级机关主要负责人的书面述职后，区委委员、区委候补委员、区四套班子领导成员等综合分析工作实绩、工作态度等多方面因素，对履职情况进行统一打分。

同日，全省农村土地承包经营权流转工作电视电话会议召开，区农林、国土、水利等有关部门和各镇（乡）、街道有关负责人在鄞州分会场参加会议。鄞州区土地流转工作走在全省前列，全区土地流转面积为 30 万亩，流转率达 77%。2009 年将加大土地流转力度，区财政将安排 500 万元专项资金，争取到年底全区完成土地流转面积达到 35 万亩。

同日，滨海投资创业中心举行“企业留本冠名基金”扶助金首次发放仪式，瞻岐镇 146 名困难群众领到 14.6 万元扶助金。

1 月 14 日，区人大常委会和“一府两院”领导走访区十六届人大代表以及在鄞州的全国和省、市人大代表，听取他们对区人大常委会和“一府两院”工作的意见建议，征求对区人大常委会、区政府、区人民法院、区人民检察院工作报告的意见建议。

同日，据统计，2008 年全区镇乡（街道）财政收入继续稳步增长，共为区财政贡献 72 亿元，占全区财政总收入的 54.13%。其中有 19 个镇乡（街道）财政收入超亿元，财政收入超过 2 亿元、4 亿元的镇乡（街道）分别有 13 个和 5 个。石碶街道继续领跑，实现财政收入 16.5 亿元。咸祥镇财政收入首次突破 1 亿元，达到 1.38 亿元，增幅 89.2%。

1 月 15 日，区第十六届人大常委会举行第二十二次主任会议。会议听取区政府关于 2009 年全区和区级预算草案主要内容的报告，以及区教育局、水利局、贸易局 2009 年部门预算和下应街道 2009 年财政收支预算草案的报告。

1 月 16 日，鄞州区举行 2009 年军地新春招待酒会。区领导与南京军区、东海舰队等部队首长，共叙军民鱼水深情，共商双拥大计。区委常委、常务副区长毛春阳代表区委、区政府向东海舰队赠送 30 万元慰问金。

1 月 17—21 日，鄞州区举办首届新春年货节。年货节由区贸易局、区农林局和万达商业广场联合举办，组织展区面积 5600 余平方米，标准展位 300 个，汇集名特优产品 3000 余种，实现销售额近 1000 万元，吸引群众 40 万人次。

1 月 19 日，鄞州区出台《宁波市鄞州区工业优势产业和新兴产业投资导向目录》，鼓励在鄞州投资发展装备制造、电子电器、汽车及零部件、纺织服装、新材料、新能源、新光源、软件及高技术服务业、生物医药和医疗及保健设备、文具等十大产业。

1 月 20 日，区第十六届人大常委会举行第十六次会议。会议初步审查区人民政府关于 2009 年区国民经济和社会发展计划草案的报告，区人民政府关于 2009 年全区和区级预算草案的报告。会议审议通过关于召开区十六届人大三次会议的决定；听取区十六届人大三次会议筹备工作情况的报告；审议并提出区十六届人大三次会议议程草案、日程草案和有关名单草案；审议并决定区十六届人大三次会议列席人员名单；听取和审议区人大常委会代表资格审查委员会关于区人大代表变动和代表资格审查情况的报告。会议决定，鄞州区第十六届人民代表大会第三次会议于2009年2月10日至13日召开。会议推选区人大常委会副主任陈明志代理区人大常委会主任职务，任孔华为区人民法院副院长。

1月20—21日，全区财政工作会议召开。会议总结2008年度财政工作，对2009年度财政工作进行部署。

1月22日，区政府召开第四次全体（扩大）会议。会议讨论和审议即将提交区十六届人大三次会议审议的《政府工作报告》，总结2008年政府主要工作，明确2009年政府工作总体要求，并对开展“创建服务型机关，促进企业发展”活动作出具体部署。

1月23日，省委常委、市委书记巴音朝鲁，市委常委、市委秘书长王剑波，副市长邬和民，市政协副主席胡建岳等领导，慰问中基宁波集团股份有限公司员工。中基股份有限公司董事长、总经理周巨乐向前来慰问的市、区领导简要介绍公司的情况，市、区领导听后表示十分赞赏。

同日，据区供电局发布：2009年全区电网建设目标是“9911”工程，将有总投资10亿元共9个项目投产，新增容量145万千伏安。

1月24日，据统计，2008年全区农民人均纯收入达到12508元，同比增长9.8%，这是继2007年首次突破万元之后农民收入创下的又一佳绩。

1月25日，据统计，2008年全区54个股份经济合作社分红总额达1.14亿元，4.6万村民股东人均分红2475元，同比增加246元。

同日，据统计，2008年全区新批外商投资企业132家，合同利用外资9亿美元，实际利用外资4.65亿美元；外贸进出口总额80.36亿美元，同比增长22.1%；新批境外企业18家，对外经济合作营业额1.05亿美元，服务外包总收入5.8亿元。

同日，据统计，2008年全区共投入6892万元资金加大公路管养力度，全区综合好路率达80%，干线好路率达97.8%，均比2007年有所提高。2009年我区将投入8350万元进一步完善公路管养。

1月31日，全省经济运行排行榜出炉。1月份，鄞州区财政收入为23.4亿元，高居全省首位。在财政收入排名全省前六位的县（市、区）中，鄞州区是唯一一个非负增长县（市、区），同比增长2.6%。

2 月

2 月 1 日，BEST 广场开工建设。该项目位于钱湖路与嵩江路交汇处，总占地面积 160 亩，商业建筑面积 23 万平方米，总投资 20 亿元，2011 年全部建成。BEST 广场由 SMART 商业广场、北京华联宁波商场、深国投宁波商业中心三大子商业体构成，广场业态以高档百货、国际名品、餐饮美食、文化休闲为主。

同日，"家电下乡"工程全面启动，产品为彩电、电冰箱、洗衣机、手机四类，国家财政将按产品销售价格的 13%予以补贴，具体产品型号及承担"家电下乡"任务的流通企业通过招标方式产生。鄞州区的宁波乐士实业公司、宁波华彩电器有限公司和宁波南方电器制造公司 3 家企业入围"家电下乡"工程。

2 月 2 日，鄞州区召开党员干部大会。区委副书记、区纪委书记郑德兵，区委常委、政法委书记王国定分别作全区反腐倡廉建设和信访稳定工作报告。大会对 2008 年度全区获得市级以上荣誉的部分单位和个人进行表彰和集中授牌。

2 月 4 日，鄞州区获评由浙江省人民政府命名的"浙江省旅游经济强县（市、区）"称号。2 月 12 日，在全省旅游发展大会电视电话会议上获表彰并授牌。

同日，鄞州区获浙江省人民政府颁发的"2008 年度全省粮食生产先进市县"称号。2008 年，全区粮食作物播种面积 28759 公顷，粮食产量 19.8 万吨，分别比上年增长 9.5%和 10.3%。

同日，全区安全生产工作会议召开。会议明确 2009 年全区安全生产工作目标任务，实现事故起数、死亡人数和直接经济损失数"三个零增长"，并力争有所下降，杜绝重大事故的发生。

同日，鄞州区首场用工招聘会在区人力资源市场举行，共有 82 家单位推出 3149 个岗位，3168 人与企业达成初步就业意向。

2 月 5 日，中共中央政治局常委、全国人大常委会委员长吴邦国到雅戈尔集团股份有限公司考察调研，了解企业经营中存在的困难。

同日，省委书记、省人大常委会主任赵洪祝一行到鄞州区视察博物馆事业发展情况。赵洪祝一行先后视察宁波（鄞州）博物馆和紫林坊艺术馆后，充分肯定鄞州区近年来博物馆事业发展取得的显著成绩。

同日，"梁祝"商标获"中国驰名商标"称号，成为宁波旅游行业中唯一获此殊荣的中国驰名商标。

2月6日，团区委十六届四次全委（扩大）会议在区委党校召开。会议明确2009年全区共青团工作的主要任务，通过团区委委员的卸职递补确认案，并表彰2008年度各项先进集体和个人。

2月8日，区政协十四届三次会议举行预备会议。会议通过区政协十四届三次会议议程和日程安排，表彰区政协2008年度政协工作先进集体、单项工作先进、提案承办先进单位、优秀提案、优秀政协委员和优秀信息员。

2月9日，区十六届人大三次会议举行预备会议。会议选举产生区第十六届人民代表大会第三次会议主席团、秘书长，通过区第十六届人民代表大会第三次会议议程。会议表彰代表活动先进小组、代表活动积极分子及2008年度代表优秀建议和代表建议办理先进单位。

2月9—12日，中国人民政治协商会议第十四届宁波市鄞州区委员会第三次会议在区文化艺术中心举行。参加会议委员295人，列席人员155人。会议听取并审议十四届区政协常委会工作报告和十四届区政协常委会提案工作报告。会议补选5名常务委员。与会人员列席鄞州区第十六届人民代表大会第三次会议，听取并讨论区政府工作报告和其他报告，12名政协委员作大会发言。听取会议期间提案收集情况的说明，审议通过区政协十四届三次会议决议。

2月10日，区政协召开十四届十次常委会会议。区委同区政协常委会协商补选第十四届宁波市鄞州区委员会常务委员会候选人名单；会议讨论选举办法（草案），总监票人、监票人名单（草案）和大会决议（草案）。

同日，《沙文汉陈修良革命生涯》大型历史画册举行首发式。该书由区档案局和市新四军历史研究室联合编印，选取沙文汉、陈修良夫妇在各时期的近百张照片和大量的手稿、笔记、书信等档案资料，真实地再现他们积极投身大革命浪潮，参加并领导地方革命斗争，为解放事业和地方建设作出重大贡献的革命历程。

2月10—13日，鄞州区第十六届人民代表大会第三次会议在区文化艺术中心举行。应到代表305人，实到296人。会议听取并审议区政府、区人大常委会、区人民法院、区人民检察院工作报告。大会审查并批准通过2008年国民经济和社会发展计划执行情况与2009年国民经济和社会发展计划草案，2008年全区和区级预算执行情况与2009年全区和区级预算草案报告。审议通过区人大常委会关于修订《鄞州区人民代表大会议事规则》的议案。大会选举区十六届人大常委会主任1人、委员3人。会议期间共收到代表建议、批评和意见286件。

2月11日，经过市有关部门、省建设厅和省政府审批，市重点工程——东钱湖综合整治工程开工。工程总投资近6亿元，其中一期投资2.70亿元，计划于 2011 年完成。

同日，海关总署、财政部、国家税务总局和国家外汇管理局四部委联合发文，批准设立宁波栎社保税物流中心。6 月 23 日，宁波栎社保税物流中心通过国务院联合验收组验收，成为浙江省首家通过验收的保税物流中心。11 月 30 日，区政府组织召开新闻发布会，宣布宁波栎社保税物流中心正式封关运营。至年底，宁波栎社保税物流中心引进国际物流企业 3 家，报关 347 票，进出区总货值 2323.05 万美元，上缴关税和增值税 923.18 万元。

同日，区政协召开十四届十一次常委会会议。会议听取并通过各小组关于酝酿补选常务委员候选人建议名单和讨论选举办法（草案），总监票人、监票人名单（草案），大会决议（草案）情况的汇报。

同日，全省农村工作会议召开，区委副书记、区长薛维海代表鄞州区作典型发言。

同日，由区就业处、区人事局和区投资创业中心联合举办的区人力资源暨大中专毕业生供需洽谈会在区人力资源市场举行。共有 87 家单位进场，提供岗位 2037 个，3568 人进场洽谈，923 人初招成功，初招成功率达到 25.7%。

2 月 12 日，在杭州召开的全省旅游发展大会上，鄞州区被命名为首批“浙江省旅游经济强区”。全区拥有国家 AAAA 级旅游风景区 3 个、全国农业旅游示范点 1 个、省级风景名胜区 2 个、全国重点文保单位 5 个、国家森林公园 1 个，星级饭店 19 家，旅行社 8 家。2008 年，全区共接待海内外游客 778.92 万人次，旅游总收入 70.42 亿元。

2 月 13 日，在宁波市委、市政府召开的全市对外开放工作会议上，鄞州区荣获开放型经济工作大奖金奖、外资工作金奖、外贸工作银奖、外经工作银奖，并获省级开发区（园区）工作先进奖和服务外包工作先进奖。

2 月 14 日，中国篮球协会公布 DCBA2008—2009 赛季各奖项名单，鄞州赛区第四次获得全国优秀赛区第一名。

2 月 15 日，市委副书记、市长毛光烈在宁波万达索菲特大饭店会见由日本伊藤忠商社专务董事冈藤正广率领的伊藤忠商社代表团一行。日本伊藤忠商事株式会社是日本最大的综合性跨国贸易公司之一，也是第一个到宁波投资的世界 500 强企业。2 月 16 日，杉杉集团股份有限公司与日本伊藤忠商事株式会社在开元明都大酒店签署全面战略合作协议。根据协议约定，杉杉投资控股有限公司将其持有的杉杉集团 25%股份转让给伊藤忠商事株式会社，将其持有的杉杉集团 3%股份转让给伊藤忠（中国）有限公司。

2 月 16 日，沧海路（鄞州段）全线通车。该路北接兴宁路，南至鄞县大道，全长4050米，路宽36米，双向4车道，属城市一级道路，总投资近4.5亿元，于2005年11月开工，2008年底竣工。

同日，鄞州区政府办公室发文，认定宁波博威合金材料有限公司、宁波圣龙汽车动力系统股份有限公司和宁波先锋新材料股份有限公司为鄞州区第四批拟上市企业。

2月17日，在全国基层检察院建设工作会议上，鄞州区人民检察院被最高人民检察院评为第三届“全国先进基层检察院”，为宁波市唯一获此殊荣的检察院。这是该院继被最高人民检察院评为“全国检察机关人民满意的检察院”“全国模范检察院”第一届“全国先进检察院”“全国基层检察院规范化建设示范院”之后，又一次获得全国性殊荣。

同日，全国妇联基层组织建设示范创建活动经验交流会在北京召开，鄞州区妇联获首批“全国妇联基层组织建设示范区”称号。

同日，香港著名人士、全国政协委员陈玉书率香港繁荣集团高层一行，考察横溪镇旅游资源。

2月18日，鄞州区首个社区交通管理服务站——下应街道东南社区交通管理服务站举行开站仪式。在新启用的东南社区交管服务站，居民可办理驾驶证遗失补办、驾驶证期满换证、驾驶人提交身体条件证明等10项业务。

2月19日，鄞州新城区“十大功能区块”建设项目之一的中兴河湿地公园拆迁工作全面启动。该公园东至鄞州公园，西接奉化江，总占地面积约700亩，东西长1500米左右，南北宽300米。此次拆迁总面积20万平方米，拆迁范围包括毛家漕、新林、庙堰、化工区等区域内的182家企业厂房和256户居民住宅。

同日，鄞州区小城镇建设工作汇报会在邱隘镇举行。会上，东乡片各镇乡、街道相关负责人汇报当前小城镇建设的总体设想、工作思路、开展情况及2009年建设重点。

2月24日，区地方志编纂委员会全体（扩大）会议召开，会议审议通过《鄞州区志》编纂规划、纲目和任务分工，标志着区志编纂工作全面启动。

同日，区纪委召开十二届六次全体（扩大）会议，深入学习贯彻十七届中央纪委三次全会、十二届省纪委三次全会、市反腐倡廉建设大会和十一届市纪委三次全会精神，回顾总结鄞州区2008年反腐倡廉工作，研究部署2009年工作任务。会议表彰2008年度全区纪检监察工作先进集体和市、区“群众满意基层站所（办事窗口）”示范单位和先进单位。区科技局、卫生局主要负责人报告2008年履行党风廉政建设责任制情况。

2月25日，省委常委、市委书记巴音朝鲁到邱隘镇调研，实地考察位于邱隘镇的东部新城总部经济圈地块、AEG 项目地块和相关拆迁安置地块。

同日，由区委书记、区人大常委会主任陈奕君，区委副书记、区长彭朱刚带领的海曙区党政代表团和由区委书记暨军民，区委副书记、区长胡军带领的江东区党政代表团到鄞州区参观考察城市化建设情况。代表团一行先后参观宁波（鄞州）博物馆、华茂堂美术馆和紫林坊艺术馆，并一致表示，鄞州撤县设区以来，城市化进程很快，值得学习和借鉴。

2 月 26 日，全区农村工作会议召开。会议深入贯彻落实党的十七届三中全会精神，回顾总结 2008 年“三农”工作，分析当前形势，部署安排 2009 年各项任务。古林镇、姜山镇、云龙镇上李家村、咸祥镇南头村在会上作典型发言。会议还表彰 2008 年度各类先进。

同日，鄞州区环保“亮剑 3 号”行动启动。区环保局执法人员分成 6 组，对奉化江流域的电镀、印染和造纸等排污量大、污染严重的 78 家企业开展专项执法检查。

2 月 27 日，全社会投资促进暨重点项目推进动员大会召开，会议下达 2009 年投资目标和重点工程计划，部署投资工作任务。

2 月 28 日，鄞州区投资开拍的首部反映外来务工子弟教育问题的 24 集电视连续剧《城北人》首映式在北京钓鱼台国宾馆举行。该剧由全国妇联宣传部、宁波市妇联、中共宁波市鄞州区委联合摄制。中国电影集团艺创中心制片人张国军任总策划，解放军出版社编审黄国荣任编剧，最高人民检察院影视中心高伟宁任导演，梁静主演。剧情大部分场景在鄞州区石碶街道拍摄。

同月，鄞州区开展劳动力市场集中交流月活动。区级市场安排 7 个专场洽谈会，在 22 个镇（乡）、街道劳动力市场分别举办 1 期以上交流会。

同月，经专家评审、科技部火炬中心审查认定，宁波鄞州汽车电子及零部件特色产业基地被列入国家火炬计划。这是鄞州区继国家火炬计划鄞州新型金属材料产业基地、省级新型计量仪表高新技术特色产业基地之后的第三个特色产业基地。

3 月

3 月 1 日，鄞州区 2009 年金融形势与地方经济发展对策专题研讨班在复旦大学开班。研讨内容主要有国际国内金融形势分析、企业上市运作、新型融资工具运用等。

3月2日，浙江省深入学习实践科学发展观活动第一批总结暨第二批动员电视电话会议在杭州召开，区四套班子领导在鄞州分会场参加会议。会议总结第一批学习实践科学发展观活动的成果和经验，明确第二批学习实践活动的要求和任务。随后，宁波市举行第二批学习实践活动动员电视电话会议，对全市组织开展第二批学习实践科学发展观作出全面部署。根据中央和省、市委部署，学习实践活动分三批进行，鄞州区参加第二批、第三批活动。

同日，鄞州区召开反腐倡廉建设任务分工会议，贯彻落实中央和省市纪委全会、全区党员干部大会和区纪委全会精神，回顾总结2008年反腐倡廉建设任务完成情况，部署2009年任务。

同日，鄞州—建德（新安江）旅游合作座谈会举行，市、区20多家旅行商与建德市各旅游景区、饭店等进行合作对接。建德市旅游协会向鄞州区派发2000份、价值10万元的旅游门票大套餐。

3月3日，全区宣传思想工作会议召开。会议回顾总结2008年度宣传思想工作，分析研究当前宣传思想工作面临的形势和特点，并部署2009年的工作任务。会上，邱隘镇《基层文化热潮催生文化义工》等10个项目被授予区宣传思想文化工作创新奖。

同日，全省“社区矫正规范落实年”动员会在鄞州区举行。鄞州区是全省首批社区矫正试点工作地区之一。自2004年开展试点工作以来，全区共有739名社区服刑人员期满解矫。

3月4日，鄞州区召开深入学习实践科学发展观活动动员大会。会议阐述开展深入学习实践科学发展观活动的重大意义，并结合当前形势和全区实际，明确开展深入学习实践科学发展观活动的指导思想和目标原则。全年分两批在全区75家区级单位、22个镇乡（街道），2217个支部、43427名党员中，开展深入学习实践科学发展观活动；分层次集中轮训党员干部1.5万余人次，培训基层党员6万余人次。

同日，《鄞州作家文丛·第三辑》首发式在银苑饭店举行。首发式上，区文联向天一阁、包玉刚图书馆、宁波大学园区图书馆（鄞州区图书馆）、区档案局、宁波出版社、鄞州书城等有关部门赠送此套丛书。

3月5日，鄞州区党政代表团一行到镇海和北仑考察。上午，考察团一行实地考察镇海九龙湖飞洪生态农业公司、九龙湖开元度假村在建项目和九龙湖旅游度假区，考察生态河道整治东排工程（中大河骆驼段）、雄镇生态林带以及宁波化工区建设项目。下午，考察团一行实地考察宁波北仑港三期码头、吉利汽车公司、台塑企业和中国女排训练基地。

同日，省委常委、常务副省长陈敏尔视察鄞州区，先后考察华茂美术馆、万达商业广场、宁波（鄞州）博物馆和紫林坊艺术馆、南部商务区、创新128园区与欧琳集团有限公司。

3月6日，鄞州区举行庆祝“三八”妇女节活动。会上，区妇联邀请宁波大学商学院教授、博士孙伍琴作《当前宏观经济走势判断及对策》的讲座，并表彰一批2008年度妇女工作先进集体和个人。

3月7日，团区委推出一区一站“快乐星期六”活动。12个街道社区志愿服务站、5个在鄞高校志愿服务组织、26支专业志愿服务组织，每逢周六为市民提供无偿志愿服务。

3月9日，全省工会保障工作暨创业促就业现场会在鄞州区举行。全省5个市（县、区）工会分别介绍促进就业、推进自主创业、困难帮扶和职工医疗互助保障等工作经验，鄞州区创业促就业经验和“创业脱贫扶一把”工作受到省总工会赞扬。

3月11日，省委常委、市委书记巴音朝鲁赴鄞西高桥、望春等中心城区西部地区调研，察看高桥镇杭甬高速通途路连接线望春至岐阳段道路拆迁地块，并听取项目规划情况。

同日，省委常委、市委书记巴音朝鲁，市委副书记郭正伟、陈新，市委常委、常务副市长王勇，市委常委、军分区司令员武晋宁，市委常委、市委秘书长王剑波，市委常委、组织部部长朱伟等领导，与近200名机关干部、群众、少先队员，到古林镇石碶北路俞家段北侧开展义务植树活动。

同日，鄞州投创中心公交金源路东站投入使用。该站总投资210万元，占地面积2400平方米，吸取国内外先进的公交场站建设经验，为新城区最具代表性的公交场站之一。

3月12日，鄞州区召开食品安全暨“十小”行业质量安全整治与规范工作会议。会议明确2009年全区食品安全工作的六大重点，“十小”行业质量安全整治与规范工作目标。

同日，全区开放型经济工作会议召开。会议提出2009年全区开放型经济主要工作目标，表彰2008年度开放型经济工作先进，高桥镇、中基宁波对外贸易股份有限公司、博威集团有限公司分别就外资引进、外贸发展和外经工作作典型发言。

同日，鄞州区召开工业经济四大战略及新兴产业推进大会，明确2009年全区工业经济“品牌、专利、标准、设计”战略及新兴产业的发展目标。

同日，鄞州区召开商贸实事工程推进工作会议，明确2009年要发展村级便利店80家，完成村级菜市场改造30家，创建市级商业示范社区3个，落实大型菜篮子基地20家。

同日，全市公共资源交易平台建设工作交流会在鄞州区举行。2008年，鄞州区公共资源交易中心共办理建设工程、政府采购、土地出让、产权等交易服务项目949宗，交易额120.67亿元，节约资金6.64亿元。在建立投标人和供应商信息库、交易员（交易证）管理、施工现场指纹考勤、政府采购售后服务管理等方面走在全市前列，并被评为“省优秀公共资源交易中心”。

3月13日，全区“两会”建议提案交办会议召开。会议提出2009年工作目标：采取领导督办、视察督办、跟踪督办、通报督办等多种途径，进一步规范和促进办理工作的落实，力争达到面商率、按期办结率两个100%。

3月14日，2009“和谐鄞州”欢乐城乡游系列活动暨天宫庄园植物世界园开游仪式在下应街道湾底村举行。活动以“魅力乡村、活力新区、和谐鄞州”为主题，共设都市文化游、民俗体验游、田园采摘游、山水美景游四大板块，举行宁波市第四届乡村美食节、第五届横街毛笋节、第六届天宫庄园桑果节、第六届洞桥八戒西瓜节、四明山大峡谷（李家坑）漂流节、天童国际登山节等26个子节庆活动。开游仪式上还举行生态旅游佳丽鄞州行活动、“浙江省旅游强镇”（龙观乡）和“浙江省旅游特色村”（下应街道湾底村、姜山镇走马塘村）授牌仪式，以及2009“和谐鄞州”欢乐城乡游首发团授旗仪式。

3月17日，鄞州区举行深入学习实践科学发展观首场专题报告会。区四套班子党员领导干部、镇乡（街道）班子成员、区级部门（单位）班子成员、区政府大院内各部门（单位）正科级党员干部等1000多人出席会议。

同日，鄞州区最后一条人工售票公交线路——620公交实行无人售票，全区公交线路无人售票至此实现全覆盖。

3月18日，慈溪市党政代表团一行到鄞州区考察。代表团一行实地考察长丰、金家漕拆迁建设地块，了解长丰滨江区休闲居住区规划、拆迁、建设等情况。

同日，鄞州区“天天演”文化惠民工程启动仪式暨首场演出在区文化艺术中心举行。该工程按照“周周有定期演出，月月有品牌剧目，重大节日有大型活动”的要求，采用“政府采购、公司运作、全民享受”的基本运作模式，基本实现公共文化演艺服务全覆盖。全年由区财政出资637万元，共安排演出670场次，受惠群众达80万人次。

同日，全区科协工作会议召开。会议确定2009年科协工作目标：镇乡（街道）、村（社区）二级科协组织网络建成率达到100%，创建4个区级农村科普示范基地，完成普网教育培训和农函大培训各2000名，制作2000块标准科普图板，基层科普设施建成率达到96%。

同日，鄞州区在香港万丽海景酒店举行2009宁波（鄞州）商业地产暨十大功能区块推介会。副区长王洪平介绍鄞州区总体情况与商业机会，区外经贸局会同新城区管委会、长丰片区管委会、潘火片区管委会等分别对鄞州区商业地产投资环境和十大功能区块进行推介。

3月19日，鄞州区召开精神文明建设工作暨创建省示范文明城区表彰大会。会上，表彰在创建省示范文明城区中贡献突出的先进单位、街道、镇、社区和个人，表彰2008年获省市级荣誉的单位和第三届“我身边的文明之星”。区城管局、中河街道、钟公庙街道金家漕社区和新鄞州人代表在会上作表态发言。

同日，全省巡特警大队规范化建设现场会暨巡特警系统开展打击整治“两抢”犯罪大会战部署会在鄞州区举行。区公安分局巡特警大队是省公安厅确定的全省公安巡特警队伍规范化建设试点单位。2009年以来，通过在中心城区开展加强型、叠加式巡逻，中心城区报警数、刑事发案、“两抢”案件分别同比下降18.8%、13.7%、61%。

3月20日，由省委组织部调研室副主任、省委学习实践活动办公室综合组副组长徐仲仪带队的省委检查组一行来到石碶街道，调研指导街道深入学习实践科学发展观活动开展情况。石碶街道是市、区两级第三批深入学习实践科学发展观活动试点单位，共有68家单位、103个支部和2541名党员参加活动。检查组充分肯定石碶街道深入学习实践科学发展观活动所取得的成效。

同日，纪念区图书馆单独建制20周年座谈会召开。1989年3月25日，鄞县图书馆单独建制，迁址甬港北路。2004年6月，区图书馆与大学园区图书馆合并，在中心城区建立新馆。至2009年，图书馆建有分馆14个，“汽车图书馆”服务点31个，藏书40多万册，持证读者近6万人，年借阅量40多万册次。

同日，全区政法工作会议召开。会议总结2008年全区政法、综治、维稳和平安建设等各项工作，研究部署2009年政法稳定工作任务，并表彰2008年度政法综治工作先进集体和先进个人。

3月21日，区旅游局组织15家鄞州旅游企业，赴南京参加第13届旅游博览会。鄞州风景旅游管理局设有一个独立展位，五龙潭、天宫庄园、梁祝文化公园、李家坑漂流、开元名都、万达索菲特等企业推出特别优惠的旅游举措，并在现场分发上万份旅游宣传资料和旅游“大礼包”。

3月21—22日，区外经贸局率13家服务外包企业赴西安、成都两地招聘服务外包业高端人才。鄞州区是宁波市服务外包企业最集中的地区之一，“宁波南部新城服务外包产业园区”还被评为首批市级服务外包示范园区。此次招聘会共提供170多个岗位，西安交大、四川大学、成都大学等当地高校学生参加招聘会。

3月22日，由团区委举办的职业见习直通车鄞州分站正式启动。首批17家企业为全区应届大中专毕业生、已毕业未就业毕业生、下岗失业青年和青年农民工提供300多个见习岗位。这在全市尚属首家。

3月23日，鄞州区在江苏省南通市举行旅游推介会。区旅游局向南通市近40家旅行商介绍鄞州风光、赠送景区门票、推出奖励政策，向当地旅行社派发鄞州旅游“大礼包”，向南通市民推出总价值100万元的鄞州旅游优惠券，及山水生态之旅、宗教文化之旅、乡村休闲之旅、文博体验之旅4条两日游精品线路。

3月24日，宁波海关关长庞中联一行到空港物流园区视察保税物流中心建设情况。庞中联走访园区内正在建设的海关办证中心、集装箱出入卡口和仓库等，对园区完善的硬件设施表示赞赏。

同日，区第十六届人大常委会举行第十七次会议。会议听取和审议区人民政府关于食品安全监督管理工作、区人民法院关于民间借贷纠纷案件审判工作的报告。会议审议并通过区人民法院有关人事任命事项。

同日，区农林、水利部门和各镇乡（街道）有关负责人到镇海考察现代农业及清水河道建设情况。考察团一行参观中大河骆驼段、周林港、陈家河及姚江东排镇海段等河道的治理情况，及全市最大的蔬果配送中心飞洪生态农业发展公司。

3月25日，由省政协副主席王永昌率领的省政协“保增长、抓转型、重民生、促稳定”专项民主监督调研组到鄞州进行专项调研。调研组一行实地考察位于鄞州投资创业中心的欧琳集团和音王集团有限公司，并听取鄞州区保增促调情况汇报。调研组对鄞州区在金融危机影响下经济仍然保持平稳增长表示充分肯定。

同日，区文明办、区综治办、区交警大队联合在姜山镇召开“文明交通一条街”创建工作总结表彰大会，表彰姜山镇人民路、塘溪镇穿镇公路等10个创建工作先进集体和30名创建工作先进个人。

3月26日，鄞州区召开人口和计划生育工作会议。会议指出，2008年，全区共出生5339人，计划生育符合率98.899%；2009年，力争将全区出生人口控制在6000人以内，计划生育符合率达到97%以上，流动人口管理服务率达到90%以上。

3 月 27 日，区财政性建设项目监督工作领导小组第七次会议召开。2009 年，全区计划安排政府投资 100 多亿元，涉及水利、交通、教育、卫生、重点区块及园区等 15 个方面，共约 200 个项目。会议明确此项监督检查工作的五大重点。

同日，鄞州区第二届茶文化节在横溪镇万亩茶叶基地梅山茶场开幕，标志着区 2009 年欢乐城乡游系列活动全面展开。

3 月 29 日，王应麟学术研讨会在鄞州区举行。该研讨会由清华大学古典文献研究中心、区委宣传部、区文联共同主办，来自清华大学、北京大学、复旦大学、中国人民大学、北京师范大学、中国社会科学院、浙江大学、宁波大学、台湾慈济大学以及德国慕尼黑大学等 40 余位国内外专家学者参加研讨会。与会专家从文献学、版本考证、仕履系年、文学、教育等角度，对王应麟学术成就、学术思想进行深入探讨。

同日，鄞州区纪念改革开放 30 周年大型文艺晚会《欢乐中国行·魅力鄞州》在中央电视台三套首播。整台晚会通过串词、短片、互动活动等多种手法，穿插一些富有鄞州地域文化特色的节目，反映鄞州改革开放 30 年来发生的一系列巨变。

3 月 30 日，省委常委、市委书记巴音朝鲁到姜山镇，就如何推进农村消费市场和服务企业促发展等问题进行调研。巴音朝鲁一行先后考察姜山镇翻石渡村、后鄮村、黎山后村瓜果大鹏基地，以及宁波鑫峰塑胶有限公司、宁波国泰科技有限公司、宁波东联密封件有限公司和奥克斯集团有限公司等企业，并主持召开“服务企业促发展”专题座谈会，认真听取企业代表的意见建议。

同日，江北区委书记、区人大常委会主任俞雷，区委副书记、区长张南芬率领江北区党政代表团到鄞州区考察。代表团此行考察的重点是，围绕“保增促调”主题，探讨政府与企业如何共同努力应对金融危机。代表团参观宁波欣达集团有限公司后，进行了座谈。

同日，省委常委、副省长葛慧君带领中央党校省部级干部进修班“国际金融危机与应对研究专题班”成员到鄞州区调研。

3 月 31 日，在全省建设“平安浙江”电视电话会议上，鄞州区被授予省“平安区”荣誉称号。这是鄞州区连续第四年获得该项荣誉。在 2008 年“平安鄞州”创建过程中，针对奥运会特殊时期特殊任务，鄞州区顺利实现奥运期间“三个零发生”目标，全年各类群体性事件同比下降 30%，全区未发生有重大影响的群体性恶性事件。

同日，全区首个慈善分会在集士港镇建立，标志着全市第一个慈善服务窗口正式对外开放。该慈善分会将对农村低保边缘家庭和因病（伤）、残、灾祸等原因一时难以解困的家庭以及企业中的特困职工等展开定向扶助。

同日，鄞州区华夏传统文化促进会成立。该组织主要致力于复兴中华文明，弘扬传统文化，传承中华民族道德文化、养生文化，培养广大国学爱好者的中国传统人文精神，并对全区的传统文化进行挖掘、整理、研究，为构建和谐社会发挥作用。

4 月

4 月 1 日，全区小城镇建设工作总结表彰大会召开，下应街道、古林镇、云龙镇、集士港镇、五乡镇、石碶街道、横溪镇、洞桥镇、钟公庙街道、邱隘镇、横街镇、龙观乡被评为小城镇建设先进集体，18 人被评为小城镇建设先进个人。

同日，鄞州区国家税务局推行涉税“全区通办”业务。纳税人可以不受主管税务机关的限制，就近到该区任何一个国税办税服务厅办理限定涉税业务。业务涉及税务登记、申报征收、抄税认证、发票购销、代开发票、税务咨询、已纳税证明开具等 7 个项目。

4 月 3 日，市、区各界 600 多人在樟村四明山革命烈士陵园举行悼念革命先烈仪式。区四套班子领导成员及区级机关各部门代表参加活动，市委副书记、市长毛光烈主持悼念仪式。

同日，副市长成岳冲到鄞州区调研争创全国文明城市“三连冠”工作开展情况。成岳冲一行实地考察中河街道剑桥社区、东裕社区和南部商务区，深入了解文明创建情况，并主持召开座谈会，重点听取鄞州区文明城区创建情况汇报，并充分肯定鄞州区为宁波市成功蝉联全国文明城市和在全国 15 个副省级城市公共文明指数测评中名列前茅作出的贡献。

同日，鄞州区召开节能降耗工作会议，明确 2009 年节能降耗工作目标任务：万元 GDP 综合能耗降到 0.73 吨标煤，同比下降 5%以上；万元工业增加值综合能耗降到 0.68 吨标煤，同比下降 7%以上；规模以上工业企业能耗增幅小于 10%。

同日，区农林局和区财政局联合下发通知，向全区所有种粮大户下发 2008 年度中央水稻良种补贴资金。根据有关政策，2008 年全区中央水稻良种补贴资金共 413.5 万元，已预拨 228 万元，这次将余额 185.5 万元全部下拨，补贴标准为早稻每亩 10 元，中晚稻每亩 15 元。

4 月 6 日，由德国大西洋桥组织荣誉主席 Leisler Kiep 博士率领的高级代表团考察位于鄞州投资创业中心的“创新 128” 2.5 产业示范园。代表团 18 名成员来自德国政界和商界，此次前来宁波考察的主要目的是了解德资企业在宁波投资进展情况和宁波的投资环境。

4 月 7 日，南方航空 CZ3186 航班宁波至北京航线由宽体客机 A300 执行首飞。A300 机型是宁波执飞航线中规格最高、载客量最大的机型，被称为“天空中最安静的客舱”。

4 月 8 日，区委、区政府召开全区经济发展鼓劲大会。会上，著名经济学家郎咸平教授作题为《宁波商人的精神和金融海啸的冲击》的演讲；并举行“2008 年度鄞州区经济发展风云榜”颁奖仪式，“十大突出贡献企业”“十大自主创新企业”“十大快速成长企业”“十大重点服务企业”共 40 家对区经济发展和社会和谐作出重要贡献的企业受到表彰，获得总价值 2600 万元的 40 辆汽车奖励。

同日，鄞州人民医院与 10 家社区卫生服务中心举行结对签约仪式。鄞州人民医院将在技术力量、人员培训、医院管理等方面给予结对卫生院支持，双方将实现双向转诊、资源共享，让更多的农村病人在家门口看上“专家门诊”。

同日，鄞州区新一轮“民主法治示范村（社区）”创建工作现场会在姜山镇翻石渡村举行。鄞州区于 1999 年开展“民主法治示范村”创建工作，至 2009 年，全区拥有国家级“民主法治村” 1 家，省级“民主法治村” 5 家，市级以上“民主法治村” 57 家，区级“民主法治村”创建面达到 100%。

同日，浙江省十二县（市、区）慈善工作研讨会第三次会议在鄞州区召开，省内 12 个县（市、区）的慈善总会会长、副会长等围绕“积极应对经济环境不利影响，努力保持慈善事业平稳较快发展”进行探讨、交流。

4 月 9 日，全区行政村环卫保洁市场化现场会在古林镇举行。全区有 11 个镇（街道）、59 个行政村实行以道路、绿化、河道、公厕等为主要内容的市场化保洁模式。会议要求在两年时间内，全面完成全区行政村环卫保洁市场化。

同日，全区旧村改造新城建设工作会议召开。会议要求“三型”并举加快进度，确保旧村改造新村建设工作继续走在全市全省前列。至 2008 年底，全区已建成新村 690 万平方米，改建完成 44 个村，正在改建 106 个村；拆除旧房 440 万平方米；投入资金 73 亿元。

4 月 10 日，横街镇第五届竹乡生态休闲旅游节（毛笋节）举行。该活动为“2009 和谐鄞州欢乐城乡游”系列活动之一，举办“乐在竹乡”横街镇农家趣味大比拼、“竹之美”小学生作文比赛、“竹林荟萃”土特产大展销、“竹林人家”美食节、“竹乡行”自驾游等活动。

同日，各镇乡（街道）就业工作负责人到充分就业村（社区）创建工作样板村（社区）——钟公庙街道钟公庙村和金家漕社区取经，标志着鄞州区充分就业村（社区）创建工作启动。创建工作分3个阶段进行：2009年年底前，90%社区全部实现充分就业社区，达到考核验收标准；2009年6月底前，各镇乡（街道）抓好一个充分就业村试点工作，并规划好年度创建计划，至年底有50%村开展创建工作；2010年底前基本完成充分就业村（社区）创建工作。

4月11日，69家鄞州企业赶赴广州，为105届广交会第一期展会布展。第一期展会时间为4月15日至19日，展出电子及家电、五金工具、机械、车辆及配件、建材、照明、化工产品等七大种类商品，设17个展区。奥克斯集团有限公司在一期展中拥有38个品牌展位，是鄞州区拥有展位最多的企业；乐士实业有限公司拥有12个品牌展位，欧琳集团有限公司、丽晶电子集团有限公司分别拥有4个品牌展位。

同日，由团区委与广博集团股份有限公司共同发起的大学生精品见习训练营活动启动。经过面试，20名优秀应届毕业生成为第一批训练营学员，参与为期13周的见习调研活动。见习期结束后，对评定合格的学员颁发见习结业证书；对表现优秀的学员，企业将予以继续留用或直接达成就业意向。

同日，第三届宁波四明山（杖锡）樱花节开幕。樱花节期间，举行“樱茶飘香”现场炒茶品茗、“啪啦啪啦　浪漫樱花”环保秀、“穿越四明山心”自行车爬坡赛、“美丽樱花　魅力章水”flash制作大赛、著名画家杖锡采风、“人面桃花相映红”摄影赛、“千里姻缘一线牵”联谊、“一戏一人生　天天演精彩”越剧大荟萃等10余项活动。活动持续到4月底结束，共吸引游客2万余人次。

4月12日，中国红十字会党组书记、常务副会长江亦曼一行到鄞州调研，着重考察镇、村红十字会建设试点工作。考察组一行到洞桥镇百梁桥村考察村里的红十字工作，并召开座谈会。江亦曼对鄞州区正在开展的镇、村红十字会建设试点工作给予充分肯定，并就如何进一步加强此项工作、建立长效机制等作出指示。

同日，鄞州它山堰茶叶总汇对外营业。鄞州区拥有茶园面积4万亩，涌现出“它山堰”“鄞州春”“皎溪银舌”“云岗仙草”“金峨仙草”等10多个茶叶品牌，在历届“中绿杯”评比中赢得多个金奖、银奖。在区政府与农林部门引导下，将区它山堰茶叶专业合作社与区茶业协会并轨，全区10多家茶叶生产基地统一打“它山堰”品牌，合力开拓市场。

4月13日，鄞州区举行名优茶评审会，来自全区主要产茶地区的10家茶场选送10余个样品绿茶和商品绿茶。经过评审，“它山堰”牌它山堰绿茶、“皎溪银舌”牌它山堰绿茶获得样品茶类金奖，“白兰山”牌它山堰绿茶、“千蕊”牌它山堰绿茶获得商品茶类一等奖。

同日，由宁波普天通信技术有限公司和浙江万里学院合作共建的宁波市3G移动通信研究所正式签约，落户鄞州区创新128产业合作园，实验室将建在浙江万里学院内。这是宁波市第一家3G通信研发中心。

4月14日，区人大常委会举行主任接待代表日活动，主任与代表面对面就辖区内社会治安情况展开交流。代表们充分肯定全区社会治安工作取得的成绩，并针对当前存在的社会治安问题，提出不少建议和意见。

同日，由中国规划研究院、省文物局以及市区文物部门等组成的专家组，在听取浙江运河（宁波段）的基本特征及现阶段保护申遗工作进展情况汇报后，来到鄞州区大西坝、古高桥、梁祝公园等地，对沿岸遗产点进行实地踏勘。这意味着浙东运河（宁波段）申遗进入到保护规划编制阶段。

4月14—17日，鄞州区举办基层综治干部业务培训班。培训内容包括综治、信访、矛盾纠纷调处、反邪教、流动人口和出租屋服务管理等，培训人员数量和培训规模为历年之最。区委政法委对2009年平安、综治、维稳、反邪教等相关重点工作作出部署，区维稳办、综治办、信访局、司法局及区外来务工办等部门作相关业务方面的辅导培训。

4月15日，奥特莱斯（国际名品折扣广场）项目签约。奥特莱斯的中方投资者为杉杉集团有限公司，外方合作伙伴为日本三井不动产株式会社、日本伊藤忠商事株式会社、日本大东纺织株式会社、香港立荣投资有限公司。该项目占地11.67公顷，总投资3.3亿元，一期注册资金2.1亿元。

同日，首南片区核心区块城市设计评审会举行。首南片区核心区块占地400亩，由区规划分局面向全球公开征集设计方案，共有4套方案入选。美国的两大设计公司D&P、泛亚分别以“梦幻岛”和“创意港”规划理念入选，英国阿特金斯设计公司和清华大学规划设计院的两套方案被淘汰出局。

同日，途经横溪大岙村、上任村、道成岙村和金峨村的全省首条生态节能型农村公路通过验收。该路总投资820万元，长4.2公里、宽9.5米，还增设有人行道。

4月16日，鄞州区志愿服务工作委员会第一次全体成员（扩大）会议召开。会议回顾总结近年来全区志愿服务工作，通过《宁波市鄞州区志愿服务工作委员会工作制度》《宁波市鄞州区志愿者协会章程》，成立区志愿者协会。会上，区志愿者协会与中国人寿鄞州支公司签订《鄞州区“志愿者活动”保险保障协议》，并与宁波市“81890”签订合作协议。

同日，全区“十小”整规工作推进会议召开。会议要求，到2009年底，全区80%的乡镇、街道基本完成“十小”整规任务；“十小”行业中无证照或不按照法定条件和要求从事生产经营、产品或服务不符合保障人身健康安全标准、生产经营假冒伪劣产品等突出问题得到基本解决，农村消费环境和质量安全水平明显改善。

4月18日，国土资源部部长徐绍史到鄞州区检查矿产资源整合工作。徐绍史一行来到高桥镇后山矿产资源整合区，实地察看矿产开采情况，并听取相关工作汇报。

4月19日，鄞州区测绘院研发的“超快速静态GPS控制测量新方法”通过专家鉴定。与传统的测绘方法相比，新方法具有速度快、效率高、投入少、产出高、操作简便等优点。该方法在国内尚属首创。

4月21日，“商赢鄞州”商贸商务系列活动新闻发布会举行。系列活动集中在4月至7月举行，主要由促销购物、美食品尝、休闲体验、高峰论坛四大板块，万达风筝艺术节、首届鄞州汽车展示展销会、首届台湾风情周、第二届国际烧烤节、鄞州美食嘉年华、商家企业年中庆、第二届缤纷夏逸购物节、鄞州商务楼宇经济高峰论坛等8个子活动组成。活动共吸引客流150万人次，实现直接销售额3.5亿元。

同日，区委区政府召开工作情况通报会。向老干部通报近年来全区城市建设情况和下一阶段的工作安排，并着重介绍新城区十大区块开发建设情况。

同日，在全区反腐倡廉建设志愿者座谈会上，26人被区纪委、区监察局聘为区反腐倡廉建设志愿者。这是全省首支反腐倡廉建设志愿者队伍。

4月22日，全市公安机关打击整治“两抢”犯罪大会战开展第一次集中行动。区公安分局调集500余名警力，对城郊接合部治安复杂地区古林镇礼嘉桥村3个自然村6000余名流动人口的出租房进行清查。

同日，市中心镇改革发展座谈会在姜山镇举行。全市将选择5到10个区位条件较优、人口规模较大、经济基础较实、辐射能力较强、发展潜力较好、特色比较明显的中心镇，通过3到5年的努力，建成成为现代化小城市。会上，姜山镇被初步认定为符合条件的中心镇之一。

4月23日—11月13日，鄞州区召开第十三届运动会。运动会由区政府主办，区体育局、区教育局、区体育总会承办，比赛分成年部、青少年部、老年部三个大部，成年部设木球、武术、羽毛球等9个项目，青少年部设田径、篮球、乒乓球等18个项目，老年部设钓鱼、门球等7个项目，共有62个代表团

（队）5000 余名运动员、教练员和裁判员参加，是鄞州区历届运动会中比赛项目最多、全民参与面最广、赛事规模最大的综合性体育盛会。

4 月 24 日，鄞州区与湖南大学科技合作对接洽谈会在长沙举行。30 余家鄞州企业与湖南大学的专家教授们就科技项目的合作开发进行交流与洽谈，20 余家企业与湖南大学达成初步合作意向。

4 月 24—26 日，由区贸易局主办的首届鄞州车展在万达商业广场举行。展会汇集汽车品牌 30 多个，展示、展销奔驰、宝马、奥迪、沃尔沃、尼桑、斯柯达等全区 20 多家汽车 4S 店的各品牌车型，共成交汽车 109 辆，销售额 1660 万元。

4 月 25 日，2008 宁波创业创新风云榜颁奖典礼在南苑饭店举行，鄞州区 20 余家单位受到表彰。

同日，第六届宁波天宫庄园桑果节在下应街道湾底村举行。桑果节以“走进绿色世界、体验生态旅游”为主题，主要活动包括《沙文汉、陈修良档案展》开展仪式、小记者踏春活动、广场文艺表演、宁波市非物质文化遗产现场演艺和第四届宁波市乡村美食节等。作为 2009“和谐鄞州”欢乐城乡游系列活动之一，桑果节活动持续到 5 月 31 日。

4 月 25—27 日，首届鄞州车展举行。24 家参展企业共销售汽车 109 辆，销售额 1660 万元，参观人数 15 万人次。

4 月 26 日，全国政协经济委员会主任委员张左己带领全国政协经济委员会调研组一行到鄞州调研。调研组一行参观奥克斯集团产品展示厅，听取集团应对国际金融危机采取的一系列有效措施的介绍。调研组肯定鄞州区在应对国际金融危机中取得的成绩。

同日，鄞州区“光彩行动教育行”暨咸祥镇中学教育楼扩建工程捐款仪式在咸祥镇中学举行。以向阳集团和申江集团为代表的鄞州区 7 家民营企业捐赠 86 万元，区光彩事业促进会捐赠 14 万元。

4 月 27 日，注册资本 1000 万美元、总投资 3000 万美元的宜高专业电气技术有限公司第一家门店在鄞州区开业。该公司为国内首家专业电气经销商，由瑞士 IN — NOFIX　Holding 在中国控股成立的合资公司，总部设在南部商务区，为客户提供照明、低压电器、生活电气、智能安防、家庭舒适系统、电线管件、电工工具等七大类专业电气产品，以及相关的技术服务、物流配送和专业电气应用等“一站式”解决方案。庆典仪式上，宜高公司与战略合作伙伴迪赛置业、供应商 PHILIPS、ABB、恒达高、TAO、HAGER 进行签约。

同日，宁波市名优茶评比举行颁奖仪式。鄞州区共选送茶样 6 只，经省农业厅、浙江大学、中国茶科所等专家对茶样的外形、滋味等5项指标进行综合评定，其中的“它山堰”绿茶获得金奖。

4月28日，杭甬高速通途连接线鄞州段工程开工仪式在高桥镇盛世郦都东侧工地现场举行。该项目起于高桥镇长乐村，与机场路通途互通连接，向西下穿绕城高速公路，经杭甬高速公路大隐收费站，终于甬梁线余姚交界处。项目总投资约10.6亿元，按一级公路标准设计，全长12.98公里，设计行车时速80公里，路基宽44米，双向6车道。2011年11月通过交工验收并正式通车。

同日，沿海中线鄞州段二期工程开工仪式在咸祥镇东方造船厂举行。沿海中线鄞州段全长18公里，连接北仑和奉化，是鄞州主要交通干线。共分二期建设，其中一期工程2005年7月开工，2006年8底完工；二期工程起于宝瞻公路延伸段，终于鄞奉隧道出口处，全长11.7公里，路基宽23米，按一级公路标准设计，总投资约4.1亿元，于2011年通过交工验收。

同日，五龙潭山水旅游节开幕。旅游节活动时间为4月28日至5月15日，举行游五龙潭、登青云天瀑、品浙东龙文化、赏高山百年杜鹃、烧烤美食、风筝会、农家美食月等系列活动。

同日，由区检察、国土、规划、农林等全区违法用地专项整治工作领导小组有关成员组成的5个工作组，对区政府提出的需要拆除复耕的第九次卫片发现的违法用地项目和新发生的违法用地项目进行实地检查。检查人员采用听汇报和实地察看相结合的方式，逐块进行督查。

4月29日，由区经发局、区金融办、鄞州银行共同发起的“科学发展，金融保障”中小企业融资对接洽谈会在开元名都大酒店举行。152家企业获得鄞州银行授信14.40亿元，其中12家企业当场获得贷款5370万元。

同日，鄞州区交警大队获得由全国总工会颁发的“工人先锋号”匾额和证书，成为全省公安系统中唯一获此殊荣的单位。

同日，鄞州区召开食品药品安全“四无村”创建现场会，总结推广姜山镇翻石渡村创建“四无村”工作经验，提出2009年全区100个村通过创建验收的目标。

4月30日，全区举行“五一”国际劳动节庆祝大会暨文艺招待会。会上，一批先进集体和个人受到表彰，265家企业被命名为区第二批“和谐发展企业”。全国“五一劳动奖状”获奖单位浙江广博集团、全国“工人先锋号”获奖单位区交警大队、姜山镇政府和宁波市勇克时艰杰出职工代表张立伟在会上交流发言。

同日，鄞州区名特优农产品展销中心在新城区正式营业。展销中心位于鄞州中心区堇山路万达商圈，经营面积200平方米，展出农产品数百种，绝大多数已通过无公害、绿色或有机认证，基本涵盖鄞州区大宗、特色农业产业。

同日，全区村（社区）信访工作规范化建设现场会召开。会议提出，各行政村（社区）将建立信访接待室，规范接待程序，并有序推进信访代理制，力争年内80%的重点行政村（社区）达到信访工作规范化建设标准。会上，与会人员听取钟公庙街道信访系统延伸情况的介绍，并实地参观繁裕社区信访工作规范化建设情况。

同日，区卫生监督所联合劳动保障、安监等部门，在洞桥镇开展“保护农民工健康是全社会的共同责任”的职业病防治主题宣传活动。全区申报职业病危害企业642家，职业病危害企业的监督覆盖率和职工健康体检率均达到100%。

同日，区卫生局组织召开由全体机关干部和各医疗卫生单位负责人参加的防控工作会议，成立甲型H1N1流感防控工作领导小组和专家咨询组，负责统一领导、指挥全区卫生系统的甲型H1N1流感防控工作。

同月，鄞州区向省、市政府残疾人工作委员会提出创建省首批“扶残助残爱心城区”申报要求。区政府成立爱心城区创建领导小组，制定相关创建方案、落实创建责任部门、分解创建工作任务。由区残疾人工作委员会组织的“扶残助残爱心乡镇（街道）”创建工作同时启动。

5 月

5月4日，区委召开常委会（扩大）会议，专题研究部署城市建设“十大功能区块”、现代服务业“八大产业基地”建设。会上，区四套班子领导分别就联系项目的功能定位、进展情况、困难问题和下步推进举措等情况作交流。

同日，由团区委、市学联主办的鄞州区纪念五四运动90周年主题集会暨“互助·梦想·U&M”大学生创智大会在万达商业广场举行，来自全区各基层团委和社会各界的500多名先进团员青年代表庄严宣誓。集会上，团区委推出“十百千万”工程。

同日，由区慈善总会和鄞州日报社联合开展的2009年牵手结对慈善助学活动启动。慈善助学人群主要为贫困高中生，资助金额为每学年600元。资助时间从2009（2009年9月至2010年8月）开始，资助到完成一个学习阶段。

5月5日，全省经济工作电视电话会议召开，会议分析当前全省经济发展面临的紧迫形势，安排部署下阶段工作重点和措施。区领导在鄞州区分会场参加会议。会后，区领导就鄞州区贯彻全省经济工作电视电话会议精神、做好下阶段经济工作提出要求。

同日，市人大常委会副主任陈旭带领市人大有关部门领导、市人大代表及市食品药品监督管理局有关负责人到鄞州区检查食品药品安全工作。检查采用临时抽查暗访的形式。检查组一行先后检查姜山镇的新发糕点加工场和食之霸制作坊两家小作坊，以及宁波市味华食品有限公司和宁波市鄞州三丰可味食品有限公司两家大企业，并对食品质量安全状况予以充分肯定。

同日，全区镇乡长（街道办事处主任）实务知识培训班在区委党校开班。培训时间为期4天，安排专题辅导课11堂，由区政府职能部门领导或责任科室负责人授课。

同日，全区2009事业养老保险年度工作会议召开。会议宣布事业单位养老保险缴费基数作出调整，从5月起按最低2958元、最高14787元进行申报，对象包括事业单位工作人员和参加事业养老保险非事业单位参保人员。

5月5—15日，鄞州区向困难企业发放稳定就业补贴。补贴的具体标准为：缴纳失业保险费的本市职工每人每月400元；缴纳外来务工人员社会保险费的职工每人每月200元。补贴政策执行期为2009年年内，由企业按季申报，享受期限最长不超过6个月。

5月6日，在全市旅游发展大会上，鄞州区获2008年度宁波市旅游工作综合一等奖和宁波市旅游强区创建成果奖。会上，区委副书记、区长薛维海作为唯一的县（市）区政府代表，作题为《促进“四力提升”，打造旅游强区》的经验介绍。2008年，全区共接待游客778.9万人次，实现旅游总收入70.4亿元，被命名为省首批旅游经济强区。

同日，宁波眼视光诊疗中心签约挂牌仪式在鄞州人民医院举行。该中心由鄞州人民医院与温州医学院附属眼视光医院合作共建，未来5年内，双方将不定期互派人员开展临床医疗合作和教学合作。

同日，由公安部、工业和信息化部、农业部有关领导、专家组成的华东片区考核小组，到鄞州区考核检查创建“平安畅通县区”工作。考核检查小组一行听取鄞州区创建部级“平安畅通县区”工作汇报，检查相关工作台账，并深入下应街道实地检查创建工作情况。

5月7日，中共中央政治局委员、全国政协副主席王刚率全国政协“民营企业发展问题”专题调研组到鄞州考察调研，了解民营企业生产经营状况和面临的突出困难。

同日，鄞州区举行市级菜篮子基地生猪产销对接签约仪式。位于鄞州区的方兴屠宰场与来自全市的岐海、春光、梅湖、天童等10家养猪场签约。10家牧场每年出栏生猪23万头，按月份旬报计划给屠宰场。

同日，区政协召开十四届二十四次主席会议。会议听取区广播电视台关于广电事业发展情况的通报；研究将于5月中旬召开的政情交流会方案；听取经济保增长促发展调结构、推进小城镇建设、农村公共服务建设、城乡生态文明建设等4个专题的调研方案汇报。

同日，全区退伍军人安置工作全面完成。共安置城镇退伍军人79人、农村退伍军人240人，发放安置费380.67万元。

5月8日，经国家档案局档案馆（室）司副司长王雁宾、湖南省档案局局长黄春美等专家组成的测评组测评，区档案馆晋升为国家一级综合档案馆。至2009年，总投资573万元的区数字档案馆项目完成软硬件平台搭建和全部管理功能的开发，在省内率先实现档案数字异地备份，馆藏总量增加到22.79万卷，档案查阅利用服务满意率达100%。

同日，鄞州区召开2009年度农村生活污水分散式生态处理工作会议。2009年是全区农村污水生态处理工程全面实施年，区财政安排资金6000万元，共有15个镇乡38个行政村77个自然村参与，计划6月底前全面开工建设，9月底前完工，年底前完成竣工验收、审计等工程扫尾工作。

同日，由国家防汛防旱总指挥部副秘书长、中国气象局副局长矫梅燕率领的国家防总检查组到鄞州区检查防汛抗旱工作。检查组一行来到鄞州区标准海塘，详细了解标准海塘建设、管理、维修等方面的有关情况及防汛抗旱工作。检查组对鄞州区的防汛抗旱工作表示肯定。

同日，宁波双盾纺织帆布实业有限公司—东华大学研究室社会实践基地签约授牌仪式举行。这是鄞州区首次在企业单独设立研究室社会实践基地。东华大学在技术指导和技术人员培训、纺织信息提供、科研项目及专利申报等方面给予支持。

同日，鄞州区召开医疗纠纷预防和处置工作会议，明确2008年3月1日出台的《宁波市医疗纠纷预防与处置暂行办法》的处理程序，进一步做好医疗纠纷处置工作。2008年，全区29家公立医疗机构及明州医院全部投保，共计投入保费359.87万元；发生医疗纠纷219起，支付赔偿金396万元。

5月12日，区委、区政府召开“会战攻坚”活动动员大会，全力推进“十大功能区块”“八大产业基地”建设。同时，制定出台“会战攻坚”任务书、考核办法和实施方案。

5月13日，鄞州区台商代表座谈会在开元明都大酒店举行。在鄞州投资的台商代表与区外经贸局、台办等部门负责人，就进一步改善鄞州投资环境，切实解决台商实际困难，营造亲商、富商、安商氛围进行座谈。

5月15日，由山东省委常委、宣传部部长李群带队的山东省宣传部门代表团到鄞州考察文化事业发展情况。代表团一行参观考察宁波（鄞州）博物馆、宁波水木动画设计有限公司和紫林坊艺术馆，并对鄞州文化事业发展工作表示肯定。

5月15日—6月15日，鄞州区举办“宁波鄞州—百所高校（职技院校）网上人才招聘会”。招聘对象为2009年应届毕业生，所有招聘活动全程在宁波工业人才网和全国百所高校（职业院校）网站同步进行。

5月16—17日，2009宁波第三届国际动漫展暨世界信息社会大型展览在万达商业广场举行。活动由鄞州区政府和宁波市信息产业局共同举办，以“信息与动漫”为主题，设有动画片播放专区、动漫周边产品专区、通信软件产品专区等十大创意展区，活动内容有COSPLAY魔幻盛典大赛、信息动画短片比赛及展示、原创动漫展、“信息与动漫”高峰论坛、电信知识宣传、观众涂鸦等，游客近30万人次，实现销售近800万元。

5月17日，2009年鄞州区科技活动周在滨海投资创业中心滨海社区开幕。科技周以“携手建设创新型鄞州”为主题，举办外来务工人员大型科普集市、“明州大讲堂”科普讲座、科普图板展、科技直通车进百村、到湖南大学进行科技合作采购活动等。

5月18日，市政协副主席、民革宁波市委会王建康率市民革医疗专家组一行，在钟公庙街道调研社区医疗服务情况。王建康一行在长丰社区了解民革医疗专家组进社区情况，听取社区居民对社区医疗服务的意见和建议，并就拓展专家组服务内容，和街道有关负责人进行交流和探讨。

同日，区委中心组理论学习（扩大）会议召开。会议邀请汪新野就新城区建设与城市发展战略作专题讲座，为鄞州区的城市建设和“会战攻击”提出富有建设性的意见和建议。

5月19日，市委副书记郭正伟一行到邱隘镇调研。郭正伟一行听取该镇总体情况汇报，并实地视察张家瀛村和东雅村新农村建设情况，充分肯定邱隘镇取得的工作成绩。

同日，市委副书记郭正伟、市人大常委会副主任张金康率领市委人大工作督查组到鄞州区，就贯彻落实《中共宁波市委关于进一步加强人大工作的决定》精神展开督查，并对加强和改进人大工作提出要求。

同日，区政协举行政情交流会，区政府办、区政研室、区发改局、区经发局、区科技局、区外经贸局、区贸易局、区劳动和社会保障局等8个部门与区政协委员围绕“保增促调”展开面对面交流。

同日，民政部社会事务司司长张明亮会同国务院法制办、民政部101研究所以及全国19个省民政厅的相关负责人近50人，到鄞州区参观生态公墓建设情况。一行人先后参观位于东吴镇的天童生态墓园和位于五乡镇的同泰嘉陵，对公益性生态墓园和墓园建设文化理念予以充分肯定。

同日，全市打击整治“两抢”犯罪大会战现场推进会在鄞州区举行。会议充分肯定鄞州区打击整治“两抢”犯罪大会战的主要做法，要求各地各单位借鉴鄞州经验，强化工作措施，抓好贯彻落实。鄞州区为全省打击整治“两抢”犯罪大会战重点整治区域，2009年1月至4月，全区共抓获“两抢”犯罪嫌疑人131人，破获“两抢”案件208起，摧毁“两抢”犯罪团伙18个。

同日，钟公庙街道全面启动城管社区共建活动。启动仪式上，钟公庙城管中队与辖区内的6个社区签订责任状。中队与社区联手实行确定一名执法责任队员、设置一个民情征求箱、开辟一个共建宣传窗等“七个一”制度，同时建立长效管理机制，实现全民参与的大城管模式。

同日，鄞州银行与区慈善总会签订协议，出资2000万元设立“快乐成长扶贫基金”。根据协议，这2000万元基金每年增值的100万元，部分将用于全区慈善文化推广，部分用于支持全区青年基层就业创业计划。

5月20日，由区委书记熊博力率领的大连市旅顺口区考察团一行到鄞州区考察。代表团一行听取鄞州经济社会发展概况汇报，并实地考察奥克斯集团、宁波南部商务区、下应街道湾底村、鄞州投资创业中心欧琳集团等地。代表团表示，鄞州区的经验值得学习和借鉴。

同日，全区“和美家园”创建现场会暨文明结对共建会召开，61个文明单位（机关）与“和美家园”创建村签订结对共建协议。2008年全区共有253个行政村创建“和美家园”达标，占行政村总数的62.6%；2009年全区有61个行政村申报创建，计划达标村占到行政村总数的70%以上。

同日，中国国旅集团在鄞州区设立中国国旅（宁波）国际旅行社有限公司，这是该集团在全省以“中国国旅”字号设立的第一家连锁控资子公司，经国家旅游局特批，经营出国旅游、国内旅游、入境旅游业务。中国国旅（宁波）国际旅行社主推旅游电子商务，通过由国旅投入1000多万元自主研发的全球旅游电子商务交易平台，即可完成旅游网上报名、交易等手续。

同日，区人大常委会视察区域供水工程建设情况。视察组一行先后实地查看毛家坪水厂和五乡镇供水工程的建设工地，听取区域供水工程建设最新进展情况汇报。

5 月 21 日，鄞州区开展创建以消防平安机关、平安企业、平安村庄、平安社区为主题的消防平安“四创”活动。按照“政府统一领导、部门依法监管、单位全面负责、公民积极参与”的总体要求，力争两年内全区消防平安机关、平安企业、平安村庄、平安社区的达标率超过 90%。

同日，《关于抓紧实施名人故居保护开发的建议》重点提案现场办理会议在塘溪镇举行。该提案由塘溪联委会在两会期间提出，被列为区政协重点提案，由副区长夏素贞领办，区文广新闻出版局具体承办。

同日，鄞州区召开第十一届浙洽会工作推进会。浙洽会将于 6 月 8 日—12 日在宁波举行，鄞州区活动安排采用“1+X”形式。6 月 8 日举行“2009 宁波市鄞州区投资环境推介”主题活动，镇乡、街道、园区举行美国投资对接会、五乡阿克苏研发中心开业、投资创业中心的创新 128 开园和清华长三角研究院开园、联盛广场奠基剪彩等活动。

5 月 22 日，鄞州区举行纪念鄞（县）州解放 60 周年座谈会暨《四明魂》续集首发式。解放战争时期曾在鄞县参加革命的在鄞老干部、区新四军研究会有关成员、区级机关有关单位负责人等参加会议。会上，团区委、人武部、档案局、图书馆、教育局、关工委等单位接受赠书。

同日，浙江省报业经济研究工作委员会 2009 年年会在鄞州区举行。会上，与会的全省各地报业负责人结合地方经济及各自报业发展特色，交流应对金融危机的措施，并就传统报业如何加快转型步伐，深入推进体制和机制改革，开展多元经营进行交流。

5 月 23 日，宁波市第二届农民（外来务工人员）电影节暨鄞州区第四届科普电影节开幕式在横溪镇文化艺术中心举行。开幕式上，表彰宁波市农村电影放映工作先进单位和个人，并举行优秀国产影片《农民工》的首映式。

同日，由区援建工作小组有关成员单位组成的区政府代表团到四川省青川县，考察援建工作，签订强镇带村结对帮扶协议。代表团相继考察乔庄镇张家村漫水桥、东山区块建设工地、青川中学、大沟河堤、茶树村等援建项目，并走访宁波市援建指挥部，慰问乔庄分指挥部人员。中河、首南街道分别和茶树村、大沟村签订强镇带村帮扶协议，并各捐赠帮扶资金 20 万元，区政府代表向乔庄镇政府捐赠办公经费 20 万元。

同日，交通部防汛抗旱检查组一行对鄞州区公路段横涨路政中队和横涨养护站进行检查指导，该段“成员单位体系建立”和“预防为主的安全生产”两项做法得到检查组的肯定。检查组一行还对公路段在危桥改造、临山临崖安全设施完善、危险边坡整治等方面的做法给予充分肯定。

5 月 24 日，“灵秀横溪杯”首届宁波市公路轮滑赛在横溪镇金峨溪景观大道举行。比赛为轮滑公路速度赛，分普通男子、女子，少年男子、女子，儿童混合 5 个组别。开幕式上，横溪镇与宁波斯博特轮滑俱乐部签订合作协议。

5 月 25 日，由省商务厅副厅长胡潍康带队的省深化“服务企业、服务基层”专项行动小组赴鄞州蹲点调研，并召开鄞州区“双服务”活动情况汇报会。专项行动小组充分肯定鄞州区在深化“服务企业、服务基层”活动中取得的成绩。会后，调研组一行来到奥克斯集团，详细了解企业当前的发展情况和面临的困难等。

5 月 26 日，中央党校中青一班三支部成员到鄞州区调研城乡统筹、民生发展情况。鄞州区向调研组一行介绍近年来鄞州经济社会发展状况，重点介绍城乡统筹和社会民生工作。调研组充分肯定鄞州在城乡统筹、民生发展中取得的明显成效，并表示，鄞州区积累的经验，对浙江省乃至全国都起到了积极的引导作用。

同日，区十六届人大常委会举行第十八次会议，听取和审议城市管理和行政执法工作情况、安全生产工作情况、《农业法》及相关法律法规执行情况、法律监督工作情况等报告。会议审议通过有关人事任免事项。

同日，鄞州区城乡公交万龄站投入运营，135 路城乡公交车通到邱隘镇 5 个行政村。135 路车为空调车，营运线路为邱隘镇万龄点到宁波灵桥东，全长 20 余公里，途径邱隘镇 5 个行政村、百丈路沿线、琴桥等 28 个站点。

5 月 27 日，区政协召开十四届二十五次主席会议，听取区城管局关于公交行业有关情况的汇报、区城管局关于供水情况的汇报，审议通过区政协十四届十二次常委会议议程。

同日，由市人大常委会副主任姚力率领的市人大执法检查组，到鄞州区检查农业法及相关法律法规贯彻实施情况。检查组先后检查区测土配方施肥化验厅、区海洋与渔业环境检测站、区水产养殖病害防治实验室、区食品安全检测中心等单位。鄞州区政府领导汇报贯彻实施农业法及相关法律法规情况。检查组就进一步强化农业基础地位、加大农业投入、加强农业基础设施建设、促进农业增效和农民增收等提出意见和建议。

5 月 28 日，宁波绕城高速公路连接线联丰至横街公路工程动工建设。该工程总投资 2.6 亿元，起点位于集古公路，沿线经过广德河、西洋港，与绕城高速立体相交，下穿后越过望童公路、中塘河，终点交于横街大道，路线全长

3.46 公里，路基宽 38 米，为一级公路标准，设计时速为每小时 80 公里。

5 月 29 日，歌唱我们的祖国——钟公庙街道第六届文化艺术节暨庆祝新中国成立 60 周年文艺晚会在区文化艺术中心举行。艺术节以“庆祖国繁荣昌盛，展街道 6 年风采”为主题，举办全民体育运动会、街道书画比赛和展览、“和美杯”三人篮球赛、“我为第二故乡作贡献”新钟公庙人征文比赛及先进人物评选、“风华正茂”摄影比赛等活动。

5 月 31 日，区政协召开十四届十二次常委会议，听取新城区管委会关于十大重点区块建设情况的通报。与会人员实地视察慧丰区块、BEST 广场和潘火区块。

6 月

6 月 1 日，鄞州区试行农村医疗机构检验单网上查询。13 家镇乡（街道）卫生院实现检验数据信息化、网络化管理，患者可从鄞州卫生网及时查询检验结果。该查询系统是宁波市医学检验信息查询系统项目的一次重要延伸，开全市各镇乡（街道）级医疗机构先河。

同日，区残疾人（上任村）水果扶贫基地揭牌。该基地地处横溪镇景观大道旁，总占地面积 128 亩，主要以种植樱桃为主。

6 月 2 日，鄞州区召开“心连心共谋科学发展、手牵手同筑平安鄞州”主题活动动员大会。会上，区公安分局、安监局、信访局、妇联、中河街道、姜山镇等作表态发言。

同日，区政府召集“两会”建议、提案相关承办单位和代表、委员，就 2009 年“两会”期间收到的重点建议和重点提案进行研究，并就如何做好办理、落实工作交流意见。与会代表、委员对承办单位的办理进度、办理效率作交流发言，并就下一步如何做好重点建议、提案落实工作提出意见和建议。

6 月 3 日，宁波开元名都大酒店通过五星级酒店的终审检查，符合国家五星级酒店标准，成为鄞州区首家五星级酒店。10 月 17 日，该酒店举行国家五星级旅游饭店挂牌仪式。

同日，鄞州区召开“春泥计划”启动仪式暨红领巾俱乐部现场会。会议提出，2009 年在 60 个试点先行村推广这一计划，用 3 年时间让全区 394 个行政村中的 90%实现“春泥计划”。

6 月 5 日，市委常委、宣传部部长宋伟率领市委督察组一行，对鄞州区贯彻落实市委工作会议精神，推动“文化大发展大繁荣”工作落实情况进行专项督察。督察组先后来到横溪镇文化艺术中心、朱金漆木雕博物馆、和盛文化演艺有限公司和筹建中的网球（游泳）中心，全面了解鄞州区文化建设情况。并举行鄞州区“文化大发展大繁荣”工作专题汇报会。宋伟对鄞州区的文化建设工作予以充分肯定。

6 月 5—7 日，在 2009 年宁波市青少年游泳比赛中，代表鄞州区参赛的德培小学游泳队获得 14 枚金牌、10 枚银牌。金牌总数和团体总分位居第一，同时还荣获“体育道德风尚奖”。

6 月 6 日，云龙镇自来水白溪水库供水并网工程通水，该镇成为鄞东南地区第一个实现白溪水库供水并网的镇乡。

6 月 7 日，前来参加第二届中国电子服务大会的中国工程院常务副院长潘云鹤院士一行，专程考察鄞州工业企业发展情况。潘云鹤一行实地考察奥克斯集团，并表示赞赏和肯定。

6 月 8 日，联盛商业广场三期开工典礼暨大型主力店签约仪式在工地现场举行。联盛商业广场东临宁南北路，南靠贸城西路，西临宁姜公路，北接规划道路。项目总投资 20 亿元，占地约 168 亩，总建筑面积近 40 万平方米。联盛商业广场三期定位于“新势力动感世界”，业态规划有国际品牌酒店、恒温游泳馆、特色餐饮酒吧街、五影城、大型电玩城和商业步行街等。开工奠基仪式上，联盛商业广场分别与中国电影集团、美国万豪酒店集团、澳门澳盛实业签约。

同日，2009 鄞州区投资环境推介会在开元明都大酒店举行，国内外 250 多名客商应邀参加。推介会以“新空间、新产业、新提升”为主题，向客商重点介绍鄞州区先进制造业载体的“四大工业园区”及现代服务业的“八大产业基地”。会上，共有 15 个重大项目签约，其中外资项目总投资 2. 3 亿美元，合同外资 1. 5 亿美元。

同日，中国工程物理研究院党委书记张可俭、副院长王洋一行到鄞州考察。张可俭一行先后参观紫林坊、南部商务区和鄞州投资创业中心，对“宁波鄞州科技创新孵化基地”项目的推进表示满意，并对项目的未来发展充满信心。

同日，参加第十一届浙洽会、第八届消博会的 250 余名海内外嘉宾考察鄞州区。嘉宾们详细了解鄞州区的建设情况，并参观考察鄞州新城区、南部商务区、创新 128 产业园和高教园区。

同日，作为第十一届浙洽会人才智力引进活动重要组成部分的华侨华人专业人士创业发展对接会在宁波万豪酒店举行。鄞州区共有 16 家企业参加对接洽谈，有 2 个项目达成初步合作意向。

同日，世界500强、全球油漆生产商阿克苏诺贝尔设在五乡镇的粉末涂料技术研发中心正式启用。该中心位于阿克苏诺贝尔（宁波）粉末涂料有限公司内，在启动初期将有20名科研专家和技术人员，专门为汽车、建筑、家具、家电等行业领域提供服务。

同日，浙江宣逸网络科技有限公司获得文化部颁发的网络文化经营许可证，被授权可以利用互联网经营游戏产品、动漫（画）等其他文化产品，成为宁波市首家兼具研发与运营资质的专业网络游戏公司。该公司由宁波大学优秀创业团队组建，2008年10月在鄞州区注册成立。

同日，石碶街道丽洲社区成立，这是石碶街道成立的第三个社区。丽洲社区所辖范围东起鄞县大道，西至万成路，南起34省道，北至机场路，面积约25万平方米，有阳光丽园和江南绿洲2个小区，居民1500户，常住人口4500余人。

6月9日，国家级科技孵化基地——鄞州科技创新孵化基地举行奠基仪式。该基地是鄞州区政府和中国工程物理研究院的合作项目，位于鄞州投资创业中心，总投资5亿元，占地面积46亩，建筑面积8万平方米，计划于2011年建成投用。

同日，由鄞州区政府和浙江清华长三角研究院共同组建的“浙江清华长三角研究院宁波鄞州创新中心”揭牌暨签约仪式在开元名都大酒店举行，会上共签署6项合作协议。

同日，第十一届浙江投资贸易洽谈会组委会在南苑饭店举行宁波市重大项目签约仪式。鄞州区共有2个项目签约，分别是总投资15亿美元的美国新一代激光显示产业园项目和总投资1500万美元的瑞仕商务楼项目。

同日，鄞州创新128园区开园。该园区位于鄞州投资创业中心核心区域，总建筑面积约20万平方米，是集高新技术、创意研发、现代服务、贸易和物流等现代生产性服务业于一体的独栋式企业集聚地。自2008年初启动招商以来，一期引进现代服务业企业近40家，注册资金8亿多元。

同日，海外创业人才鄞州行暨海外引智引才联络站授牌仪式在开元名都大酒店举行。来自美国、加拿大、英国、荷兰等12个国家和地区的海外专业人才70余人应邀出席活动。

6月10日，清华大学校务委员会副主任岑章志，浙江清华长三角研究院院长周海梦，副院长胡海峰、王子卿等一行30余人，考察南部商务区、鄞州投资创业中心、宁波（鄞州）博物馆等地。

同日，区委中心组理论学习（扩大）会在区委党校举行。会议邀请中国工程物理研究院研究员、原中物院流体物理研究所常务副所长、科技委主任，中国人民解放军总装备部弘扬“两弹一星”精神宣讲团成员陈俊祥作“两弹一星”精神专题报告。

同日，鄞州区第一轮公共文明指数测评结果揭晓。经过服务环境、服务质量、投诉处理、公众环境4个方面的测评，19个窗口单位“文明座次”排定，区行政服务中心、鄞州电力客户服务中心、鄞州人民医院名列前三。

同日，区人大常委会一行到五乡镇和高桥镇视察交通重点工程项目，并听取区政府关于交通工程项目建设情况的汇报。区人大常委会一行相继视察329国道东外环至逸夫中学公路改建工程和杭甬高速通途连接线望春至岐阳段公路工程建设情况。

同日，鄞州区民政、国土、农业系统民主评议行风活动启动。参加评议的单位是区、镇乡（街道）两级民政、国土、农业部门，活动时间从6月上旬至8月底。评议工作分为宣传发动、检查整改、评议总结3个阶段。

同日，潘火片区的第二个拆迁村——小花园村全面启动拆迁协议签订工作和新房套型申报工作。小花园村共有拆迁村民近400户，拆迁后将被整体安置到万和新村。万和新村项目总投资约13亿元，总建筑面积约40万平方米，共有9个套型，从55平方米到135平方米不等。

同日，鄞州与北仑对开的首条公交线路670路正式开通。该公交线路起讫站为鄞州瞻岐镇、北仑洋沙山，由北仑区的东方巴士公司和北仑公交公司联合营运，全程16公里，沿途双向设14个停靠站。

同日，交通银行鄞州支行开业暨签约仪式在索菲特大饭店举行。交通银行自1995年在鄞州区设立第一家支行以来，已累计设立5家。

同日，由鄞州区动漫企业宁波卡酷动画制作有限公司制作的第一部动画片《麦圈可可漫游记》，在第15届上海电视节国际影视节目市场上亮相。该动画片2009年底完成全片制作，2010年起在国内各电视台全面开播。

同日，鄞州区家电下乡销量居全市首位。全区经备案确认的家电下乡销售网点100个，销售家电下乡产品3228台，销售总额达511076万元。区财政兑付家电产品2550台，发放补贴58.62万元。

6月11日，市人大代表鄞州中心组视察东部新城开发建设情况。这是鄞州中心组首次开展的跨区视察活动。代表们听取东部新城开发建设情况的汇报，视察东部新城国际航运中心、金融中心、会展中心，参观东部新城开发建设指挥部规划展示厅。

同日，作为浙洽会活动之一的宁波服务外包人才研讨会在鄞州区举行，宁波大学、浙大宁波理工学院、万里学院、大红鹰职业技术学院、宁波职业技术学院、城市职业技术学院参与研讨。与会者就金融危机下国际服务外包市场的变化以及国内服务外包新形势、人才培养模式和产业互动等方面进行深入交流。

6月12日，红星·美凯龙项目与鄞州区签署投资协议。该项目位于潘火片区商业商务核心区块，总投资5.5亿元，占地面积3.73公顷，建筑面积约14万平方米，为宁波市最大单体家居商场。

同日，由区委宣传部和区文联主办的全区“美术创作群体优秀作品展”在浙江图书馆开展。作品展共展示鄞州区美术家协会60多位会员创作的118件作品，涉及国画、水彩画、油画、版画、漆画、粉画等多个门类。

6月13—20日，由浙江省文化厅与中国非物质文化遗产保护中心联合主办的“锦绣中华——中国织绣精品大展”在杭州市下城区文化体育中心举行，鄞州区文化馆甄选的《老寿星》《卜古二条屏》《金银彩绣团鹤》3件金银彩绣作品分别获金奖、银奖与铜奖。

6月14日，第二届鄞州美食节暨精品菜肴大奖赛开幕。美食节是“商赢鄞州”系列活动之一，由区贸易局主办，时间持续到6月30日。

同日，鄞州区在万达商业广场举行大型“安全生产月”宣传咨询日活动。来自安监、药监、交通、公安、消防、卫生、教育、质检等部门的工作人员，通过发放宣传册、开展有奖竞猜活动等形式，向群众宣传安全生产法律法规、安全生产知识等。

6月15日，省委常委、市委书记巴音朝鲁到鄞州区接待来访群众，面对面帮助解决实际困难。接待群众来访后，又召开座谈会调研鄞州区信访工作。巴音朝鲁对鄞州区近年来的信访工作表示肯定。

同日，全区首批“非物质文化遗产传承基地、传承人”命名仪式在下应街道湾底村西江古村举行。横溪镇大岙村等27个传承基地、任海康等32位传承人、高桥镇中心小学等18所中小学分别被命名为区首批非物质文化遗产传承基地、传承人和教学传承基地。

同日，反映鄞州区各镇乡（街道）非物质文化遗产普查成果的《甬上风物·鄞州卷》在西江古村举行首发仪式。该书于2007年6月开始编写，2009年3月定稿，共20本，分民间手工技艺、民间文学、民间音乐、传统医药、人生礼俗等18大类，介绍全区非物质文化遗产的概况和现状。

同日，鄞州区召开甲型H1N1流感防控工作领导小组会议。会议通报甲型H1N1流感疫情现状和前一阶段全区防控工作，研究部署下一阶段鄞州区甲型H1N1流感防控应急预案工作。

同日，在博鳌·21世纪房产论坛上，欧琳厨具获2009年度中国地产金砖奖之“年度最佳供应商奖”，成为行业内唯一获此殊荣的企业。

6月16日，在全省农村基层组织建设工作会议上，鄞州区获“浙江省基层组织建设先进县（市、区）”奖牌，为宁波市唯一获此殊荣的单位。

同日，浙江商会论坛暨财富宁波（广博）高峰会议在鄞州区举行。论坛以“国际金融危机下浙江民营企业的机遇”为主题，邀请亚洲博鳌论坛秘书长龙永图作主题演讲，省政协副主席、省工商联主席、省商会会长、传化集团董事长徐冠巨作题为《浙江民营企业的战略思考》的演讲，浙江广博集团董事长王利平作题为《中国制造业如何迎接远洋作业时代》的演讲。

同日，深圳发展银行明州支行在广博大厦开张营业。明州支行是深圳发展银行宁波分行在宁波设立的第8家营业网点，在鄞州区设立的第2家网点。

同日，鄞州区首个“9911”电网工程——110千伏钱岙变电所扩建工程投入运行。该工程总投资约1500万元，于2009年4月中旬开工，新增50000千伏安主变1台、10千伏出线4回。

6月17日，区人大常委会领导视察河道疏浚工作。视察组视察咸祥镇咸祥河、海南村河道疏浚作业现场，并听取区政府关于全区河道疏浚工作的汇报。

6月18日，鄞州区志愿者协会88125000志愿服务热线正式开通。区志愿者协会由团区委和区文明办联合组建，共有会员5万余名。“88125000热线”24小时提供志愿者登记注册、咨询求助、志愿服务、项目培训等四大服务，并建立事前预约登记、实时分析跟踪、事后回访调查制度。

同日，鄞州区全面完成2009年政策性农业保险承保工作。全区共有21个乡镇24430户参保，人保财险鄞州支公司共计出单1082份，总保险金额达2.98亿元。

6月19—21日，由省政府主办的中国（宁波）节能环保技术与产品博览会在市国际会议中心举行。72家鄞州企业抱团参展，展出摊位近200个，参展面积约1500平方米。

6月22日，全区社区和谐促进工程推进会在中河街道东裕社区举行。会议总结上一阶段工作情况，研究部署下一阶段“基层和谐促进工程”深化拓展工作。

同日，在杭州举行的全省优质西甜瓜品质评比中，鄞州区八戒协会选送的“八戒”牌“早佳”大棚西瓜获西瓜类金奖。“八戒”西瓜原产洞桥镇，2007年后覆盖至集士港、古林、高桥、石碶、鄞江等6个镇（街道），种植面积近1万亩。

6月24日，副省长陈加元到鄞州区调研农村住房改造建设工作。陈加元一行先后考察云龙镇农民集中居住区——云龙嘉苑、长山江拆迁地块和上李家村等农房拆迁或建设地块，并听取相关情况汇报。陈加元充分肯定鄞州区农村住房改造建设工作。

同日，第二次全国经济普查数据质量抽查组到鄞州区听取第二次经济普查工作汇报，并赴云龙镇荷花桥村和东钱湖红林村，以电脑检查和实地检查相结合的方式，抽查100家法人单位以及个体户的普查登记情况。

同日，浙江省五星级工商所创建现场会在区直属工商所召开，来自全省各地21个工商所的所长展开现场观摩和交流讨论。省工商局对区直属工商所的硬件设施和软件配套表示肯定，并提出具体要求。

同日，区商贸系统消防演练观摩会在轻纺城举行。观摩会由经验交流、分解预案、现场演练三部分组成，三江购物、加贝、新江厦、麦德龙、万达商业广场、轻纺城等商贸企业的安全主管和门店店长共32人参加观摩。

6月25日，五乡镇青年创业小额贷款工作推进会举行。该镇首批9名青年创业人员获得“蜜蜂青年英才卡”，凭此卡最高可获鄞州银行授信30万元。此卡具有发放创业小额贷款、存取现金、信用消费、转账结算等功能，发放对象是40周岁以下的大中专毕业生、下岗失业青年和青年农民工。

同日，鄞州区召开迎接全国城市公共文明指数测评工作会议。会上，区文明办介绍全国城市公共文明指数测评背景、内容、方法等，并通报市、区两级文明办前段时间模拟测评结果，并下发《鄞州区迎接城市公共文明指数测评工作方案》。

6月26日，福明路（延伸一期）和解放南路（延伸二期）工程开工典礼举行。福明路延伸段一期工程北起兴宁路，跨越铁路东站、环城南路、北仑高速公路、中塘河和南接长寿东路，全长2060米，总投资5.8亿元，计划于2011年6月建成通车。解放南路延伸二期工程北起长丰桥南端，向南跨越环城南路、杭甬高速，接于广德湖北路与堇山路交叉口，全长2100米，总投资6.63亿元。

同日，宁波轨道交通1号线一期工程开工。工程西起高桥镇，沿中山路铺设，东至东外环路站止，全长20.878公里，共设置车站20座，平均站间距1.08公里，项目总投资约为135亿元。

同日，卫生部农村卫生管理司司长徐科一行到鄞州区考察农村卫生工作。考察组一行考察姜山镇社区卫生服务中心，并听取区卫生局工作汇报后，对鄞州区社区卫生服务体系建设给予充分肯定。

同日，在景宁“低收入农户奔小康工程”省级结对帮扶工作会议上，鄞州区

10 个镇（街道）与 50 个结对村确定帮扶项目 75 个，提供帮扶资金 317 万元。

同日，鄞州区召开老干部情况通报会，通报全区旅游业发展情况。全区有星级饭店 18 家，国家 AAAA 级旅游区 3 个，全国农业旅游示范点、省级风景名胜区各 1 个，旅行社 9 家。

同日，鄞州区通报上半年度村级财务检查情况。镇乡、街道的村级财务管理工作考核分均在 90 分以上，达到规范化建设要求，其中下应街道、云龙镇、横溪镇分列各组第一。

6 月 27—30 日，全国职业院校技能大赛在天津市举行，鄞州区 16 名选手参加大赛 15 项比赛，并取得 3 项一等奖、7 项二等奖、3 项三等奖，一等奖获奖数、总获奖数均居全市各县（市、区）之首。

6 月 29 日，省委常委、市委书记巴音朝鲁到鄞州区督察调研“中提升”工作。巴音朝鲁一行先后考察集士港镇小城镇建设情况和联盛广场地块、南部商务区块开发建设情况。巴音朝鲁要求鄞州区狠抓项目进度和产业集聚，在“保增促调”中发挥引领作用。

6 月 30 日，宁波市第一家由工业园区投资兴建的史迹主题博物馆——鄞州滨海博物馆开馆。该馆位于鄞州滨海投资创业中心核心区域，占地面积 16 亩，总建筑面积 1200 平方米，设卫海、垦海、煮海、赶海、兴海 5 个展厅，展出珍贵器物、标本等史料实物 1200 余件。

同日，省级重点工程 500 千伏天河线投产运行。500 千伏天河线始于鄞州区 500 千伏一变，止于余姚市 500 千伏河姆变。鄞州段作为最重要也是涉及工程量最多的一段，途经姜山、洞桥、鄞江、横街、章水等镇，全线长 49 公里，总投资约 2.5 亿元。

同月，全区正式启用慢性病、死因监测网络直报系统。该系统报告的内容包括糖尿病、恶性肿瘤、冠心病急性事件、脑卒中发作等 4 种慢性病，各级医疗机构首诊医生为责任报告人。医疗机构内发生死亡、出生和上述 4 种慢性非传染性疾病的，须在一周内完成网络直报。

7 月

7 月 1 日，据区财政局发布：上半年完成一般预算收入 825207 万元，同比增长 5.7%，财政收入规模继续位居全省各县（市、区）首位。其中，完成地方财政收入 486859 万元，增长 14.4%。

同日，鄞州区失业职工社保补贴开始申报。申报时间为社保参保地在鄞州区且符合政策规定的用人单位，可携带相关申报材料于7月1日起到单位所在地的镇（乡）、街道劳动和社会事务管理服务站申报，截止日期为当月10日。

同日，鄞州区调整在乡革命老同志生活困难补助标准。全区共有老游击队员、老交通员、“红色堡垒户”等在乡革命老同志154人，调整后月补助费增加56元。其中，132名抗战时期参加革命的老同志月补助费从350元调整为406元，22名解放战争时期参加革命的老同志月补助费从340元调整为396元。

同日，省司法厅厅长赵光君一行到鄞州区调研司法行政工作。赵光君一行先后来到区医疗纠纷人民调解委员会、钟公庙司法所、区交通事故人民调解委员会和区司法局法律援助中心，慰问一线基层司法行政干警，询问基层司法机构基本运作及机制创新情况。

同日，区委组织部联合团区委、中河街道党工委在万达商业广场举行庆祝建党88周年主题党日活动。活动包括“知党史、观成果、行服务”三大主题，开展建党、建国知识有奖问答，组织区级机关党员志愿者为商场顾客提供各类政策咨询等活动。

7月2日，宁波市农村住房集中建设工作现场会在开元名都大酒店举行，鄞州区整体拆迁、整理改造、移民迁址、安居集聚等4种农房改造建设模式得到充分肯定。与会人员还实地考察翻石渡村、东光村、上李家村、长山江拆迁地块和云龙嘉苑小区。

同日，全区镇乡（街道）公共事务服务中心建设现场会召开。横溪镇、集士港镇、区工商分所在会上作典型发言，其中横溪镇在建立公共事务服务中心过程中创新管理体制、完善服务功能的经验做法获得推广。

同日，鄞州区乡镇联网审计系统通过终验评审。该审计系统以国家审计署“金审工程”的联网审计系统平台为基础，于2008年3月开始建设，在石碶、下应、钟公庙3个街道试点运行1年，将在全区22个镇乡（街道）全面推行。这在国内乡镇级全部政府性资金联网审计方面属于首创。

7月3日，嘉兴市委书记陈德荣率领党政代表团一行到鄞州区考察。代表团一行先后参观华茂美术馆、宁波（鄞州）博物馆和紫林坊艺术馆，详细了解鄞州区对民办博物馆的鼓励办法，并表示鄞州建设博物馆的经验值得学习和借鉴。

7月4日，“长三角地区工商系统党风廉政建设”工作研讨会在鄞州区召开。会上，由中纪委驻国家工商总局纪检组长石见元率领的调研组一行，对鄞州区工商系统的党风廉政建设工作予以充分肯定。

7月5日，区劳动和社会保障局、区总工会、钟公庙街道联合在万达商业广场举行劳动法律法规咨询会。活动现场，主办方设置劳动工资、养老保险、劳动监察等服务咨询台，面对面解答群众关心的问题。

7 月 6 日，全省法院系统第一家诉讼服务中心——鄞州人民法院诉讼服务中心成立。该服务中心是在原立案大厅基础上经过改造升级而成，面积近 300 平方米，共设置 14 个窗口，除原先的立案、缴费、信访接待、导诉、判后答疑和人民调解等窗口外，新增案件进展查询、诉讼材料转递、当事人约见法官、法律咨询、立案调解、财产保全担保等窗口，同时增加其他便民性辅助服务职能。

7 月 7 日，据统计，上半年，全区新批外商投资企业 32 家，合同外资 2.2 亿美元，实际外资 1.4 亿美元；实现服务贸易总收入 1.97 亿元，其中离岸外包收入 1070 万美元；全区新批境外企业 10 家，中方投资额 2370 万美元，对外经济合作营业额 6250 万美元。

同日，宁波德州精密电子有限公司与台湾大华证券、兆丰证券、勤业会计师事务所等 3 家中介机构签订协议，启动上市计划。该公司是宁波市高新技术企业，是国内前三、省内第一的 LED 原料供应商，为浙江省首家启动回台湾上市的台资企业。

同日，鄞州区慈善义工培训会议召开。这是全区实现慈善管理机构和慈善义工队伍网络化以来的首次培训。会上，区供电局张亚芬、区无偿献血志愿服务队队长郑世明等 5 位优秀义工代表作典型发言。

7 月 7—9 日，由联合国人居署与印度政府共同主办的“可持续发展城市化战略峰会暨联合国人居奖优秀范例奖评选”在印度首都新德里举行，鄞州新城区获联合国人居奖（中国）优秀范例奖，为国内唯一的城市人居获奖项目。鄞州新城区从 1995 年建设以来，投入建设资金 600 亿元，综合配套能力覆盖 33 平方公里，建设城市道路 200 公里，重大公共服务设施相继建成。

7 月 8 日，在全区水产养殖普查工作会议上，鄞州区率先在全市启动渔业养殖管理信息系统建设工作。按照计划，全区养殖普查工作 10 月底结束，整个信息系统建设于年底完成。数据库建设完成后，可以在网上查询到某个养殖户、养殖场当前养殖生产、销售情况。

7 月 9 日，国家税务总局局长肖捷到鄞州区实地视察音王电子集团有限公司、富邦电池有限公司和欧琳厨具有限公司 3 家企业，对鄞州区经济社会发展取得的成绩，尤其是在科技创新、品牌创新等方面取得的成绩表示充分肯定。

同日，塘溪镇旅游发展总体规划暨名人故居保护规划接受评审。会上，上海大学旅游规划与发展研究中心负责人，就塘溪镇旅游开发的总体方向和规划作分析，对当地自然环境的特色和人文环境中存在的问题进行简单介绍。区发改、国土、水利、环保、旅游等职能部门对规划文本、规划说明书中存在的不足之处提出意见，来自上海、杭州等地的旅游专家就该规划提出建议。

7月10日，鄞州区交警大队在全区范围内开展“蓝盾09—8号”交通违法行为集中整治统一行动。当天整治时间分为8时至18时和20时至24时两个时段，整治重点分别为客运车辆超员违法行为和酒后驾驶违法行为。截至当晚9时45分，全区共查获酒后驾驶司机21名。

同日，区政协召开专题协商会，就区委《关于扩权强镇改革的决定（征求意见稿）》进行专题协商。会议认为，扩权强镇改革要取得实效，关键是要强化执行力。坚持“以人为本”和“推动社会发展”的原则，正确处理好依法与改革、决策与政策、责任与能力、重点乡镇与一般乡镇的关系。

同日，美国公共广播公司（PBS）来到鄞州区高桥镇宋家漕村的后马自然村，为鄞州籍世界著名华人大提琴演奏家马友友的纪录片拍摄马氏祠堂遗址、《马氏总谱》等史料和素材。该片是PBS纪录片《在美国的中国人》的一个专题。摄制组还在鄞州区咸祥镇拍摄马家旧居和墓地等。

7月上旬，姚江鄞东南调水主体工程全面完工。该工程总投资1.01亿元，包括建庄、高桥及备用的原大西坝等3座泵站、2座碶闸及3条进出水河道，总装机2260千瓦，设计总流量39.8立方米/秒。

7月12日，甬台温高速公路育王天童互通立交桥通车试运营。该互通位于甬台温高速公路宁波至北仑段，地处五乡镇沙堰村，距宁波东（潘火）互通13.4公里、北仑大碶出口10公里。工程总投资8700万元，采用B型单喇叭形式与主线相连，出口与宝瞻公路相接，并设有收费站一处，配置出口计重车道、全场监控等设备。

7月13日，据区科技局发布：1至6月，全区共获各类授权专利1550件，比2008年同期增长109%。其中，发明专利60件，同比增加34件，增幅130.8%；实用新型专利627件，同比增长95.9%。

7月14日，市委常委、常务副市长王勇到鄞州区调研。王勇一行先后视察浙江广博集团、宁波三生日用品有限公司和宁波格兰特制冷设备有限公司，并主持召开座谈会，与区发改局、经发局、财政局、外经贸局、统计局、地税局、国税局等部门负责人，就鄞州经济形势、重点项目、固定资产投资等情况进行交流。

7月15日，区委召开十二届七次全体（扩大）会议。会议回顾总结上半年全区主要工作，审议通过《中共宁波市鄞州区委关于扩权强镇改革的决定》。

同日，据统计，上半年全区新增第三产业企业864家。其中，批发零售业以 529 家居首位，租赁和商务服务业，科学研究、技术服务业居其次；杉杉集团登记注册的杉井不动产开发（宁波）有限公司以 2.1 亿元的注册资金位居榜首。

同日，鄞州区举办第三届“大中专毕业生就业服务月”活动。活动持续至 8 月 15 日结束。其间，推出 8 项就业措施：举办区大中专毕业生就业洽谈会，举办网上人才交流月活动，开展未就业毕业生见习工作，举办 SYB 免费创业培训班，开展免费技能培训，给毕业生提供就业公共服务，建立鄞州区大学生创业园，开展援助帮扶行动。

7 月 16 日，区领导会见由日本三井不动产株式会社副社长大室康一带队的商务考察团，并对他们来鄞州投资考察表示欢迎。

同日，中华慈善总会成立 15 周年暨 2009 年中华慈善突出贡献奖表彰大会在北京举行。雅戈尔集团股份有限公司董事长李如成、浙江广博集团股份有限公司董事长王利平获“中华慈善突出贡献人物奖”，宁波浙东建材集团有限公司获“中华慈善突出贡献单位（企业）奖”。

7 月 17 日，鄞州新城区的自来水管网和宁波自来水总公司的管网完成并网对接，新城区 15 万居民喝上优质水库水，鄞州新城取用河网水的历史宣告终结。

同日，鄞州银行召开第三届股东代表大会第一次会议。会议审议通过关于修改章程，五年发展规划（2009 年—2013 年），关于落实科学发展观、建立利益共享机制、巩固“好银行”创建成果等方案。会议选举产生该行第三届董事会、监事会，聘任新一届经营班子。

同日，第二届鄞州购物节在万达商业广场开幕。购物节期间，举行购物促销、时尚展示、十佳歌手选秀活动、三人篮球对抗赛、激情夏日冰饮节等活动。活动持续到 7 月 26 日。购物节共吸引客流 100 余万人，实现直接销售额 2.1 亿元。

同日，在第八次全国归侨侨眷代表大会上，区侨联获得“全国侨联系统先进集体”荣誉称号。全国仅 31 家侨联获此殊荣。

7 月 18 日，宁波培罗成集团有限公司向区慈善总会捐赠 1000 万元，设立史利英爱心助学奖励基金。史利英爱心助学奖励基金是全区迄今为止收到的最大一笔以个人名义命名的助学基金。

7 月 19 日，据统计，上半年全区实现农业收入 16.7 亿元，同比增长 1.02%；农民人均收入 5657 元，同比增加 268 元，增幅为 4.97%。

同日，据统计，上半年区公共资源交易中心共成交 51.3 亿多元，节省资金

7.76亿元。其中，完成工程交易213宗，成交价28.3亿元，节约资金1.7亿元；政府采购113宗，成交价1.28亿元，节约资金0.21亿元；土地交易17宗，成交价21.71亿元，节约资金5.56亿元；其他交易15宗，成交价227.73万元。

7月20日，据统计，上半年全区金融机构本外币各项存款余额971.88亿元，同比增长21.32%；本外币贷款余额794.11亿元，同比增长16.03%。上半年存款净增额达到137.5亿元，比2008年全年净增额多20.5亿元；贷款净增额87.7亿元，与2008年全年基本持平。

同日，区政协召开十四届二十七次主席会议，听取区劳动和社会保障局、区民政局关于社会保障体系和社会救助体系建立完善情况的通报。

同日，鄞州区政府领导率农办、农林、民政等单位有关人员，分3组对全区村务财务公开情况进行检查。检查结果表明，全区村务财务工作得到进一步规范，公开内容齐全，账目清楚，张贴整齐。检查发现的主要问题为村务财务审核审批程序不够规范，有待于进一步加强。

7月21日，区四套班子领导成员来到东海舰队机关，与舰队首长和广大官兵欢聚一堂，共商发展大计。舰队首长向鄞州区委、区政府多年来对部队建设的支持表示感谢。区委副书记、区长薛维海向舰队赠送节日慰问金。

同日，国家住房和城乡建设部村镇司副处长卫琳及国务院法制办相关领导到鄞州调研村镇房屋（农房）管理、产权产籍管理情况，并察看云龙镇旧村改造新村建设情况。卫琳一行对鄞州区通过整体拆建、整理改造、移民迁址、安居集聚等新村建设模式，满足农民住房需求的做法表示赞赏。

同日，从区统计局获悉，上半年全区服务业共完成投资82.2亿元，增长33%，比2008年同期增加12.4个百分点；服务业投资占全社会投资比重达到66.1%，比2008年同期提高13.1个百分点。

7月22日，鄞州银行举行存款超300亿元答谢会。截至6月底，鄞州银行各项存款余额达到312亿元，一举突破300亿元大关，成为全区第一家、全市农村合作金融系统首家存款余额突破300亿元的银行。

7月23日，据统计，上半年全区实现社会消费品零售额84.52亿元，同比增长16.8%，增幅高于全市3.6个百分点。其中，批发零售贸易业实现零售额78亿元，增长16.8%；住宿和餐饮业实现零售额6.5亿元，增长16.8%。

7月24日，区领导分4组走访慰问驻鄞部队官兵。慰问组先后来到边防派出所、汽车营、区人武部和预备营、太白山雷达站、电子对抗营、铁路中转站和综合仓库、舟山后勤部、海军一局十处和消防大队、区武警中队、海军92602部队85分队和武警栎社机场边检站，向他们致以节日的问候，并送上慰问金和慰问品。

同日，中国驻外使节赴浙江考察团到鄞州区考察。考察团一行先后实地考察雅戈尔集团股份有限公司和奥克斯集团有限公司 2 家企业。

同日，区政协举行政情交流会。区劳动和社会保障局、区民政局、区残联 3 个部门负责人与区政协委员围绕“社会保障和社会救助体系建设”进行面对面交流。

同日，迪卡侬项目与鄞州区签署投资协议。该项目一期投资 1370 万美元，占地面积约 1. 13 公顷，12 月 25 日完成土地摘牌工作。

同日，全区农村村庄整理改观工作现场会召开，与会人员参观云龙镇上李家村和咸祥镇南头村的村庄整理改观现场。会议要求，全面推进农村村庄整理改观工作，在试点基础上，力争到 2011 年在全区创建 100 个形象改观型村庄。

同日，教育部 2009 年“知行中国——中小学班主任教师培训项目”鄞州区启动仪式在区教师进修学校举行。该项目由区教育局组织、区教师进修学校承办，全区有 700 名中小学班主任教师参加国家级远程培训。培训于 11 月 16 日结束。

7 月 26 日，据区经济发展局发布的数据：上半年，全区共有 161 个内资项目落户鄞州，计划总投资 11 亿元，注册资金实到额 6. 1 亿元，完成全年计划的 61%。

7 月 27 日，宁波宜家家居商场项目在鄞州签约。该项目位于甬新河以东，南外环路以北，下应大道以西，甬台温铁路以南；计划总投资 9000 余万美元，一期征地约 80 亩，建筑面积 10 万平方米左右，12 月 29 日完成土地摘牌工作，年底举行奠基仪式，2011 年对外营业。宁波是宜家进入中国大陆的第 8 个城市，宁波宜家家居商场也是省内首家宜家商场。

同日，根据对全区 271 家景气调查样本企业的跟踪调查，第二季度区企业家信心指数为 115. 77，企业景气指数为 120. 96，分别比首季提高 22. 99 个百分点和 20. 09 个百分点，比宁波市平均水平高出 11. 17 个百分点和 6. 86 个百分点。

7 月 28 日，鄞州区半年度农业工作会议召开。会议通报，上半年全区实现农业总收入 16. 7 亿元，农民人均收入 5657 元。会议部署下半年农业工作要求，力促农业稳定发展农民持续增收。

同日，据区贸易局统计，上半年全区 26 家机动车 4S 店和 1 家二手车交易市场实现销售额 21 亿元，同比增长 31. 3%。其中，全区二手车交易额超过 3 亿元。

同日，第四届“古林葡萄节”开幕式在古林文化中心举行。此次活动持续到9月15日，其间举办葡萄比赛、产品展销、文艺表演、文化交流、旅游推介等活动。

7月29日，据全区150户城镇居民住户抽样调查数据显示，上半年全区城镇居民人均可支配收入15352元，比全市居民人均可支配收入高出731元，同比增长8.8%，扣除价格因素，实际增长10.1%。

同日，据区安监局发布，上半年全区各类安全生产事故起数、事故死亡人数、受伤人数和直接经济损失这4项指标，同比下降17.9%、21.2%、4.3%、27.8。全区共立案查处安全生产事故4起，移交司法机关追究刑事责任2起、6人。

7月30日，区第十六届人大常委会举行第十九次会议。会议听取和审议上半年区国民经济和社会发展计划执行情况的报告；听取和审议上半年区财政预算执行情况的报告；听取2009年地方政府债券收支及预算调整方案的报告，审议批准2009年地方政府债券收支及预算调整方案；听取2008年区本级财政预算草案的报告，审议批准2008年区本级财政决算；听取和审议2008年区本级预算外资金收支管理情况的报告；听取和审议2008年区本级预算执行情况及其他财政收支情况的审计报告；听取和审议2008年区级部门预算执行情况的审计报告。会议听取和审议关于十六届人大三次会议代表建议办理情况的报告。会议还审议通过有关人事任免事项；审议通过区人大常委会委员、区人大代表辞职事项。

同日，区慈善总会召开三届五次会长（扩大）会议。会议听取和讨论区慈善总会上半年工作情况和下半年工作安排，听取和讨论上半年慈善资金收支情况和下半年慈善资金预算安排的报告，讨论通过关于开展第九次“慈善一日捐”活动实施意见及区第二届慈善先进集体和个人提议名单，报区委、区政府决定。会议提到，上半年区慈善总会按计划发放各类救助金5489万余元，比上年同期救助支出3937万元增加39.4%。

7月31日，区政府召开第五次全体（扩大）会议，回顾总结上半年全区经济社会发展情况，分析判断当前发展形势，对下半年工作提出具体要求。

7月底，全区基本医疗保险覆盖率达到98%。扣除外来务工人员和在鄞州就读的外籍学生，全区城镇职工基本医疗保险、城镇居民基本医疗保险、农村医疗保险的参保人数分别达到59.3万、6.9万和50.6万，合计参保人数为116.8万人，户籍人口参保率高达98%，远超过医改意见提出的90%的目标。

同月，鄞州区实施自主创业小额贷款新政策。新政策首次将高校毕业生纳入扶持范围，调高小额贷款的最大贷款额度为25万元，延长贷款期限最长至3年。

8 月

8 月 1 日，区劳动部门启动 2008 医保年度医疗费综合减负申报集中受理工作。2008 医保年度（2008 年 5 月 1 日至 2009 年 4 月 30 期间），全区城镇职工医疗保险和外来务工人员大病保险参保人员符合条件的可申报综合减负。其中，4000 元（含）以上至 2 万元部分减负 80%，2 万元（含）以上部分减负 90%。

同日，郑州市市长赵建才、常务副书记马懿带领党政代表团一行来鄞州区参观考察。代表团一行先后参观杉杉集团、奥克斯集团和南部商务区，并对鄞州区近年来经济社会发展取得的成绩表示高度赞赏。

8 月 2 日，受“切变线”影响，鄞西地区遭遇特大暴雨袭击。鄞西 35 个村 31933 人受灾，倒塌房屋 155 间；农作物受灾面积 39600 余亩，水产养殖损失面积 550 亩；6 条公路中断，山体滑坡 14 处，泥石流 7 处；直接经济损失 11675. 5 万元。

8 月 3 日，区委召开镇乡（街道）党（工）委书记党建工作例会，分析当前基层维稳形势，重点研究解决信访问题突出村相关工作，着力强化村级基层组织建设，进一步夯实基层基础，建设和谐农村。会上，区委政法委、区委组织部、农林局，塘溪、东吴、五乡、首南、高桥、横街等 6 个镇（街道）分别作汇报发言。

同日，新城区重点区块规划方案汇报会举行。会议指出，建设南部商务区、万达商圈、BEST 广场、长丰区块、潘火区块、石碶区块、慧丰区块、中兴河湿地、奉化江畔高档居住区、陈婆渡区块等十大特色功能区块，是鄞州区推进新城区新一轮城市开发建设的重要举措。会议要求各级各部门齐心协力，全力以赴推进“十大功能区块”建设。

同日，中心城区及周边 10 个街道（镇）的公共文明指数测评揭晓。此次测评对象是下应、中河、钟公庙、首南、石碶街道和邱隘、姜山、高桥、集士港、古林镇，共分公共环境卫生、公共秩序管理、市民文明素质、未成年人思想道德建设和社会公益事业五方面，测评结果说明城区文明程度有大幅提升。

同日，在上海市康桥镇第一小学举行的 2009 年“康桥杯”全国小学生手球锦标赛上，鄞州区的省体育特色学校——钟公庙街道金家漕小学参赛选手获得 1 枚银牌。

8 月 4 日，全市文史工作会议在鄞州召开。市政协主席王卓辉出席会议并讲话，全国政协文史和学习委副主任委员卞晋平作关于做好人民政协文史资料工作专题讲座。

同日，省防汛办副主任胡尧文一行来鄞州区了解灾情，指导防汛抗灾工作。胡尧文先后来到横街镇的毛岙、鄞江镇的建岙等村察看灾情，并对鄞州防汛抗灾工作给予充分肯定。

同日，全区公共安全基层基础规范化建设工作现场会在邱隘镇召开。会议决定，在邱隘镇、横溪镇、古林镇和首南街道试点的基础上，在全区范围内推进公共安全基层基础规范化建设。

同日，据宁波海关统计，上半年鄞州进出口总值为33.2亿美元，同比下降14.4%，占宁波市进出口总值的12.7%。其中出口26.1亿美元，下降17.1%；进口7.1亿美元，下降2.8%。累计实现贸易顺差19亿美元。

8月5日，区人大召开重要情况通报会。会议听取上半年全区经济社会发展情况和下半年工作打算，重点工程、重大投资项目开工建设以及区十六届人大三次会议确定的实事工程建设情况。

同日，区就业处公布数据：上半年，全区新增就业岗位11960个，城镇失业人员实现再就业2991人，城镇登记失业率控制在3.81%。

8月6日，区政协召开半年度委组工作会议，总结区政协上半年工作，明确下半年8项重点工作。

8月7日，嘉兴市南湖区委书记魏建明率党政代表团一行到鄞州，重点围绕城市建设、产业发展、区块开发等进行考察交流。代表团一行先后参观宁波（鄞州）博物馆、紫林坊艺术馆、万达商业广场和正在建设中的南部商务区、联盛广场。考察团表示，鄞州区的经验和做法值得借鉴和学习。

同日，2009中小企业融资创新论坛在南苑饭店举行。论坛上，中央财经领导小组办公室副局长陈剑波、中国银监会完善小企业金融服务领导小组办公室副主任周振宇作主题演讲，来自鄞州区的120余名企业家参加论坛，并就如何转变融资观念、创新融资方式与嘉宾进行交流。

同日，宁波国骅融资租赁有限公司开业。该公司是经商务部批准、专业从事融资租赁业务的中外合资企业，注册资本1000万美元，租赁标的物除船舶外，还包括数控机床、工程机械及其他行业中的通用设备，专业开展直租、回租、转租赁、委托租赁等融资租赁业务。当天，八方集团、黄泰实业等6家鄞州企业与宁波国骅融资租赁有限公司签订战略合作意向书。

同日，区委副书记、区长薛维海率领水利、农林、国土、民政、电力等相关部门负责人，到章水镇检查灾情，并要求各部门和各镇乡全力防御台风，确保百姓生命财产安全。

8 月 9 日，鄞州区利用防汛远程会商系统召开防御“莫拉克”台风视频会议，全区各镇乡（街道）主要党政负责人在分会议室参加会议。

同日，省委常委、市委书记巴音朝鲁到鄞州区章水镇检查抗台防御情况。巴音朝鲁一行实地走访崔岙村、蜜北线上倒塌的长沙桥附近、皎口水库后，对鄞州区的防汛抗台工作表示满意。

8 月 10 日，区政协召开政情通报会，听取上半年全区经济社会发展情况和下半年工作打算。区委副书记、区长薛维海代表区政府作通报，区政协主席唐军部署下半年政协工作重点，并就开展十四届政协委员届中述职活动进行动员。

同日，台风“莫拉克”给全区造成较大影响。全区有 22 个镇乡（街道）115 个村 50591 人受灾，倒塌房屋 289 间，农作物受灾面积 119108 亩，水产养殖损失面积 7496 亩，直接经济损失 16808 万元。

同日，市委、市政府召开全市抗台救灾工作视频会议，部署第 8 号台风“莫拉克”过后的抗灾救灾工作。鄞州区领导在鄞州分会场参加会议。视频会议后，区委召开常委会，专题研究部署“莫拉克”台风救灾工作。

同日，市委副书记、市长毛光烈到鄞西检查台风“莫拉克”给当地带来的破坏情况。毛光烈一行来到鄞江镇金陆村和龙观乡雪岙村察看灾情，他要求各地各部门及时做好各项救灾工作，确保百姓过上正常生活。

8 月 11 日，据浙江省科技进步统计监测评价公布，2008 年度鄞州科技综合实力排名首次跃居全省各县（市、区）第一。2008 年，全区科技经费增加到 11850 万元，比上年净增 75.6%；争取省及省以上科技项目经费 4022 万元，比上年增加 1796 万元，增幅 80.68%；重新认定高新技术企业 132 家，占全市总量的 30%左右；新增省级工程技术中心 4 家、市级 20 家，累计拥有各级各类工程技术中心 117 家。

同日，中河街道城兴社区居委会设立。该社区所辖范围东起前塘河，西至天童北路，南接堇山中路，北至嵩江中路，由风格城事、宁兴城市花园等住宅小区组成。

同日，区党外知识分子联谊会成立。大会审议通过《宁波市鄞州区党外知识分子联谊会章程（草案）》和《鄞州区党外知识分子联谊会选举办法》，选举产生鄞州区党外知识分子联谊会第一届理事会领导机构。区政协副主席黄碧英当选第一届理事会会长。

同日，全区人口和计划生育系统半年度工作会议召开。会议披露，上半年全区出生 2487 人，计划生育符合率达到 99.24%；婚检率由 2008 年同期的

40.04%提高到60.32%；优生检测率由2008年同期的70.6%提高到99.9%，出生缺陷率比2008年底下降0.5个千分点。

8月12日，市委副秘书长、政法委副书记蒋朝栋率领的市委督察组到鄞州检查平安建设（综治）工作。督察组听取区平安（综治）工作领导小组上半年工作汇报，检查相关台账，并检查邱隘镇平安建设工作。

8月13日，全区固定资产投资促进暨重点工程推进工作会议召开。1月至7月，全区固定资产投资148.9亿元，同比增长10.1%，占全年计划的50.5%；重点工程开工建设项目76项，完成投资68.1亿元，占年度计划的39.5%。会议指出，下半年全区加快推进项目建设，努力完成全年投资目标。

同日，区第十六届人大常委会召开第二十五次主任会议，听取广电工作、社会治安及公安工作、推进铸造行业产业升级工作、质量监督工作等情况汇报。

同日，国家环保部生态处领导一行10人在省、市环保局领导陪同下，到湾底村预审“国家级生态村”创建工作。湾底村是鄞州区唯一参选的行政村，曾获市绿化造林园林式村庄、省绿化示范村、省卫生示范村、省民主清洁示范村等称号。

8月14日，区委副书记、区长薛维海考察联丰路二期、通途路西延、沿海中线二期工程三大在建交通重点项目。总投资9.6亿元的通途路延伸段工程于4月28日开工，计划年底完成工程总进度的30%；总投资3.8亿元的沿海中线二期于4月28日开工，计划年底完成20%工程总量；总投资2.6亿元的联丰路二期工程于5月28日开工，计划年底完成20%的道路施工进度。薛维海在考察时强调，推进项目建设进度，把路网早日打通，使项目发挥效益。

同日，区委召开政协工作座谈会，检查《中共宁波市鄞州区委关于进一步推进人民政协履行职能制度化、规范化、程序化建设的实施意见》贯彻落实情况，听取进一步加强和改进政协工作的意见建议。

同日，第七届全国“人民满意的公务员”和“人民满意的公务员集体”表彰大会在北京召开，高桥派出所荣获全国“人民满意的公务员集体”荣誉称号，为浙江省获此殊荣的唯一单位。

同日，区委召开政协工作座谈会，检查《中共宁波市鄞州区委关于进一步推进人民政协履行职能制度化、规范化、程序化建设的实施意见》贯彻落实情况，听取进一步加强和改进政协工作的意见建议。

8月18日，区人大常委会视察组视察鄞州区房地产开发建设工作。视察组听取区房地产市场建设管理情况的汇报，并视察国骅集团房地产开发建设项目，充分肯定房地产开发建设取得的成效。

同日，东吴、横溪交警中队成立。在全国公安“三基工程”建设中，全市公安交警系统有 6 个新交警中队成立，其中鄞州区的东吴、横溪交警中队于 2009 年 1 月 13 日经省公安厅批复而设立。东吴交警中队管辖范围是东吴镇和五乡部分区域，横溪交警中队管辖的范围为横溪镇、云龙镇。

8 月 19 日，中华全国工商业联合会公布 2008 年度 500 家上规模民营企业，鄞州区的雅戈尔集团股份有限公司、奥克斯集团有限公司、利时集团股份有限公司、浙江广博集团有限公司 4 家企业入选。4 家企业分别以营销总额 249.4 亿元、164 亿元、55 亿元、35 亿元，排在第 22 位、第 49 位、第 210 位和第 438 位。其中，雅戈尔集团股份有限公司以 31.5 亿元税后净利润高居第 3 位，以 357.6 亿元资产总额排在第 5 位，以 15 亿元纳税额排在第 9 位。

8 月 21 日，区政协召开专题视察会，实地视察区交通重点工程，听取工程建设情况汇报。与会人员实地视察龙溪隧道和通途路西延工程，对工程建设进度表示肯定。

8 月 23 日，鄞州区科协、宁波市国际交流中心组织承办 2009 鄞州休闲农业发展交流会，邀请台湾屏东科技大学农企管理研究所教授、台湾休闲农业学会常务理事段兆麟博士来下应天宫庄园做考察、交流和专题报告，引进台湾休闲农业经验，加强海峡两岸旅游和农业交流。

8 月 24 日，宁波市土地执法监管共同责任现场会在鄞州区召开。会上，区委副书记、区长薛维海汇报鄞州区土地执法监管共同责任落实情况。

同日，区政协召开十四届二十八次主席会议，听取生产性服务业发展情况和新城区商业规划方案有关情况的通报。

8 月 25 日，鄞州区家庭服务行业协会成立，这是全区第 7 家行业协会。鄞州区有从事保洁、保姆、月嫂、育婴、陪护、家庭教育、家庭护理、家庭搬运、家居维修、安装等家庭服务企业和中介组织 160 余家，协会吸收 35 个家庭服务单位为协会会员。

8 月 26 日，国土资源部党组成员、国家土地副总督察甘藏春到鄞州督察土地管理执法开展情况。甘藏春一行先后来到省重点工程宁波绕城高速云龙互通连接线工地、位于鄞州投资创业中心内的吉江 4S 店。区领导向督察组一行汇报鄞州区经济社会发展情况和土地管理执法开展情况。甘藏春在充分肯定鄞州前阶段整改成效后指出，在确保土地红线的基础上，不断提升土地管理和利用水平。

同日，中国对外经济贸易统计学会公布 2008 年全国进出口额最大的 500 强企业名次，鄞州区的雅戈尔集团股份有限公司以 18.2076 亿美元的进出口总额排名第136位。

同日，邱隘镇完成轨道交通一号线综合基地邱一地块拆迁工作。此次征迁，共涉及邱一村205户村民，拆迁面积25852平方米，需征用土地608亩。自8月15日起进场，有204户居民签订拆迁协议，土地征用全部完成。

同日，国际休闲产业协会主席王军一行考察东钱湖旅游度假区。王军一行先后来到东钱湖游客服务中心、南宋石刻公园、小普陀景区、福泉山景区、十里四香、启新高尔夫球场和在建的柏悦大酒店，并听取有关东钱湖地区休闲产业发展情况的汇报。

同日，教育部2009年“知行中国中小学班主任教师培训项目”在区教师进修学校启动。培训围绕“班主任的一天”“班主任的每一学年”“班主任与每次活动”“班主任与每个班级”等6个模块进行，全区700名小学班主任参加培训。

8月26—28日，宁波市在境外首个独立自办展——新加坡·宁波进出口商品交易会在新加坡国际会议与博览中心举行，鄞州区的奥克斯、华茂国贸、欧琳厨具、狮球线缆和仕达实业5家企业参展。

8月27日，市委副书记陈新率市有关部门人员来鄞州区督查农村住房制度改革和住房集中改建工作。陈新一行在实地查看古林镇藕池村、葑水港村农民住房建设情况，并听取有关工作汇报后，充分肯定鄞州区农房“两改”工作，同时强调要切实保障农村住房建设质量和农民权益。

同日，市政协副主席华长慧视察塘溪名人故居保护开发建设情况。2009年鄞州区“两会”期间，政协塘溪联委会提出《关于抓紧实施名人故居保护开发的建议》，被列为区政协重点提案和现场办理提案，区政府安排360万元专项资金，用于沙氏故居、童第周故居、周尧故居、沙耆故居4处名人故居的维修。

8月28日，鄞州汇金小额贷款股份有限公司创立大会在开元名都大酒店举行。该公司为鄞州区第一家专业从事小额贷款的新型金融组织，由奥克斯集团、欣达、广博、博威、欧琳等9家民营企业发起，注册资本金2亿元，主要经营各项贷款、票据贴现以及中小企业发展、管理、财务咨询等业务。

8月29日，鄞州区首个社区“就业创业加油站”在钟公庙街道金家漕社区成立，同时举行首批“就业红娘”招聘启动仪式。社区（村）“就业创业加油站”由区总工会和团区委共同设立，通过社区定点设置，招募社区内热爱公益、具有奉献精神的志愿者为“就业红娘”等举措，为社区内下岗失业人员、未就业大中专毕业生和创业青年提供就业创业指导、推荐和跟踪的“一站式”服务。金家漕社区“就业创业加油站”共提供1200余个就业岗位、500余个见习岗位。

8 月 31 日，全区金融机构本外币存款余额达到 1004.89 亿元，首次突破 1000 亿元大关，为宁波市首个存款余额超千亿元的区（县、市）。

9 月

9 月 1 日，区人大常委会视察鄞州区农贸市场改造情况。

同日，“鄞州杯”第二届世界女子国际象棋团体锦标赛在宁波开元名都大酒店开幕，来自美国、亚美尼亚、格鲁吉亚、印度、波兰、俄罗斯、乌克兰、越南和中国 9 个国家的女子国际象棋顶级选手参赛。经过 11 天 9 轮比赛，中国一队获冠军，俄罗斯队和乌克兰队分获第二名和第三名。

9 月 2 日，省委常委、市委书记巴音朝鲁督查长丰区块建设情况。巴音朝鲁一行实地查看长丰“舟宿夜江”地块、慧丰地块拆迁现场，详细了解工程建设情况。巴音朝鲁强调，要立足城市个性特色推进区块建设，全面提升城市形象和发展水平。

同日，市委常委、副市长谭大辉到鄞州区考察调研交通建设和现代服务业统筹发展工作情况。谭大辉一行实地考察正在建设中的南部商务区、绕城高速公路连接线联丰至横街段建设现场和宁波栎社保税物流园区，并听取相关工作汇报。

同日，全区城乡社区建设工作会议召开。会议提出，要全面推进城乡社区建设，加快构建城乡一体化的社区发展新格局。按照目标，到 2010 年，全区有 90%以上的城市社区达到现代化和谐社区标准；到 2012 年，全区有 90%以上的行政村开展农村社区建设。

同日，毛家坪水厂一期工程与东钱湖水厂二期工程在东钱湖水厂（隐索岭西侧）举行通水仪式。毛家坪水厂位于鄞江镇梅园村与大桥村之间，建成的一期工程日制水能力为 25 万吨，主要向鄞州、海曙、江北片城乡供水。

9 月 3 日，鄞州区举行慈善十周年暨第九次“慈善一日捐”动员大会。10 年来，鄞州区慈善组织实现区、镇、村三级全覆盖，累计募集善款 4.1 亿元，累计发放救助资金 2.4 亿元。2009 年第九次“慈善一日捐”活动 9 月初启动，至 11 月底结束。大会还对 78 个区第二届慈善先进单位和个人进行表彰。

同日，宁波锦寓路证券营业部经中国证券监督管理委员会宁波监管局批准设立。营业部位于万达商业广场东侧，面积 1000 余平方米，分为散户大厅、中户室、大户室和办公区 4 个部分，拥有设备 300 台（套）。

同日，中国市政工程协会在贵阳市召开“2008 年度市政金杯示范工程暨优秀项目经理颁奖表彰大会”，鄞州区生活垃圾卫生填埋场获 2008 年度“全国市政金杯示范工程”奖。区生活垃圾卫生填埋场总投资为 1.47 亿元，总库容量约 647 万立方米，从设计施工到投入使用均采用国内外先进处理技术和管理模式，先后被评为建设部科技示范工程、建设部和中国环卫协会无害化等级 I 级填埋场、市“甬江建设杯”优质工程、市“园林式单位”和区文明单位。

9 月 5 日，2009 中国企业 500 强榜单发布，鄞州区 3 家企业上榜。其中，雅戈尔集团股份有限公司以 249.36 亿元的营业收入排名第 230 位，奥克斯集团有限公司排名第 329 位，杉杉集团股份有限公司排名第 458 位。

9 月 5—14 日，大型电视系列专题片《话说鄞州》在鄞州电视台新闻综合频道首次播出。该片由区委宣传部总监制，区广播电视台策划、摄制，共分 20 集，每集 22 分钟，从文化的角度全景式地展示鄞州的古老和现代、历史和变革，展现新时代的新鄞州形象。9 月 22 日，举行《话说鄞州》研讨会暨作品首发式。

9 月 6 日，鄞州区王鹤鸣选送的“野马湾”牌“甬优一号”葡萄获全国鲜食葡萄评比金奖。此为全国葡萄评比最高奖项，也是鄞州区水果获得的最高奖。

9 月 7 日，省、市先后召开深入学习实践科学发展观活动第二批总结暨第三批动员电视电话会议。鄞州区四套班子党员领导干部、区学习实践活动领导小组全体成员、区第三批学习实践活动各指导检查组组长在鄞州分会场出席会议。根据要求，鄞州区第三批学习实践活动从 9 月开始，到 2010 年 2 月基本结束，分学习调研、检查整改和巩固提高 3 个阶段进行。

同日，“我与人民政协”征文集《海纳百川》出版发行。该书收编“我与人民政协”征文活动 50 余篇文章，分为《如歌岁月》《难忘历程》《赤城情怀》《沧桑人生》4 辑。

9 月 9 日，鄞州区召开第 25 个教师节庆祝大会。大会表彰一批 2008 学年度获市级及以上荣誉的优秀教师，区十佳优秀教师、十佳师德模范、十佳德育工作者、十佳优秀班主任等。获得全国优秀教师称号的东吴镇中心小学教师陈朝峰在会上发言。

同日，富阳市委书记、市人大常委会主任徐文光率领党政考察团一行 100 余人来鄞州区考察。考察团一行先后参观考察万达商业广场、128 创新园区、南部商务区和宁波（鄞州）博物馆。考察团表示，鄞州的一系列经验和做法值得富阳学习。

同日，鄞州区召开廉政文化“六进”工作座谈会，全面推动廉政文化进机关、社区、学校、家庭、企业和农村。会上，2008年度全区廉政文化建设先进集体、先进个人受到表彰，与会人员参观区法院廉政教育基地。

9月10日，区人大常委会主任陈明志在古林镇召开座谈会，征求选民对区人大常委会、“一府两院”及其各部门工作的建议、批评和意见，了解人民群众普遍关注的热点难点问题，“零距离”收集社情民意。

同日，区政协召开十四届十三次常委会会议。会议审议通过区政协提案委所作的《关于推进我区生态文明建设的若干建议》的建议案、区政协经科委所作的《关于推进我区经济保增长促转型工作的几点建议》的建议案和区政协教文卫所作的《关于推进我区农村公共服务建设的若干建议》的建议案。会议听取区政府关于提案办理情况的通报，审议通过有关委员调整及提案委人员调整事项。

同日，“爱洒人间”慈善文艺晚会在姜山镇举行首场演出。晚会由区慈善总会主办、区文化馆承办，以“携手慈善，共创和谐”为主题，多方位、多角度地讲述发生在鄞州的爱心故事，展示鄞州慈善10年来取得的成就。

9月11日，区委召开人大工作会议，研究部署当前和今后一段时期人大工作。会议强调，要进一步加强和改进党对人大工作的领导，更好地发挥各级人大的职能作用。

同日，区委召开政协工作会议，总结近年来区政协工作，研究部署当前和今后一段时期政协事业发展工作。

9月11—13日，2009中国宁波家电电子展在国际会展中心开幕。奥克斯、乐士、广博数码、南方电器、丽晶电子等10家鄞州企业参展。

9月14日，区委召开深入学习实践科学发展观活动总结动员暨农村基层组织建设大会。会议全面总结第二批学习实践活动成功经验，启动开展第三批学习实践活动，深入分析全区农村基层组织建设面临的新形势、新任务，研究部署当前和今后一段时期农村基层组织建设工作。

9月16日，“爱在鄞医”——鄞州人民医院建院60周年庆祝晚会在区文化艺术中心举行。区委副书记、区长薛维海作讲话。晚会上，表演诗朗诵《走过60年》、歌曲《爱在心间》、音乐情景剧《真情》、情景歌舞剧《白衣天使》等节目。

同日，市、区新四军历史研究会联合举办纪念钟士康先生诞辰110周岁暨《爱国志士钟士康》传记首发式活动。《爱国志士钟志康》由鄞州区作家张良芳编写，大众文艺出版社出版。首发式上，市新四军历史研究会会长张永祥介绍钟士康先生的生平，并举行赠书仪式。

同日，全国著名方志学家、浙江大学历史系教授仓修良到鄞州区指导区志编修工作。仓修良听取《鄞州区志》主编谢富国关于该书编修工作基本情况的介绍，就方志的基本理论、体现特色、突出重点、与前志衔接以及资料审核等问题提出建设性意见，就修志过程中遇到的疑点、难点问题作解答。

9月17日，在浙江省首届（中国）非物质文化遗产博览会上，鄞州区的朱金漆木雕、骨木镶嵌和金银彩绣3项技艺展示，分别获得一金二银的成绩。

9月18日，全国人大常委会委员、财经委副主任委员吴晓灵到鄞州调研中小企业发展情况。吴晓灵一行来到欣达集团，与鄞州区的日月集团、华缘集团、八方集团、开诚公司等企业代表，就当前中小企业发展面临的困难和问题进行座谈。

同日，宁波外贸企业服务月专项活动之一——“小银行进外贸小企业”第四场活动走进集士港镇。该镇20家企业与鄞州银行、宁波银行、民生银行等6家银行开展面对面融资需求洽谈。现场有11家企业与3家金融机构达成2870万元的融资放贷意向。

同日，全区首个综合型志愿者服务站在咸祥镇南头村成立。南头村综合型志愿者服务站（总队）下设维稳、民生、发展3支志愿者分队，分队下设小队，实行统一分级管理，共有志愿者200余人，均为本村村民。

9月19日，鄞州区举行台商中秋招待酒会。在鄞州的100名台商代表及其家属出席酒会，区委副书记、区长薛维海，市台商协会会长涂介秋，区台商联谊会主任委员宗高雄分别在会上致辞。

同日，宁波市第十一届高层次人才智力洽谈会在国际会展中心举行。鄞州区有137家单位参加，推出就业岗位1500多个，1617名求职者与企业达成初步就业意向。

同日，在2009宁波人才科技周人才科技教育合作签约仪式上，宁波广博纳米材料有限公司的陈钢强、宁波东海蓝帆科技有限公司的朱召法和宁波泰来环保科技有限公司的鲍海明等3名鄞州区高级人才，获首届宁波市“优秀留学回国人员”称号。

同日，在宁波高新技术成果交易洽谈会上，鄞州区有2个合作项目签约。其中，宁波杉工结构监测与控制中心有限公司和重庆交通科研设计院有限公司结构动力工程所签订战略合作协议书，双方计划进行430万元的技术交易；宁波宝迪汽车部件有限公司与中国兵科院计划进行汽车项目技术合作，总投入2400万元。

同日，在2009宁波人才科技周“海外留学人才项目展示暨对接洽谈会”

上，留美黄河博士的“湖泊治理和污水处理的新技术项目”，与位于鄞州新城区的宁波天韵生态治理工程有限公司成功对接。

同日，以“城市与公共文化品牌”为主题的2009宁波市群众文化学术年会在鄞州区举行。会上，鄞州区多篇群众文化论文获奖。区委常委、宣传部部长王海娟在学术年会上致欢迎词，并介绍鄞州区创建公共文化品牌活动情况。文化部社图司副司长张永新、上海社科联教师花建、宁波大学教授赵江浜、宁波市文化广电新闻出版局副局长王水维等分别作学术报告。

9月20日，中国工程院院士涂铭旌带领有关专家考察宁波广博纳米材料有限公司。涂铭旌院士一行听取企业在纳米材料制备及后处理工艺中所存在的问题，并就纳米材料金属粉体的制备过程中如何提高产量等技术问题进行探讨，对纳米行业所存在的问题以及公司实质性的难题提出技术改进方案。

9月21日，由区委宣传部、区档案局、区文联组织创作的长篇纪实文学《家国书》，区文化局、文化馆组织创作的歌曲《钢筋班的棒小伙》获全国第十一届精神文明建设“五个一工程”奖。这是鄞州区首次荣获这一级别的奖项。

同日，毛家坪水厂一期工程竣工。工程位于鄞江镇梅园村西山坳，总投资4.5亿元，于2007年3月12日开工建设，日制水能力50万吨，其中一期工程25万吨。水厂原水取自皎口水库。

同日，区委常委会召开扩大会议，专题学习贯彻十七届四中全会精神。会议要求全区上下把学习贯彻落实十七届四中全会精神作为当前重要工作来抓，始终做到学习贯彻全会精神与抓好面上学习宣传、开展第三批学习实践活动、加强党的建设、做好当前工作、梳理明年工作思路“五个紧密结合”，不断提高执政能力水平，推动经济社会平稳较快发展。

同日，副区长黄新山率领安监、公安、质监、供电等有关部门负责人，对危化、矿山和机械等重点行业企业进行节前安全生产大检查。检查组一行先后来到高桥镇的宏业石料有限公司、宁波启航助剂有限公司和宁波成田涂装机械有限公司进行检查。检查组发现安全生产存在的一些问题，当场要求企业立即予以整改。

同日，浙江广博集团有限公司通过市慈善总会，向西部文化教育慈善基金捐款1000万元，定期向西藏、内蒙古、甘肃、四川等地区捐献助学基金。

同日，龙观（五龙潭）至溪口公路节点工程——龙溪隧道全线贯通。作为省、市重点工程，龙溪公路工程是连接五龙潭和溪口两大景区的主要交通旅游通道，公路全长8.9公里，设计行车速度每小时40公里。其中，鄞州段长5.46公里，2008年8月开工建设。

9月22日，内蒙古自治区鄂尔多斯市鄂托克前旗党政代表团一行到鄞州参观考察。代表团一行先后考察雅戈尔集团、奥克斯集团和宁波南部商务区。代表团盛赞鄞州区近年来经济社会发展取得的成绩。

同日，鄞州区首座采用国内最先进技术的110千伏全户内GIS变电所——五乡变电所建成投产。该变电所是全区按照国家电网110千伏变电所模式设计的第一个变电所。该工程是2009年电网建设“9911工程”的重点项目，于2008年5月31日开工，采用SF6气体绝缘全封闭组合电器（GIS）设备全户内布置。

同日，宁波市服务外包协会在鄞州区成立。成立大会讨论通过协会章程，选举产生第一届理事会。会上，宁波晟峰信息科技有限公司等88家企业单位成员加入市服务外包协会。

同日，鄞州区召开老干部工作情况通报会，鄞州区政府领导向与会老干部通报新农村建设主要工作以及下阶段打算，征求大家对党委、政府工作的意见、建议。

9月23日，区委副书记、区长薛维海带领区安监、公安、工商、建设、城管等部门负责人，开展节前安全生产大检查。薛维海一行先后来到鄞州投资创业中心的宁波嘉福塑胶电器公司工程建筑工地、宁波色母粒公司以及下应街道的豪味达营养配餐公司和向阳坦科斯特电子公司等，实地检查这些单位的安全生产情况。薛维海要求全区上下牢牢紧绷安全生产弦，确保人员、投入、措施、执法、宣传到位。

同日，宁波栎社保税物流中心顺利通过宁波检验检疫局验收，标志着中心具备正式运营的条件。验收组成员在听取中心筹建情况介绍后，对报检大厅办公场地、监控设施、信息化管理系统、卡口、监管仓库以及办公条件等检验检疫监管设施进行验收。

同日，全区医疗资金管理委员会成员会议召开。据会议介绍，2008医保年度应筹资15890万元，实际筹资16822万元，统筹基金支出17599万元，共有309376人享受到新型农村合作医疗政策的实惠，占参保人数的57.82%。

同日，区侨办、侨联、劳动和社会保障局、人事局、外经贸局联合在区人才交流中心举行侨界企业人才和劳动用工专场招聘会暨归侨侨眷就业推介会，共有81家企业参加，提供岗位近2000个，近千名求职者进场应聘。

9月24日，浙江省第二届“千镇万村种文化”展演、展示活动在鄞州文化中心广场开幕。活动以“新农村，新农民，新文化，新风尚”为主题，分“大地欢歌”展演和民间民俗工艺品展示两大部分。

同日，由区委宣传部、区文明办、区总工会主办的“携手同庆60华诞 共度金色中秋”主题晚会在宁波南部商务区现场指挥部举行。晚会现场，区委副书记陈振国发表讲话，并对鄞州城市建设投资公司的十佳外来建设者进行表彰。

同日，宁波市第七批援川医疗卫生队启程前往青川县，开展为期3个月的灾后重建工作。援川医疗卫生队的15名队员全部由鄞州区派遣，分成4个小组，分别前往青川县妇保医院、县中医院、县疾控卫生监督中心、乔庄卫生院等从事医疗服务、医疗培训和相关指导工作。

同日，鄞州区5.8万亩粮食生产功能区项目通过市级验收，成为全市最早通过市级验收的县市区。通过验收的市级粮食生产功能区，涉及姜山、云龙、古林、横街等镇乡，总面积为58671亩。全区投入资金1245.2万元，共完成新建机耕路9352米，硬化机耕路90203平方米，修缮机耕路8367米，新建进出水沟28367米；新建机埠2只、机坡485只、沼液池19只。

9月25日，鄞州区举行庆祝人民政协成立60周年大会暨中秋茶话会。区政协主席唐军讲话，区政协委员代表蔡培润、鲍海明在会上发言。中秋茶话会上，表演合唱、诗朗诵、小品、歌舞、独唱等节目，讴歌政协60周年来的发展历程。

同日，长三角导游大会在鄞州举行，参加会议的1000多名导游被区旅游局聘为“鄞州旅游推广使者”。这千名导游分别来自上海、江苏、浙江等主要旅行社。旅游局定期要求他们参加鄞州区开展的各类旅游宣传促销活动，并向他们寄送鄞州旅游动态宣传资料，通过他们推介鄞州旅游。会上，评选出“2009上海市民最喜爱的宁波十大景点”“我最喜爱的世博体验十条线路”，鄞州区的五龙潭景区、梁祝文化公园入选。

同日，省“群星奖”美术、书法、摄影主题创作展在鄞州图书馆开幕。区委常委、宣传部部长王海娟在开幕式上致辞。开幕式上，宣布省“群星奖”美术、书法、摄影作品的获奖名单，鄞州区的龚建军作品获美术成年组金奖，王力、张顺川作品获美术老年组金奖，胡朝霞作品获书法成年组金奖，贾铭、陈云波作品获摄影成年组金奖，史久阳作品获摄影成年组银奖。

9月26日，2009年浙江省体育舞蹈锦标赛暨全国万人体育舞蹈大赛浙江赛区在鄞州区举行。活动由浙江省体育局主办，鄞州区体育局承办，共有53支代表队近千人参加比赛。

同日，据统计，全区累计有3210名人才落户61家鄞州服务外包企业，从业人数位居全省榜首。鄞州区全力打造全省乃至全国的服务外包示范基地，2009年1月至7月实现服务外包27383047万元，实现离岸服务外包1356.38万美元。

9 月 27 日，2009 年全国节庆会展工作会议暨中国最具影响力节庆（会展）颁奖盛典在上海举行，鄞州区获得首批“中国节庆名区”称号，中国梁祝爱情节获评中国最具影响力节庆奖。梁祝爱情节还荣获 2009 中国十大品牌节庆、第二届节庆中华奖最佳公众参与奖等荣誉。

同日，鄞州区庆祝新中国成立 60 周年暨第二届群众文化艺术节开幕式大型文艺晚会在区文化艺术中心举行。晚会主体部分由“复兴之路”“开放之路”“和谐之路”3 个篇章组成，采用歌舞、大合唱、小组唱等表演形式，讴歌伟大祖国 60 年的巨大成就。群众文化艺术节以“和谐鄞州　华彩乐章”为主题，举行书画摄影赛、非物质文化遗产巡回展示、红色经典电影展映、越剧大家唱、民间文艺大巡游等系列活动。艺术节活动持续至 10 月 31 日结束。

同日，鄞州籍书画大家作品特邀展在沙孟海书学院开幕。特邀展共展出 5 位鄞州籍书画大家的 60 幅作品，其中沙孟海书法作品 20 幅，其他 4 位大家的作品各 10 幅。

9 月 28 日，区第十六届人大常委会举行第二十一次会议。会议听取并审议区政府关于城乡基础教育均衡发展情况的报告；听取并审议区政府关于 2008 年度区本级预算及其他财政收支情况审计问题整改情况的报告。审议通过有关人事任免事项；审议通过《区人大常委会人事任免办法》《区人大常委会经济工作监督办法》《区人大常委会关于加强镇乡人大财政经济监督工作的指导性意见》和《区人大常委会关于开展代表建议办理工作绩效评估的若干规定》等。

同日，根据省民政厅通报，2009 年鄞州区医疗救助筹资水平全省第一。鄞州区医疗救助于 2005 年 7 月开始落实，之后救助覆盖面不断扩大。2009 年 1 月至 8 月，共为 3208 人次开展医疗救助，发放救助金 1629 万元；为 172 人次开展贫病救助，发放救助金 118 万元。

同日，由中国民间文艺家协会分党组成员、副秘书长赵铁信，中国民间文艺家协会四委办主任杨吉星，中国社科院研究员、博士生导师叶舒宪等 7 人组成的专家组来鄞州进行为期 3 天的“中国博物馆之乡”命名考核。在听取了相关情况汇报后，专家组对鄞州区倾力打造“中国博物馆之乡”予以充分肯定。专家组还对鄞州区博物馆建设进行实地考察。专家组一致同意鄞州申报“中国博物馆文化之乡”。

同日，上海银行鄞州支行开张，这是首家市外城市商业银行在鄞州区开设的支行。

同日，宁波市首家 FANUC 数控系统应用中心落户区职教中心，这也是全国第五家 FANUC 数控系统应用中心。区职教中心于 2007 年开设 FANUC 教学班，有学生 50 名。新落户的 FANUC 数控系统应用中心设在该校数控实训基地内，引入 FANUC 系统装调与维修的教学与培训设备，可以同时容纳近百名学生或社会培训人员参与数控实践。

同日，第三届酒埕岩酒文化节在横溪镇酒埕岩仙人寨景区开幕。酒文化节以“月圆节圆、美酒飘香”为主题，推出中华酒文化博物馆、中华酒文化交流会、中华酒具酒器展示、“舞尽秋韵”醉忆酒埕岩系列活动。

同日，“中国桂花之乡”——龙观乡第二届桂花文化节在李岙村桂花观光园区开幕。桂花节活动时间持续至 10 月 5 日，举行游览赏桂、购买桂花糕点、品尝农家乐特色餐饮、观看舞龙大赛、赏五龙潭飞瀑等活动，来自各地的客商参加花木订购、桂花深度开发项目投资、鲜桂花收购等商贸活动。

9 月 28—29 日，宁波市地市级老领导到鄞州视察。老领导一行先后视察 128 创业园区、湾底村、宁波服装博物馆、南部商务区、紫林坊艺术馆、华茂堂美术馆、宁波（鄞州）博物馆等地。他们表示，通过短短几年时间，鄞州将新城区建设到这样的规模和档次，值得赞赏。

9 月 29 日，由宁波市委宣传部、鄞州区委联合主办的“我们的生活大变样——宁波市纪念新中国成立 60 周年图片实物展”在宁波（鄞州）博物馆开展。省、市、区领导和各界干部群众 400 多人参观展览。展览共分“衣、食、住、行、用、购、娱、教、医、保”等 10 个单元，鲜明地展现新中国成立 60 年来全市各个领域的巨大变化和辉煌成就。

同日，宁波鄞州知青博物馆试开馆。该馆位于横街镇凤凰谷休闲旅游区藤岭湖畔，占地面积 1000 余平方米，设综合展区、分展区、实景区、外场 4 个功能区，有资料图片 700 余张，实物 300 余件。

同日，全区老干部工作暨先进离退休干部党支部和离退休干部先进个人表彰大会召开。会上，向 14 名离休干部代表颁发新中国成立 60 周年、宁波解放 60 周年纪念章，对一批先进离退休干部党支部和离退休干部先进个人进行表彰。

9 月底，区国税局组织国内税收收入（不含海关代征和新增成品油消费税）48.48 亿元，同比增长 4.5%，收入总量继续领跑宁波市各县（市、区）。其中，第三季度国税收入入库 13.09 亿元，同比增长 10.4%。

10 月

10 月 1 日，《浙江省流动人口居住登记条例》正式实施。全区从 10 月 9 日起开始办理浙江省居住证和临时居住证。截至10月15日，全区共有近3万流动人口领取浙江省临时居住证。

10月9日，在全省征兵工作电视电话会议上，鄞州区被评为2008年度浙江省征兵工作先进单位。2008年，全区参加目测体检的适龄青年为17577人，目测初检合格的有1265人，上级下达的任务是征集新兵417名，实际出兵429名，超额完成征兵任务。

10月11日，省委常委、市委书记巴音朝鲁在姜山镇调研指导第三批深入学习实践科学发展观活动情况。姜山镇和翻石渡村是巴音朝鲁在第三批学习实践活动中的联系点。巴音朝鲁听取鄞州区和姜山镇第三批深入学习实践科学发展观活动开展情况的汇报，对鄞州区和姜山镇各级的学习实践活动表示肯定。

同日，第三届鄞江澄浪潭垂钓节开幕。垂钓节是2009“和谐鄞州”欢乐城乡游系列活动之一，活动以“休闲·竞技、人水·和谐”为主题，举行“保护章溪河·放流月光鱼”、澄浪潭家庭罩鱼PK大赛、“垂钓高手·鄞江论剑”等主题活动。

同日，全区冬季征兵目测初检工作展开，标志着区征兵工作全面展开。区委常委、人武部政委卢善听，人武部部长张剑到各受检镇乡街道进行检查。同时开展目测体检工作的还有咸祥、姜山、古林、章水4个镇，目测体检工作于16日结束。

10月12日，省发改委和省统计局公布《浙江省2008年城乡统筹发展水平综合评价报告》：2008年，鄞州区城乡统筹发展水平综合评价得分达到86.23，再次位居全省参评的61个县（市、区）首位，分别高出全省、全市平均得分13.37分和1.31分，并超过85分，成为全省唯一进入城乡统筹全面融合阶段的县（市、区）。

同日，鄞州区举行绕城高速连接线工程征地拆迁工作会议。会议总结前阶段工作，进一步明确年初提出的责任和措施，要求统一思想，加大工作力度，确保征迁工作按计划顺利完成。宁波绕城连接线共11条，涉及鄞州区的有4条，总长26.7公里，总投资约36亿元。

同日，全区举行行政村党组织书记和村主任集中轮训。培训分3批进行，请区委领导和区级机关有关领导干部讲课，并组织区内外优秀村干部交流典型经验。

10月13日，全区商务楼宇经济发展座谈会召开。座谈会上，区贸易、工商、税务等部门和首南、钟公庙、中河等街道的相关负责人就如何推进商务楼宇经济发展、提高企业入驻率和注册率展开讨论。截至9月底，全区已建成商务楼宇 11 幢共 50.7 万平方米，在建商务楼宇 39 幢共 146.1 万平方米，累计入驻企业 822 家，实现楼宇税收 3.77 亿元。

同日，古林镇薛家片区两个居住地块在区公共资源交易中心三楼开标厅进行现场竞拍，经过 130 轮的报价，宁波城投公司以每平方米 10406 元的楼面地价，17.88 亿元的总价竞得这两个地块。

10 月 14 日，宁波尤利卡太阳能科技有限公司建设的 700kwp 太阳能光伏并网项目通过浙江省发改委预审，上报国家发改委。项目总投资 1960 万元，装机容量 700kwp，预计每年发电 65 万度，建成后将成为宁波地区第一个大容量太阳能并网电站。

同日，鄞州区召开庆祝“浙江省第十三个环卫工人节”暨表彰大会，钟公庙街道、集士港镇、五乡镇环境卫生管理站和奔腾园林工程有限公司荣获“全区市容环境卫生工作先进集体”称号，来自各镇乡（街道）和保洁公司的 46 名个人荣获“全区优秀城市美容师”称号。

10 月 15 日，鄞州区召开征兵工作领导小组会议。会议总结 2008 年冬征兵工作情况，分析 2009 年冬征兵工作形势，并通报 2009 年冬征兵工作的主要日程。2009 年冬征兵工作从 9 月底开始，于 12 月结束。

同日，区政府组织发改、财政、外经贸、工商等部门负责人考察在广州举行的第 106 届中国进出口商品交易会（广交会），并与全区 16 家参加展会的外贸企业进行座谈、交流。本届广交会全区共有 186 家企业参展，展位总数为 421 个，其中品牌展位 128 个，一般性展位 202 个，一次性机动展位 91 个。

同日，鄞州区召开工业投资推进会议，要求各镇乡、街道抢抓时间，确保完成全年工业投资目标任务。据统计，1 月至 9 月，全区完成工业投资 69.7 亿元，实施工业投资项目 955 个，其中千万元以上大项目 286 个，工业投资额和项目数量均低于 2008 年同期水平。

同日，区第十六届人大常委会召开第二十六次主任会议，听取长丰区块开发建设、潘火片区开发建设、行政复议工作的汇报。

10 月 15—19 日，第 106 届中国进出口商品交易会一期展会在广州琶洲展馆举行。一期展会展出五金工具、家电、机械、汽车配件、电子电气、照明、车辆等几大类产品，鄞州区 66 家企业共有 148 个展位。其中，奥克斯集团拥有 38 个品牌展位，是鄞州区拥有品牌展位最多的企业。鄞州交易团共成交 5200 万美元。

10 月 16 日，鄞州区特殊教育中心新校落成。学校位于姜山镇，于 2008 年 11 月开工建设，2009 年 7 月 13 日完工，区财政投入资金 2500 万元，占地面积

7989 平方米，建筑面积 4712 平方米。

同日，据统计，第三季度区检验检疫局共检验检疫出口货物 2.7 万批次，金额 5.65 亿美元，环比第二季度批次金额分别增长 11.4%和 8.4%。

同日，全区畜牧环境整治工作总结大会召开。2005 年前，全区有 1261 户规模畜禽养殖场，其中 60%建在居民区、水源保护区、风景旅游区及主要河道公路两侧。2005 年，区政府专门发文要求全区上下开展畜牧环境整治。截至 2009 年 9 月底，禁养区范围内共关闭、迁移畜禽养殖场 968 家，完成目标任务的 100%。

同日，区政协组织部分政协委员，对区食品安全情况开展专项民主监督活动。监督小组成员先后来到华茂外国语学校食堂、鄞州高级中学食堂、宁波博威麦特莱材料有限公司食堂、豪味达营养配餐有限公司、宁波精成车业有限公司等地进行实地视察。委员们视察后表示，区食品安全情况总体良好。区政协专项民主监督小组还采取集中监督、明察暗访等形式开展活动，并以专项民主监督小组名义形成书面反馈意见送达相关单位。

同日，区农林局下发通知，要求全区各地因地制宜发挥区域优势，认真搞好冬季作物布局，优化品种结构，力争把冬季农业生产提高到一个新的水平。2009 年区冬种生产的目标是：大力扩种大（小）麦、油菜，发展适销对路的冬季蔬菜瓜果、鲜食蚕（豌）豆、马铃薯，鼓励种植绿肥，适度调减蔺草种植面积，尽力压缩冬闲面积，防止出现大面积抛荒现象。

10 月 16 日—11 月 20 日，鄞州区开展教育收费专项投诉和督查活动。投诉内容涵盖 10 个方面，发现这些问题的，可通过电话、信件和电子邮件进行投诉。

10 月 17 日，区委副书记、区长薛维海会见美国客商布鲁斯·西尔弗曼一行，对他们来鄞州投资考察表示欢迎。布鲁斯·西尔弗曼是美国最知名的市场营销及沟通执行者之一，长期担任美国广告代理协会的董事会成员。会见中，薛维海向外商介绍鄞州经济、地理、人文等方面的情况，希望客商通过参观考察，加深对鄞州的了解，与鄞州进行更加广泛的交流与合作。

10 月 18 日，鄞州新城区有史以来单个小区安置房最多、单次抽签规模最大的安置小区——繁裕新村三期，在区委党校统一抽签。繁裕三期 2007 年 6 月动工建设，2009 年 3 月竣工，占地面积 10.2 万平方米，总建筑面积 20 万平方米，总投资超过 5 亿元，共有房子 1617 套。此次统一抽签的共有 1261 套房子，涉及钟公庙街道、首南街道 9 个村的 722 户村民。

同日，姜山镇商会 19 家会员企业共同出资 5000 万元，成立姜企担保股份有限公司。该公司采取服务为主、盈利为辅的原则，解决镇内中小企业短期融资、转贷等方面的困难。

10 月 19 日，由广西壮族自治区人大常委会副主任吴恒率领的中央第三批深入学习实践科学发展观活动巡回检查组一行，实地检查姜山镇翻石渡村学习实践活动开展情况，并先后听取鄞州区、姜山镇、翻石渡村活动开展情况的汇报。检查组充分肯定鄞州区学习实践活动取得的成绩，并对下步工作提出要求。

同日，在江苏省苏州市召开的全国和谐社区建设工作会议上，鄞州区中河街道被命名为“全国和谐社区建设示范街道”。

同日，区民政局与区慈善总会向全区 100 位为革命和建设作出过贡献、目前生活困难的老劳模、老村干部、老复退伤残军人及其他孤、寡、残老人，各发放 500 元扶助金。

同日，在苏州召开的全国和谐社区建设工作会议上，鄞州区的中河街道被评为和谐社区建设示范单位，为全区首家获此殊荣的示范单位。

10 月 20 日，区政协主席唐军带领 10 余名政协委员参加“走进海关”活动，成为此次活动的首批体验者。委员们先后参观海关报关大厅、视频查验监控室，观看反映办事处建关一年以来各项工作成果的 PPT，并参加座谈会。“走进海关”是宁波海关驻鄞州办事处推行“阳光关务”的一项创新活动。宁波海关驻鄞州办事处共邀请区人大、街道、部分企业代表等 4 个批次的人员参加“走进海关”活动。

同日，区商场超市行业协会成立，万达广场商业管理有限公司、新江厦连锁超市、银泰百货宁波鄞州有限公司等 50 多家商贸企业成为会员。这是鄞州区商贸行业成立的第 8 个行业协会。

10 月 21 日，鄞州区召开创建省卫生强区动员大会，标志着全区创建省卫生强区工作全面进入考核迎检阶段。

同日，区人大常委会组织视察区城乡公共卫生服务体系建设情况。视察组先后来到姜山镇社区卫生服务中心、丽水上游社区卫生服务站和横溪镇社区卫生服务中心、横溪镇栎斜社区卫生服务站等地，详细询问接种门诊、社区卫生服务站运行和康复中心运行等情况。

同日，鄞州区光彩事业促进会捐资 600 万元援建四川省广元市元坝区射箭乡小学签字仪式在元坝举行。此笔资金是“5·12”地震后鄞州区委统战部联合各大鄞州企业自愿捐赠的，专门用于四川灾区灾后重建。援建学校于 2010 年 9 月 1 日前交付使用。

10 月 22 日，第十三届宁波国际服装服饰博览会在宁波国际会展中心开幕。

鄞州区有 66 家服装企业参展，合计展位 378 个，展览面积 3000 多平方米。

10 月 23 日，宁波服装博物馆新馆开馆。宁波服装博物馆成立于 1998 年 10 月，2009 年 10 月从月湖景区迁移到鄞州区下应街道湾底村。新馆总投资 1500 万元，占地面积 8 亩，建筑面积近 3000 平方米，设中国近现代服装变革、红帮裁缝创业史、中国少数民族服装、宁波服装和国际交流、临时展览 5 个展厅，拥有藏品 3500 余件。

同日，据统计，前三季度，全区 2965 家规模以上工业企业累计实现工业总产值 1002.2 亿元，同比下降 5.0%。其中，9 月实现总产值 133.7 亿元，同比增长 3.6%，继 8 月正增长后再次实现正增长。

同日，第 106 届中国进出口商品交易会二期展会在广州琶洲展馆开幕，展出日用消费品、礼品、家居装饰等 3 个商品种类。鄞州区有 43 家企业参展，共获得 99 个展位。二期展会于 10 月 27 日结束，鄞州交易团共成交 3800 万美元。

同日，全国三大电子商务平台之一的浙江海商网络科技有限公司与全国最大的羊绒衫网上商场“中国羊绒衫网”举行战略合作签约仪式。“海商网”位于鄞州区，是一家致力 B to B 商务平台建设的网络公司。中国羊绒衫网是一个 B to C 电子商务平台。双方将合作开创一个 B to B to C 免费电子商务模式。

同日，来自新加坡、越南、柬埔寨、马来西亚、印度尼西亚等东盟国家的纺织服装协会成员一行共 21 人，专程到鄞州考察雅戈尔集团和新明达集团两家纺织服装企业。考察团一行对两家企业根据实际科学发展的做法表示赞赏。

10 月 24 日，鄞州区第十三届运动会在姜山中学开幕。开幕式入场式共有 29 个代表方队参加。现场表演《青春飞扬》《千人太极》《伞操》《舞动》《愚公移山》等文艺节目。

10 月 25 日，“2009 年宁波市全民终身学习活动周”在鄞州区开幕。开幕式上，举行向宁波广播电视大学授“宁波社区大学”牌仪式，鄞州区的姜山镇和横街镇成为“宁波市社区教育示范街道（乡镇）”。宁波城市职业技术学院、鄞州电大、宁波天一职业技术学院、浙江医药高等专科学校与鄞州区的中河街道、首南街道、钟公庙街道、下应街道分别签订社区教育合作协议。同时，举行向偏远乡镇赠送社区教育图书资料和高教园区“走进社区”活动启动仪式。现场还开展市民才艺现场表演、教育培训咨询服务、免费发放社区教育资料等活动。

同日，由中国民间文艺家协会、浙江省文联和杭州市人民政府联合举办的第三届中国民间艺人节在杭州落幕。本届民间艺人节汇集全国 32 个省（市、区）100 多位民间艺人的 2000 多件艺术作品，鄞州区图书馆馆员顾艳娃、古林广播电视站职工顾昊华母女制作的“阿华”虎头鞋和吴慈、吴圣东父子收藏的甬式家具图片参加展示，顾昊华还获得“最受欢迎的民间艺术家”荣誉称号。

同日，由宁波美康生物科技有限公司承办的全国临床实验室数字化建设学术研讨会在鄞州区图书馆举行，来自全国各地的专家、教授、学者及专业人士共400多人参加研讨。参加研讨会的专家介绍利用网络技术和数字化技术，全面整合医院实验室业务信息和管理信息，最大限度地优化在线监控的数字化管理体系，以实现医院和社会的数字化，达到检验信息动态实时服务。美籍华人袁崇生博士作题为“同型半胱氨酸在临床诊断中的应用”的学术报告。

10月26日，文化部发布“关于全国文化先进县复查结果的通知”，鄞州区通过第二次全国文化先进县复查，继续保留2001年荣获的“全国文化先进县”称号。2008年，全区文化事业经费达到4662万元，人均文化事业费高于全省平均水平。

10月27日，据区外经贸局消息，宁波圣龙集团以1599.4万美元的价格，成功收购世界500强企业美国博格华纳集团旗下的SLW汽车股份有限公司90%以上的股份。借助此次收购，圣龙集团将直接吸收后者的技术和市场，成为宝马、通用、福特等全球顶级汽车品牌的一级供应商，市场份额排名有望从全球第四位升至第二位。

同日，高228米的商会国贸中心结顶。商会国贸中心位于宁波南部商务区核心地带，天童南路与泰康中路交汇处，是宁波目前的第一高楼。项目总投资6亿元，整体建筑由一幢主楼、一幢附楼及一幢沿水街商业用房组成，历时两年半建成。

同日，区教育卫生系统同青川教育卫生系统举行签约结对暨捐赠仪式。会上，宋诏桥小学和青川乔庄镇小学结对签约，区教育局、卫生局及3家医疗单位向青川县卫生系统捐赠现金及医疗仪器共22.5万元。

同日，鄞州区召开征兵工作会议。会议明确2009年冬征兵政策规定，具体部署征兵工作任务，表彰2008年冬季征兵工作先进单位和先进个人。

同日，区政协举行重阳节座谈会。会议向区政协及机关离退休干部通报区政协1月至9月主要工作。老干部们对区政协所做的工作进行高度评价，并就2008年区委、区政府应关注的重点工作和区政协2010年工作重点提出中肯的意见和建议。

同日，“和谐城管与您同行”主题系列活动启动。活动由区城管局、首南街道、中河街道办事处和宁波城市职业技术学院、浙大理工学院、万里学院、医药高等专科学校联合开展，活动内容包括有奖知识竞赛、“城管杯”定向运动比赛、“我心中的鄞州新城区”摄影比赛等。启动仪式上，成立首个高校“城事志愿者协会”。

同日，国家科技部公布2009年第二批科技型中小企业技术创新基金立项名单，鄞州区的宁波伊司达锂电池有限公司等12个科技项目共获得国家资助经费510万元。鄞州企业立项数占全市的四分之一，获得补助金额占全市的30%，居宁波县（市、区）首位。

10月28日，东方巴士公司开通661路和661-1路公交线路。661路线走荷晓线、明州大道、34省道、鄞州公园、宁南路、四明路、泰寓路至剑桥公园。661-1路公交线路，由五龙潭始发，走五龙潭景区连接线，至乌头门站后按661路线走向运营。

同日，鄞州区召开三季度经济形势分析会。据统计，前三季度，全区完成生产总值450.4亿元，财政一般预算收入115.5亿元，全社会固定资产投入204亿元。会上，区发改局、外经贸局、国税局以及鄞州投资创业中心、石碶街道等分别总结交流2009年以来的经济工作。

同日，区委分批召开镇乡（街道）党（工）委书记座谈会，专题调研并听取2010年工作思路和建议。各镇乡（街道）围绕经济发展、小城镇建设、民生事业发展、基础设施建设、社会稳定、基层组织建设等方面提出许多建议和意见。

同日，第十一届“挑战杯”全国大学生课外学术科技作品竞赛在北京航空航天大学举行，浙江万里学院选送的参赛作品《现代农业背景下农民生产技能培训需求意愿及制约因素分析——基于宁波511个种养农户的问卷调查》荣获特等奖，填补宁波市高校在这一奖项上的空白。

10月29日，区政协召开十四届三十一次主席会议，听取食品药品安全工作和“四无村（社区）”创建工作情况的通报。

同日，中国银联和鄞州银行举行银联手机支付产品发布暨鄞州银行手机银行卡首发仪式，银联手机支付业务正式登陆宁波。此次推出的蜜蜂手机银行卡业务是通过将手机SIM卡与金融IC卡进行集成，使手机具备金融支付功能。鄞州银行手机银行卡为国内首张银联手机支付卡。

同日，区政府在四川省绵阳市举行科技与工业项目对接洽谈会，30多家区内重点行业骨干企业与绵阳当地近30家科研院校和大型企业进行项目对接和合作洽谈。

同日，市残联理事长丁定远一行到鄞州考察调研镇乡级残疾人托（安）养所。丁定远一行先后考察龙观乡、章水镇、鄞江镇和横街镇4个残疾人托（安）

养所，并对鄞州区的残疾人托养机构建设工作和残疾人托（安）养服务工作给予充分肯定。

10月30日，“百村千企送服务”集中行动启动仪式在区远程教育中心课堂举行。由区委政法委、发改局等与基层联系密切的区级机关40名业务骨干组成的10个服务组，正式进驻各镇乡（街道），开展不少于2个月的驻点服务。

同日，首届中国湖泊休闲节“东钱湖之夜”开幕招待会在宁波万达索菲特大饭店举行。开幕招待会上，国际休闲产业协会中国区秘书长任兴磊向东钱湖旅游度假区授国际湖泊休闲示范基地牌。

同日，区人大常委会召开镇乡（街道）人大负责人会议，就加强镇乡人大财政经济监督工作进行专题辅导，并对开展代表建议办理绩效评估工作作出具体部署。

10月31日，第五届中国梁祝爱情节暨“爱在鄞州”民间文艺大巡游在鄞州区举行。活动由鄞州区人民政府、宁波市旅游局联合主办，宁波联合集团协办，以“蝶舞鄞州，情满人间”为主题，举行“梁祝之夜 把爱唱响”中国摇滚情歌演唱会、开幕式、百合婚典、“爱在鄞州”民间文艺大巡游、梁祝文化产业园奠基仪式、爱情嘉年华游园活动暨第六届万人相亲会等系列活动。梁祝文化产业园奠基仪式在梁祝文化公园举行。梁祝文化产业园项目位于高桥镇梁祝文化公园及周边区域，北依姚江，南邻规划中的通途路延伸段，规划总占地约138公顷，其中一期开发约42公顷于5年内建成。

同日，第九届中国民间文艺山花奖颁奖典礼在鄞州区体育馆举行。活动由中国文学艺术联合会、中国民间文艺家协会、宁波市人民政府主办，中国民间文艺家协会、中共鄞州区委、鄞州区人民政府承办，共颁发6大类7个奖项。其中鄞州区有3件作品获奖，分别是：陈盖洪的木雕《陈氏万工轿》获民间工艺美术作品奖，咸祥镇抬阁队的《蝶恋梁祝》获民间艺术表演奖，周静书主编的《梁祝文库》获民间文学作品奖。在鄞州区举行的第九届中国民间文艺山花奖颁奖典礼上，中国民间文艺家协会授予鄞州区“中国博物馆文化之乡”称号。2009年底，全区拥有已建、在建和筹建中博物馆22座，其中14座由民间资本投资。全部建成后，鄞州区博物馆人均拥有量将超过发达国家水平。

同日，“2009宁波市民心目中最佳金融品牌评选”结果揭晓，鄞州银行获得最具时尚手机银行信用卡和最具创新银行两项奖项。

同日，2009年国际森林产品博览会在中国义乌市开幕，鄞州区7家森林产品加工企业参加森博会。鄞州区共有林业用地100多万亩，其中生态公益林32.65万亩，竹林18万亩、花卉苗木基地3万多亩，上百家涉林企业年产值超

10亿元。区森林食品开发走在全省前列，并涌现出“五洲星”“联华”“竹之韵”等水煮笋、水果罐头加工企业。鄞州区参展林业产品在博览会上受到有关领导、专家以及与会客商的一致好评。

10月31日—11月3日，首届中国湖泊休闲节在东钱湖举行。休闲节围绕“湖泊休闲”和“幸福表情”展开，活动内容包括开幕式、中国湖泊休闲论坛、“幸福水岸寻找幸福表情”传播大赛、从世博园到东钱湖、湖泊休闲嘉年华、湖海交融美食汇6项。

同月，省发改委和省统计局公布的《浙江省2008年城乡统筹发展水平综合评价报告》显示：鄞州区城乡统筹发展水平综合评价得分达到86.23分，位居全省参评的61个县（市、区）首位，分别高出全省、全市平均得分13.37分和1.31分，其中8个指标提前12年达到省定2020年目标。

11月

11月1日，宁波广播电视大学鄞州学院举行建校30周年庆典。仪式上同时宣布，鄞州区终身学习网开通。

11月3日，鄞州区召开现代服务业“八大产业基地”进展情况汇报会。会上，“八大产业基地”联系领导作相关项目进展情况汇报，播放“十大功能区块、八大产业基地”进展情况介绍短片。

同日，以围绕农民科普知识学习为主题的宁波市全民科学素质竞赛活动在天宫庄园科普教育基地举行。来自江北区、奉化市和宁海县等6支代表队参赛，鄞州区代表队获得第一名。

11月4日，中国人民人寿保险股份有限公司宁波鄞州支公司批准成立。公司直属中国人保寿险宁波分公司，主营人寿险、健康险、意外险、人身再保险和投资业务。

同日，第106届中国进出口商品交易会第三期展会在广州闭幕。第三期展会展出“纺织服装类”“鞋类”“办公、箱包及休闲用品类”“医药及医疗保健类”“食品及土特产品类”5大类商品，设17个展区。89家鄞州企业获得174个展位，共成交2.4亿美元。

同日，区人大常委会组织视察新城区拆迁改造工作。视察组一行来到新城区城南商务楼建设现场、繁裕小区三期、慧丰区块拆迁现场，了解项目进展情况，并听取新城区拆迁改造工作汇报。视察组充分肯定新城区拆迁工作取得的成绩。

11 月 4—5 日，2009 甬港经济合作论坛在香港举行。鄞州区赴港重点推介栎社保税物流中心，并举办鄞州区金融及商务产业恳谈会，吸引香港金融机构落户宁波南部商务区。

11 月 5 日，浙江省慈善总会成立十五周年暨省“慈善工作先进集体”“省优秀慈善工作者”表彰大会在杭州举行。鄞州区慈善总会获“全省慈善工作先进集体”荣誉称号，区慈善总会副会长王明德获“全省优秀慈善工作者”荣誉称号。这是区慈善总会继 2005 年后再次获得省级先进。

同日，区交通局代表建议办理工作率先接受绩效评估，这在全市尚属首次。在听取区交通局主办区十六届人大一次会议以来代表建议情况和区人大常委会绩效评估组调查情况的汇报后，区人大常委会组成人员和部分区人大代表认真填写对区交通局建议办理工作满意率评估票，测评结果为：“好”50 票，占 81.9%；“较好”9 票，占 14.7%；“一般”2 票，占 3.4%。

11 月 6 日，据统计，前三季度，鄞州已交付使用的商务楼宇共创下税收 5.46 亿元，同比增长 64.5%。全区共有商务楼宇 11 幢，商务面积 50.7 万平方米；已经入驻的商务楼宇企业 823 家，有 649 家成功在鄞州实现注册，注册率达到 78.9%。

同日，鄞州区举行第十个记者节庆祝大会。区委常委、宣传部部长王海娟出席会议并讲话。会上，区“十佳新闻工作者”受到表彰。

同日，桐乡市委副书记沈海明一行到鄞州考察横溪镇文化建设工作。沈海明一行参观横溪镇公共服务中心、文体广场、文化中心等，听取横溪新区建设思路介绍，并观看横溪镇小城镇建设十件惠民工程汇展。

11 月 7 日，中共中央政治局常委、全国政协主席贾庆林考察雅戈尔集团股份有限公司和奥克斯集团有限公司。贾庆林一行来到雅戈尔样品展示厅，听取集团董事长李如成逐一介绍产品的研发、设计、生产、销售等情况；在奥克斯产品展示厅，集团董事长郑坚江演示一款最新设计的空调。

同日，“日月杯”第二届天童国际登山邀请赛在东吴镇举行，15 支代表队的 200 余人参赛。比赛设男子、女子个人赛和团体混合赛 3 个项目，起点统一设在南山景区，其中女子组赛程为 3 公里，男子组为 3.5 公里。

同日，鄞州区赴沈阳专场人才招聘会在沈阳市人才市场举行，1683 人次与企业达成进一步洽谈意向，其中硕士生 186 人次，本科生 1065 人次，大专生 432 人次。

同日，鄞州区组织 45 家企业带着 45 个项目，与中科院沈阳分院、东北大学、沈阳工业大学、沈阳理工大学等4所院校30名教授进行科技合作项目对接洽谈，对接项目涉及工艺改进、新产品开发、检验检测等40多个领域。

11月8日，鄞州银行北仑支行开张。这是全市农村合作金融机构首次跨区域经营，标志着农村合作金融机构支持区域经济发展进入了一个新的阶段。

11月9日，宁波市“119”消防宣传月活动启动仪式暨鄞州“利时杯”首届消防知识竞赛颁奖仪式在万达商业广场举行。活动现场，市、区消防部门举行消防逃生疏散演习，并向消防志愿者代表、企业员工代表、社区居民代表赠送《全民消防宣传教育丛书》。

11月10日，来自鄞州工业企业50强和成长型工业企业50佳的20名企业家，赴新加坡南洋理工大学参加为期一周的培训。校方安排4名专家、教授进行讲课，培训内容涉及《世界经济格局和发展与中国经济金融》《物流供应链管理》《新经济环境下的市场营销：产品商品化管理》《新经济环境下的市场营销：品牌建设与管理》。

同日，鄞州区举行创新128园区、科技孵化基地、软件动漫基地工作汇报会。创新128园区一期企业已经入驻办公，二期招商工作基本完成；鄞创科技孵化器申报国家级科技企业孵化器；原创动画片总片长达11710分钟，《十万个为什么剧场》和《中华五千年》获得省“五个一工程”奖。区委副书记、区长薛维海在听取汇报后指出，全区八大产业基地中，这三大产业基地推进得非常好。各产业基地要加快建设速度，继续做好招商、选商工作。

同日，据区疾控中心统计，全区已完成甲型H1N1流感疫苗接种8800余人次，占第一批疫苗总数的80%，至11月13日将完成首批接种任务。

11月11日，天童、育王、它山项目开发工作推进会在东吴镇召开。会议听取3个项目的推进情况汇报后，实地来到天童景区开发建设现场，听取景区开发建设情况汇报，了解景区开发面对的困难。

11月12日，由国家旅游局、浙江省政府主办的2009中国国际旅游商品博览会在义乌国际博览中心开幕，鄞州区6家企业携10余种旅游商品参展，这是区旅游商品首次集体亮相国际旅游商品博览会。

同日，2009中国食品博览会在宁波国际会展中心开幕。博览会设8个展区、3500个国际标准展位，展出24大类食品及相关产品。鄞州区共有天宫庄园、庄园粮食生产加工合作社等29家食品企业和农民专业合作社参展，参展规模和面积均超过2008年。

同日，区人大常委会组织视察全区“公共文化明珠镇”创建工作。视察组一行实地视察横溪镇文化中心、下应街道文化中心和湾底村文化设施建设，了解项目建设情况和农村文化活动开展情况。

同日，南京证券在宁波开设的首家营业部——锦寓路证券营业部举行开业典礼，这也是鄞州区第二家证券营业部。

同日，鄞州区首家小额贷款公司——鄞州汇金小额贷款股份公司正式开张。

同日，五乡镇、东吴镇、横溪镇、石碶街道、首南街道 5 个镇（街道）通过市双拥办的考核验收，被评为新一届宁波市双拥模范镇（乡、街道）。

11 月 13 日，第二届中国（宁波）“鄞州杯”锦鲤大赛暨观赏鱼精品展在宁波新闻文化展览中心开幕。活动由宁波市海洋与渔业局、鄞州区人民政府联合举办，以“推动朝阳产业，引领时尚生活”为主题，设置奖项 62 个，来自 10 多个省市的 36 家锦鲤养殖单位、经营企业，近千尾价值千万元的锦鲤参赛、参展。比赛至 11 月 15 日结束，参展的 4 家鄞州企业共获得 23 个奖项。

同日，在全省法律援助工作电视电话会议上，钟公庙街道诚尽法律服务所获省“法律援助工作先进集体”称号。

同日，今冬明春消防安全工作暨消防平安镇村建设现场会在古林镇召开。据介绍，2009 年 1 月至 10 月，全区共接到火情报警 707 起，出水扑救火灾 199 起，因火灾死亡 4 人、受伤 12 人，直接财产损失 205.69 万元。

同日，大嵩地区首座 220 千伏变电所——咸祥变竣工投产。该变电所总投资 2 亿多元，历时 11 个月建成，是鄞州区第一座 GIS（母线、开关和刀闸连接为一体设备装置）变电所。

11 月 15 日，鄞州区长丰开发建设管理委员会召开“舟宿夜江”专家研讨会，与会专家就“舟宿夜江”的招商工作和今后的运营管理发表各自观点和建议。“舟宿夜江”项目由宁波长丰开发建设有限公司投资建设，总建筑面积约 5.2 万平方米，是宁波市“中提升”战略中的“十大功能区块”及鄞州区“十大功能区块”之一。

11 月 16 日，国家人力资源和社会保障部副部长张小建在省委组织部副部长、省人力资源和社会保障厅厅长乐益民，市委副书记郭正伟，区委副书记、区长薛维海等陪同下，考察新挂牌成立的欧琳高校毕业生就业见习基地。在听取欧琳高校毕业生就业见习基地建设情况汇报后，张小建表示，政府要积极出台各类政策，引导、鼓励大学生到民企就业，并为大学生创造良好的就业环境。

同日，宁波（鄞州）博物馆建设工程获 2009 年度中国建筑工程鲁班奖（国家优质工程）。博物馆的建筑方案由中国美术学院建筑学院院长王澍设计，浙江省二建建设集团有限公司承建，浙江省二建建设集团安装有限公司、浙江新中源建设有限公司、浙江森晟建设有限公司参建。工程总投资 2.5 亿元，于 2006

年8月31日开工，2008年10月竣工，总建筑面积3万余平方米，建筑主体3层24米。

同日，区政府向社会公布《关于〈浙江省村经济合作社组织条例〉贯彻和实施工作中社员资格认定和权益享受的指导性意见》，对在鄞外来户关心的相关热点问题进行解答。

同日，落户鄞州区的招商银行小企业信贷中心宁波区域总部举行开业庆典。招商银行小企业信贷中心是经中国银监会批准，国内银行首家拥有小企业信贷专营资格的金融机构。宁波区域总部是该中心在长三角地区设立的一级分中心。

11月17日，区贸易局、财政局、农林局和物价局联合发文，确定中等质量标准的订单粳稻谷收购价格为每50公斤102元，另加价外补贴12元，烘干补贴3元。承包面积20亩以上的种粮大户投售订单内外的粳稻谷，每50公斤还可直接补贴4元。

同日，景宁县东坑乡广播电视服务中心揭牌仪式暨鄞州区广播电视台援建捐款仪式在景宁县东坑乡举行。在援建捐款仪式上，区广播电视台向东坑乡广播电视服务中心捐款20万元。

11月18日，中华医学会健康管理学分会社区健康管理实验基地揭牌仪式在姜山镇社区卫生服务中心举行，这是国内首个落户农村的社区健康管理实验基地。健康管理实验基地挂牌后，将致力于加强对农村居民健康预防和干预，控制居民慢性病的发展，指导妇幼保健和残疾人的康复工作，宣传健康知识，向居民倡导健康的生活方式和理念。

同日，杉杉投资控股（集团）有限公司在郑州举行投资说明会，并与河南省政府签订全面合作框架协议，成为首家与河南省政府全面合作的民营企业。

同日，五乡中学新校举行落成典礼。新校舍总用地面积97亩，总建筑面积4万平方米左右，于2008年8月3日动工建设，2009年9月4日投入使用。

同日，宁波银行明州支行从江东区迁址鄞州新城区。该支行当天正式开通全区金融机构首条中小企业贷款24小时服务热线——87371505，全年365天、每天24小时为中小企业提供金融等方面的服务。

11月19日，省委、省政府召开浙江省第三届优秀中国特色社会主义事业建设者表彰电视电话会议，鄞州区雅戈尔集团股份有限公司的蒋群和浙江广博集团股份有限公司的王利平受到表彰。

11月20日，鄞州区召开专题会议，对全区工程建设领域突出问题专项治理工作作出部署。该专项治理工作分为广泛动员部署、深入排查问题、认真进行整改和巩固治理成果4个阶段，至2010年2月结束。

同日，区慈善总会、区总工会、区农办、区农林局联合举行 2010 年度“创业脱贫扶一把工程”扶助金发放仪式，136 户受助家庭获得户均 6000 至 2.5 万元不等的扶助金，合计发放扶助金 116.9 万元。

同日，鄞州区举行“清华校友鄞州行”合作发展交流会，33 位毕业于清华大学的创业家和鄞州区高新技术企业、新兴产业企业的 20 多位民营企业家代表进行交流洽谈。

同日，全区 2009 年办理普通住房买卖财政补贴累计 10943 户，首次突破 1 万户，补贴金额 5553 万元，其中契税补贴 7852 户，个人所得税补贴 3091 户。

11 月 23 日，区科协联合宁波海洋世界，举行“同在蓝天下，共爱一个家”海洋科普进校园活动，云龙镇曙光学校 400 多名外来民工子弟学校学生参加此次活动。

同日，第二届“全国中小学校长发展论坛”在鄞州区举行，来自全国各地的教育局相关领导及专家、校长 480 余人出席论坛。论坛回顾总结中国基础教育的成就和经验，研讨新形势、新任务下校长能力素质和发展之路，展望中国基础教育发展的美好未来。

11 月 24 日，市文物考古研究所和区文物管理委员会通报重大考古发现：两家单位联合在横溪镇栎斜村发掘 19 座古墓葬，墓葬时间跨度从三国到唐代达 600 余年，出土铜器、瓷器、陶器、铁器等各类文物 50 余件。

同日，市“平安家庭”创建工作推进会在鄞州举行。会上，区委常委、政法委书记王国定就鄞州区“平安家庭”创建活动作交流发言，并对宁波市“平安家庭”创建活动先进进行表彰。

11 月 25 日，国家技术创新工程浙江省试点工作动员电视电话会议召开，会议表彰全省 11 家国家创新型企业和 17 家省创新型示范企业。鄞州区博威集团有限公司创建成为国家创新型企业，宁波欣达集团有限公司、宁波雅戈尔日中纺织印染公司创建成为浙江省创新型示范企业。

同日，鄞江镇“十月十”庙会暨它山文化节开幕。庙会以“逛千年庙会、览风俗人情、探它山文化、促经济发展”为主题，举行非物质文化遗产展示、商品展销会观摩、它山文化研讨会、善政侯孚惠王出巡、它山山水书画展、“天天演”等活动。开幕式上，举行它山文化研究中心成立授牌仪式、它山慈爱文化基金捐赠仪式和《鄞州山水志选辑》《小溪志》首发仪式。

11 月 26 日，宁波南部商务区水街委托招商项目签约，香港时尚生活中心将全面负责水街今后的策划、招商和运营，运营期限为 5 年。核心水街地处宁波南部商务区 1 号地块，由美国马达思班设计事务所设计，商业用房面积 8.3 万平方米，总投资超过 5 亿元。整个水街以商务洽谈与休闲娱乐为定位，以南部商务区为主要服务对象，兼顾辐射新城区南区，以品牌化和特色化的餐饮、休闲、娱乐为主。业态基本配比初步确定为娱乐休闲 18%、特色餐饮 26%、精品购物 4%、酒店式公寓 25%、商务配套 18%、其他 8%。

11 月 27 日，农行鄞州支行从宁波江东区迁至鄞州新城区，成为全区首家搬迁至新城区的国有商业银行。

同日，《鄞州当代作家散文精选》举行首发式。该书由作家出版社出版，选编鄞州区 75 位作家的 95 篇散文作品。首发式上，向天一阁、市图书馆、区图书馆等单位举行赠书活动。

11 月 27 日—12 月 1 日，省农博会在杭州和平国际会展中心举行，鄞州区的“引发”“米氏”“天宫”“竹之韵”等 13 家农业龙头企业的上百种优质农产品参展。

11 月 28 日，鄞州区政府领导带领区农林、水利及各镇乡（街道）相关负责人，到山东省寿光县学习考察当地的近郊蔬菜产业。鄞州区政府领导一行实地考察寿光市蔬菜配送中心、蔬菜批发市场和三元朱村农业标准化生产基地。实地参观后，考察团一行表示深受启发和鼓舞。

11 月 30 日，区政协召开十四届三十二次主席会议。会议听取区司法局关于人民调解工作推进情况的通报，审议区政协十四届四次会议有关会务工作安排及 2010 年重点工作。

同日，据区经济发展局统计，2009 年前 10 个月，鄞州区规模以上工业企业累计实现利润 67.5 亿元，同比增长 4.5%，这是全区规上工业利润连续第二个月实现正增长。

同日，全区工业投入工作会议召开。会议指出，2010 年鄞州将加大工业投入，力争完成 138 亿元以上，比 2009 年增加 12%以上。

同日，鄞州区越剧团创排的新编越剧现代戏《孔雀东南飞》在中央电视台戏曲频道首播。该剧为市、区文艺创作重点项目之一，根据鄞州区高桥镇江南村孙莲芳的事迹改编。

12 月

12 月 1 日，共青团宁波市鄞州区第十七次代表大会开幕。296 名青年代表出席大会。大会审议通过洪峰代表共青团宁波市鄞州区第十六届委员会所作的工作报告，通过《代表常任制实施细则》和《关于深入实施团代表常任制的决议》。大会选举产生共青团宁波市鄞州区第十七届委员会，洪峰当选为新一届团区委书记。

同日，国家旅游局正式发文，批准天宫庄园休闲旅游区为国家 AAAA 级旅游区，成为继五龙潭景区、梁祝文化公园之后鄞州区第三家国家 AAAA 级旅游区。天宫庄园是全国农业旅游示范点、省首批三星级乡村旅游点、省农家乐特色示范村和省首批特色旅游村，内有景点 20 多个，是集体验绿色农村生活、购买绿色农副产品，参与休闲、娱乐、游览为一体的都市型休闲旅游区。2008 年，庄园接待游客 54 万人次，实现旅游收入 1112 万元。

同日，杭州市委常委、余杭区委书记朱金坤，区长姜军率领的余杭区党政代表团一行到鄞州参观考察。代表团一行先后参观 128 创新园区、南部商务区和新城区建设，盛赞近年来鄞州区经济社会发展取得的显著成绩。

同日，全省检察机关科技强检工作会议在鄞州区召开，研究部署当前和今后一个时期全省实施科技强检工作的主要任务和措施，进一步推进科技强检工作。区人民检察院在会上作典型发言。

12 月 2—3 日，区委召开读书会。参加会议的全区领导干部通过视频集中观看《赵洪祝书记在全省领导干部党风廉政建设会议上的重要讲话》电教片；区党政两套班子领导成员和人大、政协主要领导，交流 2010 年工作思路和创新性举措。

12 月 3 日，由中国工程院、中国科协、中国科学院和科技部共同组织的院士专家一行 10 人，到鄞州调研企业“院士工作站”的建设及运作情况。调研组一行来到浙东精密铸造有限公司，通过实地考察和座谈，了解公司“院士工作站”的基本情况，并对鄞州区科协积极引导鼓励企业建立“院士工作站”工作予以充分肯定。

12 月 4 日，“牵手历史——首届中国博物馆十佳志愿者之星”颁奖晚会在宁波（鄞州）博物馆举行。“首届中国博物馆十佳志愿者之星”评选活动由中国博物馆学会、宁波市文化广电新闻出版局共同主办，历时 3 个多月，经专家组评审后，来自全国 20 家博物馆推荐的个人或团体成为“十佳志愿者之星”和“十佳志愿者之星”提名奖获得者。其中，宁波（鄞州）博物馆推荐的宁波诺丁汉大学青年志愿者协会荣获“首届中国博物馆十佳志愿者之星”。

同日，中国博物馆学会志愿者专业委员会成立大会和中国博物馆志愿者论坛在宁波（鄞州）博物馆举行。来自全国 30 余家博物馆的代表和优秀志愿者代表参加活动。大会通过《中国博物馆学会志愿者专业委员会章程（草案）》，选举中国博物馆学会志愿者专业委员会第一届常务委员会委员，宁波（鄞州）

博物馆馆长褚晓波当选第一届常务委员会主任委员。

同日，鄞州区被省民政厅命名为省级基层低保规范化建设示范区，邱隘镇被命名为省级基层低保规范化建设示范镇，云龙镇王兴岙村、集士港镇岳童村、东吴镇西村被命名为省级基层低保规范化建设示范村。

同日，浙东精密铸件有限公司收到美国专利局的函文，称其自主研发的薄膜奥氏体增韧的马氏体耐磨铸钢材料及其生产方法正式被授予美国发明专利。这是鄞州获得的第六项国际发明专利。

12 月 6 日，浙商证券在宁波的第一家营业部——宁波四明中路证券营业部开业。至年底，该证券营业部客户资产量为 1.9 亿元，其中 A 股、基金、权证交易额 72498.05 万元，累计新增账户 555 户，累计佣金 56.38 万元。

同日，据省知识产权局统计数据显示，2009 年前 10 月，鄞州区专利申请量 4247 件，专利授权量 3006 件，均位居宁波市第一位。

12 月 7 日，“发现中国·魅力小城”评选结果在嘉兴市乌镇揭晓，姜山镇走马塘村从全国 50 多个候选地中脱颖而出，成为 18 个各具特色的“魅力小城”，这也是浙江省唯一入选的乡村。“中国进士第一村”走马塘村以其青砖、灰瓦、马头墙等明清古建筑与天圆地方的村落格局，获得首个田园乡村魅力奖。

12 月 8 日，松阳县委书记林健东率领的党政代表团一行，到鄞州考察工业经济发展、城市化建设和新农村建设情况。代表团一行先后来到姜山镇翻石渡村、奥克斯集团和宁波南部商务区等地考察，并举行两地工作交流座谈会。

同日，浙江洋普重机有限公司与日本三菱重工就引进船用低速柴油机生产技术举行签约仪式。按照协议，三菱重工将为企业提供整套技术资料及生产工艺，在技术引进、技术转化及在以后的生产过程中提供服务和指导，并协助开展销售和售后服务工作。浙江洋普重机有限公司成功引进该生产技术后，将填补我国 6000 马力以下低速柴油机生产制造领域的空白。

12 月 9 日，由国家文物局举办的“聚焦中国文化遗产”摄影图片展在鄞州区石碶街道文化体育中心开展。摄影图片展共展出图片 200 余幅，展期半个月。

12 月 9—11 日，中国最主要、最专业的汽车零配件及售后市场贸易平台——2009 年上海法兰克福汽车零部件展在上海新国际博览中心举行，鄞州区 39 家汽配企业参展，共获得展位 50 个，其中多为 A 类特装展位和光地展位。

12 月 10 日，省委常委、市委书记巴音朝鲁一行，来鄞州检查党风廉政建设工作。鄞州区委领导向市党风廉政建设检查组一行汇报全区落实党风廉政建设责任制工作情况。检查组还通过个别谈话、廉政测评、查阅资料、举行反馈会等形式进行检查。

同日，区十六届人大常委会举行第二十二次会议。会议听取并审议关于2009年区本级财政收支预计完成情况和预算调整意见的报告，关于生态区建设情况的报告。会议听取并审议关于召开区第十六届人民代表大会第四次会议的议案提请，审议通过区十六届人大四次会议议程草案、日程草案。会议讨论并原则通过区人大常委会2010年工作要点。审议通过区人大代表辞职事项，区人民法院有关人事免职事项。

同日，区第二届高素质新型农民签约暨乡土人才表彰会举行。67位农民成为区新一批高素质新型农民，20位乡土人才受到表彰，并获得鄞州银行颁发的“快乐成长科技支农基金”。

同日，太保财险鄞州支公司全年保费收入达到10026万元，首次超过亿元，同比增长53%。

12月11日，温州市龙湾区委书记王祖焕，区委副书记、区长陈玲玲率领党政代表团到鄞州考察。代表团一行先后参观考察宁波（鄞州）博物馆、南部商务区和万达商业广场。代表团认为，鄞州区形成的一系列经验和做法值得龙湾学习，希望两地携手合作，优势互补，共谋发展赢未来。

同日，长兴县委书记、县人大常委会主任刘国富率领党政考察团一行，到鄞州考察城市发展和新农村建设情况。考察团一行先后来到南部商务区、128产业园和下应街道湾底村，详细了解鄞州区相关建设和发展经验。随后举行两地工作交流会。考察团成员表示，要认真学习鄞州的成功经验和做法，推进经济社会发展。

同日，鄞州区召开部分重大项目汇报会。会上，区规划分局汇报南部商务区三期、它山谷地—章溪河谷、环球城、梁祝文化产业园4个重大项目的规划情况。会议要求，抢占投资机遇，强势推进项目建设，找准业态定位，做出特色。

12月12日，鄞州区第三次全国文物普查野外调查结束。此次普查从2008年2月27日开始，历时20个月，共登录不可移动文物2157处，其中新发现1984处，复查173处。

12月14日，文化部发布关于全国文化先进县复查结果的通知，鄞州区通过复查，继续保留2001年获得的“全国文化先进县”称号。

同日，从省农业吉尼斯委员会办公室获悉，姜山镇蔡朗桥村种粮大户卢方兴种植的102亩“甬优12”单季杂交机插晚稻平均亩产738.1公斤，创造省吉尼斯晚稻百亩方高产纪录。这是继2008年洞桥种粮大户许跃进后，鄞州区又一种粮大户创造的全省种粮高产纪录。

12月15日，市委常委、副市长余红艺到鄞州区调研工业经济运行情况。余红艺一行先后考察雅戈尔集团、欧琳集团、宁波汽车零部件检测中心和创新128园区，并听取中物院技术转移中心宁波分中心和浙江清华长三角研究院宁波鄞州创新中心有关情况的汇报。余红艺充分肯定鄞州区政府和企业的转型发展思路和应对举措。

同日，全区电网建设工作会议召开。会议指出，2007年至2009年，全区共新建、扩建4座220千伏变电所、12座110千伏变电所和3座35千伏变电所，建成500千伏天河输电线、220千伏江东输电线等15条线路，新增变电容量230万千伏安，建成输电线路246公里，累计完成投资15亿元。其中，2009年全区电网建设投入近10亿元，新增容量160.25万千伏安，新建输电线路133公里。

同日，据统计，全区小城镇建设提前超额完成年度任务。各镇乡（街道）完成拆迁面积120.3万平方米，完成年度任务数的126.7%；完成新建建筑面积203万平方米，完成年度任务数的213.7%；全社会投入建设资金80.7亿元，完成年度任务数的102.1%。

12月17日，由中央政策研究室学习与研究杂志社和市委政策研究室主办的2010年全国部分省区市政策理论咨询会在鄞州区召开。会上，区委副书记陈振国向与会嘉宾介绍鄞州近年来经济社会发展有关情况，来自河北、山西、内蒙古等11个省区市政策研究室的专家进行研讨、交流。

同日，区人大常委会召开第二十七次主任会议，听取区人大代表建议办理“回头看”活动开展情况的报告。

同日，全区中小学校舍安全工程工作会议召开。会议指出，全区中小学校舍安全工程实施时间为2009年到2011年，实施范围为城市和农村、公办和民办、教育系统和非教育系统举办的所有各级各类中小学校。校舍安全排查工作于2009年8月31日结束，共排查145所学校校舍1003幢，总建筑面积139.5万平方米，部分学校在防雷安全、消防安全、洪涝灾害和地质灾害隐患等方面存在不同程度的安全隐患。

12月18日，由区雪菜协会申请的“鄞州雪菜”证明商标，经国家工商总局商标局核准，成功注册地理标志证明商标，实现鄞州区农产品地理标志证明商标零的突破。

同日，同三高速出口鄞南连接线工程通过竣工验收并通车试运营。该工程位于姜山镇，总投资1.4亿元，涉及天童南路延伸段、姜茅公路、宁姜公路、姜山人民路等4条公路，改造路线全长2.065公里。

12月19日，由宁波金星物流公司投建的鄞州区农村综合物流货运中心正式投入运营。该项目位于石碶街道栎社村金星物流基地，占地68亩，物流用房总面积3.8万平方米，堆场及停车场2.5万平方米，是集公路、航空、物流配套服务于一体的大型综合物流基地。2009年4月，该项目被列入国家物流业调整和振兴项目以及第三批扩大内需计划项目，获得国家扶持资金150万元。

12月20日，中国民主同盟宁波市鄞州区总支部委员会成立，夏素贞当选为主委，蔡培润当选为副主委。总支部拥有成员50人，其中高级职称32人、中级职称12人。

同日，据宁波海关驻鄞州办事处统计，1月至11月鄞州区高新技术产品外贸额达2.2亿美元，同比增长1.8%。其中，11月出口2445万美元，增长1倍，为2009年以来最大增幅。

同日，区人大常委会组织部分市、区人大代表走进社区，面对面听取民意，现场解决、答复居民提出的建议、意见。参加活动的14名市、区人大代表在宋诏桥中学现场接待120余位社区居民，听取建议、意见208件，其中，现场解决27件，现场答复43件，需协调解决的138件。

12月21日，国家环境保护部部长周生贤一行到鄞州考察。周生贤一行实地考察下应街道湾底村，参观“农村新貌”、植物园等地。他表示，湾底村经济发展、人民幸福，是全国社会主义新农村的一面旗帜。

同日，钟公庙街道凌江社区居委会设立。该社区所辖范围东起广德湖路，南接鄞县大道，西至奉化江，北到四明西路，由繁裕三村、钟公庙中学、钟公庙小学、钟公庙街道办事处等辖区单位组成，占地面积0.9平方千米，总户数2371户。

12月22日，鄞州区获国家创新基金工作先进单位荣誉称号，为宁波市唯一受表彰的单位。10年来，鄞州区级科技经费累计到位配套资金近1000万元，推荐国家基金项目106项，被批准立项44项，其中创新基金立项率为41.5%，争取国家资金数2745万元。在国家创新基金承担单位中，累计有31家企业被认定为国家高新技术企业；建有国家级企业技术中心1家、省级研发中心8家、市区级企业工程中心14家；设立博士后工作站3家。

同日，全区政府投资项目协审工作暨廉政建设会议举行，参与2010至2011年度政府投资项目协审工作的16家社会中介机构约300人参加会议。这是区政府投资项目审计中心通过公开招标，采取“资格入围、年度协审、动态排名”方式，面向全省进行的第三轮协审组织工作。

12月23日，“海外清华学子浙江行”活动来到鄞州，40位清华学子参观鄞州区创新128园区、南部商务区，与鄞州部分高新技术企业、新兴产业企业以及创业创新平台负责人寻求合作发展。

同日，由区文广新局申报的“明珠工程——乡镇综合文化站建设的崭新模式”获首届浙江省基层公共文化服务创新一等奖。

12 月 24 日，区政协召开十四届三十三次主席会议。会议审议政协第十四届宁波市鄞州区委员会常务委员会工作报告（讨论稿）和提案工作情况报告（讨论稿），审议关于召开区政协十四届四次会议决定（草案）、议程（草案）、日程（草案）等。审议区政协有关委员调整事项。

12 月 25 日，区委召开十二届八次全体（扩大）会议。会议贯彻落实党的十七届四中全会、中央经济工作会议精神和省委、市委决策部署，动员全区各级党组织和广大干部群众，乘势而上、以调促增，克难攻坚、优化升级，奋力推进经济社会又好又快发展，全面增创鄞州科学发展率先发展新优势。会上，组织开展领导班子、领导干部述职评议和干部选拔任用工作公开评议，并进行相关民主测评。会议对年末岁初工作进行部署。

同日，鄞州人民医院潘亚梁、东吴小学陈朝峰和宁波立华制药有限公司周海滨获评 2009 年度宁波市有突出贡献专家。至此，全区拥有享受国务院特殊津贴专家 5 名、国家级和省级有突出贡献专家各 1 名、市级有突出贡献专家 8 名、市“4321 人才培养工程”第一、二层次人选 14 名。

12 月 29 日，华特迪士尼（上海）有限公司与宁波市信息产业局、鄞州区政府举行签约揭牌仪式，宣告华特迪士尼（上海）有限公司宁波分公司正式落户鄞州。华特迪士尼宁波分公司选址鄞州南部商务区，重点发展互联网及动漫信息技术产业。这是迪士尼在中国大陆的第四个直接投资项目，是美国本土以外首个网络动漫制作基地。

同日，区政协召开专题协商会，就 2010 年财政预算、2009 年预算调整方案及 2009 年政府负债情况进行专题协商。

同日，鄞州区非物质遗产保护中心在区文化馆挂牌成立。据统计，全区共有国家级非遗名录 4 项、省级 14 项、市级 35 项、区级 42 项；拥有国家级传承人 2 名，省级传承人 8 名，市级传承基地 8 个、传承人 8 名，区级传承基地 27 个、传承人 32 名，教学传承基地 18 个；拥有非物质文化遗产馆（博物馆）22 座。2009 年，全区非遗精品在参加各类非遗展览中获国家级和省级奖项各 4 个。成立仪式上，15 个区非遗保护工作先进集体和 10 名先进个人受到表彰。

同日，鄞州区召开第六次人口普查第一次领导小组扩大会议，研究部署第六次人口普查相关工作。这次普查的主要内容是人口和住户基本情况，包括性别、年龄、民族、受教育程度、行业、职业、迁移流动、社会保障、婚姻生育、死亡、住房等情况。普查填表登记的对象基本确定为现有人口加户籍外出人口。普查标准时点为 2010 年 11 月 1 日零时，普查登记采取以户为单位，由普查员按照逐户查点询问、当场填报的方式采集数据，全部工作大约用时 3 年。

同日，全区农村公路管理养护体制改革工作会议召开。会议提出，要大力推进农村公路管理养护体制改革，创造“畅、洁、绿、美、安、优”的农村公路通行条件。截至年底，全区农村公路总里程达 1445 公里，占全区公路总里程的 90%，其中县道 439 公里，乡道 290 公里，村道 716 公里，路网密度突破 120 公里/百平方公里。

同日，全区“信用村镇”创建动员会议召开。根据安排，力争用 3 年时间，在全区建立信用农户、信用村、信用镇“三位一体”的信用体系。

12 月 30 日，区审计局被国家人力资源和社会保障部、审计署授予“全国审计系统先进集体”荣誉称号，这是宁波市审计系统唯一受到表彰的先进集体。

同日，省委常委、常务副省长陈敏尔视察鄞州区的宁波水木动画设计制作有限公司。水木动画公司于 2008 年 11 月落户鄞州，是全省产量最高的动漫企业。陈敏尔参观后，充分肯定鄞州大力发展软件动漫产业战略。

同日，市人大代表鄞州中心组视察宁波市轻轨交通建设情况。视察组一行实地视察宁波市轻轨交通海晏北路站和福明路站建设现场，详细了解项目规划、进展等情况。视察组认为，宁波市轻轨交通建设总体规划好，进展速度快。

同日，区工商联召开九届五次执委扩大会议。会议总结一年来区工商联服务地方经济社会发展所作的贡献，明确 2010 年的工作目标。

同日，为期 3 个月的全区社会治安“冬季行动”启动。至 31 日，区公安分局打掉各类犯罪团伙 7 个，抓获网上逃犯 6 名，破获刑事案件 10 起。

12 月 31 日，为期近 4 个月的全区第九次“慈善一日捐”活动结束，共募集善款 6000 万元。至此，全区已累计募集善款 4.7 亿元，其中“慈善一日捐”活动募集善款占到总额的 52%。

同月，新穿咸线竣工通车。该工程总投资约 7275 万元，于 2008 年 10 月开工，道路全长 2470 米，宽 30 米，途经东一、东二、南一、南二、岐西、唐家等 6 个行政村。

2010年

1月

1月1日，根据民政部门调查摸底，全区将有12355个困难家庭享受到春节“送温暖”扶助。慰问金发放的具体标准为：列入生活困难的家庭，城镇标准为每户（人）900元，农村标准为每户（人）600元。

同日，据区慈善总会统计，2009年全区共募集善款1.1亿元，发放扶助金8135万元，惠及全区1.8万户（次）困难群众家庭。

同日，《宁波市鄞州区乡村公路路政管理办法》正式实行。区交通行政主管部门主管区乡村公路路政管理工作，区公路管理机构负责具体实施。镇乡（街道）应依照本办法协助做好本辖区内乡村公路路政管理工作，村组织应协助做好相关村道的路政管理工作。

1月2日，据区慈善总会公布的数据显示：2010年，区慈善总会计划安排6167万元，用于救助全区贫困家庭。其中，“四助一赈”安排596万元，“八大工程”安排860万元，春节“送温暖”安排650万元（含50万元物资），各慈善分会自主扶助金及全区“企业留本冠名基金”增值捐赠等用于各类救助预算支出2436万元。

同日，区财政局发布信息：2009年，鄞州全年财政收入达1450888万元，同比增长8.5%。继2008年财政收入规模首次跃居全省各县（市）区首位后，蝉联全省第一。其中，完成中央财政收入617929万元，同比增长1.6%；地方财政收入832959万元，同比增长14.4%。

同日，区农林局发布信息：鄞州区姜山镇蔡郎桥畈和定桥畈2个粮食功能区内的1万余亩标准农田被定为质量提升工作的试点，该项工作在2010年正式启动。全市实施这一试点工作的还有余姚、奉化、象山、宁海等4个县（市）。

1 月 3 日，鄞创科技孵化器管理服务有限公司成功通过国家科技部评审，被授予国家高新技术创业服务中心称号。

同日，“康慧君贫困学生助学金”发放仪式在甬港饭店举行，50 名鄞州区贫困生每人领到 2000 元扶助金。“康慧君贫困学生助学金”由港胞康慧君女士和其先生徐鸣翔于 2006 年建立，每年出资 10 万元，定向定期资助 50 名鄞州籍贫困高中生、大学生，直到资助对象完成学业。

1 月 4 日，宁波市外经贸局发布信息：在浙江省商务厅公布的第二批“浙江出口名牌”企业名单中，鄞州区有欧琳、华茂、GAO 等 7 个品牌上榜，占全市总数的 28%。至此，全区已拥有国家、省、市、县四级出口名牌 43 个，全区自主品牌出口比重达 20%。

同日，“2009 年度鄞州十大新闻”评选活动启动，这是鄞州区首次开展的年度十大新闻评选。评选投票截止时间为 1 月 8 日，同时，可以通过登录鄞州新闻网 www. yzhnews. com. cn 进行网上投票。

同日，鄞州区召开老干部情况通报会。区委副书记、区长薛维海向老干部通报 2009 年全区经济社会发展情况及 2010 年工作的主要思路。

同日，鄞州区举行离退休老领导座谈会，就政府工作报告和政府工作，向老领导、老干部征求意见。与会老干部围绕 2010 年政府工作报告，以及政府工作的指导思想、主要目标及重点工作发言。此外，老领导们还就节能减排、控制房价、完善污水处理设施、加强干部自身学习等提出不少建议。

同日，省委、省政府召开全省经济工作电视电话会议，号召全省上下要坚持把调结构促转型作为今年经济工作的重中之重。区领导薛维海、毛春阳、李国宏、黄新山、王洪平、毛瑞福等在鄞州分会场参加会议。

1 月 5 日，省委巡回检查组一行来鄞州检查第三批深入学习实践科学发展观活动。在第三批学习实践活动中，鄞州共有 21 个镇乡（街道）、416 个行政村（社区）、733 家企事业单位的 1656 个党支部、32988 名党员参加，已圆满完成学习调研、检查整改阶段各项任务，正在全力推进巩固提高阶段各项工作。检查组对鄞州区在开展第三批学习实践活动中取得的成果予以高度肯定。

同日，区第十六届人大常委会举行第二十八次主任会议。会议听取并讨论 2010 年全区和区级预算草案，区农林局、外经贸局、文广新闻出版局 2010 年部门预算和钟公庙街道 2010 年财政预算草案。

同日，古林镇被省关注森林委员会授予“浙江省森林城镇”称号，这是全区第一个获此荣誉的城镇，也是 2009 年宁波市唯一获得该称号的城镇。该镇累计创建省级绿化示范村 3 个、市级绿化示范村 14 个，绿化河道近百公里；全镇建成区林木覆盖率达25.2%，人均公共绿地面积达11.2平方米。

1月6日，市委副书记陈新、副市长徐明夫一行，走访慰问鄞州区云龙镇上李家村困难群众，并送上慰问金和慰问品。

同日，区领导走访慰问宁波军分区官兵，向他们致以节日问候并送上慰问金。

同日，区领导分组来到全区各地，看望慰问困难群众，向他们送上慰问金和慰问品，并送上新年祝福。

同日，区政协召开十四届三十四次主席会议。会议审议区政协十四届四次会议决议（草案），区政协十四届四次会议选举办法（草案），区政协十四届四次会议大会选举总监票人、监票人名单（草案），以及有关委员调整事项和有关人事调整事项。

同日，鄞州区召开农村工作指导员和科技特派员工作会议。会议表彰第五批指导员工作先进单位和优秀指导员，对第六批下派农村指导员、科技特派员工作进行动员。

同日，全省农村医疗卫生服务体系建设和改革工作电视电话会议召开。会议要求各级医疗卫生部门要积极推进有浙江特色的农村医疗卫生服务体系建设和改革，使人人享有最基本的医疗卫生服务。区卫生系统相关部门主要负责人在鄞州分会场参加会议。

同日，区第十六届人大常委会举行第二十三次会议，初步审查2010年区国民经济和社会发展计划草案、全区和区级预算草案的报告。会议原则通过区人大常委会工作报告（征求意见稿），征求对区人民政府工作报告（征求意见稿）的意见。会议通过关于表彰2009年度代表优秀建议、代表建议办理先进单位的决定。会议补选陈仲朝为市第十三届人民代表大会代表。会议还通过有关人事任免、代表辞职事项。

1月7日，区人大常委会和“一府两院”领导分6组走访辖区内的区十六届人大代表以及在鄞的全国和省、市人大代表，听取人大代表对区人大常委会和“一府两院”工作的意见建议，征求对区人大常委会、区政府和“两院”工作报告（征求意见稿）的意见建议。当日下午，区人大常委会与“一府两院”召开联席会议，通报区人大常委会与“一府两院”领导走访人大代表征集意见建议和今年区人大常委会工作要点（草案）等情况。

同日，区政协召开十四届十四次常委会议。区委副书记、区长薛维海就《政府工作报告》起草情况作说明。会议协商讨论“一府两院”工作报告（征求意见稿）；协商区人大常委会副主任建议人选；讨论并原则通过《政协第十四届宁波市鄞州区委员会常务委员会工作报告》（讨论稿）《政协第十四届宁波市鄞州区委员会常务委员会关于提案工作情况的报告》（讨论稿）；审议并通过关于召开区政协十四届四次会议的决定、议程（草案）、日程（草案）；审议通过区政协委员及人事调整事项；听取《统计法》专题讲座。

1 月 8 日，区委、区政府召开全区经济工作会议，全面贯彻落实中央经济工作会议精神，认真总结 2009 年经济工作，研究部署 2010 年经济工作。会上，“星耀鄞州”最具影响力企业家、鄞州区第二届优秀中国特色社会主义事业建设者、鄞州区第三批和谐发展企业标兵单位、十大纳税工业企业、十大工业技改示范企业、十大创新型示范企业、十大国际市场拓展先进企业、十大现代服务业先进企业、外资引进突出贡献奖、2009 年度镇乡（街道）经济发展竞赛优胜奖、2009 年度镇乡（街道）经济发展竞赛升位奖等一批经济工作先进单位和个人受到表彰。奥克斯集团董事长郑坚江、宁波先锋新材料股份有限公司董事长卢先锋、姜山镇、鄞州投资创业中心、区供电局等在会上作典型发言。

同日，据区总工会权益服务中心统计，2009 年区“12351”工会职工维权热线共受理来电来访 1002 件，比 2008 年减少 15%。其中权益服务中心直接办结案件 109 件，为职工成功讨酬 606 万元。

1 月 10 日，据统计，2009 年全区完成交通建设总投资 16.5 亿元，征用土地 8084 亩，拆迁各类房屋约 37 万平方米。

同日，据统计，全区人才培训强区建设每万人拥有人才数达到 963 人，位居全省各县市区前列。

1 月 11 日，据区财政局数据统计，2009 年全区用于民生支出 49.3 亿元，占财政支出的 67%。

同日，欧琳集团与上海世博局在世博大厦签署协议，欧琳正式成为中国 2010 年上海世博会第一家厨具指定供应商。

同日，区政府召开第六次全体（扩大）会议，讨论即将提交区十六届人大四次会议审议的《政府工作报告》，研究部署当前政府工作。

同日，中共中央、国务院在北京人民大会堂举行 2009 年度国家科学技术奖励大会。宁波普天通信技术有限公司参与的《基于大型通信网络和多业务的综合网管技术及应用》项目和奥克斯集团参与的《无线多媒体通信传输与终端系统关键技术的创新及应用》项目，获得 2009 年度国家科技进步奖二等奖。这是鄞州区首次获得国家级科技进步奖，标志着鄞州科技创新取得重大突破。

1 月 12 日，鄞州区第三批甲流疫苗接种工作正式启动。此前，全区已有 3.6 万余人接种甲流疫苗。

同日，区第十六届人大常委会举行第二十四次会议。会议听取和审议关于区十六届人大四次会议筹备工作情况的报告。会议还听取区十六届人大四次会议有关名单（草案）的说明，审议并决定区十六届人大四次会议列席人员名单；听取和审议2009年规范性文件备案审查工作的报告；审议并通过区人大常委会代表资格审查委员会关于区人大代表变动和代表资格审查情况的报告；听取市人大代表鄞州中心组2009年代表履职情况的报告。

1月13日，鄞州区举行新闻界新春团拜会。新华社、人民日报社、光明日报社、经济日报社、中央人民广播电台等国家和省级驻甬新闻单位负责人及市级新闻单位负责人受邀参加团拜会。

同日，全区“森林鄞州”创建工作会议召开。据会议通报，全区共有林业用地101.8万亩，森林覆盖面积98万亩，森林覆盖率49.04%；主要通道两侧绿化面积达到668万平方米；公园绿地面积总计达271.12公顷。此外，建成省级绿化示范村14个、市级绿化示范村109个。

同日，在鄞州的市政协委员一行10余人赴古林镇视察“森林鄞州”创建工作。委员们实地视察古林镇中心公园、望春工业园区的云林中路、包家村幸福公园和安置小区等绿化情况，并分别听取鄞州区开展“森林鄞州”创建工作及古林镇“森林城镇”创建工作情况通报。委员们对鄞州区“森林鄞州”创建工作予以充分肯定和高度评价。

同日，市生态办对鄞州2009年度生态市建设和环境保护工作任务考核汇报会召开。会议指出，2009年鄞州共安排生态环境保护资金6.4亿元，发放补助资金215万元，超额完成年度污染物减排任务，化学需氧量和二氧化硫排放量较2008年分别减排255.8吨和283.14吨，分别消减5.6%和7.2%。

同日，下应街道湾底村被司法部、民政部联合授予“全国民主法治示范村”荣誉称号。该村是继五乡镇明伦村后，鄞州区第二个获得此项荣誉的行政村。

1月14日，鄞州区召开全区深化医药卫生体制改革动员会。会议指出，要大力推进农村（社区）卫生事业改革发展，认真总结经验，加快完善公共卫生服务、医疗卫生服务、医疗卫生保障、药品供应保障等四大体系。

同日，鄞州区召开全区安全生产工作会议。会议确定2010年工作重点：确保事故起数、死亡人数和直接经济损失数“零增长”，并力争有所下降，确保不突破上级下达的安全生产控制指标，杜绝重大事故的发生。

同日，上海长征医院与鄞州人民医院举行协议签约仪式。协议约定，鄞州人民医院将本院疑难杂症病人推荐转诊到上海长征医院诊治，上海长征医院将定期派遣老专家到鄞州人民医院坐诊和开展手术。

同日，区慈善总会“春节送温暖”活动第一站走进姜山镇，16 户贫困家庭领到 5.6 万元扶助金。此次“春节送温暖”活动，区慈善总会和镇乡（街道、两中心）联合安排 600 万元扶助金和 50 万元扶助物资，用于救助全区贫困家庭。其中，100 户特困重大病患者家庭，每户将获得扶助 6000 元。

同日，鄞州区 12355 青少年服务中心成立。全区青少年只要拨打 12355，就能得到心理咨询、法律咨询、就业推荐、创业支持、助学申请等专业服务。

1 月 15 日，区委召开区委中心组理论学习（扩大）会。会议邀请中央党校教授、《学习时报》副总编辑钟国兴作题为《学习型政党和学习型组织》的辅导报告。

同日，全区水利工作会议召开。会议总结 2009 年全区水利工作，明确 2010 年水利工作的主要任务，表彰 2009 年度全区河道水库水源清草保洁先进单位。

同日，据统计，2009 年区劳动和社会保障局劳动监察大队为 3100 名农民工清欠工资 916 万元；全区 22 个劳动保障监察中队受理举报投诉案件 1600 件，为 1553 名农民工清欠工资 1279 万元。来自区劳动监察大队的数据显示，2009 年该大队受理欠薪案件 605 件，同比减少 34%，但其中群体欠薪案件有 78 件，同比增加 75%。

同日，2009 年度鄞州十大新闻评选结果揭晓。十大新闻分别是：沧海路（鄞州段）全线通车、“天天演文化惠民”工程启动、区委区政府重奖 40 家风云企业、“十大功能区块”和“八大产业基地”建设全面推进、徐兆芳钱赛娟事迹引起社会强烈反响、鄞州新城区荣获联合国人居奖（中国）优秀范例奖、鄞州科技实力首次跃居全省县市区首位、梁祝爱情节获中国最有影响力节庆奖、鄞州城乡统筹发展水平高居全省首位、迪士尼网络动漫项目落户鄞州。

同日，据统计，2009 年新增就业岗位 21611 个，转移农民就业 21057 人，完成各种劳动力培训 25318 人次；全区有 42 个社区、266 个村、12 个居委会达到充分就业村（社区）创建标准。全年超额完成区政府提出的预定目标。

同日，2009 年度“浙商新锐榜”揭晓，利时集团董事长李立新成为以“转型升级中的新动力”为标志的浙商新锐代表人物之一。在 13 名“年度新锐浙商”中，他是唯一的宁波籍企业家。

同日，全区学前教育工作推进会召开。2009 年，全区学前教育发展专项资金从 2008 年的 1200 万元增加到 2000 万元，学前教育基础设施建设补助经费从 2008 年的 400 万元增加到 2000 万元。

同日，宁波军分区指挥系统信息化建设交流现场会在鄞州召开。会议指出，鄞州区人武部勇于创新、注重实效，在进一步规范基层武装部建设、完善人武部战备和应急指挥设施方面，特别是在“信息化建设”这一新课题方面先行一步，为宁波军分区指挥系统信息化建设提供了样板。

同日，全区交通工作会议召开。2009 年全区完成交通建设投资 16.5 亿元，超过过去 5 年交通建设投资的总和。2010 年全区交通建设计划总投资额达 16.4 亿元，完成征地 1052 亩，拆迁 40.5 万平方米。

1 月 16 日，全区“应对气候变化——千校万人同栽千万棵树”活动在区实验中学启动。鄞州现有森林面积近 100 万亩，森林覆盖率 49.04%。山上已实现绿化目标，今后的主要任务是：做深森林经营，大力推广珍贵树种，改善林相结构，提高森林质量。

同日，由农业部乡镇企业局、农业部农产品加工局联合人民日报、新华社、中央电视台等几十家新闻媒体共同评选的“2009 年中国农产品加工业十大新闻和十大新闻人物”暨“中国农村十大致富带头人”揭晓。宁波五龙潭蔬菜食品有限公司董事长陶礼明，获得“2009 年中国农村十大致富带头人”特殊贡献奖，成为第一位获此殊荣的鄞州企业家。

1 月 18 日，义乌市委书记黄志平率领义乌市党政代表团一行，到鄞州考察城市化建设情况。区委领导对代表团的到来表示欢迎，并介绍近年来鄞州经济社会发展和城市建设的相关情况。代表团一行先后来到宁波南部商务区模型室、建设工地和宁波（鄞州）博物馆进行考察后，对鄞州短短几年时间内将新城区开发到这一规模和档次表示赞赏，表示鄞州的经验和做法值得义乌学习借鉴。

同日，区政协十四届四次会议举行预备会议。会议通过区政协十四届四次会议议程，及区政协十四届四次会议日程。会议表彰区政协 2009 年度政协工作先进集体、单项工作先进、提案承办先进单位、优秀提案、优秀政协委员和优秀信息员。

1 月 19 日，市委副书记、市长毛光烈一行，到鄞州区视察重点交通工程——机场快速干道和 34 省道拓宽整治改造现场建设情况，并召开“治堵”协调会议。

1 月 19—22 日，中国人民政治协商会议第十四届宁波市鄞州区委员会第四次会议在区文化艺术中心召开。大会应到委员 295 名，实到委员 271 名。唐军代表十四届区政协常委会作工作报告，朱国富作十四届区政协常委会关于提案工作情况的报告。会议审议通过区政协十四届四次会议决议。会议增选薛玉生为政协第十四届宁波市鄞州区委员会副主席，补选产生王荣方、谢定裕、蔡桂芬等 3 名政协第十四届宁波市鄞州区委员会常务委员。会议还审议通过委员履行职责的若干规定。

1 月 20—23 日，区第十六届人民代表大会第四次会议在区文化艺术中心召开。大会应到代表 305 名，实到代表 295 名。区长薛维海代表区人民政府向大会作《政府工作报告》。大会通过关于政府工作报告的决议；通过关于区 2009 年国民经济和社会发展计划执行情况与 2010 年国民经济和社会发展计划报告的决议；通过关于 2009 年全区和区级预算执行情况及 2010 年全区和区级预算报告的决议；通过关于区人大常委会工作报告的决议；通过关于区人民法院工作报告的决议；通过关于区人民检察院工作报告的决议。大会补选产生区人大常委会副主任、区人大常委会委员，吴柏宏当选为区十六届人大常委会副主任，林子震当选为区十六届人大常委会委员。

1 月 21 日，由县委书记陈荣高率领的江西省万年县党政代表团一行到鄞州，重点考察经济社会发展、城市化建设、文化产业情况。代表团一行先后参观考察宁波（鄞州）博物馆、南部商务区和万达商业广场。并表示，鄞州在新城区建设过程中形成的一系列经验和做法值得万年学习和借鉴，希望两地今后能进一步加强交流与合作，促进双方的共同发展。

同日，在浙江省评出的“感动浙江卫生”的“十大人物”和“十大事例”中，“走在医改前列的鄞州模式”入选“十大事例”。这是浙江省第一次评选卫生系统的感动人物和事例，鄞州区是宁波市唯一获此殊荣的县（市、区）。此次“十大人物”和“十大事例”由普通市民通过网络、短信和书信的方式投票评出，评选共收到 600 多万次的网络投票和 38 万次的短信和书信投票。

1 月 22 日，鄞州区举行军地迎春茶话会，并向 16 个团级以下的驻鄞部队发放总计 53 万元的慰问金。

1 月 23 日，据区工商局统计的数字显示，2009 年度全区新设立各类内资企业 3435 户，与 2008 年同期相比，增长 25.27%；其中在新设内资企业一、二、三产业的比例中，第三产业所占的比例超过 50%。

1 月 25 日，全区科技工作大会召开。会议明确 2010 年科技工作目标：力争实现高新技术产业增加值占工业增加值 19%，新认定高新技术企业 10 家以上，新建市级以上企业工程技术中心及公共服务平台 10 家以上，全区企业研发投入占销售收入的比重达到 1.7%，实现授权专利 2500 件以上，科技孵化器面积达到 12 万平方米左右，软件动漫产值达到 15 亿元，科技综合实力继续保持全省领先的水平。

同日，鄞州区政府领导带领涉农部门负责人及镇乡（街道）农业负责人，到仙居县考察“三位一体”农业公共服务体系建设。鄞州区政府领导一行认真听取仙居县农业“三位一体”公共服务体系建设工作的经验介绍，并实地察看农业示范园区和镇乡农技责任“三位一体”示范站建设。

同日，全区金融工作会议召开。会议指出，截至2009年底，全区金融机构本外币各项存款余额1076.4亿元，全年新增存款242.06亿元，是2008年全年新增额的2.1倍；本外币贷款余额889.43亿元，新增贷款183.03亿元，是2008年全年净增额的2.02倍。

1月26日，由12个部门参与的鄞州科技、文化、卫生“三下乡”活动启动仪式在龙观乡举行。在活动现场，举行法律咨询、医疗保健、科普宣传、农技指导、文艺演出、“流动书库”进山村、赠送春联、“非遗”项目展示、有奖竞猜及优生优育、消费维权、家庭保健和幼儿教育等知识宣传和咨询活动。

1月27日，据统计，2009年鄞州农村居民人均纯收入13930元，同比增加1422元，增长11.37%，连续两年实现两位数增长。

同日，音王集团与宁波市接轨世博办签署协议，将为上海世博会宁波案例馆赞助价值100多万元的全套音视频线缆及音响系统。

1月28日，据统计，2009年，鄞州区实现地区生产总值（GDP）709.9亿元，按可比价格计算，比上年增长10%，增幅分别高于全省、全市1.1和1.4个百分点，总量稳居全省第二，这也是鄞州区GDP连续第14年实现两位数增长。

同日，省卫生强区考核办到鄞州区调研，指导省卫生强区创建工作。调研组一行查看鄞州区医疗卫生相关台账，与卫生系统各下属单位、机构负责人进行交流，并对鄞州区创建省卫生强区工作提出许多宝贵意见。

同日，据区财政局发布，2010年全区安排8100万元财政专项转移支付资金。区政府经研究确定，6个三类镇（乡）的9个项目为本年度财政专项转移支付项目，主要是基础设施建设、社会事业、生态环保等方面，涉及医院建设、供水工程建设、学校改造、文化中心改扩建等民生项目。根据区、镇（乡）分级负担的原则，对三类镇（乡）补助80%。

同日，鄞州区召开竞争力提升行动纲领领导小组会议，明确2010年竞争力提升工作的各项目标任务，要求各有关部门、镇乡（街道）一定要明确目标、强化执行，在新的起点上推进竞争力提升，努力推动区综合实力再上新台阶。

1月29日，鄞州区召开民主党派、无党派人士新春茶话会，区领导与全区各民主党派和广大无党派人士代表欢聚一堂，畅叙友情，共谋发展。

同日，全区旅游工作会议召开。会议指出，2009年全区接待海内外游客922万人次，同比增长18.56%；实现旅游总收入82亿元，同比增长16.81%。

同日，区第二家基层规划管理所——鄞东规划管理所在邱隘镇成立。鄞东规划管理所成立后，将负责邱隘、五乡、东吴三镇的规划管理工作。

1 月 30 日，全区 210 家单位组团参加在宁波国际会展中心举行的 2010 年首场大型毕洽会——宁波市第 21 届大中专毕业生洽谈会，共提供就业岗位 3200 个。当天，2948 人次与区企业达成初步就业意向。

同日，在北京召开的第二次全国经济普查工作座谈会暨总结表彰会上，鄞州区被授予第二次全国经济普查国家级先进集体荣誉称号。

1 月下旬，区领导分赴深圳、杭州、北京、上海等四地举行新春团拜会，向一直以来支持鄞州发展的各界朋友、乡贤致以节日的问候，并希望与会嘉宾一如既往地关心支持鄞州、宣传推介鄞州，多为鄞州改革发展献计献策，多为鄞州开放开发牵线搭桥。

同月，全区税收收入实现“开门红”：国税收入 10.48 亿元，同比增长 10.1%；地税收入 8.09 亿元，同比增长 9.9%。

2 月

2 月 1 日，据区科技局发布的数据，2009 年，宁波奥克斯电气有限公司、宁波先锋新材料股份有限公司、宁波市鄞州永林电子电器有限公司等 31 家企业被授予国家高新技术企业称号。至此，全区拥有国家高新技术企业 162 家，约占宁波市总数的 30%。

同日，鄞州区召开文艺精品表彰大会暨 2010 年度宣传思想工作会议。会议明确 2010 年全区宣传思想工作具体要抓好 5 个方面的工作。会上举行隆重的颁奖仪式。区文联、区档案局组织创作的图书《家国书》、区文广局和区文化馆组织创作的歌曲《钢筋班的棒小伙》、宁波水木动画有限公司创作的动画《十万个为什么剧场》和《中华五千年》等荣获全国、省、市精神文明建设“五个一工程”奖的作品，区文联组织创作的民间文学《梁祝文库》（歌谣上下卷）、咸祥镇组织创作的抬阁《蝶恋梁祝》、横溪镇陈盖洪领衔创作的木雕《万工轿》、区文化馆创作的小品《奴才明白》等在国家级、省级重大文艺奖项评选中的获奖作品受到表彰。会议还对荣获 2009 年度全区宣传思想文化工作创新大奖和 2009 年度思想文化工作创新奖的单位和项目进行表彰。

2 月 2 日，鄞州区举行军地领导新春招待酒会。区领导与东海舰队首长齐聚一堂，畅叙鱼水深情，共商双拥大计。区委副书记、区长薛维海代表鄞州区向东海舰队赠送慰问金。

同日，浙江省少工委五届四次全委（扩大）会暨“深入学习贺信 争当四好少年”现场会在鄞州召开。团省委书记周柳军充分肯定2009年全省少先队工作，并就深入学习贯彻贺信精神、做好新形势下全省少先队工作提出要求。会议通过省少工委委员、副主任、主任的卸职递补确认案。会议期间，与会代表还考察姜山镇翻石渡村“红领巾俱乐部”，参观农村少先队阵地建设和东南小学的红领巾童乐城、队室、民族团结展示馆。

2月3日，区委副书记、区长薛维海主持召开全区职业教育工作座谈会，听取5所区属职高发展情况介绍，与各区属职高的校长共同探讨交流当前全区职业教育发展工作。

同日，参加市政协十三届四次会议的市政协委员（鄞州区）联络小组成员集体提交《关于推进“森林宁波”建设工作的建议》提案，建议市政府以创建国家森林城市为契机，动员全市人民广泛深入持久地开展“森林宁波”建设活动，并以此为载体，带动县（市、区）森林生态建设工作。

同日，区委副书记、区长薛维海，副区长黄新山带领区安监、公安、工商、质监、城管、交通、建设、规划等部门的相关负责人，先后来到中河街道的宁波精成车业有限公司、邱隘镇的新江厦超市等区内重点工矿和商贸企业，开展节前安全生产检查。

2月4日，区审计工作会议召开。会议指出，2009年全区共审计和调查单位166个，查处违规金额超过2.1亿元，管理不规范金额19.4亿元。通过审计，为国家增收节支2.78亿元。

同日，澳大利亚Bufori汽车公司与宁波轿辰集团有限公司举行签约仪式，成立Bufori中国总经销公司。新公司落户古林镇。宁波轿辰集团是宁波地区规模最大的汽车销售服务企业，也是华东地区最具竞争力的汽车销售服务商之一。企业此次与Bufori汽车公司合作，将进一步带动鄞州区汽车及零部件制造产业的优化升级。

同日，全区旧村改造新村建设总结会议召开。会议指出，2009年，全区投入资金13.1亿元，新启动旧村改造新村建设村20个，主体结顶114.8万平方米，完成率达115%，走出一条以点带面、整体推进村庄整治建设的新路。

2月5日，全区基层文艺队伍总结表彰会召开。会上，咸祥镇嵩江越剧团、五乡镇越剧联谊会等10支优秀文艺团队，瞻岐镇谢孝龙、塘溪镇郑雪芬等12名优秀文艺骨干受到表彰。

同日，鄞州区政府领导在区农林、民政、新村办等部门负责人的陪同下，到章水、鄞江、洞桥等地检查安全生产工作。检查中，鄞州区政府领导指出，要高度重视安全生产工作，确保人民群众过一个幸福祥和的春节。

同日，新城区拆迁安置抽签在区委党校举行。此次是繁裕三期的第二批抽签，共涉及钟公庙街道铜盆闸、铜盆浦、新林、吴陆周、庙堰和首南街道萧皋碶的157户村民。繁裕三期于2007年6月动工建设，2009年3月竣工，占地面积10.2万平方米，总建筑面积20万平方米，总投资超过5亿元。

同日，由区贸易局和区农林局联合主办的第二届鄞州新春年货节开幕。此次年货节共展出面积5600平方米，设展位350个，吸引56万多人次进场。截至2月11日，7天展会交易金额达到1280多万元。

2月6日，由区总工会、区外来务工办联合主办，中国移动鄞州分公司协办的鄞州区优秀外来务工人员表彰暨“共建和谐鄞州　同过祥和新年”活动在鄞州银行举行。200余名优秀外来工代表、外来困难职工代表、外来工劳模代表参加活动。活动现场，20位2009年度鄞州区“优秀外来务工人员”受到表彰。

2月7日，参加市十三届人大五次会议的鄞州区代表审议政府、人大、两院工作报告。省委常委、市委书记、市人大常委会主任巴音朝鲁参加鄞州代表团的审议。

同日，据宁波海关统计，2009年鄞州进出口贸易额为74.1亿美元，同比下降7.3%，占宁波市外贸总额的12.2%，跃居宁波市首位。其中，进口17.4亿美元，出口56.7亿美元，实现贸易顺差39.3亿美元。

2月10日，鄞州举行各界人士新春团拜会。侨胞、侨眷代表，澳瑞集团有限公司总经理、区留学人员创业委员会会长周明杰，劳模代表、鄞州二院院长姚许平，教育系统代表、东吴中心小学副校长陈朝峰在会上发言。会后，与会代表观看文艺演出。

同日，据区慈善总会统计，全区264家企业建立企业留本冠名基金307个，累计总规模达5.4亿元。

同日，区委领导来到区信访局走访慰问信访干部，并向他们致以新春的问候。在座谈会上，区委领导听取信访工作汇报，并强调要创新矛盾化解机制，增强信访工作责任意识，为全区经济社会平稳较快发展作出积极贡献。

2月11日，副市长成岳冲率市、区的卫生、工商、贸易、食品药品监管等部门主要负责人，先后来到方兴食品公司屠宰场、沃尔玛超市和石浦大酒店，检查节前食品安全情况。

同日，新城区两条新干道正式通车。一条为金峨路，南起鄞州大道，穿越泰康东路、日丽东路、首南东路，北接鄞县大道，全长2882米，项目总投资1.38亿元。该项目从2009年2月26日开工，工期全长11个月半。另一条为鄞州大道东延伸一标段，西起钱湖南路，东至金峨路，全长约700米。该项目从2009年3月份开工，耗时8个月。

同日，作为公益性民生工程的半山忆·湖滨公园正式向游客开放。半山忆·湖滨公园紧临东钱湖游客服务中心，位于谷子湖西北角，项目总投资约2000万元，建成绿地面积近4万平方米，由水利文化广场、半山忆和湖畔休闲区三部分组成。

2月20日，区委、区政府召开全区推进“四大”优化升级动员大会，动员全区上下以最佳的状态、最优的作风，扎实推进经济结构调整、城乡建设水平、社会综合管理、群众生活品质“四大”优化升级。会上，区委常委、政法委书记王国定作信访稳定工作报告，区委常委、纪委书记周忠贤作反腐倡廉建设工作报告。会议还对2009年度部分市级以上先进集体进行表彰。

2月21日，据区纪委发布，2010年全区反腐倡廉建设三项主要工作已经确定，即：开展“效能建设提升年”活动、完善鄞州特色惩防体系、落实党风廉政建设责任制。

同日，据区交通局统计，以新城区为辐射中心，全区已基本形成“七纵十二横”的公路网骨架，路网总里程达到2145公里，其中穿越区辖区内的高速公路达110公里，一级公路160公里，公路网密度每百平方公里达到155.38公里。

2月22日，据区殡葬整治办公室发布，洞桥宣裴生态墓园和横街镇惠民大湾等7个生态墓园已获批准，至此，全区建成生态墓园44个，生态葬法真正覆盖所有行政村。

2月23日，在全省农村工作会议上，省委、省政府授予鄞州区“2009年浙江省社会主义新农村建设优秀单位”称号。

同日，贯彻实施《中国共产党党员领导干部廉洁从政若干准则》电视电话会议在北京召开。会议要求各级党组织充分认识贯彻实施《廉政准则》的重要性，从加强和改进新形势下党的建设的高度，切实抓好《廉政准则》的学习宣传和组织实施工作。区委副书记、区长薛维海，区委常委、纪委书记周忠贤以及区纪委领导班子成员、各镇（乡）街道、区级机关有关单位主要负责人等在鄞州分会场参加会议。

同日，阜阳市总工会相关负责人走访雅戈尔集团，就两地人力资源优化配置与对接支援，与市、区总工会负责人以及雅戈尔集团人力资源部门负责人直接交流。

同日，据区财政局统计，2009年宁波市出台对购买普通住房实施财政补贴政策，全区共受理购房户14957户，发放财政补贴8082.48万元，其中契税

6785.34 万元、个人所得税 1297.14 万元。

2 月 24 日，由区人大常委会主任陈明志带队的区人大常委会视察组视察鄞州投资创业中心。视察组一行实地考察创新 128 园区、宁波富邦电池有限公司，并听取投资创业中心开发建设情况汇报。

同日，鄞州区举行虎年首场用工招聘会。82 家用人单位提供岗位 5251 个，1261 人次进场求职，供求比例达到 4∶1；432 人初招成功，初招成功率为 34.26%。

同日，区财政局拨出 200 万元资金，作为 2009 年度全区金融机构的目标考核奖。其中给予 41 家金融机构考核奖 142 万元，给予鄞州银行等 14 家银行融资力度奖 58 万元。

同日，由宁波市公管处、鄞州区公管所组成的交通大物流扶持项目验收组，对宁波市金星物流有限公司立项的《鄞州区农村综合物流货运中心》项目进行验收审查，并通过验收。

2 月 25 日，在全市开放型经济工作会议上，鄞州区获得宁波市 2009 年度开放型经济工作大奖银奖、外贸保稳促调工作先进奖金奖、外经工作先进奖银奖和外服工作先进奖金奖四项大奖。

同日，鄞州区在省内首批实施国家基本药物制度。全区 23 家社区卫生服务中心（即卫生院）及其下属的社区卫生服务站全部配备和使用国家基本药物目录和省增补的非基本药物目录药品。

同日，全国首家以教育为主题的国际性论坛——东钱湖国际教育论坛正式破土奠基。该项目由华茂集团投资兴建，占地面积 17.27 公顷，总投资 12 亿元，地处东钱湖北岸青山岙，计划在 3 年内建成并投入使用。

2 月 26 日，区政协召开十四届三十六次主席会议。会议审议通过《区政协 2010 年度工作实施方案》《区政协 2010 年委组工作指导意见》《2010 年度政治协商计划》，区政协办公室、专委会联系各联委会调整方案，重点提案、现场办理提案和区委、区政府领导领办提案等。

2 月 28 日，市委书记巴音朝鲁来到姜山镇翻石渡村、联荣村、黎山后村的港城现代农业园，与基层干部群众共度元宵佳节，考察新农村建设，共谋新的一年发展之策。

同日，主题为“和谐瞻岐　同庆共享”的闹元宵活动在瞻岐镇举行。活动分为踩街游行闹元宵、载歌载舞欢乐夜、传统佳节猜灯谜和同庆共享赏烟花 4 个部分，共有 26 支表演队、4 万群众参加。

同日，据统计，1 至 2 月，全区规模以上工业总产值达到 200.91 亿元，同比增长 28.1%；规上工业实现增加值 43.22 亿元，同比增长 26.7%；完成工业投资7.01 亿元，同比增长 9.4%；工业用电量 5.33 亿千瓦时，同比增长 32.2%。

3 月

3 月 1 日，区民生价格信息监测公布工作启动，开始每周采集、公布民生价格监测信息。监测分两步进行：第一步监测的范围是各大菜场，主要包括成品粮、食用油、肉禽蛋、蔬菜、水产品等；第二步将扩大到大型商场，对与人们日常生活息息相关的日用品进行价格监测。

3 月 2 日，团中央常委、城市青年工作部部长徐晓来到鄞州青年创业园调研。徐晓一行走进青年创业场所，详细了解青年创业企业的组织建构、功能及运行情况，并听取团区委关于鄞州区青年创业园坚持“服务到基层，工作项目化”，促进青年就业创业服务体系建设的介绍。

同日，浙江省青年农民工“订单式”技术培训推进月活动启动仪式暨浙皖两地青年农民工培训就业“共青新干线号”开通仪式在鄞州区举行。启动仪式上，共青团浙江省委和共青团安徽省委签订服务青年农民工培训就业合作协议，阜阳宁波驻外团工委正式挂牌成立，为“宁波青年农民工夜校”授牌，举行青年农民工培训导师带徒仪式，发放全省首批“青年农民工免费培训卡”。

3 月 2—3 日，鄞州区全面开展“环沪护城河”集中统一行动。在这次集中统一行动中，区公安分局共出动警力 2197 人，设立各类卡点 76 个，清查各类场所 16000 余处，破获刑事案件 8 起，缉获犯罪嫌疑人 18 人，查处违法经营场所 8 处，打掉一批违法犯罪团伙。

3 月 3 日，全区农村工作会议召开，回顾总结 2009 年“三农”工作，研究安排 2010 年任务。古林镇、云龙镇、龙观乡桓村、东吴镇平塘村在会上作典型发言。会议还对 2009 年度各类先进进行表彰。

同日，“森林鄞州”建设动员会召开。会议提出“森林鄞州”建设五年目标，大力实施“5+2”森林行动计划，加快建设“十大绿色通道”“十大绿色水岸”“十大城区绿地”“十大生态绿圈”“十大森林城镇”和“200 个森林村庄”。

3 月 4 日，从区发改局获悉，2010 年全区重点工程项目已排定，续建项目 59 项，新建项目 46 项，计划完成投资 167 亿元。其中，11 项市以上重点工程项目将完成投资 54.73 亿元，94 项区级重点工程计划完成投资 112 亿元。

同日，由区农林局组织的春季农业科技下乡活动在姜山镇集贸市场前举行，近 50 名农技人员面对面地和当地农民交流，为春耕生产出谋划策。

3 月 5 日，全区文物工作会议召开。会议指出，2010 年鄞州区将完成第三次全国文物普查第三阶段资料整理和数据库报送任务，完成塘溪 4 处名人故居的陈列布展、它山堰水利博物馆更新布展任务等。会上还表彰文物工作先进集体和个人。

同日，区人力资源市场举办女性专场招聘会。招聘会共有 82 家企业参加，提供岗位 4105 个，有 147 名求职者与企业达成初步就业意向。

同日，第 20 届中国华东进出口商品交易会在上海闭幕，鄞州区 50 家参展企业成交 4200 万美元，同比增长 18%。

同日，全区食品安全工作会议召开。会上，区食品安全委员会主任、副区长黄新山代表区政府与各镇乡（街道）和区级主要监管部门负责人签订 2010 年度食品安全工作目标管理责任书。会议提出，在 2009 年 2 个社区、101 个行政村通过创建验收的基础上，2010 年全区计划再创建 100 个食品药品安全“四无村”。

3 月 6 日，全区 10 个镇乡（街道）的 32 个村（社区）志愿服务站开启“快乐星期六”志愿服务活动。“快乐星期六”志愿服务活动以“一区一特”品牌项目创建为主，开展爱心结对、扶贫帮困、宣传教育、倡导低碳生活方式等系列志愿服务活动。当天共有专业志愿服务队 36 支，志愿者 500 余名，累积服务时数约 1000 小时，受助约 2500 人次。

3 月 8 日，鄞州区纪念“三八”国际劳动妇女节 100 周年暨“美丽鄞州 · 十大杰出女性”颁奖大会在区文化艺术中心举行。会上，由区妇联组织评选的“美丽鄞州 · 十大杰出女性”名单揭晓；参与区“母亲爱心基金”的 11 位女企业家，向全区 100 名贫困老妇女干部和 100 名贫困妇女现场发放慰问金。

同日，区委、区政府召开全区“两会”建议提案交办会议。区政府所属 45 个部门及 5 个镇乡（街道）2009 年共承办“两会”期间受理的人大代表建议 276 件、政协提案 260 件，同时承办闭会期间人大代表建议 13 件。会议要求，力争将这些建议、提案在 3 个月内办结，并达到面商率、按期办结率两个 100%。

3 月 9 日，市委常委、常务副市长王勇到鄞州区调研基层医疗卫生工作开展情况，尤其是国家基本药物制度实施以来出现的新情况。王勇一行实地察看姜山社区卫生服务中心、后鄮社区卫生服务站、陈鑑桥社区卫生服务站和下应社区卫生服务中心，深入了解基层医疗卫生机构的建设与改革情况以及当前医疗改革和国家基本药物制度实行以来出现的新问题、新情况，并在鄞州区主持召开全市医改工作座谈会。鄞州区医改进展情况受到充分肯定。

同日，皎口水库复合生态湿地工程启动。作为宁波市第一个水环境生态湿地工程项目，皎口水库复合生态湿地工程以水资源保护为重点，侧重于生态治理、生态保护和生态修复3个方面。

3月10日，“森林鄞州”建设在集士港镇正式启动。启动仪式上，向参与市级以上“森林城镇”创建的10个镇乡（街道）及10个相关部门单位授旗。区四套班子领导和机关干部、学生代表、青年志愿者一起来到位于鄞县大道、甬金高速连接线北部道路的植树现场，种下近2000棵银杏、香樟、桂花、茶花等树木。

同日，由市志愿者协会、团区委、区文明办、区慈善总会、区供电局共同举办的2010“鄞电杯”全区首届公益创投大赛正式启动。最终入围的21支团队公益项目计划方案将投放市场，同时，团队还可入驻鄞州青年创业孵化园的“爱心总部”。

同日，全区交通发展会议召开。会议指出，2009年，全区交通和城投共完成建设投资22亿多元。2010年，区交通局计划投资16.4亿元，完成征地1052亩，拆迁各类房屋40万平方米。会上，咸祥、邱隘、高桥3个镇作表态发言。区委常委、副区长沈权代表区政府与各镇乡（街道）签订责任状。

3月10—13日，由市旅游局主办的“看上海世博、游阿拉宁波——2010宁波旅游江苏市场推介会”在苏州、常州、南京三地举行。这是宁波市为对接上海世博会、扩展江苏市场推出的重要旅游推介会。活动共吸引三地近百家旅行社前来洽谈合作，鄞州和东钱湖旅游度假区推出山水休闲、文化体验两条休闲旅游线路。

3月11日，国务院研究室教科文卫司副司长侯万军来到石碶街道雅戈尔中学，调研鄞州区民间资本捐助教育文化事业情况。侯万军参观学校教学楼、行政办公楼、公寓楼、食堂及风雨运动场等场地，并听取学校办学规模、办学模式和教学等情况汇报。

3月12日，鄞州区“文明出行”主题活动启动和文明交通志愿服务大队成立仪式在万达商业广场举行。仪式现场，志愿者代表和出租车司机代表分别宣读《文明交通志愿服务倡议书》和《文明行车公约》，并举行“文明出行”签名活动。

3月15日，鄞州区39名新任领导干部签下《新任领导干部廉洁从政承诺书》，对自己的廉洁从政作出庄严承诺。实行新任领导干部廉洁从政承诺制度这在全市尚属首次。

3 月 16 日，音王集团与上海世博局签署音响设备战略合作协议，成为上海世博会中国馆、主题馆音响设备指定供应商。“音王”将为主题馆的城市人馆、城市生命馆、城市星球馆、城市未来馆和中国馆的 41 米层“寻觅之旅”、33 米层“低碳未来”六大展区，提供整套音响设备、各种插件等上千款产品，并全程技术参与，独立承担安装调试和技术服务。

同日，市政协副主席郁义康一行就加快工业经济转型升级课题到鄞州进行专题调研。在调研座谈会上，副区长黄新山介绍鄞州区工业转型升级整体情况，区发改局、区经发局及区科技局相关负责人分别介绍在“转变经济发展方式，推进工业经济转型升级”方面取得的成果以及存在的问题等。调研组一行还实地考察宁波星箭航天机械厂和宁波凹凸重工有限公司。

同日，区政协召开十四届三十七次主席会议，听取区发改局关于“十二五”规划编制工作方案的通报。在听取汇报后，会议认为，“十二五”规划编制工作十分全面，贴近鄞州经济社会发展实际，体现区政府驾驭全局的工作水平。会议还研究成立教育、医疗卫生专项民主监督小组有关事项。

3 月 17 日，“绿色中国行”走进宁波启动仪式在天童森林公园举行。活动由中国绿化基金会、国家林业局经济发展研究中心和人民日报社网络中心主办，浙江省林业厅、宁波市林业局、绿色中国杂志社、绿色中国网络电视中心和奥克斯集团共同承办。启动仪式后，领导和嘉宾在天童森林公园植树区一起参加植树活动。

3 月 17—20 日，由区长薛维海带队的鄞州区政府考察团到杭州、无锡、深圳等地学习考察。考察团一行实地考察杭州高新区、无锡新区、深圳高新技术产业园区、位于深圳大梅沙的国内首个大型综合性国家生态旅游示范区——东部华侨城、大型高档居民社区万科城。

3 月 18 日，据统计，宁波栎社保税物流中心封关运行不到 4 个月，累计受理进出口报关票数近 800 票，货物总值超过 5000 万美元，累计缴纳关税和增值税近 2000 万元。

同日，全区上海世博会“环沪护城河”安保工作动员大会召开。区委副书记陈振国要求各级各部门全面动员，全力以赴，以最大决心做好“环沪护城河”安保工作。区委常委、区公安分局局长林琪作形势通报。

同日，鄞州区召开统战工作交流会。会上，区台办、侨办、工商联、民宗局等部门分别汇报统战工作的开展情况。

同日，据区供电局发布，2010 年鄞州区电网建设将投资 5 亿元，投产 9 个项目，开工建设10个项目，并完成10个规划项目的前期工作，新增投产容量50万千伏安。

同日，“台资企业转型升级·宁波行”活动走进鄞州。来自新华社、人民日报、台湾中天电视台、香港文汇报等媒体的20多名记者前往宁波德洲精密电子有限公司和宁波万汇休闲用品有限公司进行采访。

同日，宁波市“关注森林”工作会议在鄞州召开。区政协主席唐军代表鄞州区在会上作典型发言。会议对宁波市首届“关注森林”十大杰出人物进行表彰，并授予古林镇等4个乡镇为宁波市“森林城镇”，并为2个森林生态科普教育基地进行授牌。

同日，区人民法院首次举行法官授职宣誓仪式，13名高级法官、9名审判员和16名初任助理审判员在国徽前庄严宣誓。

同日，参加“甬川携手，智力倍增”——青川县百名农村致富带头人培训班的首批青川学员，来鄞州考察新农村建设、农业基地以及特色农家乐产业发展模式。青川学员分别参观翻石渡村新村建设和姜山镇港城农业示范园区后，对鄞州区通过新村建设拉动内需、推进村镇建设、改善民生等一系列全新发展模式所取得的成绩表示赞赏。

3月19日，区四套班子领导来到市法纪教育基地——黄湖监狱，参加法纪警示教育活动。在黄湖监狱，区领导参观监狱生活教育区域，观看警示教育图片展览和录像。在监狱教学礼堂，区领导听取两名服刑人员的现身说法。

同日，省委老干部读书班成员来鄞州考察，先后参观区老干部机关办公楼、老干部活动中心、宁波博物馆、区老干部农事活动基地以及湾底热带植物园。

同日，下应街道湾底村被授予国家级生态村荣誉称号。此为2010年全市唯一通过评选的行政村，也是全区首家国家级生态村。

3月20日，由区风景旅游管理局主办的鄞州旅游人才春季（宁波）招聘会，在宁波城市职业技术学院举行。鄞州各大景区、旅行社、星级酒店等31家旅游企业参加招聘会，共提供岗位1000余个，初步达成就业意向800余人。

3月21日，“甬台温生态文明建设行”活动启动仪式在下应街道湾底村举行。本次活动将持续到6月。其间，环保志愿者将分别探访鄞州区湾底村、奉化市金峨村、余姚市梁弄镇四明湖以及台州、温州的几个生态文明建设亮点。

3月22日，据统计，1至2月全区实现社会消费品零售总额36.1亿元，同比增长27.7%，增速位居全省各县（市、区）首位。

3月24日，宁波市优秀外来务工人员表彰暨外来务工人员志愿服务行动启动仪式在鄞州举行。大会表彰100名2009年宁波市优秀外来务工人员，其中17

名优秀外来务工人员来自鄞州区。优秀外来务工人员代表宣读《倡议书》。举行外来务工人员志愿服务行动启动仪式。

3 月 25 日，鄞州区召开“十大功能区块”“八大产业基地”表彰暨再动员再推进大会。会上，对 2009 年“十大功能区块”“八大产业基地”项目实施先进单位进行表彰。

3 月 26 日，在人民大会堂召开的“全国公安机关爱民模范”先进事迹报告会上，公安部表彰全国公安机关 100 个爱民集体、200 名爱民模范。高桥派出所荣获“全国公安机关爱民模范集体”荣誉称号，浙江省仅 3 家单位获此殊荣。

3 月 27 日，上海世博主题体验之旅先行团抵达鄞州区天宫庄园，这是世博体验之旅开出的首趟宁波世博专车，标志着上海世博主题体验之旅在宁波正式启动。世博体验之旅先行团共 200 人，将畅游天宫庄园、天童景区、宁波（鄞州）博物馆、万达商业广场和五龙潭景区等宁波世博主题体验示范点。在首发团启动仪式上，2010 年“和谐鄞州”欢乐城乡游系列活动同时揭幕。

3 月 28 日，以“游黄金花海、品金峨仙草、赏乡村野趣”为主题的横溪踏青节暨鄞州区第三届茶文化节在横溪镇大岙村茶园开幕。本次活动将持续 1 个月，活动内容包括“茶事篇”“踏青篇”“行走篇”等。此外，该镇还为广大游客特别推出农副产品展销会。

3 月 29 日，区第十六届人大常委会举行第二十五次会议。会议听取和审议区政府关于现代服务业发展情况的报告，区政府关于小城镇建设情况的报告，区人民法院关于劳动争议案件审判情况的报告。会议审议通过区人大常委会主任会议关于对《鄞县人民代表大会常务委员会和“一府两院”领导联合走访代表制度》等制度进行修改或废止的议案。审议通过区人民法院有关人事任免事项。

同日，在全市商贸工作会议上，鄞州区获唯一的 2009 年度全市商贸流通服务业工作综合大奖，该奖为 2010 年首次设立。

3 月 29 日至 31 日，鄞州区组织全体区管干部，分 3 期在区委党校举行党的十七届四中全会精神专题轮训。培训的主要内容为党的十七届四中全会精神、廉政建设、低碳经济与碳汇理念等。

3 月 30 日，南苑环球酒店开业。至此，全区拥有 3 家按五星级标准建造的酒店。南苑环球酒店按照国家旅游局最高行业标准——白金五星级标准建造，由拥有“城市地标设计师”美誉的世界著名建筑师本纳道 · 霍设计，楼高 170 米，总占地面积 70 亩，建筑面积 9.7 万平方米，采用独特的风帆造型外观，整体投资近 10 亿元。酒店拥有智能化管理系统客房 400 余套，是集住宿、餐饮、娱乐、购物、会议、观光于一体的高端商务会议型酒店。

同日，“国家宝藏——中国国家博物馆典藏珍宝展”在宁波（鄞州）博物馆开幕。展览分“上古文明”“先秦礼乐”“秦汉气象”和“盛世辉煌”四大篇章，历史跨度8000年，展出国宝级文物82件（套）。

同日，鄞州区现场会在石碶街道召开。会上，石碶街道介绍财政规范化建设的经验。2009年，镇乡（街道）财政规范化建设工作在石碶街道试点，后在高桥镇和龙观乡推开，2010年与2011年将在全区其他镇乡（街道）铺开。

同日，鄞州银行“支农宝”贷款卡首发式在“信用村镇”创建推进大会上举行。本区信用户不用抵押，也不需要担保，最高可获“支农宝”贷款10万元。

同日，全区老干部工作情况通报会召开。区委常委、政法委书记王国定通报2009年区政法综治维稳和平安建设主要工作以及2010年工作的重点任务，并向与会老干部征求对党委、政府工作的意见建议。

同日，区美术家协会创作基地在鄞江镇它山堰畔养正堂成立。区文联和鄞江镇共投入100多万元，对占地面积1000多平方米的养正堂进行修复，使之成为区美术家协会创作基地，内设12个画室和1个展览大厅。

同日，宁波市鄞州汽车零部件国际商会成立会议举行，全区200余家汽车零部件相关企业的300多名代表参加会议。会议推举翁明光为第一任会长，副区长王洪平出任名誉会长。

3月31日，在全省建设“平安浙江”暨上海世博会安保动员电视电话会议上，鄞州区被授予2009年度省“平安区”荣誉称号，这是鄞州区连续第五年获得该项荣誉。

同日，国家工商总局党组副书记、副局长刘玉亭一行到鄞州区考察企业经营发展及基层工商部门工作开展情况。刘玉亭一行实地考察欧琳集团，详细了解欧琳产品的工艺特点和品牌价值，并听取企业在应对金融危机中求发展的情况汇报。随后，考察团来到区工商分局，看望工作在一线的直属工商所干部。

3月底，宁波高教园区南区的宁波网球中心完工。该工程由宁波（鄞州）网球中心和鄞州游泳中心组成，其中网球中心主赛场可满足举办全国性和国际性单项比赛的要求，能容纳3997名观众，游泳馆能满足举办国家级青少年游泳比赛的要求，并向社会公众开放。

同月，鄞州区在全省范围内率先建立乡镇党政领导干部任前告知、年度报告和审计评价一体化的经济责任审计新模式。这一模式于3月起实施。

4 月

4 月 1 日，据统计，一季度区国税局组织国内税收收入（不含海关代征）20.96 亿元，同比增长 10.2%，收入规模继续名列宁波市各县（市）区第一；区地税局累计组织税收收入 179211 万元，增收 24214 万元，同比增长 15.6%，创一季度税收收入历史新高，继续稳居全大市首位。

同日，鄞州区职工最低月工资标准调整到 1100 元，非全日制工作的最低小时工资标准调整到 9 元。2 月 25 日，省政府通知要求各地视实际情况，调整最低月工资标准（1100 元、980 元、900 元、800 元四档）和非全日制工作的最低小时工作标准（9.0 元、8.0 元、7.3 元、6.5 元四档）。鄞州区执行的是调整后的最高标准。

同日，全区各界 600 多人来到樟村四明山革命烈士陵园，悼念革命烈士。

同日，市国税局和市地税局分别公布 2009 年度全市纳税 50 强名单，鄞州区有 13 家企业上榜。

同日，浙江省知识产权局最新统计数据显示：1 至 2 月，鄞州专利授权量 815 件，同比增 167.2%，授权专利增速全省领先。

4 月 2 日，鄞州区召开开放型经济工作会议。会上，石碶街道、望春工业园区等一批 2009 年开放型经济工作先进集体受到表彰，姜山镇、望春工业园区和中基宁波对外贸易股份有限公司作交流发言。

同日，据区财政局发布，一季度全区财政收入完成 532584 万元，同比增长 15.8%，财政收入规模继续保持全省各县（市、区）第一。

同日，全区学校（幼儿园）安全与综治工作会议召开。会上，区教育局与区属学校（单位）、镇（乡）街道教辅室签订《学校安全、综治工作目标管理责任书》。会议还表彰一批 2009 年度学校安全与综治工作先进单位。

4 月 6 日，鄞州区召开小城镇暨新村建设工作会议。会议按照城乡建设水平优化升级的总体要求，回顾总结 2009 年镇村建设工作，梳理完善下步推进举措。会议还表彰 2009 年度全区小城镇建设工作先进集体和先进个人以及 2009 年度新村建设工作先进个人。云龙、姜山、横溪、高桥镇在会上作典型发言。

4 月 7 日，区公安分局开展世博安保“护城 2 号”行动。本次行动一共设卡 26 个，破获刑事案件 21 起，查处违法经营场所 14 处，清除安全隐患点 26 处。

4 月 8 日，由市人大常委会副主任姚力率领的市人大常委会检查组一行到鄞州区，就贯彻落实《农业法》及相关法律法规情况进行执法检查。

同日，全市各县（市）区政协秘书长会议在鄞州区召开。会上，区政协特色性工作受到肯定。

4 月 9 日，第八届家博会暨第十四届宁波房展会在宁波国际会展中心开幕，30 多家开发商携 50 多个楼盘参展。其中，鄞州区有都市华庭、盛世天城、龙溪谷、君园和庄、博爵、新城名苑、钱湖天地 10 个楼盘参展，为宁波本地楼盘中参展规模最大的。

同日，鄞州区召开“十二五”规划编制工作会议，安排部署“十二五”规划编制工作，明确“十二五”时期的指导思想、主要任务、实施步骤、工作要求等。

同日，区政协教育专项民主监督小组开展首次集中活动，听取区教育局关于全区教育工作情况的汇报。对区教育工作取得的成绩，教育专项民主监督小组表示充分肯定。

同日，全区食品药品“四无村”创建工作会议召开。会上，下应街道东升村作为全区第一批通过“四无村”创建验收的行政村交流创建经验。会议指出，全区半数以上行政村均开展“四无村”创建活动，其中 101 个行政村已通过创建验收。

4 月 12 日，区委、区政府召开一季度经济形势分析会，全面分析经济运行态势，深入查找存在问题不足，研究部署相关对策举措。会上，副区长黄新山、王洪平分别分析全区工业经济运行情况和服务业、外向型经济运行情况，并提出下步对策。区发改局、经发局、科技局、财政局作交流发言。

同日，鄞州区第一个大学生（青年）农业创业园——横街镇大学生（青年）农业创业园开园。创业园位于该镇凤凰村后溪头自然村，一期占地面积 80 余亩，以“创业、创新、创优”为核心，整合生物技术、农业生产技术专家团队力量，为入园青年、农民提供新技术、引进新品种。

同日，横街镇第六届竹乡生态休闲旅游节（毛笋节）举行。活动以“牵手上海世博，享受绿色低碳生活”为主题，由巧媳妇现场烤毛笋、“竹海探宝”“红色记忆”“希望的田野”大学生（青年）农业创业园开园、“登高望远”第二届机关干部登高比赛、“竹韵之美”征文摄影比赛六大项目组成。活动持续到 5 月 10 日结束。

4 月 13 日，由市委书记潘孝政率领的乐清市党政代表团，到鄞州区考察经济结构转型升级和城市化建设工作。代表团一行实地考察万达商业广场、南部商务区和创新 128 园区后，盛赞鄞州区近年来经济社会发展取得的成绩。

4 月 14 日，据统计，一季度全区商品房总销售面积 24.07 万平方米，环比减少 57%，同比减少 21%，总成交金额 31.36 亿元。

同日，全市农村精神文明建设工作会议在鄞州区召开。会上，一批 2009 年度全市农村精神文明建设工作先进受到表彰。鄞州区的横溪镇、石碶街道上王村等 16 个村镇荣获市级文明村镇称号，横溪镇、瞻岐镇南二村等 22 个村镇荣获农村“种文化”活动先进村镇称号，区国税局城区税务分局和咸祥镇南头村等 7 对结对单位荣获“城乡结对、共建文明”活动先进对子称号，郑咪玉、葛亚萍荣获农村精神文明建设工作先进个人称号。

同日，第四届宁波四明山（杖锡）樱花节在章水镇杖锡村开幕。本届樱花节以“樱为有你，姹紫嫣红”为主题，由“樱为有你　姹紫嫣红”摄影大赛、“穿越四明山心”山地车爬坡赛、千里“樱”缘一线牵联谊活动、“重走革命长征路，回忆峥嵘岁月情”红色游、“探古村、赏樱花、品土菜、乐农家”、走进天一阁——《印象章水》摄影图片展等 6 大活动组成。活动持续到 4 月底，接待游客 3 万余人次。

同日，区政协医疗卫生专项民主监督小组开展首次活动。专项民主监督小组听取区卫生局关于全区医疗卫生情况的汇报，并针对国家基本药物制度实施后出现的一些问题提出建议。

4 月 15 日，第 107 届广交会开展。本届广交会分三期举办，第一期展出时间为 4 月 15 日至 19 日，展出家用电器、电子消费品、电子电气产品、计算机及通讯产品、机械、五金、工具等。鄞州区 78 家参展企业共设展位 160 个，其中品牌展位 58 个，特装展位 11 个。

4 月 15 日，国务院侨务办公室主任李海峰考察创新 128 园区。考察中，李海峰充分肯定创新 128 园区在产业转型升级中发挥的独特作用。

同日，全区思想宣传工作联席会议召开。会议探讨如何进一步完善大宣传工作机制，以加强区域新闻宣传的整体合力，扩大区域新闻宣传的影响力。会上还分发《关于进一步加强和改进典型宣传工作的意见》和《关于做好先进典型推荐工作的通知》。

4 月 16 日，全国“侨爱工程——万侨助万村活动”现场会在鄞州召开。约 200 名与会人员实地参观区侨办在下应街道湾底村设立的“鄞州区新农村建设侨务工作示范基地”，考察区侨办依托海外华人华侨商业网络帮扶湾底村桑果加工产品拓宽海外市场及促进湾底村旅游业发展等方面取得的成效。现场会期间，还举行以国侨办名义命名的“侨爱新村”授牌揭牌仪式。

同日，区人大常委会召开乡镇（街道）人大工作经验交流会，总结交流乡镇（街道）人大工作，理清下一步工作思路。会议听取五乡镇、下应街道、中河街道等6个乡镇（街道）人大工作经验交流汇报，并就通过“鄞州人大网”问卷调查等方式审议工商行政管理工作作出部署。

同日，“大地之爱”——张顺川油画展在宁波美术馆举行。本次展览由区委宣传部、区文广新闻出版局和区文联主办，区文化馆和区美术家协会承办，展出张顺川近年来潜心创作的《浅海》《撒落海边的贝壳》等系列作品47幅。展览到5月9日结束。

同日，大嵩围涂工程Ⅰ标段龙口成功截流合龙，这标志着该工程第一阶段工作顺利完成。区重点工程大嵩围涂工程总预算7.8161亿元，围涂总面积1.38万亩，建成后净可利用面积9660亩，建设工期3年半。工程包括海堤8.062公里、排涝闸2座、交通桥6座及排涝河、护塘河等，主要建筑物设计级别为3级，海堤设计标准为50年一遇。

4月19日，教育部副部长陈小娅到鄞州区调研学前教育发展情况。陈小娅来到首南街道中心幼儿园，参观音体室、图书室、科学室等场所，与老师亲切交流，了解情况。在随后的调研座谈会上，首南街道介绍街道以及学前教育管理等情况，副区长夏素贞介绍鄞州学前教育发展情况。陈小娅指出，鄞州区优化学前教育资源，推进幼儿园公办化等方面的成功经验值得各地借鉴。

同日，据区金融办统计，一季度，全区银行机构本外币各项存款余额1121.10亿元，同比增长20.41%；本外币贷款余额962.14亿元，同比增长27.66%。

同日，赛扶中国创新公益大赛华东分赛在上海青松城大酒店举行。来自华东各地的30所高校的赛扶团队参加比赛，宁波诺丁汉大学赛扶社团的“Beevelop（E蜂）”项目以小组第一的成绩晋级全国总决赛。这也是宁波唯一进入全国总决赛的高校社团。

4月20日，鄞州实验中学被确定为省首批教育科研孵化基地，成为全省12所学校（宁波市2所）入选学校之一，也是宁波市唯一入选的初级中学。

4月21日，区政协之友联谊会举行成立20周年庆祝大会。会议指出，20年来，历届联谊会组织重点工程项目调查研究和参观考察53次，撰写有价值、有见地的调查报告18份，有108件社情民意分别被区政协的《参政议政》《社情民意》和市政协的《宁波政协》等简报和刊物录用。

同日，鄞州区召开背街小巷整治工作会议。会上通报市长毛光烈一行暗访情况及市、区两级第一轮公共文明指数测评情况，全面部署城区背街小巷整治工作。

4 月 22 日，省委常委、市委书记巴音朝鲁，市委常委、市委秘书长王剑波和市委常委、市公安局局长王惠敏，到杭甬高速公路大朱家出入口视察上海世博会安保卡点，看望慰问正在执勤的公安民警和武警战士，检查安保力量部署和查验措施落实情况。

4 月 23 日，全区经济转型升级推进大会召开。区委副书记、区长薛维海在会上作报告，会议邀请深圳证券交易所周国友博士作企业上市主题演讲，表彰 2009 年度"双五十工程"获奖企业。

同日，由区贸易局、鄞州投资创业中心联合举办的第二届鄞州汽车博览会在万达商业广场开幕。车博会组织区汽车行业协会 28 家会员企业，有奔驰、宝马、沃尔沃、奥迪、丰田等近 30 个品牌、100 多款车型参与展出。3 天时间，共吸引客流 30 万人次，成交汽车 271 辆，销售额 4911 万元，较首届车博会增长 262%。

同日，全区节能减排工作会议召开。会议指出，2010 年，力争完成市政府下达的全区单位 GDP 能耗降低 6%的任务和全区"十一五"单位 GDP 能耗下降 20%，化学需氧量和二氧化硫排放量均下降 4%的总体目标，确保全面完成"十一五"节能减排目标任务。

同日，"共创平安，共享和谐"迎世博·巾帼维稳志愿者风采展活动在邱隘镇文化广场举行。活动现场，全区各界巾帼维稳志愿者表演快板、小组唱、群舞、诗朗诵、琵琶与舞蹈、小品等节目，20 支区首批"优秀巾帼维稳志愿者队伍"和 100 名区首批"优秀巾帼维稳志愿者"受到表彰。

同日，区慈善总会开展"慈善春风行动"，为五乡镇敬老院 100 余位老人送去价值 5 万元的 21 台液晶彩电。

同日，国内最权威的"中绿杯"名优绿茶评比结果揭晓，鄞州区的"它山堰"牌它山堰白茶、"金峨仙草"牌它山堰绿茶获得金奖，"千蕊""皎溪银舌""它山堰"牌 3 个它山堰绿茶获得银奖。

4 月 24 日，由全国人大常委会预算工作委员会主任高强、副主任姚胜带队的全国人大财税调研组，到鄞州专题调研财政工作。调研组成员听取鄞州经济社会发展和财税工作情况的汇报，并与相关部门和部分企业进行座谈。

同日，由新昌籍在鄞州创业人士发起筹建的新昌商会成立。新昌商会是经市、区民政部门批准登记成立的鄞州第一家异地商会，53 家企业成为首批会员。在当天的成立大会上，与会企业家为玉树灾区捐款 28370 元。

同日，为期 4 天的第五届中国宁波国际茶文化节暨第五届世界禅茶文化交流会在宁波国际会展中心开幕。鄞州区 9 家茶叶企业首次以合作社名义抱团参展。参展的它山堰茶叶专业合作社旗下有“它山堰”“千蕊”“五龙潭”“皎溪银舌”“今古四茗”“金峨仙草”“赤山云雾”“四明银雾”和“云岗仙草”9个品牌。

同日，由中国产业集群研究院、中国发展战略学研究会经济战略专业委员会联合主办的“2010中国产业发展大会”在北京举办。会上，“中国县区产业发展能力排行榜”首次发布，鄞州在“中国产业十强县（市、区）”位居第二。

同日，由中国产业集群研究院、中国发展战略学研究会经济战略专业委员会联合成立的中国县区产业发展能力研究评价课题组，推出“中国县区产业发展能力排行榜”共3个排行榜。鄞州在“中国产业十强县（市、区）”位居第二，仅次于并列第一的江苏省昆山市和江阴市。

4月26日，据区科技局统计，一季度，鄞州分别实现高新技术产品产值、销售、利税144亿元、140亿元和12.4亿元，同比分别增长36.2%、39.3%和60.2%；高新技术产品产值占规模以上工业的比重为44.5%，同比提高0.5个百分点。

同日，在省工商联第九次全国私营企业问卷调查培训会上，鄞州区被中央统战部、全国工商联、国家工商总局、中国民（私）营经济研究会四部门确定为全省新增的8个私营企业调查点之一，这也是全市唯一的调查点。

4月27日，2010年全国劳动模范和先进工作者表彰大会在北京举行。2985名在各行各业作出突出贡献的劳动者被授予全国劳动模范和先进工作者荣誉称号。雅戈尔集团董事长李如成获全国劳模称号。此前，鄞州区已有4人获得全国劳模荣誉称号。

同日，鄞州区召开建筑业发展大会，明确建筑业发展五年目标。会议指出，到2015年，建筑业总产值达到200亿元，年均增长20%以上，建筑业增加值达到40亿元，创利税总额10亿元，建筑业企业整体资质明显提升，培育1-2家施工总承包特级企业，区外建筑业产值占全区建筑业总产值的比例达到60%以上。

同日，区政协召开十四届三十八次主席会议。与会人员实地视察作为“森林鄞州”建设示范点的集士港镇。会议听取区农林局关于“森林鄞州”建设情况的通报，充分肯定“森林鄞州”建设取得的成绩。

4月28日，区委、区政府召开“平安鄞州”建设总结表彰再动员大会暨全区人民调解工作会议。区委副书记、区长薛维海代表区委、区政府与镇乡（街道）、相关部门签订2010年社会治安综合治理暨维护稳定工作责任书。会议表彰为“平安鄞州”建设“五连冠”作出突出贡献的先进集体、先进个人以及人民调解工作先进集体、先进个人，通报2009年度市、区两级社会治安综合治理工作先进集体和先进个人。会上，集士港镇、下应街道、区公安分局、区安监局作表态发言。

同日，省政协“民营经济发展环境及转型升级”调研组一行到鄞州，并实地考察欧琳集团。调研组表示，欧琳是鄞州民营企业转型升级的一个代表，其经验值得借鉴。

同日，鄞州区11位个人、4个集体被授予2007—2009年度宁波市劳动模范、宁波市模范集体称号。至此，全区有134位个人荣获市级以上劳动模范称号，15个集体荣获市级以上模范集体称号。

同日，区第十六届人大常委会举行第二十九次主任会议，听取区普通高中招生政策及其实施办法、检验检疫工作情况的汇报。

4月29日，区委、区政府召开庆祝“五一”暨推进优化升级劳动竞赛动员大会。区委副书记、区劳动竞赛委员会主任陈振国作推进优化升级劳动竞赛活动动员讲话，副区长黄新山通报获得市级以上劳动模范、模范集体情况。会议对获得市级以上模范集体和劳动模范等荣誉称号的单位和个人以及区第三批“和谐发展企业”进行表彰。云龙镇党委、立功竞赛模范集体城投公司、市模范集体博威集团新型有色合金材料研发中心和劳模代表作交流发言。

4月30日，宁波广利来实业有限公司、赛伯乐（中国）投资公司和鄞州投资创业中心举行签约仪式，三方围绕做强、做大、做优创新128园区的目标，就共同推进创新128园区更好更快发展事宜达成合作协议。

同日，鄞州大道东延伸段全线贯通。该工程总投资约1.67亿元，西起钱湖南路，向东下穿同三高速公路，接于新宁横公路姚家浦段，全长2585米。

同日，以“青春创业、圆梦乡村”为主题的鄞州区纪念五四运动91周年暨青春创业农博会开幕式在下应街道湾底村举行。全区首批百名农村创业好青年受到表彰，300余名大学生村官、好青年代表、高校创业大学生参加活动。

同月，以“城市化与健康”为主题的全国第22个爱国卫生活动月活动在全区铺开。据统计，全区有省级卫生镇3个、市级卫生镇10个、市级卫生街道1个，区级及以上卫生村占全区行政村的比例为89.9%，全区卫生户厕普及率达到96.5%。

5 月

5 月 1 日，区委副书记陈振国和区委常委、政法委书记王国定深入危化品企业、汽车站、高速公路出入口卡点，检查指导重点区域世博安保和安全生产工作。陈振国一行来到兴达化学品配送中心、大朱家高速入口卡点等进行检查，分别听取企业、部门负责人工作汇报并实地察看相关安保设施。

5 月 3 日，据区发改局统计，一季度，全区共有 55 项重点工程开工建设，完成投资额 21. 2 亿元，占年度投资的 12. 7%。其中，市以上重点工程 11 项，完成投资 4. 6 亿元，占年度投资的 8. 5%；区级重点工程 94 项，完成投资 16. 6 亿元，占年度投资的 15%。

同日，第二届中国湖泊休闲节在东钱湖畔开幕。本届湖泊休闲节对接世博会，提出“城市让生活更美好，休闲让人生更幸福”口号，并辅以“东钱湖——东方财智之湖”主题形象，策划推出“从世博园到东钱湖”“东钱湖 · 世博论坛”“东钱湖走进世博园”“牵手世博 · 共享湖泊休闲”四大系列 12 项主题活动。本届湖泊休闲节活动 10 月 24 日结束。

5 月 4 日，区委副书记、区长薛维海带领综治、教育、公安、城管、卫生等部门负责人，检查学校安全工作。检查组先后来到云龙镇的王笙舲小学、育英小学和中河街道的东湖幼儿园、宋诏桥中学，察看校园安全防控网络建设和校园周边安全综治工作情况，并检查学校安全制度、门卫保安人员配备、学校技防设施建设以及安全教育等情况。

同日，2009 年度浙江省新闻奖评选结果揭晓，鄞州日报消息类作品《鄞州博物馆建设模式开全国先河》（记者：续大治、吴海霞，编辑：郭靖、葛姬华、邵永松）获二等奖。

5 月 5 日，全区政策性农业保险工作会议召开。会议要求相关部门以“保大户、保大灾、保主要农产品”为重点，逐步增加保险品种、提高保费补贴、扩大投保农户，全面推进政策性农保工作。

同日，万名城管义工奉献世博文明行大型活动启动仪式在宁波香格里拉大酒店举行。该活动共有 23065 位义工参与，时间持续 1 年，围绕世博重要景点，发动义工深入开展对乱设摊、乱占道、乱倾倒、乱设置、乱搭建等不文明行为的劝导活动及综合环境卫生的清洁活动。

同日，全区建设农业“三位一体”公共服务体系工作会议召开。会议明确

2010 年全区农业“三位一体”公共服务体系建设的总体目标：全区 22 个镇乡、街道全面完成农业公共服务体系建设，建成 100 个村级农业服务示范站；构建政府主导力、科技支撑力、农民主体力、社会参与力“四力合一”的农业公共服务建设机制；完善农技推广体系，强化动植物疫病防控工作，建立农产品质量安全监管体系。

5 月 6 日，浙江省十三县（市）区政协联谊会第四次会议在鄞州区举行。会上，区政协参政议政抓关键、求水平、建机制的创新做法得到与会人员的肯定。

同日，鄞州区召开土地管理工作会议。会上，区政府与各镇乡、街道代表签订土地管理责任状，投资创业中心、姜山镇、集士港镇等单位作典型经验交流。

同日，世博宁波论坛“迎宾线”工程全线竣工。“迎宾线”改造工程总投入 1700 万元，对鄞州大道和宁南路沿线 36 个节点进行绿化集中升级改造，总改造面积 15000 平方米；墙体修复和墙面喷绘 5 公里，安装大型宣传广告牌 500 平方米，铺设落地灯箱式公益广告 60 个；修补沥青道路面积 4500 平方米，修复井盖 30 个、路灯 105 根，补划交通标线 1500 余平方米，修复侧石 400 余米，更换破损果壳箱及垃圾回收设备 60 余套。

同日，副区长黄新山带领区安监、公安、消防、工商、国土等部门相关负责人，对世博期间五乡镇的安全生产情况进行检查。检查组一行先后实地查看五乡镇隆安采石场、宁波精达五金制造有限公司和宁波特种油品厂。

5 月 7 日，宁波立华制药有限公司境外主体——朗生医药控股有限公司在香港联合交易所主板挂牌上市。这是鄞州区首家在香港红筹上市的企业，也是全区 2010 年首家取得上市突破的企业。

同日，鄞州区召开镇乡（街道）党（工）委书记党建工作例会。会上，区委组织部通报区级矛盾复杂村整顿转化工作情况，横街、首南、古林、五乡等镇（街道）作工作汇报。

同日，全区人口和计划生育工作会议召开。会上，区政府通报表彰 2009 年度全区人口和计划生育工作各级各类先进集体和先进个人，与各单位、镇乡（街道）签订人口和计划生育目标管理责任书。区卫生局、中河街道、下应街道和咸祥镇作经验交流发言。

同日，鄞州区金融业协会正式成立，全区 56 家金融机构单位成为首批会员。区金融业协会是全市首家涵盖银行、保险、证券等金融机构的专业性协会。

5 月 8 日，第七届天宫庄园桑果节在下应街道湾底村开幕。本届桑果节以

“牵手上海世博，享受绿色低碳生活”为主题，举行摘桑果、游西江古村、观看甬剧、垂钓烧烤、品农家菜肴、丛林攀爬等活动。桑果节持续到5月底结束。

同日，钟公庙街道就业创业加油站推进会暨社区“创业学堂”开班仪式在凌江社区广场举行。开班仪式结束后，现场开展职业介绍、司法援助、创业小额贷款现场咨询等一系列活动。

5月10日，市委书记巴音朝鲁在鄞州检查校园安全和防灾减灾工作。巴音朝鲁一行实地察看邱隘镇实验中学学校门卫值守、保安配备、视频监控等校园安防情况，并到邱隘镇方庄社区、东吴镇检查避灾点建设和基层防汛工作，并主持召开座谈会，听取鄞州区和市级有关部门的汇报。

同日，海军东海舰队团以上党委书记集训班辅导报告会在鄞州举行。全体海军干部听取了《深入贯彻党的十七届四中全会精神，大力提高干部建设科学化水平》主题报告。

5月11日，困难群众第一季度基本生活物价补贴发放，城镇、农村对象人均分别发放76元、67元。本次发放补贴所需资金从政府低保资金渠道列支。全区享受补贴对象共有7985人，共发放54.56万元。

同日，在第20个全国助残日来临之际，区领导来到区残疾人综合服务中心，视察区残疾人工作，并看望在音迪乐园、启迪乐园进行康复训练的聋儿和自闭症孩子。

同日，在国际护士节到来之际，区领导高强华、夏素贞、朱国富分别来到鄞州人民医院、鄞江社区卫生服务中心、集士港社区卫生服务中心、鄞州二院、明州医院，慰问医疗卫生系统一线护理人员，并向全区广大护理工作者致以节日的问候。

同日，鄞州区召开社区党组织和居民委员会换届选举工作会议。本次换届选举工作从5月份开始，至9月份基本结束，其中社区党组织换届选举在6月中旬基本结束。会上，被评为“2009年度第二批市级和谐社区”的17个社区受到表彰。

同日，区政府召开依法行政暨推进公民权益依法保障行动计划实施工作会议。会上，区人民法院通报行政审判、非诉执行工作情况，区工商分局、区行政审批管理办公室作典型发言。

5月11—12日，区领导视察下应、中河、钟公庙、首南、石碶街道以及古林镇的背街小巷整治工作，同时视察世博会“迎宾线”的建设情况。

5月12日，全国人大常委会副委员长、民进中央主席严隽琪，全国人大常委会委员、民进中央副主席兼秘书长朱永新等一行到鄞州考察。严隽琪一行实地考察音王集团和宁波水木动画设计有限公司后，盛赞鄞州经济社会发展取得的显著成绩，尤其是文化产业发展取得的成效。

同日，宁波市城市公共文明指数第一次测评成绩公布，鄞州区公共场所文明指数测评成绩名列全市第一。

同日，在“森林鄞州”建设推进会上，提出建立中国绿色碳基金鄞州专项。全区计划募集发起资金 4000 万元，首批出资 50 万元以上的单位或个人可以授予中国绿色碳基金鄞州专项发起单位（或发起人）的称号，第一个出资加入中国绿色碳基金鄞州专项的单位或个人可以授予鄞州购买碳汇第一人（或第一个单位）的称号。

5 月 13 日，鄞州区老旧小区整治工作正式启动。根据区政府第 72 次常务会议讨论通过的《关于开展老旧住宅小区整治的实施意见》，2010 年起至 2015 年，鄞州区将投入 3 亿元，分 6 期对 1998 年前交付、1 万平方米以上的 46 个老旧住宅小区进行整治改造。

同日，区委副书记陈振国一行来到横街镇中心小学、横街镇中学、集士港镇中心小学、集士港镇中心幼儿园和集士港外来民工子弟学校，检查学校及周边安全保卫工作。

5 月 14 日，据统计，全区已建立包括 4 项国家级、14 项省级、35 项市级、62 项区级的非遗保护名录体系，总量位居全省前列。

同日，区“文明家庭·低碳生活”活动启动，文明家庭代表宣读《低碳生活，从我做起》倡议书。这次活动时间持续到 12 月，其间通过开展低碳、绿色、环保家庭小创造、小发明征集，专题讲座，专题读书征文和知识竞赛等活动，在全区广大妇女和家庭中实施“家庭低碳计划二十件事”。

5 月 15 日，“正道沧桑——纪念鲁迅先生倡导新兴版画运动八十周年暨华茂美术馆藏版画展”开幕。

同日，河北省遵化市党政代表团到鄞州考察地域经济发展和项目建设。代表团一行实地考察鄞州投资创业中心和宁波圣龙集团有限公司，表示鄞州在建设过程中积累的不少宝贵经验，值得学习和借鉴。

同日，主题为“携手建设创新型鄞州”的科技活动周暨“低碳生活共参与”活动启动。科技活动周期间，举办科普文艺演出、科普电影放映、青少年机器人培训及竞赛和科普讲座、气象和地震知识讲解等活动，还把“科技直通车”开进百村，并组织部分有技术需求的企业到北京科技大学进行科技合作采购。

5 月 18 日，中河街道商会成立。至此，鄞州行政区划调整后区域内实现基层商会全覆盖。全区有22个镇（乡）、街道商会和2个村级商会、1个异地商会和1个投资创业中心商会，共有会员企业1598家。

5月19日，据宁波海关统计，1至4月鄞州区实现进出口贸易额28.9亿美元，同比增长35.5%，占宁波市外贸总额的11.8%，仅次于开发区，暂居宁波市第二位。其中，进口6.8亿美元，出口22.1亿美元，实现贸易顺差15.3亿美元。

同日，据统计，全区已落实“森林鄞州”建设项目132个，总面积8139亩，其中通道林带建设面积2084亩，各类公园55个，珍贵树种造林2084亩，河道绿化284公里。

5月20日，鄞州区第三届“王应麟读书节”开幕。开幕式上，举行书香义工授证、书香书场授牌仪式；韩国顺天市读书节与鄞州区读书节交流仪式；《王应麟著作集成》之《四明文献集》首发仪式及著名作家王蒙的讲座。本届读书节以“读书与人生”为主题，共推出“读”“讲”“展”“赛”“送”“受”6大板块、12项全民阅读系列活动。读书节活动持续至6月7日结束，参与人数近6万人。

同日，区第十六届人大常委会举行第二十六次会议，听取和审议学前教育、民政、检察基层基础建设、工商行政管理等工作情况报告。会议还审议通过有关人事任免事项。

同日，40余家鄞州企业携带60多项技术需求来到北京科技大学进行合作对接洽谈，共有22个项目达成初步合作意向。

5月21日，据区贸易局粮食管理科发布的消息，2010年鄞州区粮食收购政策已经出台，全区将落实订单粮食收购指导性计划3.5万吨。

同日，区委中心组理论学习（扩大）会召开。会上，区委副书记陈振国传达中央四项监督制度相关文件精神，中国社会科学院金融研究所党委书记、所长王国刚博士作经济发展、社会发展、民生发展专题学习辅导报告。

同日，由区人大常委会主任陈明志率领的区人大常委会视察组一行视察区中心粮库建设情况。视察组实地查看位于五乡镇的中心粮库建设情况后，充分肯定前阶段中心粮库建设取得的成绩，并要求抓紧抓好工程的扫尾工作，争取早日全面竣工并投入使用。

同日，在全市“慈善一日捐”动员大会上，鄞州区的雅戈尔集团股份有限公司、奥克斯集团有限公司、杉杉集团有限公司、宁波鄞州农村合作银行荣获“十大最具爱心慈善捐赠企业”称号，咸祥镇南头村优秀慈善义工朱明良、宁波古林舒明地板厂优秀慈善义工郑世明荣获“十大慈善之星”称号。

5 月 23 日，“2009 中国大学生年度人物评选”活动百名入围候选人揭晓，浙江万里学院学生吴全忠入选，成为浙江省入围的 5 名大学生之一，也是唯一入围的宁波高校在校大学生。

5 月 25 日，区政协召开十四届三十九次主席会议。与会人员实地视察宁波水木动画设计有限公司、浙江海商网络科技有限公司、浙江高格软件股份有限公司、浙江宣逸网络科技有限公司、宁波天维文化传播有限公司，详细了解企业发展情况尤其是落户鄞州后的发展现状。会议听取软件和信息服务业发展情况的通报，审议《关于“十二五”期间我区经济社会发展中应重视的若干问题的建议案》。会议还审议有关人事调整事项。

同日，省文化厅、省旅游局公布浙江省非物质文化遗产旅游经典景区和非物质文化遗产旅游景点名单，区文广新闻出版局申报的“鄞州非物质文化遗产展馆系列”荣获省非物质文化遗产旅游经典景区称号。

5 月 26 日，邱隘、五乡、东吴、鄞江、龙观、章水、洞桥等镇乡辖区内的 2. 36 万平方米的直管公房，从区房管处移交到房屋所在地的镇乡管理。这是全区开始办理移交的第一批直管公房，预计月底前完成，其余 15 个镇乡（街道）辖区内的直管公房在 6 月底前完成移交工作。

同日，区文广新闻出版局申报的《“天天演”文化惠民工程：一种政府公共文化服务机制的创新模式》荣获全国社会文化艺术最高奖——“群星奖”。鄞州“天天演”文化惠民工程是宁波市唯一的“群星奖”项目类奖项，全省仅 5 个项目获此殊荣。

同日，省委统战部部长汤黎路一行到鄞州调研统战工作。汤黎路一行先后考察鄞州商会大厦、东南小学、阿育王寺和天童寺。

同日，区政协环境卫生监督小组在区政协副主席朱国富带领下，对首南、石碶、钟公庙、中河、下应 5 个街道城乡接合部的环境卫生进行实地督查。督查组把督查结果和整改方案汇总后报送相关部门，争取早日解决城乡接合部的环境问题。

5 月 27 日，鄞州区召开村级留用地政策座谈会，区委副书记、区长薛维海和与会的区人大代表、政协委员及部分镇（街道）、村主要负责人一起，就如何做好村级留用地的落实和管理工作进行座谈商讨。

同日，《2009 年鄞州区居民死亡监测统计结果》出炉。统计显示，2009 年全区人均期望寿命达到 81. 35 岁，女性高于男性 3. 64 岁。排在死因前五位的分别为恶性肿瘤、脑血管病、呼吸系统疾病、损伤中毒、心脏病。

同日，由团市委、区第三届“王应麟读书节”组委会、市学联共同主办的

“读书人生，青春责任”2010年宁波市大学生辩论赛总决赛在区图书馆报告厅举行。宁波大学、浙江大学宁波理工学院、宁波大红鹰学院、宁波教育学院4支代表队经过总决赛，宁波大学代表队获冠军，浙江大学宁波理工学院代表队获得亚军。

同日，省档案局副局长王茂法、省民政厅社会事务处处长朱军耕带领省档案局、省民政厅联合组织的民政档案行政执法检查组，对鄞州区民政局婚姻、收养登记档案管理情况进行检查。检查组表示，鄞州区婚姻、收养登记档案规范化、信息化程度很高，网络通畅、基础设施完善，档案室建设完整，完全达到省级标准。同时，检查组也对进一步做好相关管理工作提出一些指导性建议。

同日，区政府举办全区地质灾害防灾避灾业务知识培训班。培训班邀请市国土局有关负责人和省水文地质大队专家就《浙江省地质灾害防治条例》和如何做好地质灾害群测群防工作进行全面的辅导。

5月28日，区政协召开十四届十七次常委会议，审议通过《关于“十二五”期间我区经济社会发展中应重视的若干问题的建议案》。会上，区政协主席唐军提出下半年区政协常委会工作重点。会议还通过有关人事调整事宜。会议还就《城乡规划法》进行专题讲座。

同日，中国粮食行业协会公布全国首批“放心粮油示范企业”的评选结果，鄞州区3家企业入选。区军粮供应站成为首批粮油销售示范店，宁波市米氏实业公司、鄞州梁桥米业有限公司成为粮油加工示范企业。

5月30日，“2010浙江（上海）旅游交易会暨世博旅游主题展”在上海光大国际会展中心落幕。鄞州区组织区内10家重点旅游企业赴会，开展大型旅游宣传促销活动，6个形象展位、1个销售展位共接待旅游专业人士1.7万人次、上海市民2万余人次。

5月31日，101位高校专家和教授参加在鄞苑宾馆举行的“2010高校教授服务团进鄞州”活动招待酒会。

同日，鄞州、海曙、江东三地省人大代表联组视察鄞州区企业转型升级和城乡融合型新农村建设情况。三地的16位省人大代表实地视察浙江广博集团和下应街道湾底村。代表们从加大城乡统筹力度、加强生态环境保护、加快鄞州区与市区道路建设、企业自主创新政策扶持等方面提出意见和建议。

6 月

6 月 1 日，区领导陈振国、高强华、夏素贞、王飞龙分 4 路走访慰问区少年儿童，并送上慰问金。

同日，鄞州区 79 家企业邀请 101 名高校教授服务团专家、教授，到实地解决技术难题，与企业面对面进行项目合作洽谈。

6 月 2 日，全区行政事业性收费审验工作结束。从 2010 年 1 月开始，区发改局对全区 23 个主管部门、22 个镇乡（街道）的 220 家行政事业单位共 50 项收费项目的收费情况进行验审。

同日，全区“充分就业区”动员会召开。会议提出在创建“充分就业镇乡（街道）”的基础上，年内创建成为“充分就业区”的目标：到年底，全区“充分就业街道、社区”创建率达到 100%，“充分就业镇乡、村”创建率达到 92%以上，动态消除“零就业家庭”，实现全区户籍劳动力充分就业、高质量就业的目标。

同日，据区地税局统计，1 月至 5 月，该局累计组织税收收入 27.14 亿元，同比增长 20.12%，完成全年税收任务 53.3 亿元的 51%，提前一个月实现全年税收任务过半的目标。

同日，鄞州区城市管理标准化试点工作全面铺开。此次试点的范围为天童北路、宁南北路、四明中路、鄞县大道合围区域。区城管局此前已对试点范围进行全面摸底，将投入 100 余万元对现存问题进行统一整改。

6 月 3 日，国家环境保护部公布 2009 年度全国环境优美乡镇和国家级生态村名单，鄞州区古林镇、龙观乡和下应街道湾底村入选。至此，全区已有 3 个全国环境优美乡镇、1 个国家级生态村。

同日，全区环境质量与生态建设信息发布会召开。会议指出，2009 年化学需氧量和二氧化硫排放总量分别削减 255.8 吨和 283.14 吨，较前年分别削减 5.6%和 7.2%，全面完成污染物减排任务。2010 年，以创建省级生态区为主线，以污染物减排重点工程建设为突破口，全面推进“生态鄞州”建设。

同日，浙洽会鄞州分团筹备工作落实情况汇报会举行。会议指出，鄞州区已落实浙洽会签约项目 26 个，总投资超过 9.77 亿美元，协议外资 3.07 亿美元。

同日，全区 2010 年度 75994 亩市、区两级粮食生产功能区建设任务基本完成，开始接受市、区两级验收。这是继 2009 年后再次在全市率先完成粮食功能区建设任务。

同日，区垃圾填埋场沼气发电项目签约。该项目投资方为上海齐耀动力技术有限公司，总投资约3000万元，装机总量为2兆瓦，分两期进行建设，预计年发电量可达1200万千瓦时。

同日，由区委副书记王建堂、常委副区长白建生带队的山西省太原市杏花岭区党政代表团来鄞州考察。代表团一行实地考察万达商业广场、南部商务区、鄞州公园、城市广场等地。在交流会上，代表团听取城市开发建设情况汇报。代表团对鄞州通过短短几年时间，将新城区建设到这一规模和档次表示赞赏。

6月4日，区人大常委会举行专题会议，听取教育基础设施、医疗卫生设施、户外广告设置、新城区灯光夜景深化等专项规划情况的汇报。

6月5日，宁波（鄞州）网球中心·鄞州游泳中心举行开馆庆典。宁波（鄞州）网球中心·鄞州游泳中心属于鄞州区体育活动中心二期项目，位于新城区文化路鄞州体育馆西侧，总用地7.3万平方米，总投资1.82亿元。

同日，由中国文联、中国曲艺家协会联合主办的第六届中国曲艺牡丹奖全国曲艺大赛在区文化艺术中心举行。此次大赛共设4个赛区，鄞州是鼓曲唱曲（南方片）分赛区，来自浙江、福建、江西、重庆等南方片9个省市的38个曲艺节目参加比赛。鄞州区的参赛作品——宁波走书《“买”进“卖”出》获节目提名奖。

6月6日，由团区委、区旅游局、区妇联、区人事局等单位联合主办的“如果爱”首届鄞州相亲旅游节在酒埕岩景区开幕。从6月6日起的9个双休日，主办单位将陆续安排市、区单身男女青年参加在天宫庄园、走马塘古村、章水杖锡、五龙潭等9个旅游风景区举办的相亲活动。

6月7日，第六届中国曲艺牡丹奖全国曲艺大赛鄞州赛区颁奖晚会暨第三届“王应麟读书节”闭幕式在浙江大学宁波理工学院可珍讲堂举行。

同日，鄞州区召开公共文明指数测评再动员会议，通报全区在2010年市第一轮公共文明指数测评中的情况，要求各有关部门、单位进一步抓好整改工作，力争在以后的公共文明指数测评中取得好成绩。

同日，区委副书记、区长薛维海会见由团长尹霄敏率领的巴西华人企业家代表团一行，对他们来鄞投资考察表示欢迎。薛维海向客商介绍鄞州区经济社会发展现状。代表团表示，鄞州发展迅速，希望今后加强交流与合作，在鄞州建立一个基地，加大进出口贸易，让更多的宁波、鄞州产品走入巴西市场。

6月8日，鄞州区重大项目签约仪式暨招待酒会在南苑环球酒店举行。签约仪式上，鄞州区共有15个重大外资项目现场签约，总投资76118万美元，合同外资17204万美元。

同日，主题为“发展现代服务业、提升城市化水平”的2010鄞州区投资环境推介会在鄞州公园草坪举行，来自19个国家和地区的近百名客商出席。推介会由展览展示、会议介绍和实地考察3个环节组成。会上，区外经贸局、区规划局分别作鄞州投资环境推介说明和新城区、南部商务区、长丰、潘火、集士港、古林等具体地块规划说明。推介会后，与会嘉宾考察南部商务区、万达商圈和高教园区。

同日，浙江高格软件股份有限公司斥资2000万美元，收购台湾高格亚翼资讯股份有限公司。

6月9日，浙洽会宁波市重大项目签约仪式举行，共有19个重大项目现场签约，合同外资3.2亿美元。其中，鄞州的签约项目分别是望春工业园区联强科技总部暨运筹中心项目和高桥镇立华制药增资项目，总投资5312万美元，合同外资1880万美元。

同日，宁波市政府与中国南车集团签署战略合作协议，中国南车集团计划投资30亿元以上，选址鄞州建设国际一流水平、现代化的中国南车宁波产业园。

同日，2.5产业发展论坛在创新128二期园区举行，同时宣告创新128二期园区开园。创新128园区位于鄞州投资创业中心，是宁波市首个2.5产业园。创新128二期园区面积10万平方米，拥有70栋庭院式企业办公楼。

6月9日至13日，鄞州区全面检查验收镇乡（街道）、区直属机关及部分村、社区、学校、企业等基层单位的“五五”普法工作。检查组采取“听、看、查、谈”方式，对检查对象进行详细了解，听取意见，并对照考核验收标准进行严格检查，提出整改意见，加强督促指导。

6月10日，鄞州人才公寓正式向182家区内企业开放申购。公寓总建筑面积近12万平方米，平均售价每平方米8100元。鄞州区于2006年开始筹建人才公寓，地点选在学府路（东）88号，主要由3幢精装修的高层建筑构成，辅以青年俱乐部和其他配套设施，共有1000套面积为60平方米和90平方米左右的中小户型，于2011年6月底交付使用。

同日，以省卫生厅副厅长张平为组长的省卫生强区考核组一行，对鄞州区进行为期两天的省卫生强区创建验收工作。副区长夏素贞向考核组一行汇报鄞州区创建省卫生强区工作。听取汇报后，考核组分头查阅台账并进行现场考核。11日，召开考核反馈会，宣布鄞州区通过省卫生强区考核组专家评审。

同日，市委常委、市纪委书记暨军民一行来鄞州区考察反腐倡廉工作，对鄞州区不断探索创新、推进反腐倡廉工作走向深入表示充分肯定。暨军民一行还实地视察区行政服务中心、公共资源交易平台和“企业百事灵”政策咨询平台，深入了解平台建设和效果发挥情况，并对此表示赞赏。

同日，斯玛特广场举行开工典礼。斯玛特广场是宁波市“中提升”项目BEST商业广场的三大子商业体之一，也是瑞士汤仕玛公司在中国的首个项目。项目位于钱湖路和嵩江路交汇处，总建筑面积约9.5万平方米，涵盖欧洲风情商业街、精品百货、空中长廊酒店及公寓式酒店四大业态。这个项目将于2013年落成开业。

同日，全区首家社区党委在中河街道剑桥社区成立，由社区内的商贸党支部、奥丽赛楼宇党支部、康河流水党支部、莱恩河畔党支部和院士花园党支部等5家基层党组织组建。

6月11日，沙孟海先生诞辰110周年纪念活动举行。纪念活动上，由省书协和区委、区政府主办的沙孟海书学院藏品特展、《沙孟海书法作品集》首发式、中国书画名家作品特邀展、“沙孟海网站”开通仪式等系列活动在沙孟海书学院举行。

同日，区财政局向宁波奥克斯空调有限公司转拨一笔11050万元的资金。这是对奥克斯推广20.7万台高效节能空调的中央财政补贴，也是迄今为止全区企业获中央财政补助金额最大的一笔。

6月12日，团省委书记周柳军一行到鄞州青年创业孵化园和钟公庙街道后庙社区“360青春坐标”调研，对鄞州青年创业孵化园和“360青春坐标”的组织构建及运行模式给予充分肯定。

同日，由市人大常委会党组书记、副主任郭正伟率领的市人大常委会检查组一行对鄞州区水污染防治“一法一条例”贯彻实施情况开展执法检查。检查组一行实地检查集士港镇的宁波嘉乐染整有限公司，洞桥镇江口断面（跨界河流）、中河街道大朱家河、下应街道史家码村、东吴镇三溪浦水库、滨海投创中心污水处理厂等水污染防治重点区域、设施，详细了解生活污水处理、垃圾处理、河道整治、农业面源污染治理、畜禽养殖污染治理等情况。

同日，在全省第三次全国文物普查实地文物调查阶段表彰大会上，区文物普查队荣获先进集体称号，普查队员张德华和张平获评省先进个人。

6月13日，全区信访工作会议召开。会议回顾总结上半年信访工作，并就下半年的信访工作，尤其是进一步落实上海世博会信访维稳工作，推进基层基础建设和化解信访积案作专题部署。

同日，以徐鸣翔为团长的香港青年工业家协会长三角考察团来鄞州访问。

区委副书记、区长薛维海对考察团来鄞访问表示欢迎，并向客人介绍鄞州经济社会发展情况。

6 月 17 日，2010 年鄞州区“乡音宣讲团”成立暨市民素质提升工程启动仪式在集士港镇党校举行。

同日，香港宁波市鄞州同乡会在香港成立，香港友好社团代表、鄞州在港乡亲等 120 多人参加成立大会。同乡会首届会员 64 人，由香港旅行社总监应炳囡女士担任会长，凤凰卫视时事评论员邱震海（兼秘书长）等担任副会长。

6 月 18 日，区第十六届人大常委会举行第三十次主任会议，听取区行政监察和政府采购工作情况的汇报。

同日，由区贸易局、区旅游局主办的第三届鄞州美食节在开元名都大酒店开幕。本届美食节以“美食盛宴，共享世博”为主题，有南苑环球酒店等近 10 家宾馆、酒店参与，分为异国风情美食节、特色菜肴大联销、私房菜大赛、清凉啤酒节 4 个板块。活动时间持续 1 个月。

6 月 19 日，鄞州首个迎峰度夏电网工程——110 千伏朝阳输变电工程投入运行。该工程位于姜山镇新张俞村，总投资约 5000 万元，占地面积 4157 平方米，2009 年 5 月开工建设。

6 月 20 日，新城区 80 平方公里区域的中压配电网规划通过会审。该规划将新城区分为 11 个片区，按照现有的电网布局和电力需求，5 年之内全区将投入 6.7 亿元对电网进行建设和改造。

6 月 21 日，市人大代表鄞州中心组成员一行 20 多人到象山县，跨区域视察宁波日月重工日星铸业有限公司，了解企业产业转型升级情况。

6 月 22 日，由中国广播电视协会主办的 2009 年度全国县级广播电视作品评奖揭晓，鄞州区广播电视台送评的 5 件作品，获得 4 个一等奖和 1 个二等奖，获奖数量与等级居 160 多家参评台之首。

6 月 23 日，区镇乡（街道）人大负责人培训班开班。此次培训由区人大、区委组织部、区委党校联合举办，培训内容有《从宪法走向宪政，建立中国特色的宪法审查制度》《加强预算监督　推进科学发展》《镇乡（街道）财政管理知识》《当前审计工作的几个问题》《镇乡（街道）财政规范化管理》和《选举法》等。

同日，区委副书记、区长薛维海实地检查全区防汛工作。薛维海一行相继检查横溪镇烂地弄水库、黄家地水库维修加固情况，塘溪镇梅溪小流域治理和地质灾害隐患治理点情况，咸祥镇海塘防护情况等，并召开会议听取区水利、气象、国土、民政、农林等部门有关情况的汇报。

同日，在五乡镇宝幢村的宁波万茂散装水泥储运有限公司场地内，在由绍兴县防腐保温工程公司承揽的储罐防腐检修工程施工作业中，油漆工刷涂水泥储罐外表面防锈漆时，发生高处坠落死亡事故，事故造成2人死亡。

6月24日，由国家旅游局、浙江省人民政府主办的中国国际旅游商品博览会在义乌开幕，鄞州区5家知名旅游商品生产厂家携10余种旅游商品参展。

同日，由中国社科院组织召开的中国农村金融机构发展与改革研讨会在北京召开。会上，鄞州银行被确定为首批中小银行研究基地，中国社科院副院长李扬和中国银监会副主席蒋定之向鄞州银行授牌。

6月25日，鄞州区召开半年度组织工作会议，回顾总结上半年组织建设各项工作，并对下半年工作进行部署。

6月26日，位于横溪镇的宁波朱金漆木雕艺术馆举行开馆典礼。该艺术馆是由国家级非物质文化遗产宁波朱金漆木雕的代表性传承人陈盖洪自筹资金近千万创建。艺术馆占地面积3000多平方米，展出朱金漆木雕收藏品及各类木雕艺术精品1500余件。

6月27日，中国绿色碳基金鄞州专项成立典礼在宁波三生日用品有限公司举行，鄞州成为全国第一个成立中国绿色碳基金的县（市、区）。成立仪式上，区委副书记陈振国宣读鄞州专项发起单位名单、捐赠金额及鄞州专项优秀组织奖名单，并向发起单位授牌、颁发捐赠证书。

同日，钟公庙街道金家漕小学手球队出征瑞典，参加“partille杯”世界小学生手球精英赛。

6月28日，区人大常委会视察组视察鄞州区高新技术企业发展情况。视察组实地视察宁波立华制药、宇斯浦电器两家高新技术企业，并听取全区高新技术企业发展情况汇报。

同日，区政协举行十四届四十一次主席会议。会议听取全区重点旅游项目开发建设情况的通报。与会人员实地考察达蓬山旅游度假区、杭州湾湿地中心、大桥生态农庄，深入了解旅游项目开发建设情况。会议还审议通过关于举行“提高城市管理水平”政情交流会的方案。

6月29日，甬新河工程鄞州段通过竣工验收。甬新河鄞州段工程从鄞奉交界至鄞县大道北侧，实施长度为14.42公里，总投资4.33亿元。工程设计防洪标准为20年一遇。河面宽60米，两岸绿化带各8米，机耕路各5米，全程建53座桥梁。工程于2005年4月28日正式开工建设，分三期共10个标段实施，2007年主汛期前实现全面通水，2008年底全面完工。

同日，鄞州区召开防汛防旱工作会议，部署落实下一步防汛防旱工作各项措施。会议研究分析 2010 年汛期的天气特点及形势，并与塘溪、横溪、龙观等镇乡签订防汛防台工作责任书。

同日，鄞州区召开《廉政准则》宣讲报告会，市纪委副书记张文斌作《廉政准则》宣讲报告。

同日，鄞州区召开老干部工作情况通报会，向与会老干部通报近年来鄞州区组织工作的特色性工作以及下阶段主要任务。

6 月 30 日，鄞州区在四川省广元市召开元坝—鄞州援建工作座谈会，听取鄞州工商联元坝区援建学校情况汇报。

同日，区安监局通过网站发布公告，公布首批被列入安全生产黑名单的 3 家企业，这 3 家企业将受到来自工商、信贷、发改、经发、科技等有关部门的制裁。

7 月

7 月 1 日，据统计，上半年，区国税局组织国内税收收入（不含海关代征）41.84 亿元，同比增长 18.2%。收入总量比 2006 年全年国税总额还多 4.29 亿元；区地税局共组织税收收入 33.63 亿元，同比增长 28.8%。

同日，住房公积金缴存基数开始调整。调整方式均以职工本人 2009 年度月平均工资为基数，按 5%—12%的比例计算住房公积金月缴存额。

同日，流动就业人员基本医疗保险关系可跨省转移续接，鄞州从此实现医疗保险关系的“全国漫游”。

同日，鄞州区庆祝建党 89 周年“七一党员奉献日”主题活动暨社区志愿者大秀场活动在万达商业广场举行，来自下应、中河、首南、钟公庙、石碶、邱隘等地的 100 多名城乡社区志愿者，根据类型特点分成“舞台表演”“技能展示”“咨询服务”三个板块开展活动。

同日，鄞州新闻网（www. yzhnews. com. cn）完成全面改版，正式上线。改版后的鄞州新闻网新增栏目 20 个，调整页面 50 个，栏目总数达 35 个。

同日，鄞州区百岁老人的长寿保健补助标准从原来的每人每月 300 元提升至 500 元。全区共有百岁老人 14 名。浙江省规定百岁老人长寿保健补助费标准为每人每月 300 元，本次补助标准提高后，鄞州区补助额度超过省标准约 67%。

同日，青川县乔庄镇农房重建项目——大沟村新农村建设项目举行竣工仪式，这标志着鄞州区援建的农房重建示范点——大沟村新农村建设项目全面完成。

7月3日，据区财政局发布，上半年，全区实现财政收入101.2亿元，完成年初预算的64.6%，同比增长22.6%。财政收入继续居全省各县（市）区首位。

同日，据区交通局发布，上半年全区完成交通基础设施建设投资3.8亿元，五龙潭至溪口公路等一批重点工程均将年内完工。下半年，区交通部门将加快推进区内重点项目建设和绕城高速三大连接线工程。

7月5日，由市人大常委会副主任卓祥駷率领的市人大常委会调研组一行到鄞州调研乡镇人大工作。卓祥駷一行先后听取区人大常委会关于乡镇人大工作情况的汇报，与部分乡镇党政负责人、乡镇人大代表和乡镇人大主席进行座谈，并就如何加强对乡镇人大工作的指导、乡镇人大如何依法行使职权以及充分发挥职能作用等问题进行交流和探讨。

同日，鄞州区政府领导考察景宁鹤溪中心幼儿园建设情况。2009年，鄞州和景宁两地协调确定景宁鹤溪中心幼儿园为鄞州区援建项目。该项目按照省一级示范幼儿园建设，建筑总面积6617平方米，项目总投资2000万元，其中鄞州区财政安排500万元资金进行帮扶。

同日，最高人民法院院长王胜俊视察鄞州人民法院。王胜俊视察鄞州法院诉讼服务中心、信息化管理系统、廉政教育基地、法院图书馆、审判区以及其他法院文化展区，并与有关领导举行座谈。座谈会上，薛维海介绍鄞州区经济社会发展等情况，区人民法院院长张光宏作工作汇报。王胜俊对鄞州法院各项工作尤其是法院文化建设工作给予充分肯定。

同日，由市人大常委会副主任郑瑞法率领的市“五五”普法检查验收组一行，来鄞州区检查验收“五五”普法工作。检查验收组一行先后来到姜山镇、翻石渡村和宁波市明佳汽车内饰有限公司，检查台账资料，并开展问卷调查；并听取鄞州区“五五”普法工作汇报。检查验收组对鄞州区“五五”普法工作表示肯定。

7月6日，全区第十次“慈善一日捐”动员大会召开。第十次“慈善一日捐”活动于7月初启动，至9月底结束。

7月8日，宁波市暨鄞州区第六次人口普查综合试点工作在下应街道王家弄村进行。在普查现场，一支由区、街道、村三级普查指导员和普查员组成的80多名普查队伍，采取直接上门调查、入户访问、填写调查表的方式，对王家弄村进行地图绘制、清查摸底、编制《户主姓名底册》等工作。

同日，省公安厅、省司法厅、中国保监会浙江省监管局在鄞州联合召开浙江省道路交通事故损害赔偿人民调解机制现场会，推广宁波道路交通事故损害赔偿人民调解机制。鄞州区在会上作经验介绍。

同日，新一轮城镇居民医保参保缴费工作基本结束。全区 80376 名符合条件的人员参加新一轮城镇居民基本医疗保险，参保人员从 9 月 1 日起享受医保待遇。

7 月 8—9 日，由工信部军民结合推进司和区政府合作举办的国家军转民技术成果（宁波鄞州）对接会在宁波开元名都大酒店举行。本次对接的 445 个项目涉及军工单位产学研项目和军转民技术推广项目两大类，项目转出单位包括核工业北京化工冶金研究院、中国兵器工业新技术推广研究所、哈工大、中国核动力研究设计院等。

7 月 9 日，区人大常委会主任陈明志带领区人大常委会视察组一行视察新城区道路建设情况。视察组一行实地视察湿地公园周边断头路、解放南路延伸段、福明路延伸段等建设项目，详细了解工程建设情况和当前建设中遇到的困难。

同日，由市委组织部组织的市新农村建设顾问团在横街镇开展集中下乡服务活动，市农业生产、医疗卫生、科技科普、文化艺术、政策法规等分团的 60 多位专家和当地的部分专家给农民们提供咨询服务。

同日，据区发改局统计，年初计划安排的 105 项重点工程，上半年已开工 62 个，开工率 59%；完成投资额 47.66 亿元，占年度投资的 28.5%。

7 月 10 日，区第四届大中专毕业生就业洽谈会在鄞州体育馆举行，1900 多名毕业生参加本届“毕洽会”，有 1374 人次与用人单位达成初步意向，176 人次达成见习意向。

同日，在区第四届大中专毕业生就业洽谈会上，由团区委、区人事局、区科技局共同推出的“青年创业见习计划”正式启动。在校大学生、应届毕业生、毕业两年内的大学生，通过申请与审核评定，就可进入鄞州青年（大学生）创业园的创业见习区实践。

7 月 10 日—8 月 10 日，“大中专毕业生就业服务月”活动举行，其间鄞州区将推出 11 项措施力促毕业生就业。

7 月 11 日，来自区统计局的数据显示，1 月至 5 月，东吴全镇规上企业实现工业总产值 16.1 亿元，同比增长 67.7%，实现销售收入 15.61 亿元，同比增长 70%，两者增幅均居全区镇乡（街道）之首。

7 月 12 日，区政协举行政情交流会。会上，就如何提高城市管理水平，区城管局、规划分局、建设局、民政局、交警大队等 5 个部门负责人与区政协委员面对面交流。

7 月 13 日，区扶贫办收到人事和社会保障部、发改委联合颁发的“国家西部大开发突出贡献集体”荣誉证书。据悉，全国共有153家单位获此殊荣，浙江省仅4家。

7月14日，据宁波海关统计，上半年鄞州实现进出口贸易总额48.2亿美元，同比增长45.2%，占全市外贸总额的12.4%，跃居各县市区首位。

7月14日、15日，区人大常委会召开半年度镇乡（街道）人大工作汇报会，总结交流各镇乡（街道）人大上半年特色性工作，进一步明确下半年工作重点。

7月15日，由区委副书记、区长蔡旭昶率领的湖州市吴兴区党政代表团到鄞州参观考察。区委副书记、区长薛维海介绍鄞州区经济社会发展情况。代表团一行实地参观考察南部商务区、创新128园区和欧琳集团。

同日，区委中心组举行理论学习（扩大）会，央视《百家讲坛》名家纪连海老师应邀作《通鉴与历代王朝兴衰启示录》的讲座。

7月16日，区政府召开第七次全体（扩大）会议，回顾上半年全区经济社会发展情况，分析判断当前经济形势，研究下半年及今后一段时期经济发展工作。

同日，第三届“缤纷夏逸”鄞州购物节开幕。购物节持续到7月25日结束，12家参与企业共计实现直接销售额3.35亿元，总客流量达到270万人次。

7月17日，据宁波海关统计，上半年鄞州区高新技术产品进出口贸易额达2.3亿美元，与去年同期相比增长74.3%。其中出口1.8亿美元，进口5377.9万美元，分别增长81.6%和53.7%。

同日，区国税局召开新征管业务流程实施工作动员大会。会议指出，从7月26日起，该局将全面启用并统一实施新税收征管业务流程，取消涉税事项47项，待办事项转为即办事项40项。

7月19日，区委召开第十次常委会议，专题分析半年度经济形势，研究安排下半年重点工作，进一步梳理工作思路，完善工作举措，狠抓工作落实。

同日，从区金融办传出消息，截至6月底，全区金融机构各项本外币贷款余额首次突破千亿元大关，鄞州由此成为宁波市首个贷款余额超千亿元的县（市）区，在省内仅次于萧山。

同日，省企业联合会、省企业家协会联合发布2010年浙江综合百强企业榜，鄞州区5家企业上榜，分别是雅戈尔集团、奥克斯集团、杉杉投资控股有限公司、中基宁波对外贸易股份有限公司和利时集团。

7月20日，由省人大常委会副主任吴国华率领的省人大医改调研组一行到鄞州区，就医疗卫生体制改革情况展开调研，并对鄞州区卫生事业发展取得的成绩表示充分肯定。调研组一行还实地视察下应街道和姜山镇卫生服务中心，详细了解新医改实施后卫生服务中心的运行情况和群众看病环境、费用等问题。

同日，全省党校系统“生态文明背景下的浙江经济社会可持续发展”理论研讨会在区委党校举行。研讨会上，与会代表和专家学者围绕主题多学科、多角度地进行交流发言。此次研讨会共收到论文 579 篇。区委党校提交论文 11 篇，其中 5 篇入选，郭松的《城市化进程中市区两级财政管理体制的双赢选择——以鄞州撤县建区为例》和潘明策的《公共财政促进科技创新绩效研究——来自鄞州企业转型升级的经验论证》获一等奖，另有 2 篇获二等奖。

同日，中国国民党革命委员会宁波市委员会鄞州区综合支部成立。民革鄞州支部的成立，标志着鄞州区民主党派基层组织实现了全覆盖。

同日，宁波卡酷动画公司制作的《拯救地球，麦圈可可在行动》和《麦圈可可宝岛漫游记》通过国家广播电视总局审批，予以立项制作。上半年，“卡酷动画”的动画制作产量高达 2872 分钟，位居全市第一。

同日，鄞州被省林业厅命名为省“平安林区”，全省仅有 5 个县市区获此殊荣，鄞州区是宁波市唯一获此称号的县市区。

7 月 21 日，由区政协编辑出版的《杨霁园诗文集》正式出版。该书分上、下两册，上册分 9 卷，收录杨霁园的诗集《吴楚游稿》《幽燕游稿》《黄林集》《五慎山馆诗集》《傅港集》等；下册 7 卷，收录杨霁园的文章、联语、诗文补遗及杨霁园亲属、弟子们的追思文章。

同日，鄞州区政府领导来到姜山等地检查“双夏”生产情况。检查中，鄞州区政府领导察看姜山镇种粮大户早晚稻收种状况、创宁粮机合作社的“双夏”准备情况以及姜山镇丽水粮站粮食收储准备情况。

同日，全区再生资源回收管理工作会议召开。会议指出，为期两年规范建设任务已基本完成，下阶段再生资源工作重点将是长效管理体系建设。

7 月 22 日，据统计，上半年，全区累计实现社会消费品零售额 103.9 亿元，增长 23.5%，增速继续高于全省、全市平均水平。

同日，市委常委、纪委书记暨军民一行到广博集团开展调研，深入了解企业在转型升级中的经验以及在后金融危机时代的创新举措。暨军民等一行视察广博集团生产车间、产品样品展示厅，并听取集团经营发展情况的汇报。

同日，由市人大常委会副主任郑瑞法带领的市人大常委会视察组到鄞州视察和谐企业创建工作。视察组一行实地察看宁波市首批创建和谐企业先进单位之一的欧琳集团，对欧琳集团坚持科学、和谐发展给予赞扬。之后，视察组听取区总工会和鄞州投资创业中心开展和谐企业创建工作的情况汇报。

同日，全区“信用村镇”创建经验交流会暨首批“信用村”授牌仪式在区委党校举行。瞻岐镇岐下洋村等15个村（社区）成为首批“信用村”。会上，区金融办代表区创建工作领导小组办公室通报前阶段创建工作情况及下步工作重点。

同日，市公路管理局组织全市各县市区公路养护段（所）负责人来到荷梁线公路养护现场，观摩鄞州公路养护部门最新引进使用的公路养护“魁道完全封层技术”。

7月23日，全区半年度安全生产暨社会消防安全“防火墙”工程部署工作会议召开。会议指出，上半年全区共发生各类事故290起，同比下降2.7%。下半年全区安全生产工作要坚决遏制事故高发态势，确保事故控制指标“三个零增长”。

同日，鄞州区卫生强镇乡（街道）创建工作会议召开。会议要求，力争到2011年，全区卫生强镇乡（街道）创建通过率达到100%。

同日，在全省第四次民族团结进步表彰暨民族团结进步创建活动经验交流电视电话会议上，区少数民族联谊会会长张淑琴（满族）获民族团结进步先进个人称号。

7月24日，鄞州区在美国硅谷举行大型招才引智恳谈会。这次活动由浙江清华长三角研究院主办，浙江清华长三角研究院硅谷创新创业基地、硅谷清华联网、美中高层次人才交流协会等承办，300余名与会海外专家、学子出席活动。

7月25日，据区科技局发布，上半年，全区实现高新技术产品产值、销售、利税分别为380.2亿元、376.4亿元和38.4亿元，同比分别增长35.6%、38.2%和40.8%。

7月26日，鄞州区在全省90个县（市、区）农村公共文化服务体系的综合考评中，再次位居全省第一。此次评估，鄞州区总评估分为73.68分，高出全省平均值（46.81分）近27分，也是全省唯一一个总评估分达到70分以上的地区。

7月27日，鄞州区召开社区文明创建现场推进会。与会人员来到中河街道金馨社区金湾华庭小区，参观“和美在社区·文明零距离”咨询服务活动现场。区建设局有关负责人介绍全区社区物业管理的发展情况，并对与会人员进行相关培训。对新一轮全国公共文明指数测评迎检工作进行针对性的辅导。与会人员还赴杭州对省文明办推荐的文明创建先进社区进行实地考察、学习。

7月28日，“宁博之夜·蝶恋传奇暨心语神工——国际雕刻珠宝艺术大展”

开幕式在宁波（鄞州）博物馆举行，展出国际三大珠宝设计雕刻家之一、东方珠宝诗人陈世英先生创作的作品156件。

7月29日，据统计，上半年，区行政服务中心共办理各类事项44.97万件，工作日日均办件量达到3459件，其中通过网上行政审批系统办结24789件，共收到服务对象评议表35970份，群众满意度达99.96%。

同日，新城区首幢拆迁安置商务楼——城南商务大厦结顶。城南商务大厦2008年7月开建，总投资4.9亿元，总建筑面积逾10万平方米。

7月29—30日，区委组织部、区直属机关党工委、区委老干部局联合举办老干部工作者和离退休干部党支部书记理论业务学习班，140多名学员参加学习。学习内容包括老干部工作、离退休干部党支部建设业务知识和国际国内政治经济形势辅导等，并邀请省委老干部局专家就创建"五好"离退休干部党支部创先争优活动进行专题辅导。

7月30日，区委召开十二届九次全体（扩大）会议，回顾总结上半年工作，研究部署学习型党组织建设和经济发展方式转变各项任务，审议通过《中共宁波市鄞州区委关于推进学习型党组织建设的决定》。

7月31日，据浙江省知识产权局公布最新统计数据显示：上半年，鄞州专利申请量2790件、专利授权量3140件、发明专利授权量81件，同比分别增长51.6%、23.2%、21%，3项指标均居全市第一。

同日，7月"中国好人榜"入选名单揭晓，曾到甘肃支教的鄞州姑娘以"爱心传递黄土高坡"的事迹入选"中国好人榜""助人为乐好人"。

8月

8月2日，公安边防部队赴海地维和警察防暴队先进事迹报告会在鄞州举行。报告会以"大力弘扬海地维和精神"为主题，由"神圣使命、和平使者、战火洗礼、英雄赞歌、大爱无言"5个篇章组成，采用视频短片、PPT演示、解说串词、人物报告等多种形式，历时90分钟。

同日，区政协召开十四届四十二次主席会议，听取完善社会保障体系、养老服务体系情况通报。会议还审议通过政情交流会方案。

8月3日，省委副书记夏宝龙来鄞州区专题视察新型镇村建设。夏宝龙一行先后来到集士港镇井亭家园、姜山镇翻石渡村江南庭园等地查看新村建设情况，对鄞州区推动城镇化与新农村互促共进方面取得的成绩表示充分肯定。

同日，副区长黄新山带领区安监、贸易、质监、城管、消防等部门联合行动，对辖区内部分危化行业经营单位进行专项检查。检查组先后实地查看中航油宁波中转油库、中国石化下应加油站、潘火液化石油气储备站等单位，重点检查油罐区、卸油区、加油机、通气管管口等关键部位的安全防护情况。

同日，区政协召开半年度委组工作会议，明确建设学习型政协组织的主要任务，总结上半年委组工作，研究部署下半年重点工作。

8月4日，新城区拆迁办发布消息称，从2008年7月开始至2010年8月，慧丰区块、湿地公园、滨江生态居住区（化工区）三大功能区块累计完成企业拆迁签协40余万平方米，实际拆除27万平方米，调产商务楼面积15.6万平方米，节约土地400多亩。

同日，区人大常委会党组和机关党组联合组织区人大机关干部参观学习区人民法院文化建设情况。陈明志一行参观法院监控中心、廉政教育基地、法官图书馆、法官培训中心等文化建设载体，并在随后的座谈会上，听取区人民法院院长张光宏关于法院文化建设情况的介绍。

同日，“鄞州杯”第七届中俄国际象棋对抗赛开幕。中俄国际象棋对抗赛由中国国际象棋协会和俄罗斯国际象棋协会于2001年共同发起，比赛由双方轮流承办。本届比赛设常规棋和快棋两种赛制，均为团体赛。

8月5日，全区半年度农业农村工作会议召开. 会议总结回顾上半年全区农业农村工作情况，督促落实下半年各项重点工作，并探讨研究农业农村“十二五”工作思路。

同日，全市加快推进工业转型升级现场会在鄞州举行。与会人员实地参观博威集团有限公司、浙东精密铸造有限公司、宁波汽车零部件检测中心、宁波音王集团有限公司等4家企业，市经委、鄞州区、宁波杭州湾新区围绕工业转型升级作发言，市政府与各县（市、区）及管委会签订淘汰落后产能责任状。区委副书记、区长薛维海代表鄞州在会上作典型发言。市委副书记、市长毛光烈在会上高度肯定工业经济转型的“鄞州模式”和“鄞州经验”。

同日，区政协主席会议成员视察鄞州投资创业中心。区政协主席会议成员视察“我要印”“博格华纳”两家企业，并听取鄞州投资创业中心工作情况的汇报，希望鄞州投资创业中心争做全区经济发展转型升级的领跑者。

同日，基层商会党建工作全面启动。全区将集中利用1个月左右时间，开展基层商会党组织组建工作，争取到9月，实现党组织在全区基层商会全覆盖。

8月6日，区纪委十二届九次全体会议召开，区委常委、纪委书记周忠贤代表区纪委常委会作工作报告。会议要求进一步深化机关效能建设，推进制度改革创新，以反腐倡廉建设新成效保障鄞州经济社会新发展。

同日，区委副书记陈振国带领区总工会、区交通局、区经发局等部门有关负责人，来到工地和企业慰问一线工人，向他们送上毛巾、矿泉水等慰问品，并向慰问单位分别送上 2000 元慰问金。

8 月 7 日，据统计，上半年，石碶街道财政一般预算收入达到 10.05 亿元，增幅超过 70%，总量继续领跑全区。

同日，全区第二个“全民健身日”活动在网球中心启动。活动期间，全区各地各部门将组织开展各类体育活动，推动全民健身长效化、机制化。

8 月 9 日，市人大常委会副主任卓祥騋，区委常委、常务副区长毛春阳一行视察沿海中线鄞州段建设情况，并慰问奋战在一线的建设工人。

同日，区政协召开政情通报会。区委副书记、区长薛维海向全区政协委员通报上半年全区经济社会发展情况及下半年政府工作重点。区政协主席唐军简要通报区政协上半年主要工作，明确下半年工作重点。

同日，东方巴士公司开通 656 路公交线路。656 路公交线路起止站为瞻岐公交站，全程 20 公里，实行无人售票、上车一票制，每票 2 元。

同日，来宁波进行大运河申报世界文化遗产预备名单遴选现场考察评估工作的国家文物局专家组，实地考察高桥镇大西坝。高桥镇大西坝是古代明州城通向京城的姚江与大西坝河交汇处运口，是大运河宁波段的重要水系关口。专家组在考察中对大西坝、高桥的价值和保护管理状况表示肯定，认为有望进入大运河申遗预备名单。

8 月 10 日，全省各市审计局局长会议在鄞州区召开。会议总结交流近几年来全省各地深化财政审计的经验与做法，研究讨论进一步加强财政审计的意见与建议。会上还对全省 2009 年度优秀审计项目进行表彰，《鄞州区 2009 医保年度区新型农村合作医疗专项审计报告》受到表彰。

8 月 11 日，全省第一本《镇乡（街道）领导干部工作读本》研讨会和首发式举行。该书由中央党校出版社出版，主体内容分为四部分，前三部分为党（工）委工作、政府（办事处）工作、人大和政协工作，最后部分为村和社区工作以及联系指导工作，重点突出镇乡（街道）领导干部现阶段开展工作所必需的知识和能力要求，同时兼顾上级部门对镇乡（街道）工作的阶段性要求。

8 月 12 日，南部商务区一期项目进展情况汇报会举行。会上，杉杉、中基等业主代表作发言，新城区管委会、城投公司、建设局、招商合作局等部门作相关情况汇报，区领导对南部商务区的建设和招商工作提出相关要求。

同日，区第十六届人大常委会召开第三十一次主任会议，听取人才工作、城乡规划修编情况的汇报。

同日，中国绿色碳基金鄞州专项第一届理事会成立，区委副书记陈振国被聘为名誉顾问，雅戈尔集团有限公司总裁李如成当选理事长。中国绿色碳基金鄞州专项第一届理事会由向中国绿色碳基金鄞州专项捐款100万元以上的单位组成，并考虑各镇乡（街道）的代表性，吸纳部分捐款50万元的单位。

同日，中国绿色碳基金鄞州专项第一届理事会通过鄞州林业碳汇项目实施办法。办法规定，每个碳汇造林点实施地点在平原的，面积必须达到50亩以上（村庄绿化的新种植乔木树种500株以上），实施地点在山地的，面积要求连片100亩以上。

8月13日，鄞州区召开争创全国文明城市“三连冠”动员大会。会议提出近阶段的主要任务是动员全区上下立即行动起来，掀起创建全国文明城市的新高潮。会议还通报市第二轮公共文明指数测评结果，部署下一步工作。中河街道、下应街道、区城管局、区交警大队的负责人在会上作表态发言。

同日，市政协副主席郁义康率领10多位市政协委员，视察下应街道王家弄村文明创建工作。在随后举行的座谈会上，郁义康充分肯定王家弄村文明创建工作。

同日，全区有序用电工作紧急会议召开。会议指出，全区用电缺口扩大至25万至30万千瓦，鄞州电网有序用电缺电响应等级升为五级，企业实行“停三开四”轮休制。

同日，《鄞州水利志》正式出版发行。该书由中华书局出版社出版，区水利志编纂委员会编写。全书共9编、52章、151节、140余万字，地形彩图20余幅，各种图件200余幅，全面系统地反映鄞州水利的历史面貌。

8月16日，区人大常委会召开重要情况通报会。区委副书记、区长薛维海通报上半年全区经济社会发展情况、下半年政府主要工作安排以及区十六届人大四次会议确定的实事工程进展情况。

8月17日，《宁波日报》《东南商报》《宁波晚报》等市级主流媒体同时刊发关于鄞州姑娘助学造桥的长篇通讯，在市民当中掀起学习的新热潮。

同日，团区委向全区团员青年发出学习的倡议。同时，先进事迹学习宣传系列活动全面展开。从8月中旬起至9月，团区委陆续组织开展先进事迹学习宣传系列活动，包括：在全区团员青年、青年志愿者中组织开展先进事迹学习教育活动，召开全区团员青年、青年志愿者学习先进事迹座谈会，举行“开学第一课”——全区中小学生学习先进事迹主题团日活动等。

同日，宁波市鄞州五金工具国际商会成立，陈会甫被推举为会长。鄞州五金工具产业经过多年发展，已逐渐成为新的支柱型出口产业，2009 年总产值达 8.2 亿美元。全区现有汽配企业 800 多家，主要出口螺栓螺帽、铝制器具、阀门龙头、电钻、锁具、手工工具等，产品远销欧盟、美国和日本等 170 多个国家和地区。

同日，全区教育行政工作会议召开，会议确立把鄞州建成全国教育标杆县区的教育发展目标。

8 月 18 日，龙观五龙潭至溪口公路（简称龙溪公路）正式通车。该工程起于龙观乡中心学校前三岔口，终于奉化市任宋村，与江拔线相接，全长 8.9 公里，其中龙观段长 5.46 公里，包括 1530 米长的鹁鸪岭隧道和清源溪大桥等 3 座桥梁。

同日，区人大常委会组织视察文明城区创建工作。区人大常委会主任陈明志一行视察新城区东裕路贸城路交叉口、锦寓路兴裕菜场、甬兴西路、永达路、宁南路长丰段、钟公庙菜场东侧等区域，并听取中河街道、钟公庙街道、区城管局、区公安分局交警大队等单位创建工作情况汇报。

同日，国家文物局组织专家来鄞州，对申报第七批全国重点文物保护单位的童第周故居进行考察。童第周故居位于塘溪镇童村，有 5 间两厢房，系塘溪名人故居之一。2009 年 12 月，鄞州推荐申报童第周故居为第七批全国重点文物保护单位。考察中，专家们察看童第周故居的建筑、陈列内容、周边环境。区文管办工作人员介绍故居的维修保护管理情况。

8 月 21 日，梁祝爱情节组委会赠送的《梁祝文库》《梁祝文化大观》以及“梁祝化蝶”雕塑被台北市立美术馆收藏。

8 月 23 日，文明鄞州《知音唱酬》戏曲欣赏会暨钟公庙街道第七届文化艺术节开幕式在区文化艺术中心举行。晚会由区文明委主办、钟公庙街道承办、宁波市艺术剧院协办，由《访菊》《品兰》《论竹》《寻梅》四大篇章组成。此次钟公庙街道文化艺术节还将举办《宜商宜居城市建设雏鹰展、载歌载舞和谐街道大繁荣》摄影比赛，“风华正茂”书画比赛，社区“庆世博、迎国庆”文艺晚会，文化艺术节闭幕式文艺晚会等系列活动。

8 月 25 日，鄞州区 2010 年度总面积 42544 亩的 10 个市级粮食功能区，通过市级验收。至此，全区已建成市级粮食功能区 20 个，面积 91215 亩，并连续两年率先在全市完成市级粮食功能区的年度建设任务。

同日，区政协举行推进教育、卫生医疗事业优质均衡发展的政情交流会，区政协委员与教育、卫生两个职能部门的负责人面对面交流对话。

8 月 25—26 日，全省“千村示范、万村整治”工程暨农村住房改造建设现场会在鄞州举行。省委书记、省人大常委会主任赵洪祝，省委副书记、省长吕祖善在会上讲话。鄞州区以《注重规划引领　强化机制创新　联运推进新型镇村建设》为题，在会上作交流发言。会议期间，与会代表还实地考察姜山镇翻石渡村。

8月26日，区“人大工作创新与发展”论坛在区委党校举行。论坛由区人大常委会办公室和区人大工作理论研究会联合主办。主办方共收到理论文章64篇，其中《论人大在构建和谐社会中的职能作用》《对加强代表工作的几点思考》《关于加强人大任命干部监督的思考》等6篇论文在论坛上交流。

8月27日，省人力资源和社会保障厅副厅长傅伟一行到鄞州，专题调研外来务工人员技能培训方面的具体措施和经验。调研中，“新鄞州人”技能培训模式受到肯定。

同日，区委副书记、区长薛维海调研区普高教育情况。调研组一行来到位于高桥镇的同济中学，实地视察该校教学楼、科艺楼、体育馆、学生公寓楼等硬件设施情况。全区8所普通高中的校长参加调研座谈会。会上，8位校长就普高在人才引进、校舍建设、教师待遇、办学模式、教学体制等问题展开讨论。薛维海对近年来鄞州区教育工作取得的成绩给予充分肯定。

8月28日，中国文体用品协会纸品本册委员会2010年高峰会议在宁波召开，由浙江广博集团有限公司主持起草的《中国纸品文具行业十二五规划》通过大会审议。

8月29日，全国工商联公布最新的“中国民营企业500强”名录，这份榜单以2009年度民营企业营业收入作为排名依据。鄞州区的雅戈尔集团股份有限公司、奥克斯集团有限公司、利时集团股份有限公司、浙江广博集团有限公司分别以营销总额274.4亿元、201.3亿元、72.5亿元、39亿元排在第24位、第44位、第183位和第456位。

同日，市重点工程机场快速干道建设所涉及的原机场路鄞州段电力改造工程完工。该工程从2009下半年开始施工，总投资约1500万元，共涉及鄞州区境内9条10千伏架空线路及沿线分支改造、单回路线改造1公里、双回路线改造约3.7公里。另外还包括新建环网站2个，新设和拆除一批电杆、电缆等。

8月30日，区委中心组理论学习（扩大）会在区文化艺术中心召开。会议邀请省委副秘书长、省委政研室主任陈一新作《关于当前及今后一段时期我省经济社会发展大势、省委总体工作考量及主要举措》的辅导报告。

同日，区政协召开十四届四十三次主席会议，听取区教育局关于职高建设、教师绩效工资实施情况和区卫生局关于医疗体制改革情况的通报。

8 月 31 日，中央党校国际战略研究所鄞州课题研究基地正式落户区委党校，中央党校国际战略研究所所长宫力教授为基地揭牌。研究所还就当前经济社会发展面临的困难、文化竞争力、转型升级、民生事业等问题与鄞州区进行交流座谈。

同日，宁波市召开人口普查工作电视电话会议暨人口普查第二次领导小组扩大会议，介绍全市人口普查前期准备工作情况，并安排当前重点工作和下阶段任务。鄞州区已经完成全区范围内的户口整顿清查工作，下阶段，普查员和普查指导员的培训工作即将启动。

同日，《人民日报》在第六版刊发题为《造桥姑娘激发城市爱心接力》的通讯，专门对助学支教造桥和宁波市民爱心接力的故事进行报道。

同日，由省农业厅、浙江大学等单位组成的专家组，对鄞州区"葡萄大王"王鹤鸣的野马湾葡萄基地进行实地考察，并一致通过审查建议"甬优一号"葡萄申报浙江省非主要农作物新品种。

9 月

9 月 1 日，及宁波市民的爱心故事引起全国广泛关注。《中国青年报》在头版显著位置刊发题为《"80 后"支教志愿者架起"希望之桥"孩子上学路从此变坦途》的通讯，《兰州晚报》刊发题为《心愿终实现"宁波市民爱心桥"昨奠基》的通讯，《甘肃日报》也刊发长篇通讯《一位宁波女孩的陇西造桥梦——支教志愿者助学记》。

9 月 3 日，国家公共文化服务体系专家组副组长、北京大学李国新教授，国家公共文化服务体系专家组秘书长、清华大学副教授杨永恒等文化部调研组成员，实地考察鄞州区公共文化服务体系建设。调研组成员实地参观新城区的紫林坊艺术馆，横溪镇文化中心，邱隘镇影剧院、图书馆、文体大楼等设施，深入考察方庄社区、回龙村的公共文化服务情况。考察中，调研组成员听取基层文化工作者相关情况介绍，询问政府每年资金投入情况。

同日，市政协主席会议成员视察鄞州区文化创意产业发展情况。市政协主席会议成员实地视察鄞州动漫产业基地，并走访落户基地的宁波天维文化传播有限公司、宁波锐典动画设计有限公司、浙江宣逸网络科技有限公司和宁波水木动画设计有限公司，详细了解企业落户鄞州和发展情况，并听取鄞州区文化创意产业发展情况汇报。

同日，2010年中国平安希望小学支教宁波站启动仪式举行，宁波50多位志愿者将分期分批赴甘肃和江西支教，其中来自鄞州区的有4位支教人员。

同日，据区外经贸局发布的消息，6家在鄞州投资落户的外资企业入选省“百强”外商投资企业。分别是：杉杉集团有限公司、宁波雅戈尔服饰有限公司、宁波雅戈尔日中纺织印染有限公司、博格华纳汽车零部件（宁波）有限公司、宁波丰强电器有限公司、宁波博威合金材料股份有限公司。

同日，区人大常委会主任陈明志一行视察区公安分局交警大队。陈明志一行来到车管所办证大厅和违法处理大厅及民警其他办公区域检查指导工作，对高温天气仍坚守岗位的民警、协警表示慰问，并听取全区道路交通基本情况和交警部门近期工作情况汇报。

同日，区妇联组织召开女“村官”座谈会，并按照全国妇联“哪里有妇女，哪里就有妇女组织”的组织建设要求，成立鄞州区女“村官”联谊会。

9月4日，经专家组审核、实地考查和公示后，浙江经济和信息化委员会正式确定浙江省工业循环经济“733”工程首批示范企业名单，鄞州区的宁波华缘玻璃钢电器制造有限公司、宁波精成车业有限公司和宁波天宫庄园果汁果酒有限公司上榜。

同日，“南头渔村杯”鄞州区第三届海洋体育运动会在咸祥镇举行，21支代表队的203名运动员参加比赛。当天，还举行鄞州区海洋休闲运动基地揭牌仪式，咸祥镇南头村成为鄞州区海洋休闲运动基地。

9月5日，据区劳动和社会保障局消息，截至8月底，全区新年度城镇居民基本医疗保险第一阶段参保工作全面结束，全区81041名符合条件的人员参加新年度城镇居民基本医疗保险。

9月6日，全区社区（居委会）干部培训班开班，来自55个社区、18个居委会的83名社区干部接受为期一周的培训，就社区建设、城市党建、社区文化建设、人口与计生工作及平安社区和文明社区的创建等进行一次全面学习。

9月7日，市委常委、组织部部长朱伟到鄞州区调研矛盾复杂村整顿转化工作情况。朱伟等一行实地调研云龙镇上李家村和咸祥镇南头村，深入了解两个村在近年来发生的巨大变化，充分肯定鄞州区矛盾复杂村整顿转化工作取得的成绩。

同日，鄞州区第四轮和谐企业创建工作启动。此轮创建工作由工业企业向其他类型企业、规模以上企业向中小企业拓展，并继续以《区和谐发展企业考评指标体系》为标准，采取区、镇乡（街道、园区、中心）、村、（社区）三级联创方式开展。

9 月 8 日，宁波日报、宁波电视台、宁波电台、中国宁波网等市级主流媒体的记者，对区国土资源分局信息中心副主任张苏红进行深入采访。

同日，据区统计局发布，1 至 8 月全区固定资产投资额达到 203.6 亿元，同比增长 15.8%。

9 月 9 日，从宁波口岸进境的货物进入宁波栎社保税物流中心可免办转关手续，即货物到港后，企业可直接到保税物流中心报关，放行后货物可直接从港口提至保税物流中心。

同日，在教师节来临之际，市委副书记、市长毛光烈等领导来到鄞州职教中心，向教师们致以节日的祝贺和亲切的慰问。

9 月 10 日，由宁波水木动画设计有限公司出品的 365 集知识动画片《快快乐乐城》在西藏卫视播出，这是中国首部介绍社会职业的趣味动画片。3 月，此片获国家广电总局所颁的优秀国产动画片奖。

同日，鄞州区首个有机蔬菜种植示范基地落户首南街道。该基地由宁波康谱园农业科技有限公司投资 2663 万元建立，位于桃江村等地，总面积达 568.8 亩，项目规划期限为 2010 至 2012 年。

同日，省内外 100 家大中专院校与宁波的企业在国际会展中心进行用工对接洽谈。现场，位于鄞州区集士港镇的宁波华晟金属制品有限公司等 23 家企业与丽水市缙云县职业中等专业学校等 18 所省内外学校进行校企对接“签约”。

同日，鄞江镇举行村级组织换届试点暨村党支部换届选举。从当天开始，该镇作为区 2011 年村级组织换届选举试点乡镇，将组织开展为期 3 个月的换届选举工作。其中，党支部换届为期 1 个月，于 9 月底结束。

同日，区公路路政管理大队执法工作人员用“现场执法记录仪”执法，这是全省路政部门首次启动数码设备用于执法。鄞州路政此次投入使用的 18 台“现场执法记录仪”系全省路政的首次试点。

9 月 12 日，在省第二届职工科技周活动之一的高技能人才成长成才报告会暨职工技术创新成果推介会上，共有 51 人获得 2009 年度“宁波市首席工人”称号，其中鄞州区冷红军、宋敬峰、俞峰获此殊荣；在全市首批、12 对“好师傅好徒弟”中，来自姜山镇宁波华瑞电器有限公司的吴君达和吕仲师徒入围。

9 月 13 日，来自区城管局的数据显示，上半年，全区累计新辟公交线路 4 条，线路总长度增加 100.1 公里。全区共有公交线路 120 余条，公交运营车辆 922 辆，累计客运总量 4013.83 万人次，累计总行驶里程 2928.61 万公里。公交出行基本覆盖全区。

9 月 14 日，2009 年度中国地市报新闻奖揭晓，《鄞州日报》共有 22 件作品获奖，涵盖消息、通讯、摄影作品、文艺特写、版面设计、言论、系列报道、专栏及优秀标题等九大门类。其中消息类作品《鄞州博物馆建设模式开全国先河》获一等奖。

同日，由市委副书记、市长姜增尧率领的温州乐清市党政代表团来鄞州考察。城市建设、新农村建设、商贸发展、土地管理等是此次代表团考察的重点。代表团一行实地考察南部商务区、创新128园区和湾底村，盛赞鄞州区近年来经济社会发展取得的显著成绩。

同日，区青年（大学生）创业园——“7号梦工场”正式开园。区青年（大学生）创业园——“7号梦工场”位于沧海路和四明路交会处，总建筑面积7000平方米。开园仪式上，为首批入驻园区的18支青年创业团队发放门卡，并启动团区委和广博集团扶持大学生创业的“青春乐创”计划。

9月17日，区人大常委会在姜山镇举行主任接待代表日活动。活动中，区人大代表就规划、土地、交通、电力等经济发展热点和群众关心的话题，提出许多有针对性的意见建议。

同日，“全区重要菜市场达标升级检查”结果揭晓，中河街道东裕菜市场、钟公庙菜市场和古林菜市场分列前三。

9月18日，宁波第十二届高层次人才智力洽谈会在宁波国际会展中心举行，鄞州区145家企业组团参会，与2017位高层次人才达成初步就业意向。

同日，“院士工作站”授牌仪式在宁波国际会展中心举行。中国工程院院士徐志磊带领他的科研团队正式加盟浙江中物九鼎科技孵化器有限公司的院士工作站。至此，鄞州区共建立院士工作站3家。

同日，雅戈尔集团股份有限公司和东睦新材料集团股份有限公司分别获得博士后工作站授牌。至此，全区共有7家企业设立博士后工作站，累计招收博士后10名，研究课题覆盖新材料、电器、制冷等领域。

同日，鄞州区在开元名都大酒店举行2010中国宁波鄞州海外留学人才创新创业政策和环境说明会，32位海外留学人员和近30名鄞州企业代表参加说明会。区人事局组织32位有投资意向的海外留学人才参观创新128园区、区科技创业中心、南部商务区和高教园区。

同日，作为2010中国浙江宁波人才科技周的主要活动之一，首届中韩创新型中小企业技术项目展示洽谈会在宁波国际会展中心4号馆举行，123家鄞州企业参加洽谈。

9月19日，“世博欧琳2020美学生活论坛”在月湖盛园举行，副区长王洪平在论坛上致辞。欧琳作为2010年世博会唯一一家指定厨具供应商，本次论坛是继欧琳在世博会上“低碳智能厨房”全球首发仪式、“世博之旅欧琳智尚厨房·中国行”、“世博会欢乐盛装大巡游·欧琳周”之后，又一与世博会互动的大型盛会。

9月20日，区领导与区各民主党派代表，工商联负责人，区管党外领导干部代表，港澳台胞、台属台商代表，归侨侨眷、归国留学人员代表，少数民族代表，非公有制经济人士代表，民族宗教界代表和其他社会各界代表，共庆中秋佳节。会上，区政协主席唐军代表区政协向各界人士致辞。“三胞”代表杨琪、党外人士代表王孝嗣、非公有制经济代表陈常锡分别在会上致辞。

同日，全区开展工程建设领域突出问题专项治理暨财政性建设项目监督工作会议召开。会议总结前一阶段专项治理工作和上半年财政性建设项目监督工作的开展情况，并对下一阶段工作作出部署。

同日，31辆12米长的顶级大客车投入运营，其中18辆配置到108路，13辆配置到628路。这是鄞州区公交行业完成史上单次规模最大的一次升级。

同日，全国首例行政附带民事诉讼案在鄞州法院公开庭审。原告系徐某，被告系鄞州区人民政府，第三人系盛某。这起徐某诉鄞州区人民政府、第三人盛某房屋行政登记纠纷案件，徐某向法院提起行政诉讼，要求撤销第三人的房产证，第三人盛某则提起民事确权诉讼，要求对该房屋权属进行确认。

同日，全区村（社区）慈善工作交流座谈会召开。鄞州区于2008年创建村级慈善扶贫基金，全区共有60%以上的村建立这项基金。

9月中旬，区农业行政执法大队联合区农产品检测中心，出动100余人次，在全区范围内组织开展节前违禁药物专项检测行动。执法人员随机对全区22个镇乡（街道）的42个生猪规模养殖场和16家奶牛养殖场进行违禁药物专项监测，共抽取猪尿样品136份，生鲜乳样品28份，结果均无检出违禁药物，畜产品合格率达到100%。

9月21日，全区公交行业“整治违章、排除隐患、确保安全”百日专项活动实施。此次整治主要内容为交通法规教育、车辆检修维护、隐患排查治理和制度标准建设四大块。

同日，据宁波海关统计，1至8月宁波市进出口贸易总额535.9亿美元。在各县市区中，鄞州区累计进出口66.6亿美元，同比增长43.4%，占宁波市进出口贸易总额的12.4%，贸易值居县市区首位。

同日，市委常委、副市长谭大辉带领市交通部门负责人来鄞州区检查指导道路交通迎“国检”工作。谭大辉实地检查盛垫养护站和329国道、盛宁线等路面修复养护工程，听取相关情况汇报，对鄞州区迎“国检”工作予以充分肯定。

同日，鄞州区召开纪念《中共中央关于控制我国人口增长问题致全体共产党员、共青团员的公开信》（以下简称《公开信》）发表30周年大会，总结鄞州区30年来人口与计生工作所取得的辉煌成就，同时就如何贯彻落实《公开信》精神、做好下一步人口计生工作作出部署。会后，举行纪念《公开信》发表30周年文艺汇演。

同日，全区行业节能专项行动工作会议召开。会议指出，上半年全区GDP能耗同比上升1.2%，与年度GDP能耗下降6%的节能目标仍有较大差距。区政府要求各行各业自我加压，想方设法降低能耗。

同日，鄞州供电局下应供电营业所工作人员为华泰剑桥社区二期小区用户安装智能电表。这标志着鄞州电表使用已步入智能化时代，而原有的电表将逐步被淘汰。全区全年将安装智能电表3万只，并计划在2至3年内实现全覆盖。

9月25日，据区民政局统计，2010年度全区有313名低保家庭的贫困学子得到教育救助，救助总额达228.6万元。困难群众教育救助是鄞州区从2008年秋季学期起实施的一项民生工程，已发放698.2万元教育救助金，有961人次困难群众子女受惠这一救助政策。

同日，宁波鄞州居家博物园正式开园。居家博物园位于高桥镇民乐村，占地24亩，有16栋古建筑和3万余件藏品。在开园仪式上，宁波市美术家协会、鄞州区书法家协会、鄞州区民间艺术家协会等分别授予居家博物园创作基地匾额。

9月26日，2010“鄞州银行”杯国际女子网球挑战赛开幕。“鄞州银行”杯国际女子网球挑战赛总奖金10万美元、冠军等级分为150分，是ITF（国际网球联合会）组织的迄今为止在中国举办的最高等级的比赛之一，也是浙江省迄今为止举办的最高级别的网球比赛。

同日，区第十六届人大常委会召开第二十八次会议。会议听取和审议区政府关于打击和预防“两抢一盗”情况的报告，区政府关于2009年区本级预算执行及其他财政收支审计查出问题整改落实情况的报告，区工商分局关于工商行政管理工作审议意见办理情况的报告。会议还审议通过有关人事任免事项。

同日，区政协召开十四届四十四次主席会议。会议听取区检察院关于预防职务犯罪情况的通报，区监察局关于“区效能建设提升年”活动的情况通报。会议任命蔡桂芬为区政协代秘书长。

同日，宁波市委外宣办召开新闻发布会，全市将全面启动社会管理创新综合试点工作。在12个市级重点推进项目中，鄞州区为建立完善公共安全基层监管体系、探索新社会组织培育管理机制两项内容的先行试点区。

同日，在全省征兵工作电视电话会议上，鄞州区被评为 2009 年度浙江省征兵工作先进单位。根据会议要求，8 月初到 9 月底为 2010 年冬区征兵工作的兵役登记和调查摸底阶段，10 月 11 日起全面开始征兵体检工作。整个征兵工作在 12 月中旬结束。

同日，区财政局拨付“森林鄞州”建设第一批绿化工程补助款 1452 万元。为实现 5 年内高标准创建省级“森林城区”的目标，区财政每年安排 1 亿元用于“森林鄞州”建设项目补助。

9 月 27 日，省国税局局长周广仁、副局长乐国定一行 7 人，来到区国税局调研。区国税局负责人介绍该局的基本情况。周广仁一行在区国税局城区分局办税服务厅，详细询问征管户数、窗口工作人员配置、大厅服务创新举措等情况，来到办税窗口向税务人员和纳税人了解情况。

同日，由县委书记任玉明带队的温州市永嘉县党政代表团到鄞州考察。代表团一行先后参观姜山镇翻石渡村和宁波南部商务区。在随后的座谈中，双方主要就城市化建设、固定资产投资、农村两房改造等工作进行深入交流。

同日，鄞州区召开城区教育座谈会，城区 5 个街道教辅室主任、17 所中小学校长共商城区教育发展大计。

同日，据区疾控部门统计，全区累计为 61819 名 8 个月至 4 周岁的儿童免费接种麻疹疫苗，完成率达 92.92%，接种率达 98.89%，未发现严重不良反应病例。

同日，鄞州区组织省、市、区党代会代表和人大代表来到下应街道湾底村收集社情民意。现场接待 200 多名社区居民，听取建议、意见 249 件。其中，现场解决 41 件，现场答复 86 件，需协调解决的 122 件。

9 月 28 日，市委副书记、市长毛光烈在鄞州督查节能减排工作。毛光烈一行察看鄞西污水处理厂建设工地，实地了解中华纸业有限公司节能减排情况。毛光烈充分肯定节能减排的“鄞州智慧”和“鄞州力度”。

同日，省司法厅厅长赵光君一行到鄞州考察司法行政工作。区领导介绍鄞州区经济社会发展情况及鄞州司法行政机关工作情况，赵光君充分肯定区司法行政工作成绩。

同日，区政协召开十四届十八次常委会议，听取有关经济工作情况通报，并邀请市经委主任林克宇就经济转型升级作专题讲座。

同日，以“加速创业、加速成功”为主题的鄞州企业加速发展论坛和宁波创业加速器开业典礼举行。

9 月 29 日，鄞州区召开行政审批服务标准化建设暨集士港行政审批服务中心建设工作会议。会议就进一步深化行政审批制度改革，提高行政服务效能建设提出具体要求，并对集士港资源储备配置和行政审批服务中心的建设工作作出部署。

同日，位于石碶街道的洛兹商业广场正式开业。该商业广场集商务楼、星级酒店及乐购商业中心广场为一体，总投资 7.7 亿元，总建筑面积约 8.8 万平方米，一期总营业面积近 2 万平方米。

9 月 30 日，市“天天演”文化惠民工程现场推进会在鄞州区举行。宣传部部长王海娟在会上介绍鄞州区“天天演”文化惠民工程的实施经验。鄞州区“天天演”文化惠民工程运作公司——宁波和盛文化演艺有限公司、邱隘镇文化站等作经验交流。

同日，区委常委、副区长沈权检查建筑工地、公用事业单位和公交行业的节前安全生产落实情况。在潘火煤气储配站，沈权仔细询问节日期间燃气供应储备情况，检查站内安全设施的配置情况。在城乡公交场站，他听取公交公司有关国庆期间公交车辆的运营计划和安全应急方案的情况汇报。在南部商务区（南苑新城酒店）和联盛广场工地，他检查工地各项安全措施和值班制度的落实情况。

同月，全区低保金、贫困重度残疾人生活保障金、医疗救助金和教育救助金实行社会化发放：在每月的统一时间，通过区民政局汇至各受助者的个人银行账户。

同月，凡是 2010 年新录用的区级机关、镇乡（街道）公务员及下属事业单位工作人员（学校、医院等人员除外）需到基层开展为期 1 年的见习活动。这是鄞州区首次开展新录用人员到基层见习。

同月，鄞州区圆满完成四川地震灾区乔庄援建任务。两年多来，区政府共安排财政资金 1.7 亿元，发动全区上下捐款 0.8 亿元，捐赠各类物资价值 5000 多万元。省指挥部下达的 20 个县城项目和 38 个自选项目基本完工，共完成实物工作量 10.9 亿元。

10 月

10 月 1 日，鄞州科学技术奖设立。鄞州区科学技术奖由区政府设立，分设科学技术进步奖、科技创新特别奖和科技创新贡献奖 3 个奖项。科学技术进步奖每年评审和奖励一次，一、二、三等奖分别奖励 15 万元、8 万元、3 万元。科技创新特别奖、科技创新贡献奖每两年评审和奖励一次。

同日，鄞州区困难群众临时救助办法实施。临时救助对象主要包括：城镇“三无”对象、农村“五保”对象；城乡最低生活保障家庭、城镇低收入家庭；本区户籍困难家庭；在鄞居住、就业两年以上的非本区户籍困难家庭以及区政府认定的其他特殊困难家庭。

10 月 4 日，第 108 届广交会二期展结束，鄞州区 19 家参展企业凭借自主创新产品，签回价值 4700 万美元的订单。

同日，区总工会组织来自全区基层企业的 130 余位优秀员工赴金华疗休养。由区总工会组织、以企业优秀员工为特定对象的疗休养活动，在鄞州区尚属首次。此次疗休养活动为期 3 天，包括体检、休养观光等多项内容。

同日，据区农林局消息，2010 年全区冬种生产布局确定为：大力发展“双低”油菜，扩种大（小）麦，调优冬季蔬菜瓜果，因地制宜发展有市场潜力的鲜食蚕（豌）豆、马铃薯，鼓励种植绿肥，适度发展优质牧草、黑麦草，力争冬季作物播种面积比上年增长 5%以上。

同日，宁波乐歌视讯科技股份公司党支部与宁波工程学院成型教工党支部结对共建。这是鄞州区各级党组织开展“创先争优”活动以来，大型企业与高等院校开展校企合作支部结对的范例。乐歌公司设立总额为 100 万元的“乐歌教育奖励基金”，每年安排 7 万元专门奖励宁波工程学院机械学院优秀教师、学生和家庭经济困难学生。

10 月 9 日，据区老龄委消息，全区 60 周岁以上老年人口 12.6 万人，占总人口 17%。60 岁以上老人占总人口 10%以上，就意味着一个地区进入老龄化社会——按照这一国际通行标准，鄞州已进入深度老龄化社会。

同日，据统计，前三季度，区国税局组织税收收入（不含海关代征）57.83 亿元，同比增长 19.3%；区地税局组织税收收入 47.06 亿元，同比增长 20.11%。

同日，为期两天的宁波第四届国际动漫展暨鄞州首届创意动漫产业博览会在鄞州乐天数码城开幕。本届动漫展共设有 Cosplay（动漫角色扮演）表演区、IMART 创意集市、国内外原创漫画展区、四维动画影院、动漫及游戏作品展、信息技术产品展示、互动游戏区等七大展区，还将举办国家级动漫基地优秀动漫佳作展等。

同日，鄞州区政府领导一行实地检查古林、姜山、首南、云龙、横溪 5 个镇乡（街道）的“森林鄞州”建设情况。鄞州区政府领导充分肯定各地“森林鄞州”建设所取得成绩，同时要求各地狠抓质量和进度，按时完成 2010 年的施工任务。

10 月 11 日，据区财政局统计，前三季度，全区完成一般预算收入 140.84 亿元，同比增长 21.9%，收入总量继续领跑全省各县（市）、区。

同日，据区建设局统计，鄞州区小城镇建设三年目标任务提前完成。全区截至 9 月底，累计拆迁 321 万平方米，建新 780 万平方米，全社会投入 275 亿元，完成小城镇建设三年拆建投目标任务的 107%、260%和 115%。

同日，区政协主席会议成员视察位于首南街道的一家网吧，了解网吧运营情况，并听取区工商部门对于全区“黑网吧”整治情况的汇报。

同日，鄞江镇召开村民委员会换届选举工作动员大会。这标志着，该镇作为全区 2011 年村级组织换届选举试点工作全面铺开。

10 月 12 日，市委常委、常务副市长王勇一行到鄞州，重点调研集士港镇卫星城建设、区政府 2011 年及“十二五”固定资产投资计划、“十二五”规划编制总体进展情况等。

同日，鄞州区征兵工作领导小组会议召开，总结 2009 年冬季征兵工作情况，分析 2010 年冬征兵工作形势。2010 年冬征兵工作从 9 月底开始，于 12 月结束。

10 月 13 日，全区村级组织换届选举启动，村党组织换届、村民委员会换届、村经济合作社换届将分别于 11 月中旬前、12 月底前、2011 年 1 月中旬前完成。

同日，“若榴花屋”全国书法名家作品邀请展在宁波（鄞州）博物馆开幕，这是纪念沙孟海先生诞辰 110 周年系列活动之一。“若榴花屋”是沙孟海先生沿用时间最长的斋号。活动期间，展出包括中国书协主席张海等在内的 104 位当代著名书法家的作品。

10 月 14 日，中央统战部副部长尤兰田一行到鄞州考察欧琳集团发展情况。尤兰田一行参观企业产品展示厅、琉璃艺术品展示中心，听取企业生产经营管理情况介绍。欧琳独特的发展理念和坚持创新的精神受到尤兰田一行的充分肯定。

同日，区第十六届人大常委会召开第三十三次主任会议，听取城区内河整治、食品药品安全监管工作情况的汇报。

10 月 16 日，在江北区举行的第二届“中华慈孝节”上，鄞州供电局员工张亚芬获选为第二届中华慈孝节当代宁波最感人的十大慈孝故事（人物）之一。

10 月 17 日，浙江万里学院为该校生物与环境学院教师王佩儿博士举行南极科考出征仪式，副校长钱国英向王佩儿博士授校旗与路标牌。

10 月 18 日，鄞州区现代服务业推介会在香港港岛香格里拉酒店举行，70 余名来自香港的各界人士和现代服务业企业负责人应邀参加活动。区外经贸局就鄞州投资环境和近期重点推出的宁波南部商业区、潘火区块、长丰区块、集士港镇等几个商业地块进行推介说明。

同日，庆祝浙江省第 23 个老人节暨全区老年人健身展示活动大会在区委党校举行，来自 22 个镇乡、街道以及区退教分会、区武术协会、区老年大学的 25 支队伍表演大型健身球操、18 式太极拳、健身大秧歌等文体项目。

10 月 19 日，区委理论学习中心组举行学习会，专题学习中共十七届五中全会精神。

同日，区政府召开节能减排工作推进会议，出台 6 条有序用电紧急措施，以确保完成“十一五”节能减排目标任务。

同日，省妇联副主席陈美云在鄞州调研综治及妇女维权工作。陈美云一行听取鄞州综治工作及妇女维权工作的情况汇报，实地考察高桥镇民乐村巾帼维稳志愿者工作、钟公庙街道综治中心以及下应街道湾底村的综治室。

同日，秋季广交会一期结束，67 家参展鄞企成交总额 9800 万美元。

10 月 19—20 日，区人大常委会举行全区人大干部学法培训会，邀请市交警支队法制处处长吕国明和宁波大学法学院教授蒲一苇分别作《道路交通安全法》和《侵权责任法》专题辅导。

10 月 20 日，据区统计局统计，前三季度全区累计实现固定资产投资 247.3 亿元，同比增长 21.2%，增速比上半年提高 6.4 个百分点。

同日，在宁波参加全国省级农机推广站长会议的各省、自治区、直辖市及计划单列市农机推广系统领导一行，到鄞州区创宁粮机合作社参观考察。考察团一行参观该社综合办公楼、农机具、谷物烘干中心和温室育秧大棚等设施。考察团成员表示，创宁粮机合作社配套设施完整、服务功能齐全，给他们留下深刻的印象。

同日，市委组织部副部长张良才到鄞江镇专题调研村级组织换届选举试点工作，并充分肯定鄞州区村级组织换届选举工作取得的成绩。

10 月 21 日，第十四届宁波国际服装博览会在宁波国际会展中心举行。鄞州区有 59 家企业参展，合计展位 364 个，展览面积 3270 平方米。

10 月 22 日，全区征兵工作会议召开，学习贯彻上级征兵工作指示精神，总结 2009 年冬征兵情况，全面部署 2010 年冬征兵工作。会议还通报受到省、市、区三级表彰的 2009 年冬季征兵工作先进单位和先进个人名单。

同日，鄞州区召开“森林鄞州”建设推进会，回顾总结上阶段“森林鄞州”建设进程，对下步工作进行再动员、再部署、再落实。会议指出，2011 年“森林鄞州”建设的主要目标是：完成平原绿化 7661 亩（其中碳汇造林 3400 亩），珍贵树种造林 2000 亩，创建森林城镇 6 个、森林村庄 52 个。

10 月 23 日，在南京奥体中心举行的第六届中国曲艺牡丹奖颁奖典礼上，区文联选送的宁波走书《“买”进“卖”出》获节目奖，实现宁波在这个奖项上零的突破。

同日，宁波市雅博口腔医院正式开业。该院位于鄞州区天静巷，是宁波地区投资规模最大、完全按国际化标准建设的现代化专业口腔医疗机构，其最具特色的治疗项目是口腔正畸和口腔种植。

同日，由沈阳市委常委、铁西区委书记李继安率领的沈阳市铁西区代表团一行来鄞州考察。代表团一行先后考察博威集团车间、非公党建展示厅和新城区、南部商务区等地。代表团表示，这次来鄞州考察收获很大。希望两地今后进一步加大交流与合作，促进双方共同发展。

10 月 24 日，全国休闲农业与乡村旅游星级示范创建行动先期试点试评工作研讨会在鄞州区召开。会议对活动试点省份——浙江、北京、湖南的参评工作进行研讨。天宫庄园获得最高等级——全国休闲农业与乡村旅游五星级企业（园区）称号。

10 月 25 日，山东省寿光市党政代表团来鄞州考察。代表团成员考察奥克斯集团、南部商务区、万达商业广场等地。

同日，据区发改局发布，前三季度鄞州区共有 69 个重点工程项目开工建设，其中 10 个项目已完工；完成投资额 75.1 亿元，占年度投资的 45%。

10 月 26 日，据宁波海关统计，1—9 月鄞州实现进出口贸易额 76 亿美元，同比增长 42.6%，占宁波市外贸总额的 12.4%，位居全市第一位。

同日，位于下应街道潘火桥村的蔡氏宗祠举行文物保护标志碑揭碑仪式，这也标志着全区新一轮文保单位与文保点“四有”（即有保护范围、有保护标志、有记录档案和有保管机构）工作正式启动。

10 月 27 日，第 108 届广交会二期展结束，鄞州区 19 家参展企业签回价值 4700 万美元的订单。

同日，区总工会组织来自全区基层企业的 130 余位优秀员工赴金华疗休养。由区总工会组织、以企业优秀员工为特定对象的疗休养活动，在全区尚属首次。

10 月 28 日，区政协主席会议成员实地视察象山港大桥建设情况。象山港大桥连接工程建设中，鄞州段 25 公里共需征用土地 2658 亩、拆迁各类房屋 65000

平方米、迁移管线 149 处，涉及云龙、横溪、塘溪、咸祥 4 个镇 27 个行政村。视察组充分肯定工程进展情况。

同日，据区农林局统计，全区土地流转总面积达 31.1 万亩，占耕地总面积的 81.5%，分别比上年增长 0.6 万亩和 1.5 个百分点；全区委托流转面积达到 25.3 万亩，比上年度增长 2.7 万亩。土地流转方式逐步由农户自发流转向委托流转过渡。

同日，梁桥米业有限公司 2 台日烘干能力达 600 吨的烘谷机点火成功，标志着该公司烘干中心正式投入使用。这 2 台由工商资本投资的烘谷机烘谷能力位居全国前列。

同日，“东北亚·宁波周”鄞州专场推介会在日本名古屋举行，有 18 家对华有投资意向的日本企业参加。鄞州代表团还参观日本上市公司 OSG 株式会社的丝锥工厂、立铣刀工厂和钻头工厂以及丰田汽车公司车辆组装工厂，探讨双方合作的可能。

10 月 29 日，区政协召开十四届四十五次主席会议，听取新城区内河整治情况通报。2010 年，区城管局将完成 10 条河道的局部整治工程，总投入资金约 1500 万元，治理方案以清淤、截污等传统方法为主。会议充分肯定城管部门在新城区内河整治中作出的努力。与会人员还实地视察芝兰新河、后庙河疏浚截污现场。

同日，市农业局局长鲍尧品到鄞州视察粮食高产创建及秋收冬种工作。鲍尧品一行先后察看洞桥镇农民许跃进和姜山镇农民卢方兴的粮食种植基地和高产示范方，对种粮大户积极开展土地流转、连片种植粮食的做法表示欣赏。

同日，区药品安全镇乡（街道）创建工作会议召开。会议提出，全区将用 2 年时间使全区所有镇乡（街道）创建成为药品安全镇乡（街道）。

10 月 30 日，据区统计局统计，前三季度全区社会消费品零售额达 160.5 亿元，同比增长 23.6%，其中 9 月份社会消费品零售额达 20 亿元，同比增长 29.2%，创历史新高。

10 月 31 日，梁祝文化公园举行“重游梁祝景·再温蝶恋情”百名市民游园活动暨闭园仪式。闭园后，将用 1 年时间改造扩建成梁祝文化产业园，打造为集文化旅游、休闲度假、婚庆娱乐、购物餐饮、生态湿地、观光农业等功能为一体的国家 5A 级旅游景区。

11 月

11 月 1 日零时，第六次全国人口普查正式进入现场登记阶段，全区普查员和普查指导员相继入户进行现场登记。鄞州区范围内的第六次人口普查共涉及普查片区 9 个，普查员 5587 名，普查指导员 1351 名，此次人口普查采用按现住地登记的原则，入户登记阶段从 11 月 1 日持续到 10 日，11 月 11 日到 30 日进行复查和事后质量抽查。

同日，市委常委、宁波军分区司令员武晋宁率领市体检组一行到区征兵体检站检查征兵体检工作。武晋宁一行来到设在区疾控中心内的各个体检科室，听取主检医生对征兵体检进展情况及兵员身体素质状况的介绍。

11 月 2—3 日，省军区副司令员徐乃飞少将率省十一届人大代表视察组一行到鄞州，视察宁波翔鹰公司武装工作开展情况。在听取相关情况汇报后，视察组对翔鹰公司武装部的运行模式大加赞赏。由省军区副司令员徐乃飞少将率领的驻浙部队省十一届人大代表组，以座谈会形式，视察鄞州区征兵情况和退伍军人安置情况。

同日，区人大常委会对区教育局、区城管局和区水利局 3 个部门的代表建议办理工作进行绩效评估。会上，三部门主要负责人分别汇报区十六届人大四次会议以来代表建议办理工作情况。测评结果显示，三部门在办理代表建议工作中领导重视、程序规范、措施有力、代表反映良好。

11 月 3 日，由区委书记、区人大常委会主任孙维民率领的山东省济宁市任城区党政代表团到鄞州考察。代表团一行考察湾底村、南部商务区和奥克斯集团等。代表团成员表示，在考察中看到鄞州很多好的做法，好的经验，值得深入学习和借鉴。

同日，区委副书记、区长薛维海和区委常委、常务副区长毛春阳，区委常委、石碶街道党工委书记李国宏等一行先后实地察看轨道交通 1 号线高桥段、轨道交通 2 号线石碶段、绕城高速机场路南延、甬金高速连接线、通途路延伸段等交通重点工程建设情况。实地察看后，薛维海听取交通重点工程项目督查汇报，区轻轨办、区交通局、区土地管理局、区规划局和石碶街道、高桥镇作发言。

同日，鄞州区潘火管委会（投创中心）举行成立仪式。在保持下应街道整体行政管理区域不变情况下，采取“托管”形式创新下应街道鄞县大道以北潘火区域的管理体制，即整合现有潘火片区开发建设管委会和鄞州投资创业中心，成立新的潘火管委会和党工委。区域内鄞州投资创业中心牌子继续保留，与潘火管委会实行“一套班子、两块牌子”运作管理。新潘火区域辖区面积 14.6 平方公里，下辖下应街道 7 个行政村、8 个社区，人口 8.2 万人，有规上企业 121 家。

同日，省教育厅厅长刘希平到鄞州调研教育“减负”工作。刘希平一行走访区实验中学、姜山镇中学、姜山镇实验中学、钟公庙中心小学等学校，详细了解学校课程开设、学生作业量，学生在校学习时间、课外活动、就餐等情况，以及学校安全保卫、校舍安全工程建设等情况。刘希平对鄞州区学校减负和安全工作表示肯定。

11 月 4 日，区委区政府发布消息：截至 10 月底，全区新村建设规模达到 1034 万平方米，总投资 104 亿元，成为浙江省农村住房改造建设中首个农村住宅建新面积超千万、投资超百亿的县（市、区）。

同日，区巾帼维稳志愿者工作现场推进会在古林镇葑水港村举行。与会人员现场参观葑水港村巾帼维稳志愿者创建工作情况，古林镇、邱隘镇新乐村、中河街道东裕社区、集士港镇万众村代表在会上作典型发言。会上瞻岐镇薛红儿等 100 名巾帼维稳志愿者被授予鄞州区“巾帼平安使者”荣誉称号。

11 月 5 日，据统计，前三季度，全区实现专利申请量 4551 件，专利授权量 5085 件，同比分别增长 20%和 109.2%，其中，发明专利授权 147 件，同比增长 58.1%。专利申请量、专利授权量和发明专利授权量三项指标均居全市第一。

同日，由县委书记黄寿龙率领的温州市苍南县党政代表团到鄞州考察。代表团一行先后来到姜山镇翻石渡村和南部商务区，参观联排别墅、多层套房以及杉杉大厦、水街，详细了解商务区整体规划、建设过程、招商引资等情况，对商务区的建设成就表示由衷赞叹。

同日，鄞州区召开创建省、全国科普示范区动员大会。会议指出，力争用一年时间，确保成功创建为省、全国科普示范区。会上，对创建省、全国科普示范区的基本指标任务进行布置，并落实工作计划。

同日，由区政府主办、潘火管委会（投创中心）和创新 128 产业园区协办的高端服务业巅峰论坛在创新 128 产业园区举行，环球经济研究院院长宋鸿兵围绕“全球经济格局下中国高端服务业的勃兴”主题，与鄞州区企业家和社会各界共探高端服务业发展。

11 月 8 日，省委常委、市委书记王辉忠到鄞州区调研“十二五”发展思路。王辉忠一行先后来到下应街道湾底村、浙江清华长三角研究院鄞州创新中心、音王集团和南部商务区等地考察，并主持召开座谈会，听取鄞州、海曙、江东、江北四区对宁波“十二五”发展的意见建议。

同日，区戏剧、音舞、曲艺创作活动基地揭牌仪式暨第二届中国京剧名家名票联谊演唱会在邱隘镇文化广场举行。

同日，省农业吉尼斯委员会办公室的专家们对姜山镇蔡郎桥村种粮大户卢方兴的1.34亩“甬优2638”品系连作晚稻进行实割测量，测量数据显示：卢方兴种植的连作晚稻平均亩产达到651.3公斤，有望创下连作晚稻全省农业吉尼斯纪录。

同日，省人民政府公布“2010年浙江省政府质量奖”获奖企业名单，雅戈尔集团股份有限公司入选。省政府质量奖每年评定一次，是全省质量领域的最高荣誉，每次获奖的企业或组织不超过5家，获奖企业将获得省政府100万元的奖励。

11月9日，区政协副主席王飞龙带领由城管、规划、旅游、交通、农林、水利等系统政协委员组成的区政协“森林鄞州”建设民主监督小组，实地检查天童南路、新宁横线、鄞州大道延伸段等地“森林鄞州”建设情况。督查组一行对“森林鄞州”建设的质量和进度表示肯定。

11月10日，省委八届全会党代表一行30余人考察鄞州南部商务区与宁波（鄞州）博物馆。

同日，区政协食品安全专项民主监督小组成员在区政协副主席薛玉生带领下，听取区食品药品监管分局关于食品安全监管工作情况的通报，实地督查新城区城南商务大厦建筑工地食堂、小卖部等食品安全状况。

同日，由浙江广电集团和全省30多家媒体联合主办的“浙江骄傲—2010年度最具影响力人物评选活动”19位提名人物出炉，80后鄞州姑娘入围。

11月10—12日，由区委副书记、区长薛维海带队的区党政代表团一行赴景宁畲族自治县、衢州市衢江区考察结对帮扶工作。自2006年始，鄞州区每年通过省财政向景宁县转移支付705万元。在景宁县的资金配套下，共实施帮扶项目125个。2007年至2010年，鄞州区到衢州投资额达21.97亿元。

11月11日，区委中心组理论学习（扩大）会暨第七期《鄞州论坛》在区政府举行。学习会邀请到上海交通大学计算机科学与工程系副主任伍民友教授，就智慧城市的关键技术和核心问题进行专题讲座。

同日，宁波南部商务区开园新闻发布会召开。南部商务区开园系列活动主要有三项：在水街下沉式广场举行开园典礼，在宁波开元名都大酒店举行鄞州总部经济发展研讨会，在鄞州文化艺术中心广场举行“我们一起走过”广场晚会。

同日，全区政府法制工作会议召开。会议传达全国依法行政工作会议精神，就全区规范行政处罚裁量权、行政规范性文件管理等多方面工作情况进行交流，研究部署当前及下一步政府法制工作的主要任务。

11 月 12 日，宁波市引进海外工程师交流推广会暨“三重”服务座谈会在鄞州区召开。会上，鄞州区就引进海外工程师工作作典型发言。作为引进海外工程师工作优秀的企业代表，鄞州区的宁波圣龙集团和欧琳厨具在会上进行经验交流。

同日，作为中国（宁波）新材料与产业化国际论坛重要组成部分的“金属材料产业发展研讨会”在鄞州区举行，来自北京有色金属研究总院、哈尔滨工业大学、北京科技大学、华中科技大学等单位的 7 位金属材料领域专家教授为鄞州区相关企业研究人员作专题讲座，共同研讨新材料产业的技术创新和研发方向。

11 月 13 日，鄞江“十月十”庙会暨它山文化旅游节开幕。本次旅游节以“逛千年庙会、览民俗风情、探它山文化”为主题，举行开幕式、商贸物资交流会、非物质文化遗产展示、鄞江古镇一日体验之旅、公祭筑堰功臣、“它山之光”水上焰火晚会以及第五届舞龙比赛等 13 项活动。

11 月 15 日，鄞州区向社会推广 12.8 万只节能灯，普通居民购买可获得一半的财政补贴。居民凭个人有效身份证到现场登记购买，每个身份证的购灯数量上限是 30 只，财政补贴 50%；大宗用户的财政补贴为 30%。

11 月 16 日，宁波南部商务区一期开园。南部商务区一期总投资 70 亿元，共有 37 幢大楼，总建筑面积为 130 万平方米。庆典仪式上，区政府部门和入驻企业代表互赠入驻见证物，20 名优秀建设者、10 名先进个人和 10 个先进集体受到表彰。

同日，浙江省旅游局和《浙江日报》联合举办的“浙江双十佳特色旅游模式”推选活动结果揭晓，天宫庄园新农村旅游入选“省双十佳特色旅游模式”。

11 月 17 日，由区人大常委会主任陈明志率领的区人大常委会视察组一行视察区政府部分实事工程建设情况。视察组一行实地视察东吴镇军江大道、宝瞻公路到天童连接线“森林鄞州”创建点和滨海创业中心污水处理厂施工现场。对区“森林鄞州”和污水处理系统建设所取得的成绩，视察组一行表示肯定。

11 月 18 日，宁波南部商务区亮灯仪式与《我们一同走过》大型广场文艺晚会在区文艺中心广场举行。

同日，作为南部商务区开园系列活动之一，鄞州总部经济发展研讨会在开元名都大酒店举行。会上，区委副书记、区长薛维海作“鄞州区总部经济实践经验”的主题发言，中国入世首席谈判代表、北京 CBD 论坛理事长龙永图，北京社会科学院总部经济研究中心主任研究员赵弘与市内外一些知名企业家们分享总部经济投资、发展的成功经验。

同日，市人大代表鄞州中心组 30 余位代表视察宁波国家高新区开发建设情况。代表们先后实地视察高新区软件园、宁波太阳能电源有限公司、高新区研发园、萨基姆移动电话（中国）研发中心等园区及企业发展情况，并听取高新园区管委会情况介绍，对高新区近年来在加快推进创新创业、发展高新技术产业等方面取得的成绩表示充分肯定。

同日，据区经济发展局统计，1 月至 9 月，全区规模以上工业总产值达到 1251.6 亿元，同比增长 28.1%。标志着鄞州已从“制造大区”迈向“智造强区”。

11 月 19 日，中国少年先锋队鄞州区第八次代表大会在区网球中心开幕，来自全区各地的 300 名少先队员、少先队辅导员和少年儿童工作者代表，参加本次大会。会议听取区第七届少先队工作委员会工作报告，观看“高举队旗跟党走，人人争当好少年”大型主题队会，还表彰市“十佳少先队员”“十佳少先队辅导员”“先进少工委”。

同日，鄞州区“和谐邻里、共创文明”暨中河街道首届和睦邻里节启动仪式在中河街道东裕社区举行。启动仪式上，居民代表宣读《和睦邻里公约》，举行“书香邻里”赠书活动，“秀出家庭风采、赛出邻里感情”水果拼盘比赛颁奖仪式。此次邻里节活动为期两个月，举行演讲会或故事会、墙门音乐会、书法比赛、邻里聊天会、百家宴活动、摄影展览等系列活动。

同日，中央电视台法治频道《道德观察》栏目组一行来到鄞州区，采访获评“中国好人”的鄞州姑娘，届时将制作成约 20 分钟时长的专题片在央视十二套播出，在全国范围宣扬支教、造桥等爱心故事。

同日，据区财政局消息，2010 年第一批旧村改造补助资金 4388 万元全部下拨到位，涉及规划补助 65 万元、原拆原建补助 968 万元、利用新地补助 1050 万元、多层住宅补助 1461 万元、拆旧补助 844 万元。

同日，新加坡南洋理工大学商学院和区青年企业家协会联合举办的高峰论坛在宁波香格里拉酒店举行。南洋理工大学商学院陈光炎教授作《全球货币战争：人民币面临的威胁、挑战和走势》的主题演讲，150 余名区企业家参加会议。

11 月 20 日，据区金融办最新统计显示：前 10 月全区各类保费总收入突破

10.68 亿元，比去年同期增加 4.6 亿元，增长 75.63%，全区支公司以上的保险机构达到 22 家。

同日，鄞州区赴重庆大型工业制造业专场人才招聘会在重庆联英人才市场举行，57 家企业共推出 1000 多个岗位，涉及机械工程、电子、土建、新材料等专业。

同日，利时集团旗下公司“利时地产”与上海华大影院战略合作签约仪式在鄞州举行。根据协议，首家华大影院将落户利时广场桐庐店。

同日，区委常委、副区长沈权带领建设系统及建筑业骨干企业负责人，赴江苏盐城学习考察，并开展建筑业推介活动。推介会上，沈权详细介绍鄞州经济社会发展情况以及建筑业发展基本情况。会上，与会的双方政府领导和企业代表就各自关注的问题进行交流发言。

同日，省种子总站组织专家对区种粮大户许跃进种植的水稻新品种“甬优 12 号”高产示范方和高产攻关田进行产量验收。经部分实割测算，百亩高产示范方平均亩产预计 780 公斤以上，达到国家超级稻认定标准。

11 月 21 日，第七届“兰花奖”优秀电视戏曲节目评选结果揭晓，鄞州越剧团新编越剧《孔雀西南飞》（舞台电视版）获电视剧类二等奖，这也是宁波市唯一的获奖作品。

11 月 23 日，据省发改委和省统计局联合公布《浙江省 2009 年城乡统筹发展水平综合评价报告》显示，2009 年，鄞州城乡统筹发展水平综合评价得分达到 89.41 分，继续位居全省参评的 61 个县（市、区）之首，分别高出全省、全市平均得分 12.53 分和 2.32 分。

同日，全区社会管理创新综合试点动员会召开。会议指出，全区将通过综合试点，努力创新和完善社会化公共服务保障、多元化社会矛盾调处、动态化社会治安防控、现代化新型城市管理、系统化综合信息管理、人性化实有人口管理、法治化依法规范管理、集成化社会力量联动等八大服务管理体系。根据部署，综合试点工作从 2010 年 10 月开始，至 2011 年 6 月结束。

11 月 24 日，区政府对各镇乡、街道安全生产专项整治工作情况进行一次全方位的督查指导。此次督查的范围包括各镇乡、街道对开展各项安全生产专项整治的动员部署、执法检查、整改落实等情况。

同日，绍兴县党政代表团到鄞州考察。代表团一行先后考察奥克斯集团、宁波万达商业广场、创新 128 园区和南部商务区。

同日，地处鄞州陈婆渡地块和高桥镇蒲家地块的宁波保障性住房项目分别开工建设。陈婆渡和蒲家保障性住房项目是宁波市利用住房公积金贷款支持保障性住房建设的两大项目，以经济适用住房和廉租住房为主，主要解决江东区和海曙区中低收入城镇居民家庭的住房困难。

同日，《鄞州旅游业发展“十二五”规划》通过评审。根据规划，未来5年，鄞州区将建设成为华东地区著名休闲度假旅游目的地，并将旅游业培育成为国民经济的战略性支柱产业和人民群众更加满意的现代服务业。到2015年，力争来鄞旅游人数达到1516.5万人次，旅游业总收入138.5亿元，年均增长均达到10%以上，旅游业增加值占全区GDP的比重提高到11.5%。

同日，区政协召开专题协商会，区财政部门就全区2010年财政预算调整、政府负债等情况与区政协进行专题协商。

11月25日，区委组织召开读书会，分析全区经济社会发展现状和面临的形势，讨论交流重点调研课题，研究谋划“十二五”发展，梳理完善2011年工作思路。区委政研室汇报“十二五”规划建设的起草思路。

同日，市委常委、副市长余红艺在鄞州调研公共安全基层监管体系建设工作。在实地察看邱隘镇公共安全监督管理所的运行情况后，余红艺表示，鄞州通过建立健全公共安全基层监管体系，促使区域安全生产形势持续稳定好转的创新举措值得向全市推广学习。

同日，由省林业厅副厅长杨幼平、省森林资源监测中心主任刘安兴等省、市专家组成的评审委员会，对森林城市（森林鄞州）建设总体规划进行评审，同意并通过规划。根据规划，森林城市（森林鄞州）建设的总体目标是：至2014年，全区新增绿地3万亩，城区绿地率达到38%，城区人均公共绿地面积15平方米，完成珍贵树种造林1万亩，新增生态公益林8万亩，总数达到50万亩，森林覆盖率达到50%，城镇建成区林木覆盖率达到25%以上。

11月26日，省农博会在杭州举行，以“引发”“竹之韵”“天宫”“三丰”为代表的鄞州区10家农业龙头企业，携上百种优质农产品参会。

同日，由区委副书记、区长王立彤率领的温州市鹿城区党政代表团来鄞州考察。代表团先后考察南部商务区、创新128园区和圣龙集团。在随后的两地交流座谈会上，区委副书记、区长薛维海介绍鄞州近年来经济社会发展情况。

同日，大嵩围涂工程Ⅱ标段、Ⅲ标段龙口成功合龙，这标志着8公里长的海堤全线连接，1.38万亩的围区全部闭合。作为区重点工程，大嵩围涂工程总预算7.8161亿元，围垦总面积1.38万亩，于2008年6月1日开工，目前已完成总投资4.73亿元。

11月28日，浙江省2011届高校毕业生外经外贸港口物流类专场招聘会暨浙江大学宁波理工学院2011届毕业生校园招聘会在该校北区教学楼举行。来自省内的600多家企业进场招聘，提供岗位9000多个，吸引上万名高校毕业生参与。

同日，主题为“保护饮用水源，共建和谐家园”的宁波市“生态之友”环保志愿者服务活动启动仪式在章水镇周公宅水库举行。

同日，第二届中国越剧艺术节在越剧故乡嵊州闭幕。鄞州越剧团选送的新编越剧《孔雀西南飞》荣获剧目银奖，此剧主演郑燕获评“十佳新秀”。这是鄞州越剧团连续两届获得中国越剧艺术节银奖。

11月29日，区委专门就关于制定“十二五”规划的建议与区政协进行专题协商。协商会上，区委副书记陈振国就区委关于制定“十二五”规划建议的背景、奋斗目标和战略举措等内容作说明，并详细介绍规划建议中涉及的几个重点内容和重要指标。与会人员就建议中的具体问题提出修改意见。

11月30日，中共中央政治局委员、全国人大常委会副委员长、中华全国总工会主席王兆国到鄞州考察指导工作。王兆国一行首先来到雅戈尔集团，参观集团产品陈列室，深入生产车间，并听取雅戈尔集团董事长李如成关于企业职工文化活动、学习培训、福利待遇、合法权益维护等方面情况的汇报。王兆国充分肯定雅戈尔集团在这些方面的努力。王兆国一行还参观刚开园的宁波南部商务区。

同日，区第十六届人大常委会举行第二十九次会议，听取并审议区国民经济和社会发展第十二个五年规划编制情况、生态区建设情况的报告，通过关于2010年区本级财政预算调整的决议，补选市委书记王辉忠为宁波市第十三届人大代表。会议还审议通过区人大常委会主任会议和区人民法院提请的人事任免事项。

同日，区委召开副区（县）级以上离退休同志座谈会，征求对区委关于制定鄞州区国民经济和社会发展第十二个五年规划的建议（征求意见稿）的意见。

11月起，鄞州区对外来常住人口实行分层次生育关怀政策，凡持有《浙江省居住证》的孕产妇，可享受与本区户籍人口同等的生育救助待遇，即最高收费标准由1200元提高到1800元，原先需自理的500元也由区财政承担。此举在全省尚属首创。

12月

12月1日，在全国学前教育工作电视电话会议上，区委副书记、区长薛维海作为全国发达地区县（区）代表，在宁波分会场作典型发言。

同日，宁波金银彩绣艺术馆举行开馆仪式。宁波金银彩绣艺术馆选址创新128园区内，占地面积1000余平方米，分展示、生产、研发等区域。

12月2日，在全省教育工作电视电话会议上，教育部副部长郝平提到鄞州区在全国学前教育工作电视电话会议上的经验交流情况，并对鄞州区学前教育所取得的成绩再次予以充分肯定。他说，鄞州区学前三年儿童入园率达到99.9%，已提前和超额完成《国家中长期教育改革和发展规划纲要》要求，为全国学前教育发展作出了表率。

12月3日，由市旅游局主办、区旅游局和钟公庙街道承办的宁波首个“旅游夜市”在万达商业广场开张。来自各县（市）区的相关旅游企业推出优惠线路，并现场受理游客咨询、投诉等服务。活动现场还发布“宁波人游宁波”冬季旅游产品和信息，其中冬游鄞州20℃系列产品、东钱湖品茗文化之旅、天童阿育梵钟古韵之旅等成为明星线路。

同日，区委召开乡镇（街道）党（工）委书记座谈会，征求对关于制定鄞州区国民经济和社会发展第十二个五年规划的建议（征求意见稿）的意见。

同日，区慈善总会、区总工会、区农办、区农林局联合举行2011年度“创业脱贫扶一把工程”扶助金发放仪式，137户受助者共领到扶助金124.7万元。

12月4日，到宁波进行经贸、文化交流的意大利维罗纳市议会主席阿方索率领维罗纳市议会代表团成员，参观梁祝文化公园、宁波（鄞州）博物馆、雅戈尔集团等地。

同日，共青团关爱农民工子女志愿服务活动启动仪式在首南街道蔡家小学举行。在现场，鄞州区志愿者爱心总部的10支志愿者服务队与10所农民工子女学校结对。启动仪式后，全区62支专业志愿者服务队的近2000名志愿者将投入“关爱农民工子女”志愿服务活动。

12月6日，区委召开党代会代表、人大代表、政协委员及民主党派主委等社会各界座谈会，广泛征求对关于制定鄞州区国民经济和社会发展第十二个五年规划的建议（征求意见稿）的意见。

同日，区非物质文化遗产工作会议召开。会议指出，全区共有国家级非遗名录5项，省级非遗名录13项，市级非遗名录48项，区级非遗名录62项；拥有国家级传承人2位，省级传承人8位，市级传承基地8个，市级传承人21位，区级传承基地62个，区级传承人50位；拥有非遗博物馆10座，这些数据和成果表明鄞州区的非遗工作走在全省前列。会上还举行宁波宏拓精雕有限公司等20个区第二批非物质文化遗产传承基地和谢武宏等18位区第二批非物质文化遗产传承人的授牌授证仪式。

12 月 7 日，钟公庙街道万达商圈“党员驿站”挂牌运行。这意味着街道探索建立“社区+商圈”的城市社区“四化”党建模式有实质性的进展。

12 月 8 日，“宁波市民爱心桥”正式通车。爱心桥位于甘肃省陇西县宏伟乡，是一座桥坝，呈 U 字型，总长 520 米，其中桥坝长 117 米，横跨华尖河，连接宏伟乡的贾家屲村与权家湾乡的槐树岔村，具有蓄水和通行两种功能。

12 月 9 日，浙江省公共文化服务体系建设制度设计研究工作会议在鄞州召开。会上，签订在鄞州设立省公共文化服务体系建设制度设计研究实践基地协议，区委副书记、区长薛维海介绍鄞州区构建公共文化服务体系，让全民普享公共文化建设成果的情况。

同日，副省长郑继伟到鄞州调研学前教育工作。郑继伟一行实地走访横溪镇中心幼儿园、云龙镇中心幼儿园，并听取专题汇报。郑继伟指出，鄞州学前教育管理体制机制不断完善，为全省乃至全国的学前教育发展提供不少好经验、好做法。

同日，全区个体劳动者创业先进表彰大会在区政府举行。会议对 20 名区个体劳动者创业先进典型进行授牌表彰，对 22 名区个体劳动者创业先进进行通报表彰。

同日，第四批国家文化产业示范基地评选揭晓并在天津举行授牌仪式，浙江省共有 3 家企业榜上有名，鄞州企业音王集团是宁波市唯一入围的企业。

12 月 10 日，区委中心组召开理论学习（扩大）会，邀请“五五”普法国家中高级干部学法讲师团成员、中国人民大学法学院副院长胡锦光教授，以“推进依法行政，建设法治政府，服务公平正义”为主题作法制讲座。

同日，宁波（鄞州）博物馆举行陈炎先生捐赠藏书文献、设立陈炎专项基金仪式暨《我的人生之旅——陈炎回忆录》首发式。陈炎是抗战时期“飞虎队”队员，也是“海上丝绸之路”文化研究先行者。首发式上，陈炎先生向宁波（鄞州）博物馆、天一阁博物馆、宁波市图书馆等捐书。

同日，钦寸水库移民安置工作动员会召开。钦寸水库工程由宁波市和新昌县合作建设，总投资 32.76 亿元。鄞州区移民安置任务为 880 人。鄞州区政府领导与各安置镇乡签订责任书，东吴、姜山、鄞江等 3 个镇在会上作表态发言。

同日，全区首家超市化菜场——三江超市堇山店在新城区开业。该店前身为堇山菜市场，作为农贸市场的创新举措，变身以后将重点经营超市化菜场，其总经营面积达 4900 平方米，其中一楼菜场部分全部按照生鲜超市设计布局，主要经营农贸、生鲜类民生商品，二楼以食品百货、日用品、服装、小家电等为主。

12 月 11 日，由区人民法院、中国人民大学法学院和北京航空航天大学宪法与行政法研究中心主办的第三届“法官与学者对话”在鄞州举行，来自中国人民大学、最高人民法院国家法官学院、中国政法大学等14个高校的法学专家就“行政与民事争议交叉案件如何处理”进行深入研讨。

12月11—12日，由中国渔业协会、市海洋与渔业局和区政府共同主办的首届“中国甲鱼节”在鄞州区举行。首届“中国甲鱼节”以“振兴甲鱼产业、倡导健康生活”为主题，广东、广西、湖南、江苏、上海等10多个全国重要甲鱼养殖省市区的几十家（个）重点甲鱼养殖企业和甲鱼协会出席活动。其间，举办甲鱼争霸与展示、甲鱼烹饪菜肴展示与交流、中国甲鱼产业发展论坛、甲鱼增殖放流、龟鳖品种及文化展示等5个系列活动。

12月13日，鄞州残疾人运动员楼陈泉在广州亚残运会男子S11级100米蝶泳决赛中，以1分07秒04、领先亚军8秒多的成绩夺得冠军。

同日，姜山镇翻石渡村“妇女之家”挂牌成立，这是全市成立的第一个“妇女之家”。

12月14日，来自区科技局的统计数据显示，鄞州2010年获国家各类专利授权5085件，比2006年增加6.4倍。其中，最具科技创新含量的发明专利授权147件，是2006年的3.7倍。

同日，区政协教育专项民主监督小组来到姜山镇朝阳幼儿园、横溪镇中心幼儿园、云龙镇绿艺幼儿园、云龙镇中心幼儿园，就学前教育工作开展专项调研和民主监督。

同日，宁波首个国际标准真冰滑冰场——宁波世纪星国际标准真冰滑冰场建成。该滑冰场位于钟公庙街道老街改造项目的联盛商业广场A区四楼，高9米，冰面净宽26米，长56米，冰场总建筑面积4670平方米，可举办花样滑冰、冰上舞蹈、冰球比赛等正规比赛及表演。

12月15日，省委常委、市委书记王辉忠一行到鄞州区调研城建工作，实地检查长丰滨江休闲居住区、南外环路邱隘立交、东外环路五乡立交等地。

同日，由金华市委常委、东阳市委书记张仲灿率领的东阳市党政代表团一行到鄞州考察。代表团一行先后来到雅戈尔集团、南部商务区和创新128园区，重点考察鄞州的工业经济、城市经济发展成果。

12月16日，区人大常委会举行主任接待代表日活动，主任、代表面对面商讨城区“断头河、断头路”以及道路交通拥堵等问题。

12月18日，为期10天的“水韵情怀”刘海水彩画作品展在月湖大方岳第内的“群星展厅”开幕。此次画展由市群艺馆、区文联主办，区美协和鄞州中学承办，是“鄞州区优秀美术作品系列展”之一。此次画展共展出刘海50余件作品，主要为近年来的新作和过去部分代表作。

12 月 19 日，新城区拆迁办发布的消息称，“十一五”期间，该办累计拆除住宅和非住宅建筑面积 165 万平方米。其中，民宅 3900 多户约 45 万平方米，企业厂房 200 多家约 120 万平方米。

同日，由水利部副部长刘宁带领的国家防汛能力体系建设检查组到鄞州区检查指导区、镇、村三级防汛能力体系建设。刘宁一行在防汛抗旱指挥部，通过远程视频会商系统跟横溪、下应等地进行交流，并检查相关设施，随后又听取市、区两级的汇报。刘宁对鄞州区三级防汛能力体系建设所取得的成效表示充分肯定和高度评价。

12 月 20 日，区十六届人大常委会召开第三十三次主任会议。会议听取区十六届人大四次会议以来代表建议办理“回头看”活动开展情况的汇报，《宁波市住宅小区物业管理条例》贯彻落实情况的汇报。

同日，由宁波盛光天翼科技有限公司出品的《天翼决》在宁波南苑环球酒店举行全球运营启动盛典暨北美代理签约发布会。发布会上，盛光天翼公司与北美最大的免费游戏运营公司 AeriaGames 签订《天翼决》北美地区的代理协议，《天翼决》就此成为中国首款进军海外市场的竞技游戏。

同日，区交警大队统计显示，交通事故连续 8 年下降。全区全年共上报事故 519 起，死亡 111 人，受伤 599 人，直接经济损失 106 万元，分别比上年下降 10.5%、6.72%、7.2%和 1.2%。侦破交通逃逸事故 37 起，侦破率达 100%。

同日，民盟鄞州区总支部委员会召开第一届第二次全体盟员大会。民盟鄞州区总支部主委、副区长夏素贞在会上作工作报告，区政协副主席、区委统战部部长陈国良从加强自身建设、健全人才选拔和积极参政议政等方面，对民盟鄞州区总支部提出希望。

12 月 21 日，在河北省霸州市召开的全国县级公共文化服务体系建设现场经验交流会上，鄞州区代表在会上作典型发言，面向农村基层、强化普惠共享、全面构建城乡一体的公共文化服务体系建设经验得到与会人员的充分肯定。

同日，鄞州区召开市派农村工作指导员工作交流会。16 位进驻鄞州区镇村开展工作的市派农村工作指导员，一年中为鄞州区基层落实项目 53 个、扶持资金 600 余万元，调处矛盾纠纷 126 起。

同日，全省林业工作会议在鄞州区召开，鄞州区生态林业建设工作在会上获得全省各地、市林业局局长的一致好评。

同日，为期 5 个多月的全区第十次“慈善一日捐”活动结束，共募集善款 6400 万元，再创历史新高。至此，全区已累计募集善款 6.1 亿元，其中“慈善一日捐”活动募集善款占到总额的57%。

同日，在浙江省第十一届戏剧节上，由鄞州越剧团选送的新编越剧《孔雀西南飞》荣获新剧目奖。

12月22日，区十六届人大常委会召开第三十次会议。会议审议通过关于召开区十六届人大五次会议的决定，原则通过区十六届人大五次会议议程、日程(草案)，审议通过区人大常委会2011年工作要点。会议听取2010年规范性文件备案审查工作的报告和市人大代表鄞州中心组2010年代表履职情况的报告。审议通过关于表彰代表活动先进小组、代表活动积极分子及2010年度代表优秀建议、代表建议办理先进单位的决定。审议通过有关人事免职等事项。

同日，轻轨1号线高桥段及甬梁线改造工程建设动员大会在高桥镇举行。会上，高桥镇商会、村干部及拆迁户代表进行表态，支持轻轨及甬梁线工程建设相关工作。

同日，2010“海外清华学子浙江行”活动走进鄞州，27名海外清华学子携专业领域的高科技成果，与区内60家来自高新技术产业和新兴产业领域的企业进行科技合作项目对接交流。

同日，市平安综治考核组一行到鄞州考核2010年度平安建设工作。在听取工作汇报、查看台账资料及实地抽查钟公庙金家漕社区、姜山镇沈风水村、宁波宁江粉末冶金有限公司和宁波华瑞电器有限公司后，考核组充分肯定鄞州区平安建设工作取得的成绩。

12月23日，为期1天半的区委十二届十次全体（扩大）会议闭幕。会议听取区委常委会工作报告，审议通过《鄞州区国民经济和社会发展第十二个五年规划建议》。根据省委、市委的相关要求，区委全会组织开展领导班子、领导干部述职评议和干部选拔任用工作公开评议。

同日，据统计，2010年全区新增企业博士后工作站5个，总数累计达到10个，其中国家级博士后工作站5个，省级博士后工作试点单位5个，建站数居全市各县（市）区首位。

12月27日，据区统计局统计，1—11月全区累计完成固定资产投资315亿元，比2009年同期增长12.3%。

同日，省委常委、市委书记王辉忠到鄞州向广大基层党员干部宣讲党的十七届五中全会精神。王辉忠在鄞州检查党风廉政建设工作。区委领导汇报2010年度鄞州推进惩防体系建设和落实党风廉政建设责任制情况，王辉忠对鄞州区党风廉政建设工作表示肯定。

同日，区社会组织促进会成立并选举产生第一届理事会。区社会组织促进会是一个由 400 多家社会团体和民办非企业单位以及部分从事社会组织工作的同志组成的社会组织，研究全区社会组织的发展现状，完善对社会组织的监督和管理，引导社会组织更好地服务社会。

12 月 28 日，副市长成岳冲在鄞州职业高级中学西藏班进行调研。成岳冲一行参观汽修实训工场，看望在上实训课的西藏学生，察看西藏班学生生活区，听取学校在课改等诸多方面的情况汇报。

同日，据区慈善总会相关会议发布，2010 年，全区慈善募集、救助善款发放分别创历史新高，共募集善款 1.3 亿余元，同比增长 21.83%；发放扶助金 1.05 亿元，惠及困难群众家庭 2.2 万户（次）。

12 月 29 日，全省首家台湾名品专卖店在联盛广场开业。

同日，区工商联召开九届六次执委扩大会议。会议总结 2010 年来区工商联服务地方经济社会发展所作的贡献，明确 2011 年的工作目标。

12 月 30 日，《中国廉政文化丛书》第三辑在全国廉政文化发祥地——鄞州举行首发式。该套《丛书》共分 5 卷、近 130 万字，由《廉政文化概论》《中国古代廉政思想简史》《中国廉政法制史研究》《廉政文化与民俗》《国外廉政文化概略》组成。

同日，宁波（鄞州）首届冰上运动艺术节暨联盛商业广场开业庆典在宁波世纪星国际标准真冰滑冰场举行。钟公庙老街改造项目——联盛商业广场一期总建筑面积近 30 万平方米，总投资高达 20 亿元，是一座全新的大型商业综合体。落户联盛商业广场的世纪星国际标准真冰滑冰场，总建筑面积 4670 平方米，是国内建筑规模最大的商业性质滑冰场。现场，还举行宁波冰上运动推广基地授牌仪式，宁波花样滑冰等级测试基地授牌仪式，钟公庙中心小学、金家漕小学“冰上运动传统学校”授牌仪式。

同日，浙江宣逸网络科技有限公司获得互联网出版许可证。有此资质的企业，全市仅有 2 家。

12 月 31 日，全区财税金融系统迎新年座谈会在区地税局举行。会上，区财政局、区金融办和农行鄞州支行分别汇报 2010 年工作完成情况和 2011 年工作思路。

同日，区领导分别带队到中国人民银行宁波市中心支行、宁波银监局农行鄞州支行和宁波银行，慰问金融机构干部职工。

同日，据区财政局消息，2010 年全区完成一般预算收入 185.77 亿元，同比增长 28%，收入规模连续三年保持全省各县（市）区首位。其中，地方财政收入实现历史性跨越，首超百亿元，实现 110.09 亿元，同比增长 32.2%，占总收入的比重为 59.3%，成为全省唯一一个地方财力破百亿的县（市）区。

2011年

1月

1月4日，据区财政局发布的数据显示，2010年全区完成一般预算收入185.77亿元，同比增长28%，收入规模连续3年保持全省各县（市、区）首位。其中，地方财政收入实现历史性跨越，首超百亿元，实现110.09亿元，同比增长32.2%，占总收入的比重为59.3%，成为浙江省唯一一个地方财力破百亿的县（市、区）。

同日，据区国税局统计，2010年该局累计入库国内税收收入（不含海关代征）72.99亿元，同比增长14.9%，创历史最好水平，绝对额继续居全市各县（市、区）首位。

同日，据区地税局统计，2010年该局实现各项税费收入109.65亿元，首次突破百亿元大关，收入规模继续稳居全市各县（市、区）首位。其中，税收收入首次突破60亿元，达到62.18亿元，同比增长25.24%；社会保险费、教育费附加、水利建设专项基金等非税收入达到32.22亿元；契税和耕地占用税合计达到15.25亿元。

1月5日，区委副书记、区长薛维海，副区长黄新山带领区安监、公安、工商、城管、建设、贸易等部门的相关负责人，到新城区、姜山镇和首南街道，开展节前安全生产大检查。

同日，在鄞州的市政协委员视察宁波东部新城开发建设情况，东部新城开发建设指挥部总指挥毛宏芳介绍相关开发建设情况。

同日，区委副书记陈振国一行专程来到横街镇，走访大雷、毛岙这两个位于深山中的经济欠发达村，深入了解村庄经济发展情况，为壮大村级集体经济出谋划策。

同日，鄞州区联合创建工作会议举行。会议要求，各级各部门要把联合创建工作作为一项长期性工作来抓，竭尽全力改善鄞州区城乡面貌。

1 月 6 日，鄞州区召开农村工作指导员和科技特派员工作会议。会议指出，2011 年是鄞州区实施农村指导员工作的第七年。第七批指导员继续采用市、区联派的方式，其中市级派出 14 名、区级 49 名。

1 月 7 日，全市节庆联合会会长会议召开。会上，鄞州区“和谐鄞州”欢乐城乡游活动被评为“2010 年度宁波市十佳节庆”，宁波—台湾梁祝爱情旅游节被评为“2010 年度宁波市最具特色节庆”，鄞州总部经济发展研讨会被评为“2010 年度宁波市最具影响力会议”。

同日，据区行政服务中心公布的统计数据显示，2010 年全区共办理各类事项 107.8 万件，工作日日均办理 4312 件。

同日，区劳动争议联合调解中心成立暨“情系职工温暖万家”惠民行动启动仪式举行。新成立的区劳动争议联合调解中心相对于之前的区职工维权帮扶中心，新增法律援助、医疗互助、劳动争议调解、法人登记及综合服务等 5 个服务窗口，此外，还增设一个为企业职工提供人际关系处理、亲子教育、婚恋情感等心理咨询服务的咨询室。

同日，青川县委副书记罗云带队的青川县党政代表团对鄞州区对口援建青川工作进行回访。青川县委、县政府，乔庄镇党委、政府为鄞州区送上感谢信以及题有“情暖灾区，血浓于水，鄞州援建，大爱无疆”的书稿。

1 月 10 日，第八届中国青年志愿者优秀个人奖、组织奖、项目奖评选活动在北京揭晓，团区委荣获组织奖，这是浙江省唯一获得该荣誉的县区级团委。

同日，区委、区政府召开全区经济工作会议。会议总结 2010 年经济工作，明确 2011 年经济工作目标和要求。会议指出：2010 年鄞州区经济平稳较快发展，全区生产总值 800 亿元，比上年增长 12%；财政一般预算收入 185.8 亿元，增长 28%；其中，地方收入 110 亿元，增长 32.2%；完成全社会固定资产投资 339.3 亿元，增长 12.3%；合同外资和实到外资分别达到 8.8 亿美元和 4 亿美元，增长 29%和 49%。社会消费品零售总额 224 亿元，增长 22.4%；万元工业总产值综合能耗下降 6.5%，二氧化硫、化学需氧量排放总量分别减少 26.5%和 5.5%。

1 月 11 日，省政协党组书记乔传秀一行到鄞州视察。乔传秀一行先后实地视察欧琳集团和南部商务区，对鄞州近年来经济社会发展取得的成绩表示赞扬。

同日，市人大代表鄞州中心组开展市十三届人大六次会议前视察活动。中心组一行视察市重点工程——和丰创意广场开发建设情况，听取市“十二五”

规划纲要编制等情况的介绍，并提出相关意见和建议。

同日，鄞州区举行离退休老干部座谈会，就政府工作报告和“十二五”规划纲要向老干部征求意见。

同日，鄞州区政府领导带领鄞州区各涉农部门、各镇乡（街道）及部分农业龙头企业和农民专业合作社负责人，到金华市武义县考察万亩工厂化育秧基地和寿仙谷药业有限公司铁皮石斛、灵芝栽培基地建设情况。

1月12日，省委巡视组正厅级巡视专员曾浩明一行考察鄞州区企业创新提升情况。巡视组一行先后考察创新128园区宁波金银彩绣艺术馆和宁波大象商务服务有限公司、宁波欧琳集团有限公司。巡视组充分肯定鄞州区传统企业创新提升所取得的成绩，并希望鄞州区加大力度打造创新型城区。

同日，省文化厅关于2009年度三类地区（含宁波）完成农村文化建设重点工程目标情况的年度考核结果正式公布，鄞州区在全省26个参评县（市、区）中跻身一等奖行列，成为宁波市唯一一个获评一等奖的县（市、区）。

同日，鄞州区召开全区农业工作会议。会议总结2010年全区农业生产情况，部署2011年农业工作目标及任务。

同日，区领导对全区节前安全生产工作进行检查。区委常委、常务副区长毛春阳带领区交通、安监、交警等有关部门负责人，实地检查市长途汽车客运有限公司、鄞州汽车客运总站的春运安全落实情况。副区长王洪平带领区贸易、工商、旅游、消防等部门相关负责人，先后到江南绿洲大酒店、洛兹商业广场，对生产经营场所的消防安全、食品卫生、商品质量等情况进行节前检查。副区长夏素贞带领区教育、文化、民宗、安监、消防等部门相关负责人，对部分网吧、商务会所、学校、幼儿园及庙宇、教堂安全状况进行检查。

同日，鄞州区科技工作大会召开。会议总结2010年科技工作，制定2011年工作目标。会议指出，2011年，鄞州区力争实现规上高新技术行业增加值占工业增加值的比重达21%以上，软件信息服务业总收入突破30亿元，企业研发投入总额超过30亿元，全社会R&D（研究与试验发展）经费支出占GDP比重超过2%，新增市级以上创新型（试点）企业、高新技术企业、科技型企业20家，新建市级以上企业工程技术中心及公共服务平台10家，授权专利5000件以上，发明专利授权超过150件，获得国家级科技计划项目和市级重大工业攻关项目30项以上，开发市级新产品超过1000项，获得市级及以上科技进步奖项目达到10项以上。

1月13日，宁波先锋新材料股份有限公司股票（股票简称：“先锋新材”；股票代码：300163）在深圳证券交易所挂牌上市，实现鄞州区企业在创业板上市零的突破，也是2011年宁波首只挂牌上市的股票。

同日，在省人民大会堂举行的“浙江骄傲——2010年最具影响力人物评选”活动的颁奖典礼上，80后鄞州支教女孩全票当选“浙江骄傲”年度人物。

同日，区政协召开2010年度委组工作会议。会议总结交流一年来各联委会、专业组工作开展情况，研究部署2011年工作重点，布置区政协十四届五次会议相关准备工作。会上，区政协社会事务组、横溪联委会、首南联委会、中河联委会分别就如何履行好委组负责人职责、做好调研和社情民意等工作，作交流发言。

同日，区慈善总会三届五次理事会议召开。2010年，鄞州区慈善资金募集创历史新高，共募集善款1.3亿余元，发放各类救助资金1.05亿元。

同日，区政协召开财政预算专题协商会，就鄞州区2011年财政预算、2010年预算执行情况进行专题协商。

1月14日，区人大常委会和“一府两院”领导分6组走访辖区内的区十六届人大代表以及在鄞州的省、市人大代表，听取对区人大常委会和“一府两院”工作的意见建议，征求对区人大常委会和“一府两院”4个工作报告（征求意见稿）的意见建议。区人大常委会与“一府两院”召开联席会议，通报区人大常委会与“一府两院”领导走访人大代表征集意见建议和2011年区人大常委会工作要点（草案）等情况。

1月15日，据统计，“十一五”期间，鄞州超额完成主要污染物减排目标。累计削减化学需氧量3562吨，完成削减目标280%。其中，2010年削减285吨，相比上一年度削减5.5%（年度削减目标4%）。2010年底二氧化硫实际排放量可控制在2691吨，较“十一五”减排控制目标2980吨多削减265吨，超额完成减排控制目标。其中，2010年净削减969吨，相比上一年度削减26.5%（年度削减目标4%）。

同日，中国民主促进会鄞州支部召开第二次会员大会，选举产生民进鄞州支部第二届支部委员。冯浙萍当选为主委，孙时军、邱逸飞当选为副主委。

1月16日，鄞州首次荣获2010年度全国粮食生产先进区称号。省委常委、副省长葛慧君作出批示，要求全省向鄞州区学习。

同日，据统计，2010年，全区粮食播种面积、总产同比分别增加3.95%和4.83%；晚稻亩均产量493公斤，打破晚稻单产历史纪录。鄞州因此首次荣获2010年度全国粮食生产先进区称号。

同日，据区审计局数据显示，2010年度区审计中心累计完成386个政府投资项目竣工决（结）算审计，完成送审投资额36.16亿元，审定金额34.08亿元，核减工程造价首次超过2亿元。

同日，据区检验检疫局统计，2010年鄞州出口电池1833批，出口金额首次突破4000万美元，达4975.5万美元，同比分别增长18.7%和30%。各类电池出口数量同比增幅均超过20%，出口产品主要是锌锰碳性电池、碱性锌锰电池和铅酸蓄电池等。

同日，鄞州区正式通过验收，成为宁波市首个省级知识产权工作示范区。2010年，鄞州获国家授权专利6238件，同比增长71.6%，其中发明专利209件，同比增长63.3%，专利申请量、授权量及发明专利申请量、授权量4项指标均居全市第一。累计拥有中国驰名商标72件，省著名商标73件，主持（参与）制定国家（行业）标准115项，获得计算机软件著作权登记证书210件。

1月17日，黄古林草编博物馆开馆。博物馆建设历时2年，投资近600万元，占地3000平方米，由展示厅、演示厅和展销厅3部分组成。

同日，鄞州区举行2011年军地迎春座谈会。区领导向驻地部队官兵致以新春的问候，并向17个团级以下的驻鄞州部队发放总计80万元的慰问金。

1月18日，浙江省“关注森林”工作会议在杭州召开。区委副书记、区长薛维海代表鄞州作典型发言。“森林鄞州”建设活动开展以来，全区已有70%乡镇创建成为全国环境优美乡镇和省级生态镇，万元GDP能耗为全国“十强县”平均水平的65%。区财政每年还安排1亿元资金，专项用于“森林鄞州”建设。为全面推进绿色系列创建活动，鄞州区成立全国首个县级绿色碳基金，筹集资金7600万元。全区有市级以上绿化示范村156个。

同日，区人大常委会召开第三十四次主任会议。会议听取2011年全区和区级预算草案，区劳动和社会保障局、广播电视台、质监分局、中河街道2011年预算草案情况的汇报。

同日，海关统计数据表明，2010年鄞州外贸全年进出口总额首破百亿美元大关，达到104.5亿美元。其中，出口81.2亿美元，同比增长42.73%，比全市增幅高出8.2个百分点，位居全省县市区首位；进口23.3亿美元，同比增长31.29%。

1月19日，区人口计生局和广播电视台共同创作录制的反映外来儿童题材的广播剧《今日阳光》获得第十四届中国人口文化奖（广播电视类）大奖。

同日，沿海中线鄞州段二期、联丰路二期、通途路西延工程I标段（高桥镇区至长乐段）分别通过交工验收，提前正式通车。此3个重点工程均按一级公路标准设计，设计时速每小时80公里，总投资16亿元。3条公路通车后，全区公路网密度达到每百公里136.4公里，处于全省领先水平，初步实现“七纵十二横”的路网目标。

1 月 20 日，区第十六届人大常委会召开第三十一次会议。会议听取和审议 2011 年区国民经济和社会发展计划草案、2011 年全区和区级预算草案等报告。会议还征求对区国民经济和社会发展第十二个五年规划纲要草案的意见，征求对区人民政府、区人民法院、区人民检察院工作报告稿的意见。会议还听取区十六届人大五次会议筹备工作情况报告，审议通过区十六届人大五次会议列席人员名单、代表变动和代表资格审查情况报告，通过区人大常委会工作报告稿。

1 月 21 日，人力资源和社会保障部、国土资源部联合召开的全国国土资源管理系统先进集体和先进工作者表彰大会在北京举行。会上，区国土资源分局信息中心副主任兼土地勘测规划所总工程师张苏红作为先进工作者受到表彰，是鄞州区国土系统首位获此殊荣者。

同日，鄞州区召开民主党派人士情况通报会。区委副书记陈振国代表区领导向民主党派人士通报 2010 年全区经济社会发展情况及今后一个时期鄞州区发展的战略重点。会议还通报全区反腐倡廉建设情况和统一战线工作开展情况。

1 月 22 日，区妇联召开十三届七次执委（扩大）会议。会上，古林镇、石碶街道、章水镇妇联和区工商分局妇委会分别作典型经验交流，与会人员还为市妇联“康乃馨救助金”捐款，所捐 1 万余元善款将用于女性疾病治疗。

同日，鄞州区召开全区商贸商务工作会议。2010 年，全区服务业增加值达到 270 亿元，同比增长 10%；实现社会消费品零售总额 225. 98 亿元，同比增长 23. 7%，增幅连续四年领跑全省十六强县（市、区）。全区实现批发零售、住宿餐饮业增加值 76 亿元，同比增长 17%；实现规模以上商品市场成交额 192 亿元，同比增长 15%；实现商贸服务业税收 11. 5 亿元，同比增长 30%。社会消费品零售总额绝对值居前三位的镇乡、街道是下应街道、石碶街道、钟公庙街道，分别达到 47. 21 亿元、35. 76 亿元、26. 28 亿元；社会消费品增幅居前三位的是古林镇、首南街道、下应街道，分别达到 93. 3%、46. 7%、46. 1%。

同日，据鄞州区旧村改造新村建设总结会数据显示，自 2002 年底以来，鄞州区累计投入资金 107. 5 亿元，建设规模达 1060 万平方米，拆除旧房 601. 2 万平方米，为农村居民提供新房源 8 万多套，安置 44307 户，入住 11 万多人，成为全省农村住房改造建设中第一个建新面积超千万平方米、投资超百亿元的县（市、区）。

同日，据鄞州区旅游工作会数据显示，2010 年鄞州区共接待海内外游客 944. 08 万人次，同比增长 10. 44%；实现旅游总收入 86. 5 亿元，同比增长 10. 66%。

同日，宁波市第22届大中专毕业生洽谈会在国际会展中心举行。这是2011年宁波市首场大型毕业生就业洽谈会。109家鄞州企业组团参加，提供就业岗位1500多个。

1月23日，从中国风景园林学会获悉，区政府职能带及前河路园林景观绿化（四标段）工程荣获2010年度中国风景园林学会“优秀园林绿化工程奖”铜奖。该工程位于新城区前河路东侧，包括绿化工程、土建铺装工程、小品景观工程、水电工程等，重点景观是沿河的广场、园路、码头、廊架、旱喷等。工程占地面积5.4万平方米，绿化面积近2.8万平方米，总投资1000余万元，2006年8月投入使用，先后荣获2007年度宁波市“茶花杯”园林绿化建设工程优质奖、2008年度“浙江省优秀园林工程”铜奖。

1月24日，鄞州区新兴产业发展座谈会召开，区委副书记、区长薛维海向参会企业家表达鄞州发展新兴产业的决心和力度。

同日，据区司法局数据显示，2010年区人民调解员共受理纠纷14924起，调解14924起，调解成功14919起，调解率和调解成功率分别达到100%和99.97%。专业调解组织74名专职调解员共受理纠纷16472起，调解16472起，调解成功15730起，调解率和调解成功率分别达到100%和95.50%。

同日，由区总工会、区外来务工办联合主办，中国移动鄞州分公司协办的鄞州区优秀外来务工人员表彰暨“同过祥和新年　共建和谐鄞州”活动在鄞州区举行。200余名优秀外来工代表、外来困难职工代表、外来工劳模代表与20位2010年度鄞州区“优秀外来务工人员”、8位外来务工人员服务管理工作先进用人单位代表欢聚一堂，同吃年夜饭。活动现场，20位2010年度鄞州区“优秀外来务工人员”和8家外来务工人员服务管理工作先进用人单位受到表彰。主办方还向外来务工人员发放千余张亲情电话卡。

同日，据区建设局数据显示，鄞州区2010年共完成建筑业总产值102.9亿元，年产值首次超百亿元，创历史新高。同比增长65.4%，高于全市平均增幅。

同日，区财政工作会议召开。会议指出，2010年，鄞州区完成一般预算收入185.77亿元，增长28%，收入规模连续3年居全省各县（市、区）首位。全区共投入6.1亿元支持经济发展和产业结构调整，一般预算安排民生支出52.6亿元，占财政支出的69%。

同日，区地税工作会议召开。会议指出，2010年，全区地税系统共组织各项收入109.65亿元，首次突破百亿元大关，其中实现地方税收62.18亿元，增长25.24%；共落实各类税费减免2.25亿元。

1月25日，市委副书记、代市长刘奇一行来到鄞州的三江超市堇山菜场和钟公庙菜场，对蔬菜、鱼肉等价格和供销情况进行调研，实地查看菜品供应、销售及质量监管等情况。

同日，市政协主席王卓辉等领导走访慰问横街镇水家村、桃源村困难群众。

同日，团区委十七届三次全委（扩大）会议召开。据统计，2010 年全区新增非公企业建团 364 家，实际覆盖 651 家，新增规模居全市第一；青年创业小额贷款累计发放总额突破 7800 万元；青年就业创业培训工作实现 SYB 培训 1420 人；全面开展以“低收入农户青少年关爱行动”等为主要内容的共青团关爱青少年系列品牌建设，直接提供各类资助 23 万元。会上，一批全国、省、市、区级团工作先进单位受到表彰。

同日，区镇乡（街道）人大负责人会议召开。会议部署区十六届人大五次会议相关事宜，并对 2011 年工作提出要求。会上，区人大常委会广泛征求各镇乡（街道）人大负责人对区人大常委会工作报告稿的意见、建议。

1 月 26 日，区委副书记、区长薛维海一行来到石碶街道，走访慰问 4 户困难群众。

同日，据统计，2010 年鄞州区、镇两级人力资源市场举办招聘会 98 场，提供岗位 231330 个，进场人数 70601 人，22200 人达成初步就业意向。全区直接间接输入劳动力 3380 人，净增就业岗位 21089 个，完成年度指标 105%。

1 月 27 日，宁波博威合金材料股份有限公司股票（股票简称：“博威合金”；股票代码：601137）在上交所挂牌上市。至此，鄞州区已有本地首发上市公司 10 家。

同日，中国南车宁波产业基地揭牌，标志着市政府与中国南车集团战略合作实质性启动。南车宁波产业基地选址鄞州五乡镇，总投资 30 亿元，主要发展和建设内容包括城市轨道交通装备维修服务、组装基地，产业辐射周边地区并面向海外出口；轨道交通自动门系统、信号系统生产基地；以船用柴油机为主的新动力；区域性的销售、研发、服务外包、培训等。

同日，区政协召开十四届四十八次主席会议。会议审议区政协常委会工作报告（送审稿）、提案工作情况报告（送审稿），关于召开区政协十四届五次会议的决定（草案）、议程（草案），区政协十四届五次会议决议（草案）等事项。

同日，区政协召开十四届十九次常委会议，听取《政府工作报告》起草情况说明和“十二五”规划纲要（草案）说明。

1 月 30 日，区政府召开第八次全体（扩大）会议。讨论即将提交区十六届人大五次会议审议的《政府工作报告》和《宁波市鄞州区国民经济和社会发展第十二个五年规划纲要（草案）》。区委副书记、区长薛维海作《政府工作报告》起草说明，同时部署当前政府各项工作。区委常委、常务副区长毛春阳主持会议并作《纲要》起草说明。

2月

2月9日，区政协召开十四届二十次常委会议，审议通过区政协十四届五次会议日程（草案）。

2月11日，省村级组织换届选举工作督查组一行，对鄞州区村级组织换届选举工作进行检查。督查组听取邱隘镇以及邱一村、前殷村的村级组织换届选举情况介绍，并查阅相关工作资料。

2月12日，全省农村工作会议召开，鄞州区获得省委、省政府颁发的浙江省社会主义新农村建设优秀单位奖牌。这是鄞州区继去年之后再次获此殊荣。

同日，鄞州区被省城乡社区建设领导小组命名为“浙江省和谐社区建设工作先进县市区”。这是鄞州区首次获得该项荣誉。钟公庙街道的都市森林社区、首南街道的九曲社区获省和谐示范社区称号。

同日，市委副书记、代市长刘奇在鄞州区调研经济社会发展情况。刘奇一行先后来到创新128园区、下应街道湾底村、南部商务区等地考察并听取相关汇报。

同日，区政府常务会议召开。会议指出，鄞州区将筹措1.6亿元，用3年时间，对全区2300多公里的农用线路及设施进行全面改造。

2月13日，区领导会见前来参加区政协十四届五次会议的香港委员。会见中，区委副书记、区长薛维海向香港委员介绍鄞州区经济社会发展取得的成绩。

2月14—17日，中国人民政治协商会议第十四届宁波市鄞州区委员会第五次会议在区文化艺术中心举行。会议审议通过唐军所作的工作报告和薛玉生所作的提案工作情况的报告。会议同意唐军同志因年龄原因辞去政协第十四届宁波市鄞州区委员会主席职务。会议选举陈振国为政协第十四届宁波市鄞州区委员会主席，蔡桂芬为政协第十四届宁波市鄞州区委员会秘书长。会议听取区政协副主席吴海平所作的关于区政协十四届五次会议提案收集情况的报告。会议审议通过区政协十四届五次会议决议。会议期间，与会人员列席宁波市鄞州区第十六届人民代表大会第五次会议，听取并讨论薛维海区长所作的《政府工作报告》和其他报告，协商讨论《鄞州区国民经济和社会发展第十二个五年规划纲要（草案）》。

2 月 14 日，区十六届人大五次会议主席团举行第一次会议。会议推选主席团常务主席，通过执行主席分组名单、区人民政府提请的议案、会议日程，决定大会副秘书长名单。会议还讨论提出大会选举办法草案。

2 月 15—18 日，区第十六届人民代表大会第五次会议在鄞州新城区举行。会议听取并讨论区委副书记、区长薛维海所作的政府工作报告，区人大常委会主任陈明志所作的区人大常委会工作报告，区人民法院院长张光宏所作的区人民法院工作报告，区人民检察院检察长华志苗所作的区人民检察院工作报告。大会补选产生区人大常委会委员，并通过关于政府工作报告的决议，关于区国民经济和社会发展第十二个五年规划纲要的决议，关于区 2010 年国民经济和社会发展计划执行情况与 2011 年国民经济和社会发展计划报告的决议，关于区 2010 年全区和区级预算执行情况及 2011 年全区和区级预算报告的决议，关于区人大常委会工作报告的决议，关于区人民法院工作报告的决议，关于区人民检察院工作报告的决议，关于加快推进全区污水处理系统建设的决议。会议还听取主席团常务主席高强华关于区第十六届人民代表大会第五次会议代表议案处理意见的报告。

2 月 17 日，省委常委、市委书记王辉忠来到姜山镇井亭村，视察新农村建设，并与当地干部群众共度元宵佳节。

2 月 18 日，鄞州区召开固定资产投资暨重点项目会战攻坚动员大会。区委常委、常务副区长毛春阳总结 2010 年全区固定资产投资完成情况和重点项目推进情况，并部署 2011 年工作任务。会上，区经济发展局、区城投公司、高桥镇作表态发言。区政府还与高桥镇、五乡镇、石碶街道、潘火管委会、中河街道、首南街道、滨海创业中心、望春工业园区分别签订责任状。

2 月 19 日，“教育博物馆与民族创新意识”——浙江民族教育博物馆建馆新闻发布会暨学术研讨会在华茂美术馆举行。副市长成岳冲和华茂集团董事局主席徐万茂共同为浙江民族教育博物馆揭牌。浙江民族教育博物馆由宁波华茂集团独资创办，主体建筑 2 月下旬在东钱湖畔破土动工，预期 3 年建成，届时将成为东钱湖国际教育论坛的一个重要组成部分。

2 月 20 日，政协第十三届宁波市委员会第五次会议开幕。鄞州的 17 位市政协委员分赴委员驻地报到，并提交提案。

2 月 22 日，参加市十三届人大六次会议的鄞州区代表审议政府工作报告和“十二五”规划纲要草案。代表们还围绕推进城乡统筹发展、建设平安宁波、加速传统产业升级、加速转变经济发展方式等方面的问题提出意见建议。

同日，宁波首座户内智能化变电站110千伏云林变在鄞州投入运行，鄞州智能电网建设由此迈上新台阶。

同日，宁波博威合金材料股份有限公司和宁波科论太阳能有限公司获得技术改造市、区财政补助资金390.7万元。

同日，省委政法委副书记宋光宝到五乡镇、邱隘镇专题调研社会管理创新综合试点工作。

同日，区委常委、常务副区长毛春阳一行对一批市、区重点工程项目进行为期3天的视察。毛春阳一行先后视察宁波铁路枢纽北环线、南车区块配套宝瞻路、轨道交通1号线高桥段和2号线古林段、石碶段以及甬梁线及福庆路南延、甬金高速连接线、机场路南延、象山港大桥及连接线等，详细了解工程项目的建设进展情况。

2月23日，鄞州区公路段获宁波市公路养护行业最高荣誉——“好路杯”称号。

同日，在北京召开的最高人民法院表彰大会上，区法院被授予全国优秀法院称号，这是区法院历史上的最高荣誉，也是宁波市唯一获此殊荣的法院。

同日，2011年全区食品安全工作会议召开。会议全面总结2010年鄞州区食品安全工作，明确2011年的工作任务，并表彰一批先进单位。全区已有186个行政村、38个社区通过食品药品安全“四无村（社区）”的创建验收。

2月24日，浙江省召开深入发展和谐劳动关系电视电话会议，全面部署进一步推进全省发展和谐劳动关系的任务。区相关职能部门及全区重点企业代表在鄞州分会场参加会议。

同日，区纪委召开十二届十次全体（扩大）会议，全面总结回顾2010年区反腐倡廉建设工作，研究部署2011年的工作任务。区委常委、纪委书记周忠贤代表区纪委常委会作工作报告。会议听取区经发局、交通局、水利局主要负责人履行党风廉政建设责任制情况的报告；审议通过区纪委全会工作报告和报告决议。

2月25日，全区新农村电气化工作总结、电网建设工作暨农用电力线路改造动员大会召开。“十一五”期间，鄞州区电网建设共投入资金32.2亿元，23个镇乡（街道）和468个行政村通过新农村电气化验收，全区电网的供电能力基本翻番。2011年，鄞州区还将完成电网建设投资7.8亿元。

2月28日，经中国纺织品商业协会批复，鄞州区正式被授予“中国凉席品牌之都”称号。全区有蔺草加工企业近200家，联系带动农户4万户以上，年出口额1亿美元，内销4亿元，是全国最大的蔺草生产和出口基地，产品占全国总量的85%以上。全区有销售上亿元的蔺草加工企业2家，国家级重点农业龙头企业1家，省级4家，市级14家；有国家驰名商标4个，省名牌产品7个，市级名牌10个，拥有发明专利6项。

同日，在北京举行的2010年“中国最美供电所”颁奖仪式上，鄞州区古林供电营业所成为宁波市唯一的获奖单位。

同日，在浙江慈善大会上，鄞州区培罗成集团原董事长史利英、广博集团董事长王利平、奥克斯集团有限公司和宁波古林舒明地板厂企业主郑世明分获第三届“浙江慈善奖”个人奖、机构奖及志愿服务奖。史利英代表获奖者作典型发言。

3月

3月1日，区委常委会召开扩大会议，听取鄞州区重大项目建设情况汇报。会上，各职能部门、街道相关负责人就南部商务区（三期）、南部商务门户区、软件动漫创意园、东南片区、新联中心5个重点建设项目的相关情况进行说明。区四套班子领导成员还围绕项目规划设计、整体形象、功能布局等进行讨论，对项目实施中存在的困难和问题提出意见，对下一步工作提出具体要求。

同日，第21届中国华东进出口商品交易会在上海新国际博览中心开幕。鄞州区56家参展企业共获得80多个展位，参展企业和展位数量均创下新高。其中，“乐歌视讯”“华晟金属”等将在特装展位参展。

3月2日，鄞州区召开“三八”庆祝表彰大会，纪念“三八”国际劳动妇女节101周年。毛玉英、张国珍、韩瑜、韩春萍等4位女企业家在会上签约，向“母亲爱心扶贫基金”增资200万元。

3月3日，区政协召开十四届五十一次主席会议。会议审议并通过区政协2011年度工作实施方案；审议区政协2011年度政治协商计划，2011年度重点提案、现场办理提案和区委、区政府领导领办提案方案。

3月6日，国家发展改革委、工业和信息化部、商务部、国家税务总局4部门联合发文，宁波东蓝数码有限公司被认定为2010年度国家规划布局内重点软件企业。此次全国共有240家软件企业入选，鄞州仅此1家。

3月7日，由河南省委常委、洛阳市委书记毛万春带队的洛阳市党政代表团到鄞州考察。代表团一行先后考察奥克斯集团和雅戈尔集团，详细了解鄞州区民营经济发展情况。

同日，据省知识产权局的统计数据显示：2010年，鄞州专利申请总量6810件，专利授权总量6551件，两项指标均跃居全省各县（市、区）首位；发明专利授权量223件，上升到全省第五、全市第一。鄞州由此成为宁波市第一个省级知识产权工作示范区。

同日，在区总工会的组织下，全区100多位女劳动模范、优秀女职工代表来到云龙镇参加植树活动。

3月8日，全区农村工作会议在区文化艺术中心召开。会议充分肯定鄞州区“十一五”期间农业农村发展成就。会上，2010年度镇乡（街道）目标管理考核优胜单位、新农村建设先进镇乡（街道）、“森林鄞州”建设先进集体、市级全面小康村等受到表彰。区国土资源分局、鄞江镇、集士港镇岳童村、高桥镇联升村4个单位作交流发言。

同日，鄞州区举行“春色满园——优秀女性欢乐之夜”活动，全区各界优秀女性欢聚一堂，共同庆祝“三八”国际劳动妇女节101周年。区优秀女干部、女企业家、女村官、女知识分子以及各行业的杰出妇女代表共300人参加活动。

3月9日，“中国凉席品牌之都”授牌仪式在上海举行。中国纺织品商业协会会长李建华向鄞州区蔺业经济联合总会会长方明法授牌。这是鄞州区蔺草产业继获得“中国蔺草之乡”和“中国草编基地”，并通过国家质检总局原产地标志认证后，获得的又一荣誉。

同日，由区民政局、区劳动和社会保障局联合主办的退伍军人、军嫂专场招聘洽谈会在区人力资源市场举行。81家企业推出5869个岗位，招聘会需求人数创历届之最。当天，鄞州区共有584名退伍军人进场求职，213人与企业达成初步就业意向，初招比例达36.5%。

同日，全区档案工作会议召开。会议总结回顾2010年区档案工作取得的成绩，明确2011年的目标任务和工作重点。会上，表彰省示范数字档案室单位、省示范档案室行政村（社区）以及全区档案工作先进集体、个人。

3月10日，全区民政工作会议召开。会议回顾总结2010年全区民政工作，并对2011年民政工作进行部署。会议对2010年度全区一批民政工作先进集体进行表彰。

同日，由团市委主办、团区委承办的“生态环保青春行”主题活动启动仪式暨宁波市低收入农户青少年与爱心市民共植爱心林活动在姜山镇茅东村举行，低收入农户青少年代表、爱心市民及爱心团体代表、团员青年、志愿者150多人参加活动。

3月11日，教育部公布285所“国家中等职业教育改革发展示范学校建设计划”首批立项建设学校名单，鄞州职教中心入选，并获得500万元资金支持，这也是宁波市唯一入选的中职学校。

3月12日，明州大讲堂“打造廉洁鄞州，共建品质之城”清风系列讲座在宁波大学园区图书馆报告厅举行。中国明史学会会长商传围绕朱棣“病中治国”作讲座，来自全区各镇乡（街道）和机关单位的300多名工作人员参加。

3月14日，据区建设局发布，2011年鄞州区计划整治7个老旧小区，具体为中河街道的大朱家、甬兴、凤凰（外凤凰），潘火管委会的东莺新村和石碶街道的北路一村、万国、雅渡，总面积约50万平方米。这7个小区整治工程的前期工作已经启动，计划年底前完成。

3月15日，区政协召开“城市发展”专题协商会，听取《关于加快新一轮城市发展的意见（征求意见稿）》的说明。

3月17日，鄞州区召开“三思三创”主题教育实践活动领导小组会议。区府办、区纪委、区委组织部和区委宣传部分别就前阶段“三思三创”主题教育实践活动的实施情况和下一步工作打算进行汇报、交流。

3月18日，省委常委、市委书记王辉忠到国家级重点职校、职业教育先进单位鄞州职业教育中心学校考察。王辉忠一行参观学校的数控实训中心和数控系统应用中心，听取学校工作人员的相关情况介绍。

同日，五乡镇召开党委换届选举暨班子考核动员大会，这标志着五乡镇作为镇乡党委换届省、市、区三级试点工作正式启动。

同日，区人大常委会主任陈明志率领的区人大常委会视察组一行视察城区道路建设情况。视察组一行实地视察解放南路延伸段（长丰桥—堇山路）、沧海路（昌兴街—兴宁路）、嵩江东路（宁横路—凤起路）道路建设现场，详细了解工程建设情况和当前建设中遇到的困难。

同日，全区廉效风险管理工作推进会召开。会上，区地税局和地税横溪分局分别介绍廉效风险管理工作经验。

3月19日，鄞州区召开全市粮食生产功能区标准化建设现场会。与会人员现场参观云龙镇甲村畈粮食生产功能区标准化建设现场。鄞州区粮食生产功能区标准化建设由先期规划的8000亩增加6000亩，达到1.4万亩，共涉及姜山、云龙、横街3个镇6个畈，总投入达到1400万元。

3月20日，第一次全国水利普查清查登记工作启动。鄞州区各级普查机构工作人员开始入户开展普查对象清查登记，以全面查清本区范围内河湖、水利工程、河湖开发治理保护、经济社会用水、水利行业能力建设等基本情况。

3月21日，“道德传承·情暖鄞州——我身边的文明之星”评选五周年巡礼活动在区文化艺术中心剧院举行，第五届“我身边的文明之星”颁奖仪式同时举行。

同日，据统计，鄞州区1至2月向俄罗斯、巴西、印度3国的出口额为2284.28万美元，同比增长35.94%。其中科技含量高、附加值高的产品成为鄞州区对这一新兴市场出口的主体产品。

同日，鄞州商会大厦成立妇女联合会，同时举行“妇女之家”授牌仪式。这是全区首家楼宇妇联组织，也是首南街道第一个挂牌成立的新经济领域“妇女之家”。

3月22日，鄞州区召开教育工作会议，部署“十二五”教育发展目标任务，提出要在全省率先全面实现教育现代化。会议指出，5年内，全区公办幼儿园将超过100所，公办率将到50%，95%以上的适龄幼儿入读省级幼儿园，新增8个国家级社区教育示范镇乡（街道），星级数字化学习社区达到80%，居民年受教育培训率达到80%。

3月24日，市人大常委会副主任卓祥駷一行来鄞州视察学校安全工作。卓祥駷一行听取区政府关于学校安全工作的汇报，并视察钟公庙中心幼儿园、钟公庙中心小学、石碶育文学校及古林职高，详细了解各校安全工作状况。

同日，区政协举行全国政协十一届四次会议精神报告会。区政协主席陈振国就深入学习贯彻全国政协会议精神，全面完成2011年各项工作任务提出要求。会上，全国政协委员、利时集团董事长李立新传达全国政协十一届四次会议精神，并介绍自己在会议期间的履职情况。

3月25日，区旅游局组织五龙潭、天童等景区相关人员，带着精品旅游线路及游客招徕奖励措施，先后赴江苏南通、盐城、连云港推介旅游产品，并与三地近百家旅行社达成游客定期互送协议。在旅游合作推介会上，五龙潭景区和天童景区分别与南通国旅、盐城中青旅、连云港假日旅行社等三地主要旅行社达成长期合作意向。

同日，由区委党史办、区民政局联合编辑的《鄞州革命史迹集》（修订再版）、《鄞州革命英烈传》出版发行。

同日，全省减灾救灾现场会在鄞州区召开。会议传达全国减灾救灾工作会议精神，研究部署今年“5·12”防灾减灾日活动和汛前救灾备灾工作，安排灾害信息员培训计划，并考察全国综合减灾示范社区——中河街道桑菊社区。

同日，全区流动人口计划生育管理协调小组会议召开。会议分析前阶段区流动人口情况特征，部署下一阶段区流动人口计生工作任务。

3月26日，区第十六届人大常委会举行第三十二次会议，听取和审议全区工业经济转型升级、土地节约集约利用和第九届村民委员会换届选举工作情况的报告。

同日，教育部职成教司司长葛道凯一行到鄞州职教中心考察。葛道凯一行参观鄞州职教中心校园，考察该校的国家、省、市三级实训基地和 FANUC 数控系统应用中心，并听取校企合作、课程改革、德育实践等方面的介绍，了解学生学习专业技能、开展实习实训的情况。

同日，商务部评定的“中华老字号”企业名单公布，鄞州区“黄古林”草席和“味华”调味品被评为全国第二批“中华老字号”企业。

同日，“清华大学百年校庆专家学者鄞州行”座谈会在鄞州区举行。来自清华大学的 15 位专家、学者与区内 13 家高新技术产业和新兴产业领域企业的负责人，进行科技合作项目对接交流。区委副书记、区长薛维海对清华大学各位专家、学者的到来表示欢迎，并介绍鄞州经济社会发展概况。

3 月 27 日，质监鄞州分局制定公布《鄞州区 2011 年重点监管产品和重点关注产品目录》。目录明确 2011 年鄞州区家用燃气灶具、减压阀、部分家电下乡产品（冰箱和洗衣机）等 3 大类产品被列入区重点监管产品目录；涂料、儿童服装、学生用文具、木家具、电线电缆等 5 大类产品被列入区重点关注产品目录。两大目录共涉及鄞州区企业 130 多家。

同日，“万名南京市民游宁波”活动在南京正式启动。1000 名南京市民作为首批“万名南京市民游宁波”的游客游览鄞州区的五龙潭、天宫庄园景区。

3 月 28 日，宁波高教园区（南区）第三届大学生勤工助学洽谈会在浙江万里学院举行。70 家招聘单位推出 1500 余个勤工助学岗位，宁波各高校 1 万余名大学生前来应聘，900 余名大学生与招聘单位达成初步意向。

同日，2011 年全国整治违法排污企业、保障群众健康环保专项行动电视电话会议召开。区委常委、副区长沈权在鄞州分会场参加会议。

同日，和邦大厦妇女联合会成立，同时举行“妇女之家”授牌仪式。

同日，区政协召开十四届五十二次主席会议，听取区农办关于新村建设情况以及新城区拆迁办关于中心城区拆迁工作情况的汇报。

3 月 29 日，鄞州国民村镇银行在集士港镇开业，这是宁波市属六区首家开业的村镇银行。鄞州国民村镇银行资本金 1 亿元，鄞州银行为主发起人，占 38%的股份，奥克斯集团、日月集团等鄞州区 13 家骨干民营企业等占 62%的股份。

同日，全区森林防火工作动员会召开。会议指出，2011 年一季度，全区共发生森林火情 22 起。会后，各支防火队伍进行扑火技能演练。

同日，全市村镇绿化工作现场会召开。会上，鄞州区就高标准创建省级“森林城市”作典型交流。与会代表实地参观古林镇、集士港镇的“森林城镇”“森林村庄”建设现场和省“森林村庄”湾底村的热带植物园。

同日，区民营企业第四次代表大会召开。会议指出，鄞州现有民营企业2.1万户，2010年共实现工业产值1844亿元、社会消费品零售总额155亿元。雅戈尔集团、奥克斯集团、利时集团、广博集团和浙东建材集团5家企业跻身全国民营企业500强。

3月29—30日，全省地籍管理工作会议在鄞州召开。会议要求各地国土部门抓好土地登记服务、土地调查保障、纠纷调处等工作。区国土资源分局就鄞州区地籍信息化建设和土地权属争议工作作典型发言。

3月30日，全省城市共青团工作会议在鄞州召开。会议确定2011年工作目标，团省委还和各地市签订城市共青团重点工作目标责任状。

同日，全区“信用村镇”创建深化拓展工作会议在区委党校召开。会议指出，从2011年以来，“信用村镇”创建工作已在全区22个镇乡（街道）、258个行政村（社区）全面铺开并扎实推进。会上，首批8个“信用镇乡（街道）”被授牌，鄞州银行、邱隘镇和姜山镇阳府兴村分别作交流发言。

同日，召开全区人才工作领导小组会议。会议征求各成员单位对《鄞州区“十二五”人才发展规划纲要》（征求意见稿）、《2011年全区人才工作要点》（征求意见稿）、《区委人才工作领导小组成员单位职责分工》（征求意见稿）和全区人才工作大会筹备方案等方面的意见和建议。

同日，区佛教协会召开第六次代表会议，来自全区佛教界的103名代表参加。会议总结区佛教协会过去5年来的工作，提出未来5年的工作任务和发展目标，会议审议并通过《鄞州区佛教协会章程》，选举产生以界源为会长，德云、慧明、计艺为副会长的区佛协新一届领导班子及理事、常务理事。

同日，全国检察机关“两个专项”工作经验交流会在鄞州召开。会上，省人民检察院、北京市人民检察院、江苏省人民检察院等10个单位汇报交流“两个专项”（“打击侵犯知识产权和制售假冒伪劣商品专项行动”“对行政执法机关移送涉嫌犯罪案件专项监督活动”）工作的开展情况。公安部、商务部、监察部、国务院法制办等相关内设机构负责人也分别作介绍。

3月31日，全省建设“平安浙江”电视电话会议召开。鄞州区第六次被评为省“平安区”，并第二次被省委、省政府授予“平安鼎”。区委副书记、区长薛维海代表鄞州区在杭州主会场参加会议并上台领奖。

同日，市委常委、组织部部长朱伟一行来到五乡镇督查指导镇乡党委换届选举试点工作，并举行座谈。作为省、市、区三级试点，五乡镇党委换届选举工作于2月初启动。朱伟一行对五乡镇党委换届选举试点工作表示肯定。

同日，据区外经贸局统计显示，鄞州在境外企业和机构共有26家，2010年投资额突破1.5亿美元，比上年增长近1倍。

同日，2011“和谐鄞州”欢乐城乡游暨横溪古道健身游启动仪式在横溪镇周夹村举行。

4月

4月1日，第一次全国水利普查清查登记工作启动。根据安排，4月开展清查登记工作，乡镇一级要在月底前完成清查工作，然后逐级上报，6月底前全国要完成对象清查工作。

同日，全区第二次地名普查工作动员会召开。本次地名普查工作2011年1月启动，2012年12月底结束。普查范围包括自然地理实体和人文地理实体两大门类11大类。

同日，作为鄞州区试点，古林镇率先开展村级年轻后备干部选拔培训暨行政村换届直选试点工作。全镇24个村级团支部将以“海推直选”“海选”方式进行换届选举，选举产生新一届村级团支部委员会。

4月2日，宁波樟村四明山烈士陵园扩建工程落成仪式、宁波市暨鄞州区社会各界悼念烈士仪式举行。省委常委、市委书记、市人大常委会主任王辉忠在仪式上讲话，市委副书记、市长刘奇主持仪式。区委副书记、区长薛维海介绍烈士陵园建设基本情况。

同日，全市节能减排工作会议召开。会上，区政府、区经发局、石碶街道办事处、集士港镇政府被评为“十一五”节能降耗工作先进单位，宁波雅戈尔日中纺织印染有限公司等8家鄞州企业同时获得表彰。

同日，区委、区政府出台《关于加快新一轮小城镇建设的意见》。《意见》提出，“十二五”期间鄞州区将拆除旧房500万平方米、新增建筑面积800万平方米，小城镇建设资金投入达到400亿元，初步建成特色鲜明亮丽的社会主义新型城镇。这标志着鄞州新一轮小城镇建设全面启动。

同日，据区财政局数据显示，一季度，鄞州区财政收入完成66.23亿元，完成年初预算32.4%，同比增长24.4%。其中，完成中央财政收入262814万元，同比增长25.2%；完成地方财政收入399488万元，同比增长23.8%。地方小税中，土地增值税、城建税增幅比较突出，同比分别增长 289.5%、79.9%，两项合计增收 35877 万元。

同日，鄞州区召开开放型经济工作会议。会议对开放型经济工作先进集体、2010 年度外贸“40 强 20 优”企业进行表彰，高桥镇、钟公庙街道、宁波凯信股份服饰有限公司作交流发言。

同日，区文明委（扩大）会议暨争创全国文明城市“三连冠”动员大会举行。区城管局、区交警大队和中河街道 3 家单位在会上作表态发言。会议还表彰 2010 年精神文明创建先进单位。

4 月 3 日，市公安局副局长徐世伟、王伟标一行赶赴“清运”一线指挥安保工作。徐世伟、王伟标一行先后来到 329 国道执勤岗卡点和设在宁波环球电机有限公司的清明现场指挥部，实地查看清明安保工作落实情况，并对全体执勤民警和工作人员表示慰问。

4 月 5 日，市委常委、常务副市长王勇一行来到清明安保一线检查工作。王勇一行来到宝幢等地的交警执勤岗卡点，实地查看清明安全保卫工作落实情况，并听取鄞州区东西南三片墓区的道路、治安、消防等安保工作的情况汇报。

同日，宁波在外开设的第七个名品直销中心——北京浙江名品中心开业。鄞州区的雅戈尔衬衫、杉杉服饰、卓洋家纺、洛兹衬衫等 4 家企业进驻浙江省馆，赵大有糕点、黄古林草席等 8 家企业进驻宁波市馆。

同日，在全市旅游工作会议上，鄞州区获全市旅游工作评价综合一等奖，这是鄞州区连续第四年获此殊荣，成为全市唯一获得“四连冠”的县（市、区）。另外，鄞州区还获得全市旅游服务质量提升成果奖，区旅游局获得旅游安全生产目标管理达标奖。

4 月 6 日，东蓝数码有限公司推出创新产品——云计算与物联网业务品牌“云腾”，并与中国电信的“星云计划”、韩国三星的“智能交通”、北京大学的“院士工作站”等合作项目现场签约。

同日，据区国税局统计，一季度，区国税局组织税收收入（不含海关代征）25.97 亿元，同比增长 23.9%。一季度，增值税直接收入达 13.28 亿元，同比增长 27.3%，对全区国税收入增量贡献率达 56.9%；企业所得税入库 6.36 亿元，同比增长 31.6%，对全区国税收入增量贡献率达 30.4%。

4 月 7 日，《鄞州区水利发展“十二五”规划》评审会召开，有关专家和部门代表就《规划》的总体思路、目标、主要建设任务以及资金筹措方案进行讨论和审议。

4 月 8 日，区委、区政府召开首届城市发展大会。会议明确新一轮城市发展的指导思想。区委常委、副区长沈权向各街道、拆迁办、长丰管委会、潘火管委会、城投公司负责人下达目标任务书。区国土资源分局、区城管局、姜山镇、下应街道在会上作表态发言。

同日，区领导对瞻岐镇、云龙镇、首南街道环球城等在建地块进行实地考察。

同日，鄞州区首届城市发展大会在区文化艺术中心举行。会议明确新一轮城市发展的指导思想，推进城市十大功能区块、十大主导产业、十大公基配套、十大城管提升“四个十大”建设。会上，区委常委、副区长沈权向各街道、拆迁办、长丰管委会、潘火管委会、城投公司负责人下达目标任务书。区国土资源分局、区城管局、姜山镇、下应街道在会上作表态发言。

同日，全区政策性农业保险工作会议召开。会议指出，2010 年鄞州区政策性农业保险工作成果丰硕，参保农险品种达到 14 个，承保农户、保险金额和保费收入增幅分别为 52%、17.1%和 20.3%，农户投保率达到 98%，农险赔付金额 708.5 万元，“以险养险”保费收入 340 万元，各项工作继续领跑全省。会上，姜山、横街和瞻岐 3 个镇作表态发言，种粮大户、畜牧业养殖大户代表与人保财险鄞州支公司当场签约。

4 月 9 日，中央教育科学研究所与区政府签订合作协议，在鄞州区设立全国教育综合改革实验区。签约仪式上，中央教科所所长袁振国、区长薛维海分别签署合作协议书，中央教科所所长袁振国、副市长成岳冲共同为教育综合改革实验区揭牌，中国教育报社总编刘仁镜和省教育厅副厅长褚子育、区长薛维海共同启动实验区“鄞州专题频道”，副区长夏素贞向常驻实验区的 3 位专家颁发聘书。袁振国、成岳冲、褚子育和薛维海在签约仪式上分别致辞。

同日，由周静书、施孝峰所著的《梁祝文化论》由人民出版社出版。这是国内首部梁祝文化研究的学术著作，首次提出梁祝文化学科体系理念。

同日，20 多名港澳台和国际青年学生在鄞州公园参加主题为“心随城动，青年之筝”的风筝放飞比赛。这标志着由鄞州青年联合会发起、联合诺丁汉大学主办的“国际友好伙伴计划”正式启动。

4 月 11 日，区委常委会专题听取全区一季度经济运行情况汇报，全面分析经济运行态势，深入查找存在问题不足，研究部署相关对策举措。

同日，鄞州区打通断头路专项行动推进情况汇报会召开。全区共有 26 条未通道路，其中 7 条被列为市断头路三年行动计划承诺项目。

同日，市充分就业区创建领导小组来到鄞州区听取创建工作汇报。区委常委、常务副区长毛春阳出席会议并代表鄞州区作汇报。鄞州区城镇劳动力就业率和农村劳动力就业率两项指标分别达到99.2%和99.8%，远超90%的创建要求。截至2010年底，鄞州区户籍劳动力40.2万人。其中城镇户籍劳动力11万人，实现总体就业率99.2%；农村户籍劳动力29万人，实现总体就业率99.8%。

4月12日，鄞州银行与中国进出口银行宁波分行全面合作签约仪式在南苑环球酒店举行。根据协议，今后鄞州区中小进出口企业经鄞州银行推荐，中国进出口银行宁波分行将向其发放贷款。双方首期合作规模为10亿元人民币（或等值外币）。会上，两家银行向鄞州区宁波美派文体日用品有限公司等5家中小企业进行授信。

同日，鄞州被中国绿化基金会授予2010年“生态中国城市奖”，并将于4月13日在北京人民大会堂举行颁奖典礼。鄞州区企业“雅戈尔”和“三生”同时荣获“2010生态中国贡献奖”。

同日，鄞州区首个乡镇检察室在东钱湖镇成立。

4月13日，区委召开镇乡（街道）和区级机关主要负责人述职评议会议。22名镇乡（街道）党（工）委书记代表班子，报告2007年换届以来的工作业绩。区级机关各单位主要负责人作书面述职。

同日，区人大常委会视察新城区菜场建设情况。视察组一行先后来到堇山、联心、潘火、孙马菜市场，实地了解菜场建设、经营情况和群众评价，并听取区政府对全区菜市场建设和管理的情况汇报。

同日，全市乡镇（街道）综治工作中心规范化建设现场会在鄞州举行。会议指出，2010年鄞州区所有22个镇乡（街道）综治工作中心和省定村（社区、企业）综治工作室基本达到规范化创建标准，其中市级示范综治工作中心14个，区级示范综治室160个。与会人员还实地参观钟公庙街道综治工作中心和下应街道湾底村综治工作室。

同日，鄞州区提高精减退职职工的生活困难补助标准。鄞州区共有由民政部门核发的精减退职职工58人。本次调整标准为：由民政部门管理的享受原工资40%救济的20人，从原来每人每月800元调整为每人每月910元；享受定期生活困难补助的38人，从原来每人每月705元调整为每人每月815元。上述标准从2011年1月1日起执行。

同日，由市新四军历史研究会和区委宣传部联合推出的动漫片《抗日小英雄杨来西》，在下应街道李关弟中学举行鄞州首映式，这也是区关工委庆祝建党90周年系列活动之一。动漫片《抗日小英雄杨来西》共12集，约132分钟，讲述浙东敌后抗日部队与日伪军在三北地区的战斗以及建立红色通道的过程。

4月15日，中共五乡镇第十四次党员代表大会召开。至此，镇乡党委换届省、市、区三级试点工作告一段落，全区镇乡（街道）党委换届工作全面启动。

同日，第109届中国进出口商品交易会（广交会）在广州琶洲国际会展中心开幕，鄞州区67家参展企业共获得307个展位，“奥克斯”“乐士”“欧琳”在出口展的品牌展位亮相。

同日，受国家发改委委托，作为宁波市主要水源工程和甬江流域防洪工程体系重要组成部分的周公宅水库工程，在市发改委组织的省市级水利专家组严格评审下，顺利通过竣工验收。水库主体工程于2003年2月18日开工建设，总库容1.118亿立方米，设计供水量每日25.5万吨，概算总投资88682万元。

同日，宁波民营经济转型升级高峰论坛在鄞州区举行，来自全市各地近百家民营企业的相关负责人就“管理创新推动民企转型升级”进行深入研讨。

同日，区委组织部官方微博“堇邑先锋”专门对省、市、区三级试点的五乡镇换届选举进行图文直播，这种形式在全省尚属首次。

同日，鄞州区全面入汛。来自区防汛防旱指挥部办公室数据显示，与往年相比，2010年全区降雨偏少，各水利工程蓄水量大幅度减少。其中，大中型水库蓄水量为8104万立方米，占应蓄水量的47.6%；两大平原河网蓄水量为4586万立方米。全区已建立区级水上应急抢险队伍8支、武警应急抢险队伍1支、镇级抢险队伍29支共856人、村级抢险队伍451支共7817人。

4月16日，第四届鄞州茶文化节在横溪镇梅岭五都头开幕。本届茶文化节是“和谐鄞州”欢乐城乡游系列活动之一，为期13天，至4月28日结束。

同日，据区发改局数据显示，一季度，鄞州区共有65个重点工程项目开工建设，完成投资额31.1亿元。其中，市以上重点工程项目完成投资4.8亿元，占年度计划的10%。

4月17日，鄞州区召开各民主党派基层组织、工商联和无党派代表人士座谈会。座谈会上，与会人员听取区人民法院院长张光宏有关工作介绍，就团结、民主、联谊和推进区域民主法制建设作发言，并实地参观区人民法院文化建设情况。

同日，第五届宁波四明山（杖锡）樱花节暨2011华东地区“穿越四明山心”自行车爬坡赛在章水镇细岭村举行，来自全市各地的160余名自行车爱好者参加比赛。全程比赛在401洞天景区至字岩下村14公里长的盘山公路上进行。

同日，据区交通局数据显示，鄞州区公路总里程已达1836公里，公路网密度达每百平方公里136.4公里，其中公路建设完成投资15.5亿元，农村联网公路建成66公里，惠及全区11个镇乡40多个行政村。

4月18日，全国纠风工作电视电话会议在北京召开。会上，鄞州区“惠民工程天天演”获省政风、行风建设争先奖。

4月19日，区人大常委会举行主任接待代表日活动，共商河道疏浚整治和长效建设管理问题。

同日，宁波市2010年度外资引进十强乡镇（街道）和外贸出口十强乡镇（街道）名单公布，石碶街道成为鄞州区唯一入围乡镇（街道）。同时入围双“十强”的乡镇（街道），全市仅两个。

同日，区政协主席陈振国一行围绕文明城区创建工作，专门视察新城区区块保洁、交通秩序、集贸市场、内河保洁、小街小巷整治等情况。视察组一行分别视察宁南北路、宁南北路与四明中路交叉路口、金家漕菜场及菜场路、后庙路旁河道、四明中路与前河北路交叉路口以及锦寓路兴裕社区西侧临时菜场。听取有关情况汇报后，视察组对中心城区文明创建工作取得的阶段性成果表示充分肯定，并就路面、绿化、停车、内河整治等问题提出意见和建议。

4月21日，据区财政局发布，鄞州区将首次发放福利企业财政补贴与奖励资金。发放对象为全区通过年度资格认定的福利企业，企业须与残疾职工签订1年及以上劳动合同，依法为其缴纳各项社会保险，且残疾职工人均月收入达到鄞州区最低工资标准。鄞州区共有95家福利企业符合上述条件，2010年度这些企业月均集中安置残疾职工5136名，残疾职工月均工资1332元，全年企业为残疾职工缴纳各项社会保险1161.66万元。

同日，音王集团与2011西安世界园艺博览会组委会正式签约，成为博览会12家“全球合作伙伴”之一和唯一音响指定品牌。这是音王集团继成功亮相北京奥运会、上海世博会后，第三次助阵祖国举办的国际性重大活动。

4月28日，市安全生产管理创新动员会暨基层安监站所建设推进现场会在鄞州区举行。

同日，区人大常委会召开第三十五次主任会议，专题听取全区软件及信息服务业发展情况和发展思路、全区基层医疗卫生体制改革和基本药物制度实施情况的汇报。

同日，区政协举行十四届五十三次主席会议，专题听取全区社会治安工作情况汇报。

4月29日，宁波海泰科迈—浙大医疗器械研发中心落户望春工业园区。该研发中心由宁波海泰科迈医疗器械有限公司和浙江大学合作成立，今后将整合浙江大学科研资源，就“海泰科迈”提出的研发项目进行技术攻关和成果产业化。研发中心的主攻方向是微创手术器械、医用生物材料和新型电子医疗仪器。

5 月

5 月 1 日，第 109 届春季广交会三期展开幕。鄞州区“广博”“布利杰”“洛兹”“三邦线业”“诺布尔”等 69 家企业共获得 168 个展位。至 5 日落幕，鄞州企业累计成交超过 3 亿美元。

5 月 2 日，浙江省强化安全生产工作电视电话会议召开。会议通报一季度全省各类事故统计情况，并就“一打三整治”专项行动作详细部署。

5 月 3 日，省委常委、市委书记王辉忠到市客运中心督查文明创建工作，并参加相关座谈。会上，鄞州区相关负责人作汇报。

同日，区红十字会第四届理事会第二次会议召开。会议指出，2010 年，区红十字会全年接受捐款 1400 多万元，比上年同期增长 395.19%，累计救助支出 1250 多万元，比上年同期增长 1754.84%。会议还对 2010 年度红十字工作先进集体和突出贡献单位进行表彰。

同日，据区教育局数据显示，2011 年鄞州区高中段预计总招生近万人。其中，普通高中计划招收 4700 余人，职业高中（中专）招收 5100 余人（不含鄞州职业高级中学招收“西藏班”50 人），初中毕业生升入高中段比例为 98.7%，普通高中与职业高中（中专）招生之比为 4.91∶5.09。

同日，市委副书记、市长刘奇来鄞州视察青年（大学生）创业园建设工作。刘奇一行先后来到创业园——“7 号梦工场”、新传创意动漫设计有限公司、稳汀机电科技有限公司和创业园见习区，与创业大学生亲切交谈，了解企业的发展现状、今后规划以及亟待解决的难题。

同日，市委副书记、市长刘奇先后来到音王集团、欧琳集团、博威集团以及动漫游戏原创产业基地，调研鄞州经济运行情况。

同日，区交警大队公布第一季度鄞州区道路交通事故情况。一季度，全区共受理交通事故 7213 起，同比下降 23%，事故次数、死亡人数、受伤人数、经济损失比上年同期分别下降 16.7%、25%、19.7%、9.4%。

5 月 4 日，团市委主办、团区委承办的宁波市纪念五四运动 92 周年暨建团 89 周年主题集会在鄞州体育馆举行。主题集会上，第十届“宁波市十大杰出青年”、2010 年宁波市五四红旗团支部（总支）和宁波市团干部荣誉纪念章获得者受到表彰，与会青年代表进行团员青年践行“三思三创”集体宣誓。市领导还为宁波市“志愿共创文明城”主题活动、“青年文明号城市文明先锋行”主题活动、“青年突击队助推转型升级”主题活动授旗。

5月5日，鄞州开始对公共文化队伍进行系统的公益培训。本期培训共有来自全区12个镇乡（街道）的110名村（社区）文化员参加，主要分授课和实地考察两个环节，将分别聘请文化方面的专业人士为学员们讲授《文化旅游融合才能双赢》《公共文化服务体系建设》《文化市场管理》等课程，并组织大家实地参观鄞州居家博物园。

5月6日，鄞州区召开区法院荣获全国优秀法院庆功大会。庆功会上，区法院院长张光宏作表态发言。省高级人民法院党组成员、政治部主任林一宣读表彰决定，并向区法院授牌。区委常委、政法委书记王国定向区法院颁发专项奖金。

同日，区政协重点提案现场办理会议在鄞江镇举行。会议就重点提案《关于加强鄞西南小流域综合治理的建议》，承办单位与提案人进行面对面交流，并实地察看清源溪鄞江段治理情况，区政协进行现场督办。

同日，在栎社机场至鄞州新城区的道路上，4辆警用道路交通护卫摩托车首次亮相。这是鄞州区在全市率先推出路线警卫勤务新模式。

同日，为期3天的“商赢鄞州”第三届鄞州汽车博览会，在新城区的万达商业广场、利时百货、联盛广场和石碶的洛兹广场同时举行。本届车博会集结40多个主流汽车品牌150多款畅销车型。

5月7日，鄞州区两名大学生入选“2010年度宁波市大学生创业新秀”，每人获得10万元创业奖励。本次当选的10位大学生“创业新秀”，分别活跃在软件系统研发、农业、医疗器械设备研发、文化传媒、工业设计等领域。

同日，第八届天宫庄园桑果节开幕。

5月8日，据区统计局数据显示，一季度，鄞州农村居民人均现金收入达到6391元，同比实际增长11.3%；城镇居民人均可支配收入11951元，同比实际增长9.4%。鄞州农民人均现金收入增幅超过城镇居民。

同日，为纪念第64个世界红十字日，鄞州区开展大型主题宣传活动，由区红十字会牵头发动征集的120余位造血干细胞捐献志愿者，纷纷献出自己10毫升血液样本。

同日，全区政法综治维稳暨建设“平安鄞州”工作会议召开。会议就进一步做好新形势下政法综治维稳和平安建设工作提出具体要求。会上，2010年度市级和区级综治工作先进集体受到表彰，瞻岐镇、中河街道、首南街道、区人民法院、区教育局作交流发言。

5月10日，区政协召开全区统战工作交流会，听取区委统战部各部门工作汇报。

同日，副区长王洪平会见比利时驻上海总领事乔治一行，并对他们的到来表示欢迎。王洪平向客人们介绍鄞州区的历史、文化以及经济社会发展等情况。

同日，据区贸易局数据显示，入驻鄞州的商务楼宇企业超过千家。除新城区外，集士港、古林等镇乡的商务楼宇经济也迅速发展，新城区、南部商务区、镇乡的楼宇建设、开发快速推进。截至4月底，全区共有商务楼宇29幢，入驻企业1174家，入驻面积53.3万平方米，属地注册率76.7%。其中，南部商务区一期已有罗蒙大厦、广博丽晶中心等16幢楼宇交付使用。

同日，由中央文明办主办的“我推荐、我评议身边好人”2011年4月入选名单在北京揭晓，张苏红入选“敬业奉献好人”。

同日，宁波首次城市交通基础数据调查启动。鄞州区386名调查员，针对人员出行、交通基础设施、车辆出行、校核等4大类共11项内容进行深入调查。这次调查将在9个工作日内，随机抽取1.5万户家庭、近4万人，调查内容包括出行次数、出行目的及出行时间、距离、使用的交通工具等基本情况。

5月11日，由吉林省委副书记、省政协主席巴音朝鲁率领的吉林省党政代表团一行到鄞州参观考察南部商务区。代表团一行对南部商务区的产业发展、设计规格、建筑风貌、投资发展环境等给予高度评价。

同日，鄞州区召开纪念“5·12”国际护士节暨“十佳护士”表彰大会，全区卫生系统第三届“十佳护士”及10名优秀护士受到表彰。

5月12日，中共中央候补委员、中国侨联主席林军一行视察宁波创新128园区。林军一行先后参观园区内的清华长三角研究院宁波创业中心、朗生制药公司和侨务之家，与留学归国创业人员亲切交谈，详细询问经营、研发、融资、人才引进等情况。

同日，文化部、财政部公布全国首批28个“创建国家公共文化服务体系示范区”名单，鄞州区榜上有名，成为浙江省唯一的“创建国家公共文化服务体系示范区”和全国唯一拥有创建资格的区级单位，其余27个均为地级市。

同日，区委召开中心组理论学习（扩大）会。时代光华国际教育集团危机管理首席顾问、风险管理与危机管理培训论坛秘书长殷俊作“网络时代的公共危机管理”专题辅导报告。

同日，全区义务段中小学“爱教电影进校园”活动举行。古林镇中心小学1400余名学生，分两场观看优秀动画片《黑猫警长》和《宝莲灯》。这是继数字电影进农村、高桥电影院实行免费电影之后，鄞州区推出的又一项政府买单、开全市先河的文化惠民举措。

同日，鄞州区举行《鄞州日报》发行工作会议，部署2011年度《鄞州日报》发行任务。会议指出，《鄞州日报》是反映鄞州区政治、经济、文化和社会生活的重要舆论阵地。2011 年的《鄞州日报》发行工作与 2010 年相比，各镇乡（街道）的发行指标数基本不变，发行工作将在 6 月 20 日前全面完成。

5 月 13 日，全省“811”生态文明建设推进行动电视电话会议举行。区领导在鄞州分会场参加会议。近年来，鄞州区以创建省级生态区为主线，注重建设生态文化，初步实现生态环境与经济社会的协调发展。2010 年，全区 41 个村成功创建为省、市级绿化示范村，累计已建成省、市级绿化示范村 164 个。

同日，第七届深圳文博会开幕，鄞州区共有广博文具、音王、水木动画、宣逸网络和卡酷动画等 5 家企业参展。

同日，区人武部以应对突发性自然灾害和执行非战争军事行动任务为背景，举行民兵应急分队集中演练。本次演练按战备等级转换的规定程序进行，集中高桥、古林、横街、集士港 4 个镇的 125 名民兵应急分队队员，成建制拉到生疏复杂地形。

5 月 14 日，区规划部门启动《鄞州区村庄布局规划》修编工作，计划 3 年内分批完成全区近 320 个村庄的建设规划，每年计划完成 100 个左右。

同日，区摄影家协会创作基地在天宫庄园揭牌。区文联下属的 9 个文艺家协会均有开展活动和进行创作的常设场所，这一举措走在全省前列。区摄影家协会 1984 年成立，现有会员 90 名。

同日，全省“残疾儿童抢救性康复项目”在鄞州启动。中国残联、省政府残工委和市、区有关领导出席启动仪式。省残疾人福利基金会将社会各界捐献的智能语言训练仪现场转赠给部分贫困残疾儿童。

5 月 15 日，鄞州区召开国家公共文化服务体系示范区建设工作专家座谈会，明确创建目标和任务。与会领导和专家听取鄞州区创建工作情况汇报，对鄞州区“十一五”期间取得的成绩以及接下来两年将着力做好“三加大三提升”文章予以充分肯定。

同日，东钱湖高钱渔业社、陶公村、殷湾村等 8 支龙舟队在东钱湖举行龙舟表演赛，吸引上万名观众前来参观，央视大型文化栏目《我们的节日 · 端午——中华长歌行》摄制组进行全程拍摄。

同日，宁波市光彩事业促进会第三届理事会举行，鄞州区华茂集团捐资成立 1000 万元企业留本冠名基金。至此，344 家非公鄞州企业建立的留本冠名基金达到 6.526 亿元，每年可用于扶贫帮困事业的资金达到 3263 万元。

同日，鄞州区出台气象灾害应急预案。根据预案，全区气象灾害应急组织指挥体系由应急指挥机构、日常办事机构、专家咨询机构和镇乡（街道）应急指挥机构等组成。气象灾害应急指挥部将统一领导、指挥协调气象灾害及其次生、衍生灾害的应急处置工作。

同日，据区财政局数据显示，2011 年，鄞州区残疾人事业项目经费达到 4412 万元，涉及就业（创业）、就医、日常生活等方面。区财政已向福利企业发放补贴与奖励资金 1727 万元，以提高残疾人集中就业水平。

5 月 16 日，市委副书记、政法委书记陈新一行到鄞州实地考察社会管理创新工作，并进行座谈。陈新一行先后来到钟公庙综治工作中心和区公安分局实地考察，详细了解各环节运作情况。听取专题汇报后，陈新对鄞州区综治维稳和社会管理创新工作取得的成效表示充分肯定。

同日，2011 中国（浙江）非物质文化遗产博览会上，鄞州区参加其中的雕镌塑作类青年作品评选和“民间巧女”手工技艺大赛两项活动，获得 2 金 1 银的成绩。

同日，鄞州区殡葬协会成立。殡葬执法大队、中队同时成立。

5 月 17 日，省委常委、市委书记王辉忠到鄞州实地检查防汛防台抗旱工作。王辉忠一行先后来到西岙水库、皎口水库和周公宅水库，实地检查大坝、启闭机、溢洪道等水利设施，详细了解当前水库蓄水、大坝安全、泄洪设备运转以及防汛应急抢险工作准备情况，听取气象、水利等部门关于降雨情况、当前防旱抗旱工作和供水形势等汇报。

同日，全省文化体制改革工作电视电话会议召开。区文化建设领导小组和区文化市场管理工作领导小组成员单位负责人在鄞州分会场参加会议。

同日，市人大常委会副主任姚力一行到鄞州区检查《宁波市市容环境卫生管理条例》贯彻实施情况。检查组先后来到雅渡村、大雁桥垃圾中转站、东裕菜场、科技路支路、后庙新村旁工地，实地查看上述地区市容环境卫生的日常管理情况，并对检查中发现的问题提出意见建议。

同日，临安市副市长李文钢一行到鄞州考察农村土地综合整治工作。考察团一行参观姜山镇翻石渡村，对该村通过村庄复垦，实行宅基地置换等创新举措表示赞赏。

5 月 18 日，市人大代表鄞州中心组 36 位代表视察宁波杭州湾新区开发建设情况。代表们先后视察宁波方太厨具有限公司、重大产业项目造地区块、吉利汽车新区项目基地、杭州湾湿地中心等地，听取杭州湾新区发展历程的情况介绍。代表们充分肯定杭州湾新区在招商引资、城市建设和产业转型升级方面所做的大量工作和取得的成就，并就今后进一步在城市开发建设、产业集聚、政府自身改革创新方面取得突破，提出意见和建议。

5月19日，首个中国旅游日，鄞州区3个景区推出免票或半票活动，当天共吸引逾万名游客参观游玩。

5月21日，区海归俱乐部揭牌成立，创业与风投论坛同时举行。区海归俱乐部坐落在鄞州公园情人湾咖啡厅，是区留创会会员社交娱乐以及开展有关会务活动的场所，面积达800平方米。

同日，集士港镇首届全民运动会在集士港中学举行。本届运动会设14个比赛项目，共有42支队伍、1100余名运动员参加。

5月22日，由杭州宁波经济建设促进会鄞州分会组织的10名鄞州籍医疗专家来到瞻岐卫生院开展义诊活动。这些医疗专家大多来自浙江大学医学院、浙江中医药大学、浙二医院等省级大医院，当天共诊治500余人。

5月23日，区政协召开五十四次主席会议，听取全区食品安全监管工作情况汇报。委员们充分肯定鄞州区食品安全工作取得的成绩，并就加强监管、部门联动、完善制度等方面提出建议和意见。

5月24日，浙江省召开文化市场管理工作电视电话会议。区文化市场管理工作领导小组成员单位、区文化建设领导小组成员单位及其他有关部门负责人在鄞州分会场参加会议。会议围绕浙江省文化市场的整治和建设，总结分析前一阶段浙江省打击淫秽色情表演的工作成效，研究部署下一阶段加强文化市场管理和“扫黄打非”的重点工作。

5月25日，据区教育局数据显示，2011年全区高中段招生考试报名人数为10172人（含东钱湖），参加考试约9000人（除去保送录取、跨区录取、四明职高提前录取的学生）。高中段共计招生10040人，初升高比例将达98.7%。高考报考人数为6321人。其中，5122人报考普通高校，报考文科、理科人数分别为1900人、3222人；报考高职类人数为1199人。

同日，省统计局局长金汝斌到鄞州调研基层统计工作，肯定区委、区政府对统计工作的高度重视。

5月26日，市委副书记、市长刘奇一行到鄞州督查文明创建工作。刘奇一行先后来到藕池村、宁波轻纺城，实地查看环境卫生和管理情况。

同日，全区共青团“万人万岗”参与社会管理创新誓师大会暨全区青少年纪念建党90周年主题大会举行。会上，揭晓主题LOGO，公布平安岗、文明岗等“万人万岗”参与社会管理创新十大重点项目，同时举行十大重点项目授旗仪式、试点单位授牌仪式。会议还表彰第四届区“十大杰出青年”。

5月27日，省委常委、市委书记王辉忠一行到鄞州区企业调研。王辉忠一行先后来到欧琳集团、奥克斯集团，参观公司的产品展示厅和生产车间，详细了解企业生产经营、科技攻关、产品研发、市场营销等有关情况。

同日，区第十六届人大常委会召开第三十四次会议，听取和审议区人民法院关于刑事审判工作情况、区人民检察院关于贯彻落实省人大常委会《关于加强检察机关法律监督工作的决定》情况、区人民政府关于中心城区基础教育规划布局情况和关于区农林局、外经贸局、文广新闻出版局、首南街道 2010 年预算执行审计情况的报告。会议还审议通过有关人事任免事项。

同日，区委副书记、区长薛维海来到“阳光热线”直播室，就“重大项目会战攻坚”等话题与广大听众和网民进行交流探讨。

5 月 28 日，广博集团江苏工业园在江苏省宿迁市宿豫区开工建设，标志着“广博”新一轮产业布局再出发。广博集团将投资近 40 亿元，兴建一个现代综合工业研发园。此次开工建设的广博（宿迁）工业园，以新能源、新材料、新光源及先进制造业为主导产业，鼓励高新技术项目的研发和孵化。

5 月 29 日，省老领导薛驹、沈祖伦、翟翕武等一行 30 多人来到鄞州，参观考察宁波博物馆、南部商务区。

5 月 30 日，据区财政局数据显示，2011 年鄞州区预算安排学前教育资金 1. 1 亿元，首次超亿元，比 2010 年净增 7000 万元，增长 175%。为缓解幼儿入园难，提高教育质量，鄞州区制定相关扶持政策，对一、二、三类乡镇（街道）的幼儿园建设，区财政分别补助 30%、50%、70%。预计“十二五”期间，区财政将补助 3. 8 亿元支持幼儿园建设。

5 月 31 日，市、区领导崔秀玲、沈剑波、高强华、夏素贞、朱国富等分别前往集士港、钟公庙、东吴、石碶等地的学校、幼儿园，看望慰问少年儿童。

6 月

6 月 1 日，咸祥“大咸烽火”庆祝建党 90 周年文艺巡演首站在芦浦村举行。

6 月 2 日，全区国土资源工作会议召开，区委副书记、区长薛维海在会上讲话。会上，区政府还与各镇乡、街道代表签订耕地保护目标管理责任书。

6 月 3 日，鄞州区庆祝中国共产党成立 90 周年暨第三届群众文化艺术节在区文化艺术中心开幕。一批优秀民间文艺团队、优秀业余戏曲团队以及优秀业余戏曲团队团长、演员和乐手等受到表彰。

同日，由省河道管理总站带领的全省生态河道建设考察组到鄞州区，考察亲水型河道建设工作。考察组一行先后来到石碶街道东杨村和古林镇西洋港村的亲水型河道建设现场。考察组对两处河道建设工程表示肯定，认为这样的村级河道在全省不多见。

同日，区青年创业金融项目部启动，“贷动青春”青年创业融资对接会同时举行。会上，鄞州银行、浙江民泰银行宁波分行、浙江泰隆银行鄞州支行分别向青年创业金融服务项目授信。鄞州银行还发放50万元“快乐成长”基金，用于创业园青年创业的启动资金。

同日，市人大常委会副主任卓祥騋一行来到鄞州区，就区、镇（乡）两级人大代表换届选举及人大代表履职监督机制等情况进行调研座谈。座谈会上，调研组分别听取区人大常委会及五乡镇、集士港镇、横溪镇人大主席团关于人大代表换届选举准备工作和代表履职监督的情况介绍。

6月7日，鄞州区第六次全国人口普查主要数据公报（2010年11月1日零时为标准时点）发布。此次人口普查登记的鄞州常住人口、户籍人口分别为135.92万人、80.83万人，比2000年第五次人口普查分别增加50.46万人、8.67万人。

同日，市议会主席阿方索率领的意大利维罗纳市代表团一行来到鄞州，就今后两地爱情旅游交流合作进行商讨。双方初步拟定，2012年10月梁祝文化产业园开园之际，鄞州与维罗纳将再度合作开展活动。

6月8日，第十三届中国浙江投资贸易洽谈会、第十届中国国际日用消费品博览会在宁波国际会展中心开幕。本届浙洽会、消博会的中心议题是海洋、产业和开放，共推出894个重点招商项目，总投资659亿美元。鄞州区签约项目共26个，其中外资项目23个，总投资6.8亿美元，合同外资3.3亿美元。

同日，区领导分别会见美国、德国、日本、法国、新加坡等国家和中国台湾客人。区委主要领导在宁波南苑环球大酒店会见由市长莱昂纳德·厄本率领的美国印第安纳州康维市政府代表团一行；区委副书记、区长薛维海会见SAP企业管理公共服务平台客商王天扬一行和日本超级树脂工业株式会社社长阪根信一一行；薛维海还会见日本超级树脂工业株式会社社长阪根信一一行；区政协主席陈振国、副区长夏素贞会见台湾秀传医疗体系副总裁李彦俊一行；区委常委、常务副区长毛春阳会见新加坡曼哈顿集团董事长刘德光之子刘伊翱；副区长黄新山会见德国瑞克公司总经理章守朴一行；副区长王洪平会见法国美丽成功公司总裁菲利普·乔治一行。

同日，市委常委、宣传部部长宋伟一行到鄞州区调研文明创建工作。宋伟一行先后考察首南街道金色水岸社区的数字化社区服务平台、街道志愿者服务培训基地和由社区业主参与管理的社区图书室，并听取区文明创建工作情况汇报。

6 月 9 日，第十三届浙洽会宁波市重大外商投资项目签约仪式举行。30 个重大外商投资项目当场签约，合同利用外资 11.3 亿美元。鄞州区签约的两个项目分别是总投资 40 亿元的“中航城”项目和落户南部商务区、总投资 2 亿美元、合同外资 5000 万美元的“曼哈顿中国总部”项目。

同日，2011 中德企业投资合作推介会举行。来自德国中小企业联合总会、德国法兰克福莱美两河地区国际投资促进会、南德意志集团、德国不来梅经济促进局的相关代表和鄞州区 20 家来自汽配、物流、机械制造行业的企业参加推介会。推介会上，德国代表团共带来 31 个项目寻找中国投资合作伙伴。

同日，位于潘火管委会（投创中心）的全球最大的家居用品零售商宜家家居项目举行奠基仪式。

同日，据区发改局数据显示，2010 年全区行政事业性收费项目比 2008 年减少 36 项，全年行政事业性收费 3.25 亿元，与 2008 年的 6.52 亿元相比减少一半。

同日，位于潘火管委会（投创中心）的创新 128 启明园开园暨金谷园揭幕仪式举行，同时，赛伯乐·128 投资基金正式签约。

同日，区人大常委会主任陈明志、副区长黄新山会见中华鸿禧集团有限公司董事长梁家彰一行。陈明志对梁家彰一行来鄞州考察投资表示欢迎，并介绍鄞州区经济社会发展近况。

同日，副区长王洪平一行到宁波国际会展中心，考察消博会鄞州区部分参展企业的展销和贸易洽谈情况。

6 月 10 日，省委常委、市委书记王辉忠一行来到鄞州区，调研创先争优工作并走访慰问老党员。在实地考察和听取情况介绍后，王辉忠对鄞州区上一阶段创先争优工作取得的成绩表示肯定。

同日，全区村级便民服务中心建设现场会在鄞江镇举行。会议要求各镇乡（街道）加大村级便民中心“标准型”建设力度，到年底，90%以上村级便民服务中心达到农村社区规范化建设标准。

同日，全省节能减排工作电视电话会议召开。会议总结“十一五”省节能减排成绩，研究部署 2011 年及“十二五”节能减排工作。“十一五”期间，鄞州区完成单位 GDP 能耗下降 20%的任务。“十二五”期间，鄞州区单位 GDP 能耗再降 21%，其中 2011 年下降 4.61%，且能耗总量控制在 477.2 万吨标煤以内，第三产业增加值占 GDP 比重提升 1 个百分点。

同日，位于鄞州南部商务区的宁波侨商大厦举行落成庆典。宁波侨商大厦于2008年12月16日开工，设计高度76米，共20层，总建筑面积2.6万平方米，共有17家会员企业入驻。

同日，在南苑环球酒店举行的侨商慈善捐助会上，众多侨商踊跃认捐，两个小时现场认捐745万元。其中在鄞州投资的5位侨商捐助365万元。

同日，全区村务监督委员会建设会议举行。会议要求，进一步提升区村监会规范化建设水平，让村监会更好地围绕村务活动开展监督检查工作。

6月11日，姚江鄞东南调水工程顺利通过竣工验收。姚江鄞东南调水工程立项批复总投资1.02亿元，实际核定工程总投资8739万元。工程分高桥和中心区两个片区同步建设。随着姚江鄞东南调水工程的投入使用，姚江、鄞西、鄞东南三大水系得到有力沟通。

同日，由市经信委、区政府主办的宁波市第五届国际动漫展暨鄞州第二届创意动漫产业博览会在联盛广场举行。本届动漫展为期2天，重点突出动漫文化与创意，展示动漫新作、传播动漫理念、推动动漫技术创新。

6月12日，华特迪士尼（上海）有限公司宁波分公司正式落户鄞州南部商务区。

6月15日，奥克斯旗下的宁波三星电气股份有限公司股票（简称“三星电气”，代码：601567）在上海证券交易所挂牌上市。至此，鄞州区本地首发上市公司已达11家。

同日，区人大常委会召开第三十六次主任会议，专题听取宁波南部商务区建设和管理情况、集士港镇卫星城市建设情况的汇报。

6月16日，中共中央候补委员、中国工程物理研究院院长赵宪庚来鄞州考察。赵宪庚一行先后考察鄞州区的中物院宁波军转民科技园工地、宁波中物检测技术有限公司、创新128园区、欧琳集团以及中物院技术转移中心宁波分中心。赵宪庚充分肯定鄞州区近年来取得的一系列成就。

同日，由区委老干部局主办的“九十华诞，和谐乐章”——“文化养老”暨首届老干部文化艺术节在区文化艺术中心开幕。

同日，继成为“四五”普法全国先进区、全国“五五”普法中期先进集体之后，鄞州区又被中宣部、司法部联合授予“2006—2010年全国法制宣传教育先进县（市、区）”荣誉称号。

6月17日，鄞州区唯一的宁波市卫星城市建设试点镇——集士港镇机构设置揭牌挂牌仪式举行。这标志着集士港从“区域中心镇”迈向“都市卫星城”。区领导为集士港镇及相关机构揭牌授牌。集士港镇、区国土资源分局、区审管办作表态发言。

6 月 18 日，区政协举行十四届五十五次主席会议，专题听取区旅游局关于旅游项目开发进展情况通报。与会人员充分肯定鄞州区旅游项目开发取得的一系列成绩，并针对旅游推介宣传、拓展工业旅游、挖掘都市旅游、理顺旅游开发机制、精细化旅游管理等工作提出意见和建议。

6 月 19 日，区文管办被省文物局授予省文物安全工作先进集体荣誉称号，这是宁波市唯一获此奖项的文管部门。

6 月 20 日，区领导实地督查“森林鄞州”建设工作并听取区农林局“森林鄞州”建设情况汇报。

同日，2011 年度鄞州区“双五十工程企业”名单公布。在“鄞州工业企业 50 强”中，有 8 家本地首发上市公司。其中，前十强中有 7 家是上市公司，分别是：雅戈尔、奥克斯、杉杉、博威、康强、广博和东睦。而在“鄞州区成长型企业 50 强”中，也有两家首发上市公司，分别是：宁波立华制药有限公司和宁波先锋新材料股份有限公司。

6 月 21 日，区人大常委会主任陈明志一行视察鄞州区电网建设情况。视察组察看 220 千伏鲍家变电所、110 千伏茶亭变电所建设工地和 220 千伏宁潘宁桥线落地工程施工现场以及区电力调度控制中心，对供电部门坚持科学规划、合理布局电网建设、坚持科技创新、大力提升电网职能装备的做法表示肯定。

同日，区委副书记、区长薛维海会见宜家（中国）置业总监乔恩（美籍）一行。薛维海对乔恩一行的到来表示欢迎。乔恩对鄞州给予的全力支持表示感谢。

同日，鄞州区庆祝中国共产党成立 90 周年暨第三届群众文化艺术节系列活动之“龙之魂”舞龙大赛在鄞江中学举行，来自 7 个乡镇的 20 支舞龙队参加比赛。横溪镇大岙金龙队获得第一名。

同日，省农机局副局长骆健民一行在鄞州检查指导“平安农机”示范区创建工作。检查组先后来到高桥镇和鄞江镇，察看“平安农机”示范镇创建情况。检查组表示，两地创建资料档案完整，宣传窗、警示牌等基础工作踏实到位。

6 月 22 日，全省农业救灾工作视频会议召开。会议要求各地充分认识当前农业灾害的严重性和农业救灾的重要性，做好抢排抢修抢种抢补抢赔工作，保障粮食安全生产。鄞州区政府领导在鄞州分会场参加会议。

同日，区政协历届老领导视察鄞州区软件动漫产业发展情况，实地走访宁波国研软件技术有限公司、宁波宣逸网络科技有限公司、宁波我要印电子商务公司等企业及创新 128 等新兴产业园。

同日，区委宣传部、团区委、区城管局联手在鄞州公园举行城管青年争创文明城市“三连冠”誓师大会暨参与“万人万岗”活动启动仪式。

6月23日，区领导督查中心城区文明创建工作。

同日，由市、区两级联合举办的“迎浙江首个生态日——建设森林城市、倡导低碳生活”主题活动在万达商业广场启动。启动仪式上，“建设森林城市、倡导低碳生活”自行车宣传队骑车从万达商业广场出发，围绕新城区主要道路进行绿色宣传。

同日，省政府督查室主任傅晓风一行来访。区委副书记、区长薛维海，区委常委、政法委书记王国定，副区长黄新山陪同调研及座谈。

同日，据区高招办数据显示，鄞州区全区普高报考3414人中，文科第一批上线172人，理科第一批上线661人，文理科上线率分别达到17.75%和27.04%。普通高考第一批上线率继续在全市处于领先位置。鄞州区参加高职单考单招考试人数为1101人，上线人数为1080人，上线率达98.09%，并拥有机械、计算机、服装、外贸4个全省“状元”，居全省前列。

6月24日，庆祝中国共产党成立90周年暨第十届中国民间文艺山花奖舞龙大赛在鄞州体育馆开幕，来自全国各地的16支舞龙队、650多名选手参加盛会。

6月25日，在全国政法系统先进基层党组织、优秀党务工作者、优秀党员干警表彰大会上，区检察院党总支被中央政法委评为“全国政法系统先进基层党组织”，成为省内唯一一家获此殊荣的基层检察院。这是该院继获得全国人民满意检察院、全国模范检察院、全国先进检察院等荣誉后又一项全国政法系统最高荣誉。

同日，第十届中国民间文艺山花奖舞龙大赛展演暨第七届“灵秀横溪”文化艺术节开幕式在横溪文化中心广场举行。

6月26日，据区农林局数据显示，2011年全区政策性农业保险投保工作已全面完成，在高起点基础上比上年增加承保农户2728户，总数达39362户，农户参保率达98.5%，继续领先全市、全省。

6月27日，区领导会见美国博格华纳公司首席执行官孟天慕一行，对他们来鄞州投资考察表示欢迎。

同日，宁波市各县（市、区）人大常委会办公室主任联席会议在鄞州召开，就如何贯彻新《选举法》、进一步做好人大代表换届选举工作进行广泛交流。

同日，新昌县委副书记徐良平带领首批外迁鄞州安置移民户代表，来鄞州参加钦寸水库移民安置对接工作。鄞州区钦寸水库移民安置任务为880人，参加本次对接的146名代表来自146户家庭，首批移民数量为355人。

6月28日，区红色革命文化建设成果——扩建后的龙观革命史迹陈列馆开馆。现场还举行向龙观乡关工委、团委、妇联、工会、学校等部门赠送红色书籍活动。

同日，庆祝中国共产党成立 90 周年鄞州区老干部书画作品展在区老干部活动中心举行。区老干部书画协会成立于 1985 年，现有会员 78 名。此次书画展共展出作品 90 幅，大多由协会高龄老人创作。

同日，鄞州区献礼建党 90 周年的文艺精品——长篇纪实文学《主义之花》首发式举行。首发式上，还举行向天一阁博物馆、宁波市图书馆、鄞州区图书馆等单位赠书仪式。

同日，鄞州区举行统一战线各界人士庆祝建党 90 周年座谈会，全区各民主党派、工商联、无党派人士、民族宗教界人士、港澳侨台界人士等代表，畅谈统一战线和多党合作的光辉历史。

同日，全区部分行政执法职能部门民主评议动员会召开。会议指出，鄞州区集中 5 个月时间，对 10 个具有行政执法职能的部门进行民主评议。会上，区公安分局、区国税局、区建设局相关负责人结合各自的工作实际，就如何开展好本系统的行风评议工作作表态发言。

同日，宁波鄞州纺织服装国际商会成立。副区长王洪平出席成立仪式并授牌。

同日，在北京召开的“全国政法系统县级基层党组织优秀党务工作者优秀党员干警表彰大会”上，区人民检察院党总支被评为“全国政法系统先进基层党组织”，成为浙江省此次唯一一家获此荣誉的检察院。这是区检察院继获“全国人民满意检察院”“全国模范检察院”“全国先进检察院”之后获得的又一项全国政法系统最高荣誉。

6 月 29 日，区政协召开十四届二十三次常委会议，专题就区委《关于加强和创新社会管理的决定（征求意见稿）》开展政治协商。

同日，区革命老区开发建设促进会成立。会议还审议通过区老促会《章程》，选举产生会长、副会长、秘书长和理事会组成人员。

6 月 30 日，鄞州区举行庆祝中国共产党成立 90 周年大会。大会表彰区先进基层党组织、优秀党员代表及村党组织书记、党务工作者、大学生村官 3 个“十佳”先进个人。先进典型姜山卫生院、汪莉萍、张军、杨武军分别作交流发言。会上还举行《中国共产党鄞州历史》第二卷和《主义之花》的授书仪式。会后，全体与会人员集体观看红色电影《建党伟业》。

同日，《中国共产党鄞州历史第二卷（1949—1978）》正式出版。该书由区委党史办公室编撰，集中反映 1949 年至 1978 年近 30 年间鄞州各级党组织的执政历程和党的建设情况。该书编写于2002年10月启动，2010年底形成终审稿，2011年5月，通过区委常委会讨论批准，付印出版。

同日，区委副书记、区长薛维海视察中心城区文明创建工作。

7月

7月1日，首南街道"健康促进百千万工程"启动，"杏苗"健康教育志愿者培训班同时开班。该街道为市爱卫办命名的"宁波市健康街道建设试点单位"。将在辖区内组织百名健康教育志愿者，深入各社区、村、学校、企事业单位开展健康讲座、上街服务、健康咨询等千场健康知识宣讲活动，并利用论坛、QQ群、邻里促进中心、《健康讲堂》基地，传播科学健康知识，让万人受惠。

同日，鄞州区党员志愿者"红色服务月"活动在万达商业广场启动。来自区委组织部、区教育局、区建设局、区劳动和社会保障局等10家单位的相关负责人现场设摊，为群众提供政策咨询。

7月3日，世界青少年书法大展在韩国首尔举行，李关弟中学30件学生作品应邀参展，其中1人次获银奖，2人次获铜奖，周永宁老师被评为优秀指导老师。

同日，宁波海关驻鄞州办事处党支部荣获"全国海关先进基层党支部"称号。

7月4日，据统计，上半年区国税、地税入库达101.18亿元，半年度收入首次突破百亿元大关。区国税局组织税收收入53.57亿元，同比增长28%，税收总量创同期历史新高，绝对额继续保持宁波市各县（市、区）第一。鄞州地税局共组织税收收入47.61亿元，同比增长41.6%，创半年度税收新高。

7月5日，绍兴市越城区委副书记、区长魏明率领政府考察团到鄞州考察现代服务业发展情况。考察团一行先后来到创新128园区和南部商务区，详细了解开发建设模式和项目推进情况。

同日，区政协主席会议成员及部分政协委员视察鄞州区有序用电和电网建设工作，并慰问电力部门一线职工。

同日，副区长王洪平会见德国劳伦基公司首席执行官拉尔夫·施密特博士一行。王洪平向拉尔夫·施密特一行介绍鄞州区的基本概况及招商引资方面的现状。

7月6日，据统计，上半年，区财政收入继续保持高幅增长，完成一般预算收入 133.63 亿元，同比增长 32%，完成年初预算的 65.4%。其中，中央财政收入 52.98 亿元，同比增长 26.3%；地方财政收入 80.65 亿元，同比增长 36.1%，地方财政收入占财政总收入的比重达到 60.3%，收入结构进一步优化。

同日，区委党史办与市邮政局共同策划制作的中国共产党成立 90 周年纪念邮册出版发行。邮册以鄞州党组织的发展历史为主线，回顾鄞州地方党组织 90 年的光辉历程，反映鄞州 90 年来的发展轨迹。

同日，司法部研究室主任王公义一行到鄞州调研司法行政法律服务中心建设运作方面的经验做法。王公义一行来到区司法行政法律服务中心，实地了解中心的建设情况，肯定鄞州区在打造一流法律服务平台方面取得的成绩。

7 月 7 日，全市第二届慈善大会召开，鄞州区 7 个机构、个人、项目获第二届宁波慈善奖。其中，宁波雅戈尔集团股份有限公司、鄞州人民医院、浙江广博集团获机构奖；浙东建材集团总裁邱风雷、宁波盛光包装印刷有限公司总经理钱旭利获个人奖；区慈善总会“爱心书库”救助项目获项目奖；鄞州慈善义工分会获志愿服务奖。

同日，省委宣传部常务副部长胡坚一行来到区供电局调研企业文化建设情况。通过实地参观，胡坚一行肯定区供电局企业文化建设所取得的成绩。

7 月 11 日，全区创建全国文明城市指挥部会议召开。区委副书记薛维海作重要讲话，对前一阶段创建工作表示充分肯定。会上，7 个专业组汇报前期工作开展情况及下步打算。

同日，鄞州区召开重点银行行长座谈会，就目前形势下，金融业如何进一步支持区域经济社会发展交流经验、探讨办法。

同日，区慈善总会召开三届九次会长（扩大）会议。会议指出，上半年，区慈善总会共发放各类救助资金 7187.7 万元。年初开展的“慈善春节送温暖”活动中，将 1016.9 万元慈善资金和价值 67 万余元的日用品发放给 1.2 万户贫困家庭，扶助额比上年增加 38.7%。

7 月 12 日，鄞州区召开城市发展重大项目推进会。首南街道、下应街道、石碶街道等单位，结合各自工作职责，汇报环球城、东南片区拆迁改造等重点项目进展情况以及推进过程中遇到的问题。

同日，全区革命老区镇乡工作会议召开。区革命老区开发建设委员会（以下简称老促会）介绍自身组建情况，并对下一阶段工作进行部署。来自 13 个镇乡、街道的老促会分管领导和民政助理员参加会议。

同日，全省信访工作电视电话会议召开。区领导在鄞州分会场参加会议。会议分析当前信访工作形势，部署下阶段信访工作。

同日，省委常委、市委书记王辉忠在鄞州区接待来访群众，调研信访工作。王辉忠认真听取来访群众反映的情况，询问相关细节问题，并立即与相关部门负责人研究商量解决办法，最终当场给出解决方案。

7 月 13 日，区人大常委会组织视察城区河道管理情况。视察组一行先后来到孙马河、芝兰新河、傅家埭河、汪董河，了解城区河道断头情况，视察城区河道生物治理、疏浚整治工作。

同日，省委常委、宣传部部长茅临生考察音王集团。企业负责人向茅临生介绍企业历史沿革、产品研发、品牌战略、产业创新等情况。茅临生仔细询问产品的研发、性能、市场销售等情况，对企业自主创新及“走出去”战略表示赞赏。

同日，鄞州区召开生活品质提升行动计划专项推进协调会，对《推进生活品质提升行动计划》的编制和推进工作进行部署。会议确定联络员制度，要求各责任单位上报有关数据、项目和材料，为编制《计划》提供素材，并逐步建立工作例会、信息联络、项目协调、考核督查等推进制度。

7 月 15 日，区政协食品安全专项民主监督小组成员先后来到区禾丰农资连锁公司石碶横涨生产商店、康谱园农业科技有限公司蔬菜生产基地和区农林局农资监管平台，实地督查农产品质量安全工作。

同日，全区禁毒工作会议召开。会议指出，鄞州区将继续以遏制毒品来源、毒品危害、新吸毒人员滋生为目标，从五个方面抓好禁毒工作。会上，参会单位共同签署禁毒工作责任状。

7 月 16 日，“鄞州杯”2011 年世界国际象棋团体锦标赛在鄞州区开幕，10 个国家的 100 多名选手参加。开幕式上，举行首轮对阵抽签仪式。25 日，比赛结束，亚美尼亚队夺得冠军，中国队获亚军。

同日，北美洲中国学人国际交流中心“海外学人江南（宁波）考察行”对接洽谈会在鄞州区索菲特大酒店举行。鄞州区 42 家企业老总与北美洲中国学人国际交流中心的 32 名海外留学博士进行科技项目对接，项目涉及工艺改进、生物医药、新能源新材料等 10 多个领域。

7 月 18 日，无锡市委常委、宜兴市委书记蒋洪亮带领宜兴市党政代表团来鄞州考察。区委副书记、区长薛维海对代表团的到来表示欢迎，并就近年来鄞州经济社会发展作介绍。代表团一行先后考察创新 128 园区、欧琳集团、南部商务区、雅戈尔集团和万达商业广场，并表示，鄞州经济社会发展特色明显，尤其是民营经济发达，值得宜兴市深入学习和借鉴。

7 月 19 日，鄞州区召开区级机关争创全国文明城市“三连冠”动员大会。

7 月 20 日，国家安监总局副局长孙华山到鄞州调研安全生产工作。孙华山一行来到邱隘镇详细了解全镇公共安全监管体系的建立情况。上半年，该镇共发生各类工伤安全事故 34 起，同比下降 33. 3%；发生公共安全违法违规案件 39 起，同比下降 43. 5%；全镇无重大火灾事故、无重大财产损失事故、无亡人事故。鄞州的安全生产管理工作走在全市前列，孙华山表示肯定与赞赏。

同日，鄞州区政府领导在姜山镇检查“双夏”生产。鄞州区政府领导先后察看姜山镇市级粮食示范方、创宁粮机合作社和禾丰农资连锁店，检查丽水粮站的粮食收购情况，并听取相关部门的“双夏”情况汇报。他要求相关部门和各镇乡（街道）要积极开展优质服务，确保农户做好早稻抢收和晚稻抢种工作。

同日，余姚市委副书记、市长毛溪浩率领市政府考察团到鄞州考察。考察团一行还先后考察创新 128 园区和南部商务区等地，对鄞州近年来发展城市经济、提升现代服务业、推动总部经济取得的一系列成绩给予充分肯定。

同日，全区软件动漫信息服务产业发展座谈会召开。座谈会上，来自动漫游戏、电子商务、软件开发、系统集成、网络传媒等领域的企业代表，重点介绍企业的发展近况和今后走向，反映企业在发展中遇到的交通、生活、人才、资金等共性问题和困难，并就改善交通环境、培养专业人才、完善扶持政策等提出意见和建议。

7 月 21 日，区委中心组召开理论学习（扩大）会，邀请著名决策咨询专家、社会管理学者、北京恩波智业研究所所长王力教授作《文明城市创建及社会管理创新中的“天大的小事”》专题讲座。

7 月 21—22 日，区人大常委会召开半年度镇乡（街道）人大工作汇报会，总结交流各镇乡（街道）人大上半年特色性工作、下半年工作计划以及人大代表换届选举面临的新情况、新问题。

7 月 22 日，市委副书记、市长刘奇在中心城区调研保障房建设和打通“断头路”工作。刘奇一行先后考察位于鄞州区蒲家地块和陈婆渡地块的宁波保障性住房项目及嵩江东路（宁横路—凤起路）“断头路”项目。刘奇向项目负责人和广大工程建设者表示亲切慰问，并详细询问拆迁进度、规划设计、工程建设等情况。

同日，区检察院党总支被评为“全国政法系统先进基层党组织”，全省仅此一家。

同日，和美家园 · 欢乐鄞州暨钟公庙街道第八届（商贸）文化艺术节综艺晚会在区文化艺术中心开幕。

同日，副市长王仁洲在万达索菲特大酒店会见德国阿尔芬 · 克斯勒工厂首席执行官康纳德·格力姆和首席财务官埃伯哈德·芬克一行。

7月25日，区委常委会专题听取全区上半年经济运行情况汇报，全面分析经济运行态势，深入查找存在的问题和不足，研究部署相关对策举措。

同日，区统计局举行新闻发布会。会议指出，鄞州区经济总体保持稳定增长，全区财政收入继续位居全省第一。初步核算，上半年鄞州区地区生产总值400.3亿元，按可比价计算增长10%。其中，一产增加值14.9亿元，增长3.7%；二产增加值242.8亿元，增长9.3%；三产增加值142.5亿元，增长11.7%。

7月26日，区委副书记、区长薛维海慰问在高温下坚持工作的公交司机、环卫工人、施工人员和交警。

7月27日，全区重点拟上市企业申报工作推进会召开。区委副书记、区长薛维海在会上要求加快企业上市步伐，全力打造“鄞州板块”。

同日，全省司法行政法律服务中心建设推进会在鄞州举行。会议指出，窗口设置、服务功能都较为完善的司法行政法律服务中心为鄞州首创，是司法行政改革发展中的新生事物。会后，省司法厅厅长赵光君在区委常委、区政法委书记王国定的陪同下，和与会代表一起参观鄞州司法行政法律服务中心。

7月28日，区四套班子领导来到东海舰队慰问。区委副书记、区长薛维海代表鄞州区向东海舰队赠送节日慰问金。

同日，区第十六届人大常委会召开第三十五次会议，听取和审议2011年上半年区国民经济和社会发展计划执行情况的报告，2011年上半年全区和区级财政预算执行情况的报告，2010年全区和区级财政决算草案的报告，批准2009年区本级财政决算；听取和审议2010年区财政预算执行和其他财政收支情况的审计报告以及区十六届人大五次会议代表建议办理情况的报告。会议还审议通过区人民政府、区人民法院有关人事任免事项。

同日，区政协召开十四届五十六次主席会议，听取区文广新闻出版局关于区文化体育工作情况的通报。

同日，2011宁波旅游相亲节在鄞江镇开幕，100名单身青年男女参加此次活动。宁波十佳旅游相亲景区（点）评选活动同时启动。

7月29日，区留学归国人才创业共促会成立。大会审议并通过协会《章程》，选举产生会长、副会长、秘书长和理事会组成人员。

同日，全区水利工作会议召开。会议回顾总结全区“十一五”水利工作，部署安排2011年及“十二五”时期各项水利工作。

同日，全省安全生产电视电话会议召开。会议通报上半年安全生产总体情况，部署下阶段安全生产重点工作。

8 月

8 月 2 日，鄞州区提高早稻收购价格和补贴标准。与 2010 年早稻收购价相比，种粮大户每 50 公斤提高 17 元，一般农户提高 16 元；与宁波市相比，鄞州区订单内早稻谷每 50 公斤增加 2 元运费补贴。另外，承包土地 20 亩以上的种粮大户，投售订单内外的早稻谷，每 50 公斤享有 7 元直接补贴。

8 月 3 日，区人大常委会举行主任接待代表日活动。区人大常委会主任陈明志、副主任高强华参加活动，副区长夏素贞陪同参加接待。区食品药品监管分局汇报区食品安全监管工作现状、存在问题和采取的措施等，区人大代表提出各自意见与建议。

同日，副市长陈奕君来到区政府实事工程之“放心肉”工程承办单位——宁波方兴食品有限公司生猪定点屠宰场，慰问奋战在高温第一线的广大职工。陈奕君还来到公司检测室，通过监控视频了解生猪屠宰场所的卫生情况，仔细询问生猪源头管控流程。

8 月 4 日，区领导到大嵩围涂工程和甬新河，实地考察海塘建设、碶闸排水等情况，对防汛防台工作进行细致检查。随后在河道（甬新河）管理所召开会议，听取区水利、气象、城管、国土、农林等部门的防汛防台准备情况汇报。

同日，市召开强台风“梅花”防御工作电视电话会议。区领导在区防汛防旱指挥中心参加会议。会后，区防指宣布鄞州区全面启动Ⅳ级防台应急响应。

8 月 5 日，区领导带领相关部门负责人，分赴各地检查指导台风防御工作。

8 月 6 日，市委副书记陈新，市人大常委会党组书记、副主任郭正伟一行到鄞州区检查指导抗台风工作。陈新一行首先来到横街镇凤凰村，查看该村屋后边坡地质灾害隐患点治理情况，并要求及早转移隐患点群众，避免人员伤亡事故的发生。座谈中，区委副书记、区长薛维海就近段时间区防台防汛工作作简要汇报。

同日，鄞州区召开防御“梅花”强台风紧急视频会议。受“梅花”影响，鄞州区有中到大雨，局部暴雨，过程雨量 50—80 毫米，东吴、瞻岐、咸祥等镇乡或有暴雨。全区风力 6—8 级，鄞东南 7—9 级。视频会议结束后，区领导均到所联镇乡（街道）检查和指导防台工作。

8 月 9 日，区政府召开第九次全体（扩大）会议，回顾总结上半年全区经济社会发展情况，分析研判经济运行形势，部署落实下半年各项工作。会上，区发改局、区经发局、区外经贸局、鄞州滨海创业中心和区金融办作交流发言。

同日，嘉兴市秀洲区政协主席乔爱生率领考察团到鄞州考察商务楼宇招商发展情况。考察团一行详细了解南部商务区项目推进情况、开发建设模式以及商务楼宇招商情况，并参观水街、杉杉大厦，考察团对鄞州区搭建优质平台、发展城市经济、促进总部经济稳步发展表示赞赏。

同日，区人大常委会举行2011年半年度重要情况通报会。区委副书记、区长薛维海通报上半年全区经济社会发展情况、下半年政府工作重点以及区十六届人大五次会议确定的实事工程进展情况。

同日，据统计，上半年，全区农村居民人均现金收入为11257元，同比增长18%；全区农村居民人均生活消费支出5650元，同比增长10.9%。

同日，2010—2011中国女子篮球甲级联赛总结会在昆明海埂训练基地举行。作为八一广博女篮主场的鄞州赛区再次获得优秀赛区称号。这是自2005年首次承办WCBA联赛后，鄞州赛区连续第六次荣膺优秀赛区。

8月10日，区政协专题视察预防职务犯罪工作。区人民检察院检察长华志苗作预防职务犯罪工作情况的通报。2009年以来，区检察院查处贪污贿赂、渎职等职务犯罪案件77件77人，为国家挽回直接经济损失800余万元，其中，2011年立案侦查贿赂、渎职等职务犯罪13件13人。

同日，由区政府全额投资近6亿元的鄞州二院二期扩建工程正式动工。此项工程为区年“十件民生实事”之一，也是宁波市重点工程、中央资金重点扶持项目。项目主体建筑24层，建筑面积9.38万平方米，是全市在建的最大单体医疗建筑，计划3年后投入使用。

同日，鄞州区政府领导一行来到区婚姻登记处、区殡仪馆等窗口服务机构，看望慰问一线工作人员。

8月11日，全省加强和改进工商联工作电视电话会议召开。会议要求各级政府加强领导、健全机制，为工商联工作更好发挥作用提供保障。区领导在鄞州分会场出席会议。

8月12日，区政协举行2011年半年度政情通报会。会上，区委副书记、区长薛维海通报上半年全区经济社会发展运行情况。会议还通报区政协上半年主要工作，并对下阶段工作作出部署。

同日，区慈善总会举行“慈善一日捐”座谈会，邀请22个村、社区的负责人就如何开展好“慈善一日捐”活动、进一步壮大村级慈善救助实力进行探讨。

同日，区电镀工业区整治工作会议召开。会议要求，对园区电镀企业（车间）进行全面排查，并按照“一厂一策”制定整治方案。

8月13日，由清华大学古典文献研究中心、中华书局、区委宣传部和区文联联合主办的第三届王应麟学术研讨会在鄞州区举行，来自清华、复旦、南京大学等多所全国著名高校及省社科院的名家学者交流专题研究成果。

同日，在海拉尔召开的第十一届中国广播剧研究会年会上，由区广播电视台根据陇西支教并筹款造桥的故事改编制作的广播剧《造桥女孩》获专家奖金奖，并被列入2011年度宁波市和鄞州区文化精品工程。这是该台近年来第三次获此殊荣。

同日，“绿色龙观”2011年宁波“驴友”大会在龙观乡五龙潭风景区开幕，全市162名“驴友”将在两天内参加自行车环游、户外毅行、射箭表演赛、露营篝火晚会、瀑降对抗赛、激情漂流6项活动，并发动网友在微博上随时进行记录和点评。

8月14日，在全省农村住房改造建设与中心镇发展改革工作现场会上，鄞州区再次荣获全省住房改造建设工作优秀单位称号。

同日，鄞州区发放2011年度第二季度困难群众基本生活价格补贴。本次基本生活价格补贴发放对象为全区享受最低生活保障待遇人员、持社会扶助证的低收入生活困难家庭成员以及持重度残疾人救助证的贫困重度残疾人，发放标准为每人197元。截至二季度末，鄞州区享受基本生活价格补贴人员共有7783人，发放金额为1533251元。

同日，据区招生办数据显示，2011年近千所普通高校在鄞州区录取本科新生3410名，加上已结束招生的艺体类专科，鄞州区实际录取新生达3594人。

8月15日，省委常委、市委书记王辉忠在鄞州调研住房保障工作。座谈会上，市住建委和国土局负责人以及鄞州、海曙、江东、江北、镇海、北仑等区的政府负责人先后汇报住房保障工作进展情况。

同日，区人大常委会主任陈明志一行先后来到福庆路南延、通途路西延、甬金高速连接线、机场路南延等项目建设工地，视察重点交通工程建设情况。在听取区政府关于交通重点工程项目建设情况的汇报后，视察组对该项工作给予充分肯定，同时就政策处理、管网建设、工程质量、项目储备、队伍建设等提出意见和建议。

同日，据区人事局统计数据显示，截至8月1日，鄞州区大中专毕业生首次就业率已超过96%。

8月17日，全国林业有害生物防治工作会议在鄞州区召开。会议要求到2015年，全国林业有害生物成灾率控制在4.5‰以下，无公害防治率达到85%

以上，测报准确率达到85%以上，种苗产地检疫率达到95%以上。

同日，国家统计局、国务院第六次人口普查领导小组办公室在北京表彰第六次人口普查先进集体和先进个人。会上，鄞州区被授予“第六次全国人口普查国家级先进集体”荣誉称号。浙江省仅3个县（市、区）、宁波市仅鄞州区获此殊荣。

8月18日，区委十二届十一次全体（扩大）会议在区文化艺术中心举行。会议回顾总结2011年以来的工作，研究部署社会管理创新和领导班子建设，审议通过《中共宁波市鄞州区委关于加强和创新社会管理的决定》。

8月20日，2011年鄞州区青少年科技夏令营暨第八届科幻绘画现场比赛、小发明作品竞赛在洞桥镇中心小学举行，来自全区近20所学校的100多名学生参加本次活动。

8月22日，全区创建全国文明城市指挥部召开第三次会议。会上，区委宣传部部长、区文明委副主任沈剑波对文明创建工作进行相关部署。

8月23日，省委召开建设“法治浙江”工作交流会电视电话会议。会议对下阶段深入推进法治基层基础建设作全面部署，对加强和创新社会管理提出明确要求。区委主要领导出席鄞州分会场会议。

同日，区教育系统党风廉政建设工作会议暨案件剖析会召开。会议指出，鄞州区将开展规范教育收费和招生行为的行风专项治理。

同日，省委常委、市委书记王辉忠一行来到鄞州，调研指导文明城市创建工作。王辉忠一行来到鄞州第二人民医院，在门诊大厅、挂号窗口仔细察看医疗服务环境，还与医务人员、患者亲切交谈。

同日，全区贯彻落实“六个加快”战略部署进展情况汇报会召开。会上，6个推进小组牵头单位负责人就前段时间工作进展情况和下阶段工作计划安排作汇报。

8月23—24日，国务院食品安全委员会办公室副主任刘佩智率国务院食品安全调研组在鄞州开展为期两天的食品安全调研工作。刘佩智一行先后参观宁波开诚生态技术有限公司、诺安检测服务（宁波）公司以及区食品检验中心，深入现场详细了解情况并进行指导。

8月24日，召开全区教育行政会议。会议指出，鄞州力争在全省率先全面实现教育现代化，并在2011新学年启动“幸福教育”。

同日，由国务院发展研究中心对外经济研究部部长隆国强率领的调研组到鄞州调研外贸工作。调研组一行实地调研杉杉集团和宁波渠成进出口有限公司。在随后召开的座谈会上，“奥克斯”“恒达高”“广博”“利时”“中基”和“嘉谊食品”6家外贸企业代表在会上发言。

同日，区人大常委会召开第三十七次主任会议，听取区政府关于“森林鄞州”建设和人民调解工作情况的汇报。

8月25日，区第十六届人大常委会召开第三十六次会议，审议通过区人民政府、区人大常委会主任会议、区人民法院和区人民检察院提请的有关人事任免事项。

同日，全区慈善工作会议召开。会议指出，截至2010年底，区慈善总会累计募集善款6.4亿元，募集实物折价1230万元；全区建立“企业留本冠名基金”359个，总规模达到6.7亿元。会议对第十一次“慈善一日捐”活动作出部署。会上，鄞州区第三届慈善先进集体和个人受到表彰。

同日，南京军区副政委兼东海舰队政委岑旭中将带领东海舰队“七一”讲话精神学习班一行170余人到鄞州考察。考察团一行参观欧琳集团，详细了解集团生产经营管理、研发投入、人才队伍、市场销售等情况。区委主要领导简要介绍鄞州经济社会发展情况。

同日，国土资源部调控和监测司巡视员张婉丽率领的考核组，到鄞州区实地检查国土资源节约集约模范县（市、区）创建工作。考核组一行在观看鄞州区创全国国土资源节约集约模范县（市、区）宣传片后，又先后到南部商务区、姜山镇以及音王集团实地检查节地项目，并给予充分肯定。

8月26日，区委副书记、区长薛维海在区政府会见美国威廉姆斯航天制造公司董事长Gregg Gibson Williams、副总裁Matthew Jay Huff和Joe Zou一行。

同日，据省知识产权局数据显示，2011年前7个月，鄞州申请专利总量达到11097件，成为全市首个年申请专利突破万件的县（市）区；同比增长299%，增幅居全省前列。

8月29日，全省加强和创新社会管理现场推进会在宁波召开，区领导在鄞州分会场参加会议，区委常委、政法委书记王国定在主会场参加会议。会上，鄞州首创公共安全监管模式获肯定。

同日，全市品牌工作指导站建设推进现场会在鄞州区首批品牌工作指导站试点镇——横溪镇举行。会上，来自全市的各个品牌工作指导站负责人交流建设经验。鄞州区一直以建“品牌强区”为发展目标，2010年9月，在横溪、集士港和下应率先成立品牌工作指导站。试点指导站成立以来，重点向企业宣传品牌意识，帮助有需要的企业进行商标包装策划和品牌运作指导。

8月30日，位于五乡镇的宁波南车城市轨道交通装备项目正式开工建设。当天开工的宁波南车城市轨道交通装备项目主要从事城市轨道交通车辆的组装、销售、维修及相关延伸服务。该项目一期主要建设近4万平方米的车体组装联合厂房、静调厂房，铺设4公里的城轨车辆动态调试专用线、厂区专业铁路，将在2013年建成并投产，可实现第一辆城轨整车下线。

同日，省委常委、秘书长、政法委书记李强等全省加强和创新社会管理现场推进会全体会议代表，实地考察钟公庙街道社会管理和公共服务中心，对鄞州区推行的基层社会服务管理工作新模式和取得的成效予以高度肯定。

同日，区政协召开十四届五十七次主席会议。会议审议政协委员调整事项，区政协机关有关人事调整事项，《关于加强我区城市管理工作的建议》《关于进一步完善基本药物制度配套政策的建议》《关于进一步完善公共安全管理的建议》等3个专题调研报告。会议还审议区政协十四届二十四次常委会议议程。

同日，全区半年度城建工作会议召开。会议指出，下半年城建工作重点是拆建并举，夯实基础，推进城乡互动发展。

同日，据区高招办数据显示，2011年鄞州区普通高校录取工作全部完成，鄞州区共有5099名考生报名参加普通高考，其中文理科考生分别为1015名和2506名；艺术考生和体育考生分别为1440和138名。3个批次共录取4696名考生，录取率达92.1%。其中本科生录取3605名，约占76.8%。

8月31日，区领导来到即将开业的杉井奥特莱斯广场调研。区领导一行详细听取杉井奥特莱斯广场相关负责人关于品牌引进及业态配比、经营管理、开业筹备等方面的情况介绍，并对广场进行实地考察。杉井奥特莱斯广场一期占地115亩，建筑面积约4.2万平方米，将于9月23日正式对外营业。

同日，鄞州新城区内最先开建的"断头路"——嵩江东路（宁横路—凤起路）建成通车。

同日，第二届"农超对接"洽谈会举行，4家大型超市与区内的5家农业生产企业签订农产品"农超对接"意向书。

同日，由省发改委、安监局、农业厅联合组成的安全生产督查组，对鄞州区近期开展的安全生产大检查情况进行现场督查。督查组一行听取鄞州区安全生产大检查情况汇报，并走访姜山镇。督查组还详细了解省级挂牌督办重大事故隐患整改情况。

9月

9月1日，市创先争优活动调研指导组一行到鄞州专题调研区创先争优活动开展情况。调研指导组一行先后实地走访调研区行政服务中心、石碶街道广博集团和古林镇，了解窗口服务行业、企业及乡镇开展创先争优活动的具体情况。

9 月 2 日，国内首个以智慧城市为主题的博览会——2011 中国（宁波）智慧城市技术与应用产品博览会在宁波国际贸易展览中心开幕。本届智博会历时 3 天，将围绕“荟萃智慧应用，建设智慧城市”主题举行智慧城市展览展示、主题论坛、宁波智慧城市建设专家咨询委员会成立仪式暨智慧城市发展评价指标体系论证会、项目签约等活动。参展的 30 家鄞企涉及软件开发、系统集成、物联网、云计算、动漫游戏、智慧制造等领域，展现智慧鄞州的魅力。

同日，“走进基层，服务群众”——全市宣传文化系统党的群众路线主题教育实践活动在下应街道湾底村启动。此次主题教育实践将重点推进千名记者“走基层，转作风，改文风”、千名宣讲员“面对面宣讲”、千名文艺工作者“与时代同行”采风服务活动。

9 月 3 日，鄞州区两大工程——宁波银行鄞州支行大厦和杉杉国际商务大厦通过 2011 年度“国家优质工程”复评。“国家优质工程”奖于 1981 年设立，和“鲁班奖”并列为国内工程建设质量方面的最高奖励。

同日，2011 中国企业 500 强系列榜单公布。鄞州区 3 家企业入围，分别是雅戈尔集团、奥克斯集团和杉杉控股集团，入围企业数居全市第一。

9 月 5 日，省委常委、市委书记王辉忠到鄞州区调研执法规范化建设工作。王辉忠一行来到首南派出所，先后查看办案区、办事区等功能区，以及综合勤务指挥区、案件分析室和询问室，仔细了解派出所辖区的治安形势和警力配置情况。

同日，沙孟海书法学术报告会在鄞州举行。中国书法家协会副主席、省文联副主席、沙孟海书学院副院长陈振濂作《沙孟海先生对当代书法原创性贡献》学术报告。

9 月 6 日，省委常委、市委书记王辉忠，市委副书记、市长刘奇来鄞州区调研残疾儿童康复工作。王辉忠一行来到区残疾人综合服务中心，走访小雨点听力语言训练中心和“星星乐园”。调研中，王辉忠仔细了解康复机构的康复训练内容，以及儿童们的康复情况，对鄞州区康复工作给予肯定。

同日，区政协召开十四届二十四次常委会议，听取区政府关于提案办理情况的通报；审议通过区政协委员调整事项，区政协机关有关人事调整事项。会议还审议通过《关于加强我区城市管理工作》《关于进一步完善基本药物制度配套政策》《关于进一步完善公共安全管理》3 个建议案。

同日，全国第三次文化馆评估定级文化部评估组副组长孟庆善一行，对鄞州区文化馆的设施建设、活动开展和管理服务等情况进行考察。孟庆善一行首先来到区文化馆，实地察看文化馆的办公场地、星光戏曲团队排练基地、国家级“非遗”宁波走书传承基地、区文化艺术中心大剧场等场所。孟庆善一行对区文化馆的各项工作及在创建“国家公共文化服务体系示范区”过程中的一些做法表示充分肯定，认为鄞州在打造公共文化服务体系中的机制建设上走在全国前列，民办博物馆发展经验值得总结推广。

9月6—7日，区人大常委会举行全区人大干部学法培训会，邀请市人大常委会代表人事选举工委和市司法局有关专家分别就选举法与县乡人大换届选举工作和人民调解法作专题讲座。

9月7日，区领导与区各民主党派代表，工商联负责人，港澳台同胞，海外侨胞及眷属代表，在鄞港澳台商代表，少数民族、宗教界代表，党外知识分子代表，非公有制人士代表，在鄞州的全国、省、市政协委员和其他社会各界代表，共庆中秋佳节。

9月7—8日，省委常委、组织部部长蔡奇一行到鄞州调研基层党建和创先争优工作。蔡奇一行先后来到泰来环保科技有限公司、和邦大厦、广播集团和创新128园区，实地走访调研人才聚集工作。

9月8日，鄞州区召开中小学教师庆祝第27个教师节座谈会。区委副书记、区长薛维海代表区委、区政府向全区教师致以节日的祝贺和亲切的慰问，并与教师们亲切座谈。与会教师代表围绕全区经济社会发展大局，结合各校实际，对教育改革和发展提出很多建设性意见。

同日，“向幸福出发”鄞州区庆祝第27个教师节幼儿教师专场文艺演出在区文化艺术中心举行。全区2600余名幼儿教师通过歌舞、小品、器乐、韵律操、书画和制作等方式展示才华。

9月9日，省委常委、市委书记王辉忠来到潘火管委会东南小学，亲切慰问工作在教育第一线的广大教师，代表市委、市政府向他们致以节日的问候。

同日，区委副书记、区长薛维海一行实地调研、考察奉化江堤防整治工程（鄞州新城区段）和姚江堤防加固工程鄞州段，并听取水利、发改、规划、国土、财政等职能部门负责人相关汇报。

同日，据区政协数据显示，区政协十四届五次会议期间委员提出的269件提案均已获得政府部门回复，其中232件已办结或列入解决计划，占总数的86.2%。委员们对办理结果满意和基本满意率达到98.1%。

同日，全区侨务工作服务和促进社会管理创新现场会在首南街道金色水岸社区举行。会议指出，鄞州区现有留学归国人员800余人，侨界企业700余家，从鄞州走向港澳及海外的同胞已达 7 万人，华人华侨、归侨侨眷和留学归国人员在鄞州区经济社会发展中发挥特殊作用。会上，首南街道侨联和中河街道宋诏桥社区作典型发言。

9 月 10 日，“江南新韵”——鄞州美术创作群体优秀作品展在中国美术馆开幕。本次作品展，汇集鄞州区 48 位优秀画家的 100 幅作品。其中，近 40 位作者有在全国级展览入选、获奖的经历。展览将持续到 9 月 22 日。

同日，中国商标金奖在四川省成都市颁发，鄞州区雅戈尔集团股份有限公司作为唯一一家宁波企业荣获商标运用奖。

9 月 11 日，2011“鄞州银行杯”国际网球挑战赛在宁波（鄞州）网球中心开幕。本次比赛共有 ITF（国际网联）和 ATP（职业网球联合会）两大赛事，均有资格赛和正选赛两个赛程，参加正选赛的分别是 32 名球手。此外还有 64 名参加资格赛的球员，争夺上述两项赛事的各 4 个正选赛名额。

9 月 13 日，周尧昆虫博物馆修建方案首轮研讨会举行。与会专家就博物馆的修建、迁址等热点问题进行讨论，并提出专业意见。

9 月 14 日，鄞州区召开全区食品“打非”工作汇报会暨豆制品、酒类质量安全专项整治动员会。

同日，堇山东路（东裕路—宁横路）通车，这是鄞州区 2011 年打通的第二条断头路。至此，鄞州区提前 3 个多月完成市打通“断头路”专项行动年度计划。

9 月 15 日，在北京召开的全国老干部工作先进集体和先进工作者表彰大会上，区委老干部局被评为全国老干部工作先进集体。区委组织部副部长、老干部局局长孙亚飞参加表彰大会，并受到中共中央政治局常委、中央书记处书记、国家副主席习近平等中央领导的亲切接见。此项荣誉是区委老干部局成立以来获得的最高荣誉。

同日，区人大常委会举行代表建议办理工作绩效评估会议，对区农林局、区卫生局和区国土资源分局的代表建议办理工作进行绩效评估。会上，三部门主要负责人分别汇报主办区十六届人大五次会议以来代表建议工作情况。区人大常委会组成人员、各乡镇（街道）人大负责人和相关区人大代表对三部门代表建议办理工作满意率进行现场测评。

9 月 15 日，区委常委、宣传部部长沈剑波一行来到鄞州日报社，就如何加强、改进宣传报道工作，进一步深化“走基层，转作风、改文风”主题实践活动进行调研。沈剑波一行实地考察鄞州日报新闻中心、编辑中心等部门，并听取鄞州日报在办报历程、部门设置、队伍建设及“走基层，转作风、改文风”

主题实践活动等相关情况的汇报。

同日，全区清理整顿矿产资源开发秩序工作会议召开。会议指出，从 9 月 15 日起到 11 月 25 日，鄞州区开展为期 2 个月的矿产资源开发秩序清理整顿工作。

同日，2011 年鄞州区全国科普日在云龙镇开幕。本次活动主题以“节约保护水资源，共创生态新鄞州，打造水乡云龙镇”为主题，开展一系列科普惠农、科普电影放映、科普知识宣传等活动。同时，针对农村地区，利用“农函大”、远程教育平台、科普示范基地和科普惠农服务站开展农技培训。

同日，省发改委和省统计局联合公布《浙江省 2010 年及“十一五”城乡统筹发展水平综合评价报告》，鄞州区 2010 年城乡统筹发展水平继续位居全省首位。这是鄞州自 2007 年参评以来，连续四年保持全省第一。

9 月 16 日，区政府召开镇（乡）长、街道办事处主任座谈会，听取各镇乡（街道）应对挑战的措施和建议。会上，各镇（乡）长、街道办事处主任交流前三季度经济运行情况及下阶段的重点工作。

同日，省民宗委考核组一行实地检查古林、姜山等地寺观教堂，考核验收鄞州区“和谐寺观教堂”创建工作。考核组对鄞州区在创建工作中建立佛教寺庵住持任用遴选工作机制、宗教活动场所财务管理、宗教场所档案规范化管理、基督教教职人员社会保障、基督教堂养老院规范化管理等 5 项工作给予充分肯定。

同日，据发改局数据显示，2011 年 1 至 8 月，鄞州区 4 个产业区块工业累计产值达到 256. 3 亿元，同比增长 26. 8%，增速超过全区平均增速（16. 8%）10 个百分点。鄞州工业园区、望春工业园区、滨海创业中心、潘火管委会（投资创业中心）累计总产值依次为 94. 2 亿元、20. 4 亿元、51. 8 亿元和 89. 9 亿元，同比分别增长 27. 2%、22. 9%、36. 9%和 22. 1%，均高于全区平均增速。

9 月 17 日，海外留学人才技术项目展示对接洽谈会在国际会展中心一号馆举行，300 多名留学人才展出近 400 项科研成果，吸引鄞州区 46 家企业参与洽谈。参加洽谈会的海外留学人才分别来自美国、英国、德国等国家，主要从事新材料、新能源、生物技术、电子商务等市重点发展的新兴产业和服务业。

同日，浙江·宁波人才科技周举行院士工作站单位授牌仪式，鄞州区新增两家院士工作站，分别是宁波伏尔肯机械密封件制造有限公司的王玉明院士工作站和宁波东蓝数码有限公司的童庆禧院士工作站。

同日，宁波诺丁汉大学中外合作大学研究中心成立，首届中外合作大学国际论坛同时举行，来自英国、澳大利亚、美国以及中国的近百位专家学者，共同探讨中外合作大学可持续发展。

同日，天童风景名胜区迎来开发修缮后的首批客人——上海 50 多家知名旅行社的负责人。他们此行除考察、了解鄞州游客招徕政策外，还与天童风景名胜区签订合作协议。

同日，国家人社部副部长信长星一行到鄞州区调研，了解鄞州区在就业和再就业工作中的具体措施和经验。调研组对鄞州区就业工作表示肯定。

9 月 18 日，宁波市第十三届高层次人才智力洽谈会在国际会展中心举行，鄞州区共有 146 家企业组团参加，与 2035 名高层次人才达成初步就业意向。

9 月 19 日，市委副书记、市长刘奇在鄞州调研服务业发展情况。刘奇一行先后来到中基宁波集团股份有限公司、宁波豪味达营养配餐有限公司、奥林网络科技（宁波）有限公司，听取企业情况讲解，了解企业的研发、运行、人力资源、产品销售等情况。

同日，浙江省打击“地沟油”违法犯罪专项工作电视电话会议召开。会议强调，各地、各部门要把严厉打击“地沟油”违法犯罪行为作为当前一项严肃的政治任务和年度食品安全重点工作来抓，坚持“打、堵、疏”相结合，彻底解决“地沟油”问题。区食安办、公安、卫生、质监等相关部门负责人在鄞州分会场参加会议。

同日，八一女篮落户鄞州合约签字仪式在南苑环球大酒店举行，今后 3 年，八一女篮还是以“广博”命名。

同日，全区社会养老服务体系建设推进会召开。会议提出，“十二五”期间，大力实施敬老养老“9505 工程”，即面向 95%的老年人开展居家养老服务，面向 5%的老年人开展机构养老服务。

9 月 20 日，“仁和万寿——乾隆诞辰三百年颐和园珍宝展”在宁波（鄞州）博物馆开幕。此次珍宝展由北京颐和园管理处和宁波（鄞州）博物馆主办，中国文物交流中心和天津博物馆协办。整个展览围绕着乾隆这位帝王的特色，分仁、和、勤、寿 4 个篇章和仁山智水、勤政爱民、有容乃大、颐养天年 4 个主题。珍品展向市民免费开放，至 11 月 20 日结束。

同日，区人大常委会主任陈明志，副主任忻国龙、钱苗山、高强华、张世华、吴柏宏一行，先后来到姜山镇东光新村，云龙镇陈黄村、上李家村、云龙嘉苑等视察新村建设情况。

同日，全区安全生产大检查开展情况进行监督检查。此次督查的内容主要包括各镇乡、街道、园区及创业中心开展节前安全生产大检查的情况。

9 月 21 日，全区工业园区发展座谈会召开，区委副书记、区长薛维海在会上给潘火、鄞州、望春和滨海四大工业园区加油鼓劲。

同日，四川省青川县党政考察团到鄞州考察。考察团一行考察浙江中哲控股集团有限公司。在两地座谈会上，区委常委、副区长沈权对考察团一行的到来表示欢迎，并简要介绍鄞州经济社会发展状况。

同日，全区污水处理系统建设工作会议召开。会议指出，年内将启动新建商品住宅小区、新农村建设项目以及工业企业、学校医院等人居相对集中区块的污水收集管网建设。会议要求，通过5年努力，全区建成完整的污水处理体系，建成“两厂四网”污水处理工程并投入运行。

9月22日，市委副书记、市长刘奇在南苑环球酒店分别会见到鄞州参加杉井奥特莱斯广场开幕仪式的日本三井不动产株式会社、伊藤忠商事株式会社客人。

同日，中国宋庆龄基金会“培罗成少数民族教师培训项目”捐赠仪式在北京人民大会堂举行。中国宋庆龄基金会秘书长李宁、著名演员赵文And宁波培罗成集团有限公司总经理陆宏国共同签署200万元捐赠协议。此次赵文瑄与“培罗成”共同向宋庆龄基金会捐赠的200万元，将全部用来支持开展“培罗成少数民族教师培训项目”，为少数民族地区提供高质量、专业化的师资培训。

9月23日，宁波首个国际级名牌折扣中心——杉井奥特莱斯广场在集士港镇开业。杉井奥特莱斯商业广场以“名品加折扣”为特色，引入国际一线品牌，开创“国际品牌直销购物中心”的新模式。

同日，市人大常委会党组书记、副主任郭正伟到鄞州调研工业转型升级工作。郭正伟一行实地考察“欣达电梯”“欧琳厨具”两家企业，并听取相关情况汇报。

9月24日，浙江大学宁波理工学院建校10周年庆典活动举行。庆典当日，还举行浙江大学老校长竺可桢塑像落成仪式，召开第四届“国际视野下的高等教育服务学习国际学术会议”，并成立浙江大学宁波理工学院校友总会。

同日，2011年（下半年）浙江省普通高校招生考试英语听力、信息技术和通用技术“三项考试”开考，鄞州区共有5313名考生参加。

9月25日，苏州市副市长、吴江市委书记徐明率领吴江市党政代表团一行50余人到鄞州考察。考察团一行先后参观考察128创新园区、南部商务区和万达商业广场。区领导对考察团的到来表示欢迎，并介绍鄞州区经济社会发展情况。

9月26日，全省推进创先争优活动电视电话会议在杭州召开，区领导在鄞州分会场参加会议。会议总结当前全省创先争优活动取得的成绩和经验，并部署下一步工作。

9 月 27 日，区十六届人大常委会举行第三十七次会议，听取并审议区政府关于物业管理情况、2010 年全区和区级预算执行及其他财政收支审计意见办理情况、“五五”普法实施情况和“六五”普法规划说明的报告。会议通过关于进一步加强法制宣传教育的决议；通过关于宁波市鄞州区、镇乡两级人民代表大会换届选举的决定，关于设立宁波市鄞州区选举委员会的决定，关于设立宁波市鄞州区鄞江镇选举委员会的决定，关于授权主任会议决定设立镇乡（街道）选举机构并任免区、镇乡（街道）选举机构人选的决定；通过有关人事任免事项。

同日，全国节能减排工作电视电话会议举行，安排部署“十二五”节能减排工作。区领导在鄞州区分会场参加会议。会议指出，5 年内鄞州区节能减排目标为单位 GDP 能耗下降 21%，其中 2011 年下降 4.61%，且能耗总量控制在 477.2 万吨标煤以内。

同日，省委督查组到鄞州区督查服装产业集群转型升级情况。副区长黄新山向督查组汇报相关情况。督查组对鄞州传统服装产业注入创新元素焕发新活力给予肯定。

9 月 28 日，全国加强和创新社会管理工作电视电话会议召开。区委副书记、区长薛维海，区委常委、区公安分局局长林琪等在鄞州分会场参加会议。会后，区委主要领导在鄞州分会场指出，要以群众满意为根本标准，扎实做好社会管理各项工作。

同日，区政协召开十四届五十九次主席会议。与会人员视察鄞西污水处理厂和滨海污水处理厂，并听取区环保局关于全区污水处理系统建设情况的汇报。

9 月 29 日，鄞州区召开老干部情况通报会。区委副书记、区长薛维海通报 2011 年前三季度区委、区政府工作情况，并向全体老干部致以节日问候。

同日，区政府召开全区企业上市暨股权投融资推进大会。会上，区委副书记、区长薛维海作重要讲话，上海国际金融学院院长陆红军作如何利用资本市场提高企业竞争力的讲座。宁波先锋新材料股份有限公司董事长卢先锋作上市经验介绍，宁波创业加速器投资有限公司等 6 家股权投资机构代表负责人作发言。

9 月 30 日，浙江省召开全面贯彻落实经济责任审计办法电视电话会议，总结各县（市）区在加强经济责任审查工作中的亮点经验，要求继续扎实开展经济责任审计工作。区领导在鄞州分会场出席会议。鄞州区早在 1996 年就开始对领导干部开展经济责任审计。15 年来，共对 185 名镇乡（街道）和部门单位的领导干部实施任期经济责任审计。

同日，商务部第二届“中国商务好新闻奖”评选结果揭晓，鄞州日报记者续大治、应于波撰写的《一支蜡烛何以照亮全球》系列报道获“中国商务好新闻（专题类）奖”。这是《鄞州日报》首次获此奖项，也是“中国商务好新闻奖”首次颁给县市报。

同日，全区最大的百家园工程——邱隘镇张家瀛村浅水湾生态观光园开张。观光园投资5000万元，是该镇南部都市休闲农业的重点之一。

同日，国务院召开全国防治“小金库”长效机制建设经验电视电话会议，安排部署下一步治理“小金库”长效机制建设工作。区领导在鄞州分会场出席会议。

同日，省、市强化宣传文化系统“走基层、转作风、改文风”活动电视电话会议召开，区领导在鄞州分会场出席会议。会议总结回顾上阶段活动成果，全面部署进一步强化“走基层、转作风、改文风”主题实践活动。

10 月

10月5日，市政府督查组公布对鄞州区“十一五”节能减排完成情况的考核结果：“十一五”期间，鄞州区万元GDP能耗下降20%，顺利完成既定目标任务。

10月6日，据税务部门数据显示，截至9月底，鄞州区已入库税收137.16亿元，比2010年全年总额还多2亿元。前三季度，区国税局组织税收收入72.63亿元，同比增长25.6；区地税局税收收入64.53亿元，同比增长37.13%。

10月7日，全省加强政府自身建设电视电话会议召开。区领导鄞州分会场参加会议。会议围绕“务实、高效、公正、廉洁”的总体要求，阐述新形势下加强政府自身建设的重要意义。

10月8日，全省征兵工作电视电话会议召开。会议详细介绍2011年冬季征兵有关政策规定，明确征兵任务。会上，鄞州区被评为2010年度浙江省冬季征兵工作先进单位。

同日，区交通局正式更名为区交通运输局，并举行揭牌仪式。根据区委、区政府的决定，区交通局的职责、区城市管理局的城乡公交（城市客运）职责，整合划入区交通运输局。

10月9日，省电视电话工作会议召开，部署土地出让金和普通高中债务专项审计工作。区领导在鄞州分会场参加会议。会议指出，鄞州区将在10月同步开展土地出让金和普通高中债务专项审计。

10月10日，市委常委、副市长刘海泉到鄞州区调研开放型经济及微小型出口企业发展情况，并举行开放型经济工作座谈会。

同日，区、镇（乡）两级人大换届选举试点动员大会在鄞江镇召开。会议指出，鄞江镇作为全区的试点，要为全区在面上推开提供经验和借鉴，要求在11月中旬完成试点工作，选举产生新一届区、镇两级人大代表。

同日，据区财政局数据显示，前三季度，全区完成一般预算收入178.03亿元，同比增长26.4%。其中，中央财政收入72.65亿元，同比增长23.6%；地方财政收入105.38亿元，同比增长28.4%。增值税、营业税、企业所得税和个人所得税四大主体税种共实现132.05亿元，占财政收入的比重为74.2%。其中增值税入库54.9亿元，同比增长28.7%；营业税入库25.13亿元，同比增长2.7%；企业所得税入库37.02亿元，同比增长15.8%；个人所得税入库15亿元，同比增长22.7%。地方小税增幅较快，土地增值税、城建税由于政策性因素同比大幅增收，分别实现13.91亿元、5.71亿元，同比分别增长373.2%、67.5%，两税绝对额增收13.2亿元。

同日，全省水利工作电视电话会议召开。区委副书记、区长薛维海，在鄞州分会场参加会议。“十二五”期间，鄞州区将努力打造一批如甬新河那样具有鄞州特色的水利工程品牌。其中，鄞东南沿山干河工程已准备开工建设，奉化江及姚江堤防加固工程各项前期准备工作正在全力推进中。

同日，全区基本农田划定保护工作会议召开。会议指出，鄞州区将启动新一轮土地利用总体规划确定的43.33万亩基本农田划区定界工作。同时，健全相关图表册，编制基本农田保护图、质量等级图、保护分区图、调整划定分析图等。

10月11日，省委常委、市委书记王辉忠到鄞州调研文化产业。王辉忠一行来到区文化艺术中心，仔细阅览区文化艺术中心“天天演文化惠民工程”展板，向相关负责人询问演出队伍建设、艺术剧目种类、群众参与率、资金运营等情况。王辉忠一行还考察华茂堂美术馆，对鄞州区创新“民办博物馆”载体、保护民族文化遗产、弘扬传统文化模式予以充分肯定。

10月13日，区人大常委会主任陈明志一行，先后来到横街镇中心幼儿园、绿茵幼儿园和石碶街道洪渡幼儿园，视察学前教育情况。

同日，据宁波南部商务区管委会数据显示，入驻南部商务区的企业达到500余家，楼宇入驻率达到36.7%，其中服务业企业占到企业总数的89%。

同日，宁波欧琳厨具有限公司通过一级安全生产标准化达标验收，成为宁波市首家入选国家一级安全生产标准化企业。

同日，鄞州区举行浙江省第十五个环卫工人节庆祝大会。会上，环卫行业的 4 个先进集体、100 位优秀城市美容师受到表彰。

同日，市政协副主席傅丹带领市政协有关委室的负责同志，到鄞州视察国土资源工作，高度肯定鄞州区节约集约用地、转变土地利用方式的一系列做法。

同日，由中国工业设计协会主办的首届“中国工业设计十佳创新型企业”评选揭晓。鄞州区的欧琳与海尔、联想等 10 家国内知名公司获此殊荣，欧琳也是浙江和整体厨房行业唯一获奖企业。

10 月 14 日，在全国残运会上，来自高桥镇的 90 后残疾人运动员楼陈泉，夺得男子 100 米蝶泳 S11 级金牌及男子 200 米个人混合泳 SM11 级金牌。

同日，区委召开中心组理论学习（扩大）会。会议邀请上海市人大常委会研究室主任施凯作题为《新形势新背景——“十二五”背景下的社会管理创新》专题报告。

同日，鄞州区召开征兵工作领导小组会议。会议回顾总结 2010 年征兵情况，全面分析 2011 年征兵形势，并对 2011 年征兵工作作具体安排和部署。

10 月 14—15 日，来自英国、土耳其、俄罗斯、匈牙利、芬兰、挪威等 13 个国家的 36 名超级音响乐器采购商，实地考察音王集团，并当场签下价值 1000 万元的采购意向合同。

10 月 15 日，省总工会党组书记、常务副主席金长征一行来到鄞州区，就企业生产经营和职工队伍稳定情况进行专项调研。

同日，第 110 届中国进出口商品交易会（广交会）开馆，66 家鄞州企业参加一期展会。

10 月 17 日，市人大常委会党组书记、副主任郭正伟一行来到鄞江镇，实地调研区、镇两级人大换届选举试点工作。

同日，区委常委会召开扩大会议。会议分析前三季度经济形势，研究部署下一阶段经济工作。郭正伟对上阶段区两级人大换届选举试点工作给予充分肯定。

同日，萧山区委副书记、政法委书记谭勤奋一行 50 余人到鄞州区考察交流社会管理创新工作。谭勤奋对鄞州区加强和创新社会管理工作表示赞赏。

同日，河北省唐山市开平区委书记和春军率领党政考察团一行到鄞州考察。考察团一行先后来到创新 128 园区、下应街道湾底村天宫庄园和宁波南部商务区，重点了解发展现代服务业、加快新农村建设以及打造总部经济的情况。

10 月 18—19 日，省委常委、市委书记王辉忠在鄞州开展创先争优蹲点调研。王辉忠到姜山镇井亭村走访慰问该村老党员；与“一舟”“东方船舶”“康强电子”“卓洋家纺”“计氏金属”等企业的相关负责人举行座谈；到剑桥社区与基层党员群众代表进行交流；到区政府行政大楼，了解鄞州区创先争优活动开展情况和换届工作进展情况。

10 月 19 日，区政协举行政情交流会，商讨社会化养老服务体系建设。会议要求，加大政策研究力度，确保全区养老服务体系建设走在全省乃至全国前列。

同日，区委召开中心组理论学习（扩大）会，专题学习贯彻十七届六中全会精神。学习会上，大家认真学习《中国共产党第十七届中央委员会第六次全体会议公报》和人民日报社论《迈向社会主义文化强国的伟大进军》。区人大常委会主任陈明志，区政协主席陈振国，区委常委、宣传部部长沈剑波，副区长夏素贞等都作了专题发言。

10 月 20 日，全区企业融资工作座谈会召开。会议听取金融机构代表作前三季度工作情况汇报，就下步如何推进全区企业融资工作提出要求。

同日，召开“万人万岗”参与社会管理创新推进大会，总结上阶段参与社会管理创新经验。

同日，经省科协牵头，美国科罗拉多州立大学与鄞州中学签订相关留学协议。根据协议，从 2012 年开始，鄞州中学校长实名推荐的学生，可直接升入科罗拉多州立大学本科学习；科罗拉多州立大学每年还将为中国留学生提供 8000 美元的奖学金，并简化入学手续。

同日，第 15 届宁波国际服装服饰博览会在宁波国际会展中心开幕。鄞州区共有 46 家企业参展，展位面积 2000 余平方米。

同日，以辽宁省卫生厅副厅长王天宇为组长的卫生部专家组一行，对鄞州区国家级慢性病综合防控示范区创建工作开展为期两天的验收考核。专家组在听取全区慢性病工作开展情况的汇报后，分组检查台账资料，并到有关镇乡、街道医疗卫生机构和企业、学校食堂等地进行实地考核检查。鄞州区顺利通过国家级慢性病综合防控示范区创建现场考核。

10 月 21 日，第三届中国（宁波）“鄞州杯”锦鲤大赛评比活动在区文化艺术中心举行，来自全国各地的近千尾顶级锦鲤参加比赛，鄞州区郭斌养鲤场和朗艺锦鲤场选出的锦鲤囊括全场冠亚季军。

同日，全区宣传文化系统召开十七届六中全会专题学习会。会上，区文广新闻出版局、区文联、区广电台及鄞州日报社等单位负责人畅谈学习十七届六中全会精神的体会。

同日，鄞州区召开征兵工作会议，总结2010年冬征兵情况，全面部署2011年冬征兵工作。会上还通报受到省、市、区三级表彰的2010年冬季征兵工作先进单位和先进个人名单。

10月22日，“日月杯”第四届天童国际登山邀请赛在天童景区举行。20支代表队参加本次比赛，其中有5支国际友人代表队，队员来自美国、法国、德国、英国等17个国家。比赛女子组赛程为2.5公里，男子组为3公里，设男女个人和混合团体3个奖项，起点设在新建的天童景区广场。

10月24日，区委副书记、区长薛维海在香港文华酒店会见汇睿资本合伙人王重凯。会见中，薛维海向王重凯介绍鄞州经济、地理、人文等方面的情况，希望汇睿资本与鄞州企业多进行交流与合作。王重凯表示，非常看好鄞州这片发展热土，有意向在宁波设立分公司，希望今后加强联系和交流，促进双方的共同发展。

同日，区中小学生田径运动会在区职业教育中心开幕。来自各镇乡、街道及区属学校的40余支代表队和1076名教练员、运动员参加本届运动会，规模为历届之最。

10月25日，2011宁波市鄞州区商业及旅游地产（香港）推介会在香港文华东方酒店举行。区委副书记、区长薛维海在推介会上致辞，香港各界人士和商业、旅游企业负责人应邀参加活动。推介会上，区商务局就投资环境和重点招商项目进行推介说明。

同日，区政府召开今冬明春消防工作会议暨第四季度安委会例会。会议要求各地各部门深入排查火灾隐患，全面打响“清剿火患”战役，确保今冬明春全区消防安全。

同日，据区财政局数据显示，前三季度，鄞州区镇乡（街道）实现一般预算收入88亿元，同比增长29%，增幅超过全区平均增幅3个百分点。财政收入突破1亿元的镇乡（街道）20个，突破2亿元的16个，突破3亿元的12个，石碶街道以19亿元的一般预算收入居全区各镇乡（街道）首位。

10月26日，区人大常委会召开第三十八次主任会议，专题听取社会化养老体系建设和公交系统运营情况汇报。

同日，参加省粮食高产创建现场会的农技专家，实地考察鄞州区姜山镇种粮大户卢方兴和洞桥镇种粮大户许跃进的晚稻高产示范方。省农业厅总农艺师王建跃认为，鄞州粮食高产创建工作为全省作出表率。

同日，鄞州区旅港乡贤拜谢会在香港文华东方酒店举行。近50位香港鄞州同乡会代表、香港其他各社团知名鄞州籍人士代表、在鄞州投资以及与鄞州有合作往来的香港各界知名人士代表应邀参加活动。

同日，2011“旅游夜市——走进高校”活动在南高教园区举行，来自鄞州、余姚、慈溪、奉化、象山、宁海等县（市、区）的近30个旅行社、景区参加。鄞州区的五龙潭、天宫庄园、四〇一洞天等景区推出赠送门票和门票打折活动。

10月27日，鄞州区举行“百家人力资源服务机构鄞州行”活动，有72家企业参与洽谈。这是鄞州区首次大规模召集全国人才中介机构来鄞州。活动中，鄞州区还向人才中介机构介绍鄞州人力资源服务业发展扶持政策。

同日，全区建筑业发展大会举行。会议要求全区建筑企业把握时机，加快建筑业的转型升级，把鄞州从“建筑之乡”提升为“建筑强区”。

同日，中央农业广播电视学校常务副校长王守聪、副校长刘天金到鄞州区视察区农广校和农民学历培训工作，对鄞州区新型农民培训工作给予高度肯定。

10月28日，区政协十四届六十次主席会议召开。与会人员视察宁波南部商务区的水街、宁波商会国贸中心大楼、地下车库等，了解南部商务区的建设管理情况。会议听取南部商务区运行管理情况的通报，审议《政协宁波市鄞州区委员会提案工作条例》修正案。

同日，全区固定资产暨重点项目推进会举行。在分析当前投资和项目建设工作面临的问题和困难后，会议指出，相关单位要紧扣关键环节，加快建设进度。

同日，第十六届中国宁波国际住宅产品博览会在国际会展中心开幕。本届住博会以“创新地产”为主题，5.6万平方米的展区集中展示包括房产、金融、家装、新型建材在内的13个产业。其中，鄞州的楼盘，尤其是南部商务区、潘火生活商贸区等中心商业商贸地块的房源成为市民购房的热点区块。

10月31日，区委副书记、区长薛维海来到石碶街道，开展以“深入基层、服务群众、破解难题”为主题的蹲点调研活动。薛维海一行先后来到石碶街道的“星箭航天”和“金星物流”两家企业，深入一线车间，详细询问企业发展近况。座谈会上，薛维海听取“中基股份”“星箭航天”等企业和石碶村等单位负责人的情况介绍，全面了解企业及石碶村的发展情况和遇到的困难，共商克难攻坚良策。

同日，邱隘镇文化站站长竺培勤、文化义工毕素娥、跳拉丁舞的郑士福夫妇4人走进央视《首席夜话》栏目，就农村文化市场需求、农村文化建设重要性以及政府部门工作等问题进行探讨。

11 月

11 月 1 日，鄞州区交通史上投资规模最大的公路项目——杭甬高速通途连接线望春至岐阳公路（通途路西延工程）通过交工验收，标志着鄞州区以高速公路为主骨架，国省道及主要县道为主干线，农村公路为支线的公路网络基本形成。

同日，全国第一批矿产资源开发整合先进矿山名单公布，高桥镇岐湖村集中开采区建筑石料矿入选，成为浙江省唯一受到国土资源部通报表彰的先进矿山。

同日，副市长陈奕君、宁波军分区司令员张明德大校一行来到鄞州区征兵体检站，检查征兵体检工作。

同日，第二届中国国际林业产业博览会暨第四届中国义乌国际森林产品博览会开幕，鄞州区 8 家森林产品加工企业参加博览会。

11 月 2 日，区领导一行 20 多人来到海军舟山某基地，参观了解海军建设情况，学习国防和军事知识，接受国防教育，并举行军地座谈会。

同日，科技部网站刊登《关于认定第一批现代服务业创新发展示范企业的通知》，公布首批入选国家现代服务业示范企业名单，东蓝数码有限公司作为宁波市唯一一家软件企业名列其中。

同日，省农机局副局长骆建民带领省"平安农机"示范区创建验收小组一行，对鄞州区创建工作进行考核验收。验收小组一行听取创建工作汇报、查阅相关资料并到五乡镇实地查看"平安农机一条路"创建情况后，验收组对区创建工作予以充分肯定。

11 月 3 日，中央国家机关工委、文化部与鄞州区开展主题联学活动。区委副书记、区长薛维海代表区委、区政府向参加联学活动的国家部委领导表示感谢和欢迎，并简要介绍鄞州区经济社会发展和人文历史情况。与会人员还先后考察邱隘镇文化站、紫林坊和区文化馆。

11 月 4 日，区委、区政府召开宁波南部商务区二期工程建设情况座谈会。南部商务区二期项目于 2010 年 8 月 20 日开工，采用共建模式，实行非财政性投资项目基建管理。项目总投资 45 亿元，已完成总投资的 35%。规划土地面积 71 万平方米，分 3 个地块推进建设。其中 9 号地块已完成桩基工程，11 月底将完成招投标。10 号、11 号地块土方开挖工程已分别完成 70%和 48%，地下结构工程已分别完成65%和30%。会前，与会人员一行还参观南部商务区二期建设工地。

同日，区政协先后视察东裕菜市场、联心菜市场、四明超市菜市场，听取区商务局关于区菜市场建设与管理情况的汇报。

同日，区选举委员会举行第二次会议，讨论并通过《宁波市鄞州区第十七届人民代表大会代表名额分配方案》。根据《方案》，区第十七届人民代表大会代表总名额为311名。其中，按照“地区平等”原则，确定镇乡（街道）代表基数为每镇乡（街道）3名，潘火管委会1名。

11月5日，由区人社局、团区委共同举办的鄞州SYB创业项目展示洽谈会，在区人力资源市场开幕，零售、餐饮、礼品、玩具、家居装饰等行业的70余个创业项目参加。展示会上有2个项目进行现场签约，261人次与创业项目达成初步意向。

11月6日，省政协主席乔传秀一行到鄞州考察调研，了解企业生存状况和经济发展情况。乔传秀一行先后来到利时集团和奥克斯集团，参观企业产品展示厅，并听取最新产品相关情况介绍。

同日，为期一周的“中国油画十二人展”在宁波（鄞州）博物馆开幕。此次展览由区文广新闻出版局、区文联和宁波（鄞州）博物馆联合主办，共展出12位画家的50余幅油画作品。其中，鄞州籍画家张顺川和龚建军的画作与全国画坛名家同台展出。

同日，纪念沙孟海先生诞辰111周年研讨会举行，市20多位著名书画家及沙老亲属参加。研讨会上，沙孟海书学院有关人士介绍书学院成立19年来在学术研究、收藏、展览、对外交流、学术培训等方面所取得的成果。同时举行沙孟海书法观摩展。

11月7日，鄞州区庆祝记者节暨区记者协会第四届全体会员大会召开。大会审议通过区记协第三届理事会工作报告和修改后的区记协章程，选举产生第四届理事会成员，舒放毅当选为新一届记协主席。会上还表彰荣获区首届“金蝶”优秀新闻作品奖的10件作品。

11月8日，中共宁波市鄞州区委第十二届十二次全体会议召开。全会审议通过《关于召开中国共产党宁波市鄞州区第十三次代表大会的决议》和《中国共产党宁波市鄞州区代表大会代表任期制实施细则（试行）》。根据中央和省委、市委的统一部署，拟于2012年1月召开中国共产党宁波市鄞州区第十三次代表大会。

同日，鄞州区思想政治工作研究会第十三次年会召开。会议选举产生新一届区政研会领导班子成员，区委常委、宣传部部长沈剑波当选为新一届区政研会会长。会上还成立区政工师协会，表彰奖励“十一五”期间思想政治工作先进集体、先进个人和优秀政工师。

同日，华夏鱼文化博物馆在阿育王寺新大门右侧试开馆。这也是全国首家鱼文化博物馆。该博物馆面积500平方米，共展出60类600多件藏品。

11月9日，鄞州区首个“春泥基金”成立仪式在古林镇葑水港村活动中心举行。区总工会送上10万元首笔启动资金。

同日，鄞州首届社会组织公益创投大赛签约仪式举行，区民政局与入围的公益创投项目的单位代表签订协议书。

同日，宁波市2011年“119”消防宣传日启动暨消防志愿者参与“清剿火患”战役宣誓仪式在宁波万达商业广场举行。现场，市、区两级消防部门共同组织消防演练活动。

同日，鄞江镇召开人大换届选举第五阶段培训会，对全镇投票选举阶段工作进行部署。培训会上，区人大常委会相关工委负责人就投票选举阶段的工作作部署。

11月10日，据区科技局数据显示，2011年全区专利申请量已达12902件，授权量9938件，其中发明专利的申请和授权量分别为714件和287件，4项指标均居全市第一。

同日，省公安厅副厅长凌秋来一行到鄞州调研指导“清剿火患”战役工作。凌秋来一行来到宁波万达商业广场，实地检查“清剿火患”战役期间万达商圈消防安全制度落实情况，并听取鄞州奥丽赛大厦负责人对大厦落实隐患整改情况的汇报。

同日，区政府会同区人大、区政协，检查区环保局、区公安分局和区交通运输局建议提案办理“回头看”工作。

11月11日，区人大常委会主任陈明志一行，先后来到天童景区和阿育王景区，视察重点旅游景区开发建设情况。在听取区旅游局关于重点旅游景区开发建设情况的汇报后，视察组对近年来鄞州区加大政府主导力度，推进“五大十亿”级重点旅游项目建设，扩大旅游产业规模等给予充分肯定，同时指出存在认识不统一、管理体制不顺、投资力度不足、服务质量不高等问题。

同日，质量强区工作领导小组第一次全体（扩大）会议召开。会议指出，鄞州区将大力实施“四大战略”，努力实现由“制造大区”向“品质强区”转变。

11月14日，南部商务区开园一周年媒体见面会召开，来自人民日报、新华社、中央人民广播电台等60余家国家级和省内外主要媒体的记者，深入采访商务区开园一年来在基础建设、招商引资、优化服务等方面取得的一系列成果。

同日，区工商业联合会第十次会员代表大会召开。会议总结过去五年的工作，确定今后一个时期的工作任务，并选举产生新一届领导班子。

同日，鄞州区举行“巾帼建功”20 周年庆祝表彰大会。大会授予区行政服务中心等 10 家单位区“十佳巾帼明星岗”荣誉称号，授予杨华岚等 10 人区“十佳巾帼文明岗形象大使”荣誉称号。

同日，全国深入推进行政审批改革工作电视电话会议召开。会议总结前阶段行政审批制度的改革成效，并对进一步推进这项改革作出部署。区委常委、常务副区长毛春阳在鄞州区分会场参加会议。鄞州区于 2001 年底正式成立区行政服务中心，实行行政审批“一站式”服务。历年行政服务项目群众满意率均达到 99.97%。

同日，市新四军历史研究会第 18 次联谊会在鄞州区举行。

同日，第十届中国优质稻米博览交易会在衢州市举行，鄞州区参展的两个大米产品由庄圆粮食专业合作社的庄博提供，其中“曲树桥”牌优质富硒稻米（甬优 15）获评“金奖大米”，“曲树桥”牌优质富硒稻米（越光）获评“优质产品”。

11 月 16 日，诸暨市党政代表团一行来鄞州考察城市建设和总部建设情况。

同日，奉化江堤防整治工程新城区段建设工作领导小组和指挥部成立，土地征用、房屋拆迁等准备工作全面启动。这意味着奉化江堤防整治工程新城区段进入实施阶段。

同日，区委中心组理论学习（扩大会）暨宁波市委宣讲团党的十七届六中全会精神报告会举行。会上，党的十七届六中全会精神宁波市委宣讲团成员、市委党校常务副校长周健作《建设社会主义文化强国》专题报告。

11 月 17 日，省文化厅公布 2010 年度三类地区（含宁波）新农村文化建设重点工程年度考核结果，根据《新农村文化建设重点工程年度考核评估标准》，经评定，鄞州区为一等奖。这也是宁波市唯一的一等奖单位，全省仅 3 个。

同日，党的十七届六中全会精神报告会在鄞江镇政府举行，来自镇机关及各村的上百名干部参会。区委常委、宣传部部长沈剑波作《加强文化传承与创新，不断推进文化大发展大繁荣》主题宣讲报告。

同日，鄞州区召开第六次人口普查总结表彰大会，76 个区级以上先进集体、713 名区级以上先进个人受到表彰。

11 月 18 日，鄞州区召开区、镇（乡）两级人大换届选举动员大会。区选举委员会决定，全区区、镇（乡）两级人大代表选举日为 2012 年 1 月 5 日。会上，鄞江镇详细介绍换届选举试点工作情况，并进行选民登记等换届选举业务培训。

同日，鄞州“明州大讲堂”讲座在大学园区图书馆举办。讲座邀请市文化广电新闻出版局局长陈佳强，为区内文化系统的干部职工解读党的十七届六中全会精神。

11 月 21 日，区委召开全区领导干部会议。省委常委、市委书记王辉忠到会讲话。市委常委、组织部部长朱伟宣布省委和市委对鄞州区领导班子换届人事安排的决定。会上，区新老四套班子其他主要领导分别作表态发言。

同日，区文化馆作为全省唯一区级文化馆代表，应邀参加在江苏省常熟市举行的“中国民间文化艺术之乡”暨第三次全国文化馆评估定级命名颁牌仪式。现场，区文化馆被文化部授予 2011 年—2014 年国家一级文化馆称号。

同日，全市农村环境综合整治工作现场会在鄞州召开。鄞州区围绕农村生活污水分散式治理、畜禽养殖场污染综合治理以及沼液物流配送等重点工作作典型交流发言。与会人员还现场参观洞桥镇宣裴村农村生活污水处理点、东吴镇沼液物流配送示范点和瞻岐镇岐海牧场。

11 月 22 日，区住建局召集在鄞州的建筑企业和开发商代表，就农民工的工资支付工作进行部署。

11 月 23 日，《梁祝文化论》《东海长龙》《甬城风情图》、沉香木雕《人参如意》4 件作品获第十届中国民间文艺山花奖。鄞州区成为此次评比全国各县（市、区）中获奖最多的区。

11 月 24 日，区政协召开重要人事专题协商会议。区政协主席陈振国主持会议，区委常委、组织部部长郑坤法就区政府人事调整情况进行说明。

同日，市人大常委会党组副书记、副主任卓祥駷在鄞州区接待人大代表，区人大常委会副主任高强华以及在鄞州的部分第十三届市人大代表参加接待日活动。

11 月 25 日，区十六届人大常委会举行第三十八次会议。会议接受薛维海辞去鄞州区区长职务的请求，决定陈国军任鄞州区副区长、代区长。会议决定免去毛春阳鄞州区副区长职务。区人大常委会主任陈明志向代区长陈国军颁发任命书。会议听取和审议区政府关于全区污水处理系统建设情况的报告和关于基层公共文化设施建设和管理情况的报告。

同日，区慈善总会、区总工会、区农办、区农林局联合举行 2012 年度“创业脱贫扶一把工程”扶助金发放仪式，130 户受助者共领到扶助金 115.7 万元。

11 月 28 日，区公安分局召开领导干部会议。市委常委、市公安局局长王惠敏，区委书记陈伟俊出席会议并讲话。根据市委和市公安局党委关于鄞州公安分局主要领导调整的决定，因林琪同志分工将作调整，林东同志接替林琪同志担任鄞州公安分局局长。

同日，一种俗称“水壁虎”，后确认为“中国瘰螈”的蝾螈，被市生态摄影爱好者李超在鄞江镇光溪河里发现。

11 月 29 日，区委书记陈伟俊一行来到区国税局、地税局、财政局和发改局，分别听取 2011 年财政税收、经济形势和 2012 年财政安排、投资态势的汇报。

同日，区慈善总会、区总工会、区农办、区农林局联合举行 2012 年度“创业脱贫扶一把工程”扶助金发放仪式，130 户受助者共领到扶助金 115.7 万元。

同日，省革命老区开发建设促进会、省革命老区建设办公室对全省革命老区创新创业先进集体、优秀工作者及突出贡献企业进行表彰。鄞州区古林镇包家村党支部、集士港镇岳童村党支部、龙观乡桓村村党支部和章水镇樟村村党支部获创新创业先进集体荣誉称号；区民政局局长徐素芳、横街镇原党委书记何黎斌、瞻岐镇南二村党支部书记谢建春被评为创新创业优秀工作者。

11 月 30 日，副省长陈加元先后来到宁波南部商务区、宁波博物馆和创新 128 园区，调研区新型城市化建设工作。

12 月

12 月 1 日，区委书记陈伟俊一行先后来到章水镇、龙观乡、鄞江镇、洞桥镇和石碶街道调研。

同日，嘉兴市嘉兴港区党工委书记王马青、管委会主任石云良率领党政考察团到鄞州考察。考察团一行走访宁波南部商务区和万达商业广场，听取园区建设开发、招商引资等情况介绍，并对鄞州区通过建设核心功能区集聚人气、挖掘商业潜力的模式表示赞赏。

同日，区政协卫生专项民主监督小组来到区卫生局，对区公共卫生和基层医疗卫生事业单位绩效工资实施情况进行检查。

同日，区“三思三创”主题教育实践活动领导小组办公室召开督查工作汇报会。会议听取各督查组对全区各镇乡（街道）及区级机关开展“三思三创”活动情况的督查汇报，并对下一步工作进行部署。

同日，鄞州区纪念第 24 个“世界艾滋病日”文艺晚会在区文化艺术中心举行。现场，疾控部门还组织“防艾”宣传万人签名活动，并为到场的观众佩戴寓意“倡导尊重艾滋病患者人权，推广预防艾滋病”的“红丝带”。

12 月 2 日，市委常委、市纪委书记暨军民一行来到集士港镇调研。暨军民一行来到四明山村社区服务中心，听取集士港镇经济社会发展情况、2012 年工作思路以及四明山村党务公开情况和农村指导员工作汇报。暨军民一行还走访慰问困难群众。

同日，鄞州区通过省旅游经济强区首次复检。根据复核办法和相关规定，检查组采取第三方抽样调查、暗访、台账和现场检查等方式，进行全面复检。检查组对鄞州区 3 年来旅游业发展情况表示满意，同意通过省旅游经济强区首次复检。

同日，鄞州区通过全国社会主义新农村建设档案工作示范区验收，成为全省首个示范区。验收组一行通过听取汇报、查阅佐证材料，并到洞桥镇、横溪镇等镇乡档案室及姜山镇翻石渡村、下应街道湾底村等 7 个单位开展实地抽查，经综合评议，鄞州区高分通过验收。

12 月 3 日，省委常委、市委书记王辉忠视察区司法行政法律服务中心工作。

同日，省文化厅公布 2010 年度三类地区（含宁波）新农村文化建设重点工程年度考核结果。根据《新农村文化建设重点工程年度考核评估标准》，经评定，鄞州区为一等奖。这也是宁波市唯一的一等奖单位，全省仅 3 个。

12 月 5 日，省委统战部副部长蒋学基一行到鄞州调研。蒋学基一行考察“全国侨爱村”——湾底村的“侨乡名人、赤子情怀”宣传长廊和紫林坊艺术馆，对鄞州区统战工作予以充分肯定。

同日，来自省种子总站、市种子站、市农技推广总站、市农科院、市种子公司的 5 位专家，对由鄞州区农技站承担的宁波自主培育的“甬优 538”“甬优 2640”连作晚稻示范方测产验收。结果显示，两个杂交晚稻新品种以罕见高产创全省纪录。

12 月 6 日，区政协召开十四届六十一次主席会议，听取区委统战部关于十五届政协换届工作人事安排的说明。

同日，国土资源部部长徐绍史到鄞州视察国土资源工作。徐绍史一行在翻石渡村详细了解退宅还耕的具体操作方式和还耕后的土地产权归属等问题。

同日，区委书记陈伟俊一行来到区规划分局等部门，听取规划局、环保局、交通运输局和住建局的工作汇报。

12 月 7 日，国务院副秘书长、国务院机关党组成员，中央联席会议办公室主任，国家信访局局长、党组书记王学军一行来到鄞州区，考察领导干部接待群众来访及相关工作，对鄞州区在信访工作上创新的工作方式和积累的经验给予充分肯定。

12 月 8 日，区政协主席会议成员及部分委员先后来到福庆路南延工程、杭甬高速通途路连接线、甬金高速鄞州连接线和机场路南延工程现场，专题视察区交通重点工程建设情况。

同日，区委书记陈伟俊一行先后来到高桥、集士港、横街、古林镇调研，听取各镇经济社会发展情况以及今后发展重点的汇报。

同日，政协第十五届鄞州区委员会召开换届人事安排工作会议，部署换届人事安排相关工作。

同日，“与时代同行”浙江省戏剧家协会基层联系点授牌仪式暨“戏曲在城市化进程中的生存现状与发展方向”主题座谈会在咸祥镇举行。

同日，浙江省召开电视电话会议，部署当前和今后一个时期全省统筹省内发展和对外开放、加快实施“走出去”战略的发展目标、总体思路和工作重点。区委副书记、代区长陈国军在鄞州分会场参加会议。

同日，区选举委员会召开全区区、镇（乡）两级人大换届选举工作阶段小结暨业务培训会。会上，各镇乡（街道）汇报交流前阶段换届选举工作情况以及遇到的困难、问题，并参加提名推荐代表候选人、讨论协商确定正式代表候选人以及投票选举等业务培训。

同日，鄞州区召开出席党的十八大和省、市、区党代会代表推选工作会议，明确代表推选工作基本要求和政策程序，落实相关责任。党的十八大、省、市、区党代会代表推选工作由此在鄞州区全面启动。

12 月 9 日，区委书记陈伟俊一行先后来到鄞南片区的姜山、云龙、横溪镇调研，了解当地经济社会发展情况和今后发展的重点亮点。

12 月 10 日，“海上丝绸之路与世界文明进程”国际论坛在鄞州区举行，宁波、广州、泉州、漳州、北海、扬州、蓬莱等中国“海上丝绸之路”7 个城市决定联合申报世界文化遗产，并建立文化遗产研究、保护、利用和联合申遗工作联席会议机制。

同日，据第七届中国节庆产业年会组委会发布，鄞州区“中国梁祝爱情节”和“和谐鄞州欢乐城乡游”节庆分获 2011 年度“中国节庆产业金手指奖”十大民俗类奖和十大旅游类奖。

12 月 11 日，海宁市党政代表团一行来鄞州考察。考察团一行走访南部商务区，对南部商务区的产业发展、设计规格、投资发展环境等给予高度评价。

同日，区食品药品监督管理局举行揭牌仪式，单位名称由宁波市食品药品监督管理局鄞州分局正式变更为宁波市鄞州区食品药品监督管理局。

12 月 12 日，区委书记陈伟俊一行，先后走访区经信局、农林局、科技局、商务局和国土分局，听取 5 家主要经济部门的工作汇报。

12 月 13 日，区委书记陈伟俊一行深入基层文化单位，就提高自主创新能力，深化文化体制改革，推动文化产业发展等进行调研。在座谈会上，区文化广电新闻出版局就扎实推进文化大发展大繁荣的情况作详细汇报。

同日，区妇联组织评选的第二届“美丽鄞州 · 十大杰出女性”揭晓，孔燕波、张苏红、张佩琴、张莉、李莉、李碧莹、竺培勤、段哲青、夏安琴、黄美萍入选。

同日，上虞市委书记孙云耀率领党政代表团到鄞州考察。考察团一行走访欧琳集团、创新 128 园区、南部商务区，对欧琳集团产品的设计和品质、创新 128 园区的创意和运行效果、南部商务区的高起点和高品位给予高度评价。

同日，全区规范考核评比工作会议召开。会议要求，要以“减少考核评比数量、减轻基层工作负担”为目的，进一步简化考评程序、提升考评实效、减轻基层负担。

同日，市专家验收组通过听汇报、看档案、查国家地名数据库管理系统等方式，对鄞州区第二次地名普查成果进行验收，并认为，鄞州区地名普查内容完整，地名信息考证全面，符合有关规定，验收合格。

12 月 14 日，区人大常委会组织视察象山港大桥及接线工程（鄞州段）的建设情况。视察组一行察看象山港大桥及接线的横溪栎斜互通、塘溪管江互通、咸祥里蔡互通及隧道。

同日，在北京召开的全国中小企业工作座谈会上，由宁波和鄞州检验检疫部门共同投资成立的宁波汽车零部件检测中心，被国家工信部认定为“国家中小企业公共服务示范平台”。

12 月 14—15 日，区委书记陈伟俊一行先后来到东吴、五乡、邱隘、塘溪、咸祥、瞻岐、钟公庙、中河、下应和首南等镇乡（街道）走访调研。陈伟俊一行听取镇乡（街道）负责人的相关情况汇报，共同分析存在的问题，研究发展思路，立足实际探讨解决问题的办法。

12 月 15 日，由全国政协文史和学习委员会副主任委员、省政协原主席周国富，省林业厅厅长楼国华等专家组成的验收团到鄞州检查验收“省森林城市”创建工作。经过实地检查和听取汇报后，验收团一致认为鄞州各项指标达到“省森林城市”创建要求，同意通过验收。区委书记陈伟俊在汇报会上致辞，区委副书记、代区长陈国军汇报“省森林城市”创建工作。

同日，全球首部 IMAX3D 武侠巨制《龙门飞甲》特技制作以及后期处理公司、中国最大的民营电影后期制作企业——宁波乐盛文化发展有限公司举行乐盛文化产业园奠基石揭幕仪式。浙江省最大的影视后期制作基地由此落户鄞州。

同日，鄞州银行慈善基金会成立。原始基金 1 亿元，为非公募基金会，这是全国银行业、浙江省企业独家捐资规模最大的公益慈善基金会。

12 月 16 日，以《鄞州望族》为代表的《鄞州地域文化丛书》举行首发式。该丛书由区文联策划、编辑、出版，历时两年多。首发式上，还举行向天一阁博物馆、区图书馆等多家单位赠书仪式。

同日，区政协环境卫生专项民主监督小组成员先后视察新城区小洋江河、华茂支河、长丰河，集中听取区城管局关于城区内河建设管理工作的介绍。

12 月 17 日，“澹墨清砚——香墨草轩汪平书法作品展”在宁波美术馆举行。本次活动由区委宣传部、区文联和鄞州广播电视台共同主办，区书协、沙孟海书学院、上海香梅画院联合承办。

12 月 18 日，鄞州区“幸福课堂校际联盟”成立。第一批加入联盟的咸祥中学、姜山镇实验中学、首南第一小学、龙观乡中心学校等 14 所学校，将从 2012 年 2 月起试点实施“高效课堂”教学模式。

12 月 19 日，区科学技术协会召开第九次代表大会，区委书记陈伟俊在会上作重要讲话。会议审议并通过修改后的区科协章程，选举产生区科协第九届委员会，叶龙当选为主席，王荣方、严政当选为副主席。

同日，区委书记陈伟俊一行先后来到雅戈尔集团、杉杉集团和奥克斯集团 3 家重点骨干企业调研，深入了解企业经营发展情况，征求企业对优化发展环境的意见和建议。

同日，鄞州区举行国土资源执法网络全覆盖巡查启动仪式。活动现场，10 辆崭新的“国土执法车”被分发到各基层国土资源所。此举标志着全区国土资源实现“天上看、网上管、地上查”的全方位动态监管目标。

12 月 20 日，全国精神文明建设工作表彰大会在北京举行。同时受表彰的全国文明村、镇和全国文明单位名单中，鄞州区的下应街道湾底村、邱隘镇、雅戈尔集团、中国银行鄞州支行和宁波市工商局鄞州分局榜上有名。

同日，区政协召开财政预算调整情况专题协商会，专题听取区财政局关于区财政预算调整情况的通报。

12 月 21 日，区委召开读书会，学习贯彻中央经济工作会议和省委市委有关会议精神，为做好 2012 年工作、召开区第十三次党代会、开创未来五年新局面，确定目标、提出对策。

12 月 22 日，区委书记陈伟俊，区委副书记、代区长陈国军一行专题调研区民生工作。陈伟俊、陈国军一行先后来到区民政局、卫生局、人力资源和社会保障局、教育局调研。

同日，区第十四次妇女代表大会在区文化艺术中心召开。385 位妇女代表参会。市妇联主席伊敏芳出席会议并讲话。区妇联主席李春丽代表区妇联第十三届执委会作工作报告，部署今后五年的工作任务。会议选举产生区妇联第十四届执委会，李春丽当选为主席。大会还表彰鄞州区第二届十大杰出女性和优秀女性、第二届“明星家庭”及 2007—2011 年度妇女工作先进集体和优秀妇女工作者。

12 月 23 日，区第十六届人大常委会召开第三十九次会议，听取和审议 2011 年区本级财政预算调整意见的报告。会议通过《关于批准 2011 年区本级财政预算调整的决议》和有关人事任免事项。

同日，鄞州区举行新闻界新春团拜会，新华社、光明日报社、经济日报社、中央人民广播电台等国家和省级驻甬新闻单位负责人及市级新闻单位负责人受邀参加。

12 月 24 日，2011 年“全国青少年农业科普示范基地”名单揭晓，下应街道湾底村天宫庄园科普基地成为浙江省 4 家获此殊荣的单位之一。宁波市仅此一家。

12 月 25 日，区委书记陈伟俊，区委副书记、代区长陈国军，副区长夏素贞分别会见中国科学院院士张明杰一行。

12 月 25—26 日，国务院国资委与省人民政府战略合作备忘录签署仪式暨浙江与中央企业合作洽谈会在杭州召开。签署仪式上，鄞州区与华侨城集团签订投资 150 亿元开发休闲旅游度假区项目战略合作协议；与南车资阳机车有限公司、宁波欣达有限公司签订投资 4 亿元的隧道装备项目；与南车株洲电力机车有限公司签订投资 3. 6 亿元的超级电容项目。

12 月 26 日，在浙江与中央企业合作洽谈会上，宁波与央企共签订 5 个合作项目，其中 3 个项目落户鄞州。除华侨城项目外，鄞州区又与南车集团就超级电容、盾构 2 个项目签订合作意向。

同日，区委书记陈伟俊主持召开第十三次党代会报告征求意见座谈会，听取部分镇乡（街道）及部门主要负责人对鄞州区第十三次党代会报告（征求意见稿）的意见和建议。

同日，区青年联合会第六届委员会第一次会议开幕，来自全区各条战线的 150 名青联委员参会。会议分组讨论《肩负使命凝心聚力团结带领青年奋力开创鄞州更加美好的明天》的工作报告以及选举办法（草案）。会议还对十佳青年委员和十佳青创会员进行表彰。

同日，为期 4 个月的全区第十一次“慈善一日捐”活动结束，共募集善款

6039 万元。至此，鄞州区已累计募集善款 7.2 亿元，其中“慈善一日捐”活动募集善款占到总额的 56.9%。

12 月 27 日，区委副书记、代区长陈国军，区委副书记毛春阳分别召开区第十三次党代会报告征求意见座谈会，听取社会各界及副区（县）级以上离退休同志对党代会报告（征求意见稿）的意见和建议。

同日，区政府与中国农业发展银行宁波市分行战略合作签约仪式在南苑环球酒店举行，区委常委、常务副区长沈权与农发行宁波市分行副行长徐世平在合作协议上签字。

同日，区委书记陈伟俊一行走访调研长丰管委会、新城区管委会、下应东南片区（拆迁区块）、滨海创业中心、创新 128 园区等地。

同日，鄞州区举行 2012 年军地迎春座谈会，并向 16 个团级以下驻鄞部队送上 84 万元慰问金。

同日，宁波绕城高速东段举行全面建成仪式。宁波绕城高速公路东段起自甬台温高速公路姜山北互通，经云龙、东钱湖、五乡、好思房、临江、小港、沙河、九龙湖，止于颜家桥，接宁波绕城高速西段起点，全长约 44 公里。该路段是宁波绕城高速圈中的最后一段，将于年底正式通车。

同日，据省旅游局发布，在省旅游经济强区首次复核检查中，鄞州区总分名列第一。

12 月 29 日，区委召开十二届十三次全体（扩大）会议。会议深入学习贯彻党的十七届六中全会、中央经济工作会议和省委、市委全会精神，回顾总结 2011 年工作，部署安排当前及 2012 年重点工作，审议通过《中共宁波市鄞州区委关于高起点高水平推进文化强区建设，全面增创鄞州文化发展新优势的决定》，表决通过递交区第十三次党代会审议的工作报告，表决通过区第十三次党代会召开的日期和地点，圈选宁波市第十二次党代会代表候选人预备人选。区委书记陈伟俊主持会议，并代表区委常委会向全会作工作报告。区委副书记、代区长陈国军就《决定》起草工作作简要说明。区委副书记毛春阳作区第十三次党代会报告起草说明和筹备情况报告。

同日，市委常委、副市长余红艺一行到鄞州调研企业，先后到宁波浙江中安科技股份有限公司、宁波高发汽车控制系统股份有限公司等地考察座谈。

同日，全区非物质文化遗产保护工作总结表彰暨鄞州区非物质文化遗产保护联合会成立大会召开。

同日，2012 年宁波市文化科技卫生“三下乡”集中活动暨鄞州区文化科技卫生“三下乡”启动仪式在横溪镇举行。此次活动由市委宣传部主办，区委宣传部和横溪镇党委、政府联合承办，市卫生局、市科技局、市文联、市司法局等10余个市级部门及区相关部门参加活动。活动中，主办方还向横溪镇赠送书籍和体育用品。

12月30日，区政协召开十四届六十二次主席会议。会议审议关于召开区政协十五届一次会议决定、议程、日程（草案），十五届区政协委员人选，区政协常委会工作报告和提案工作报告；审议通过区政协2011年度各项先进名单和区政协十四届二十五次常委会议议程。

同日，鄞州区举行2011年军地新春招待酒会。招待酒会上，区委副书记毛春阳代表区委、区人大、区政府、区政协，向东海舰队各位首长和广大指战员致以新春的问候和良好的祝愿。顾礼康代表东海舰队全体官兵，对区四套班子领导及全区人民长期以来支持、帮助部队建设表示衷心感谢。区委副书记、代区长陈国军代表区向东海舰队赠送50万元慰问金。

12月31日，区委副书记、代区长陈国军率由区安监、城管、商务等部门负责人组成的检查组，先后实地查看中河街道贸城东路的三江超市、培罗成广场建设工地和康强电子公司，检查安全生产工作。

同日，区委副书记、代区长陈国军，副区长黄新山一行先后来到华茂交通岗、万达东交通岗、万达西交通岗，看望慰问一线交警。